高等院校国际经济与贸易系列规划教材

Documents Practice & Experiment in International Trade

国际贸易单证实务与实验

（第2版）

缪东玲 主编
葛 蕾 侯方淼 李淑艳 王雪梅 参编

電子工業出版社
Publishing House of Electronics Industry
北京 · BEIJING

图书在版编目（CIP）数据

国际贸易单证实务与实验 / 缪东玲主编. —2 版. —北京：电子工业出版社，2016.1
高等院校国际经济与贸易系列规划教材
ISBN 978-7-121-27614-9

Ⅰ. ①国… Ⅱ. ①缪… Ⅲ. ①国际贸易－原始凭证－高等学校－教材 Ⅳ. ①F740.44

中国版本图书馆 CIP 数据核字(2015)第 277736 号

策划编辑：袁桂春
责任编辑：袁桂春
印　　刷：北京建筑工业印刷厂
装　　订：北京建筑工业印刷厂
出版发行：电子工业出版社
　　　　　北京市海淀区万寿路 173 信箱　邮编 100036
开　　本：787×1092　1/16　印张：18.5　字数：450 千字
版　　次：2010 年 8 月第 1 版
　　　　　2016 年 1 月第 2 版
印　　次：2016 年 1 月第 1 次印刷
定　　价：45.00 元

凡所购买电子工业出版社图书有缺损问题，请向购买书店调换。若书店售缺，请与本社发行部联系，联系及邮购电话：（010）88254888。
质量投诉请发邮件至 zlts@phei.com.cn，盗版侵权举报请发邮件至 dbqq@phei.com.cn。
服务热线：（010）88258888。

总　　序

随着对外开放的扩大，中国经济参与世界经济的程度不断提高，与世界经济的联系日益紧密。作为与世界经济联系重要渠道之一的对外贸易，内容不断丰富，形式日趋多样化。科学技术的飞速进步，一方面，大大拓展了国际贸易的领域，增添了新的国际贸易内容；另一方面，新科技成果运用到国际贸易业务中，大大提高了国际贸易的效率，便利了国际贸易的运营。中国社会主义市场经济体制建设目标的确立，使我国对外贸易经营管理体制发生了根本性转变，一大批各种性质的企业获得对外贸易经营权，涌入对外贸易领域。所有这些都促进了对外贸易人才的培养和国际贸易学科的建设，同时也对国际贸易人才培养，对从事国际贸易人才的基本素质和知识结构，进而对国际贸易学科的建设提出了新的要求。

对外贸易事业的发展，国际贸易人才需求的增加，促进了高等院校国际贸易学科的发展。改革开放以来，大专院校加强了国际贸易学科建设，众多高校设立了国际经济与贸易专业。据不完全统计，目前，设有国际经济与贸易专业的高等院校约 380 所，高等职业学校约 490 所。这些国际经济与贸易专业的设立，大批国际贸易专门人才的培养，满足了我国对外贸易事业发展对专业人才的基本需求，为我国对外贸易事业发展提供了人才保障。与此同时，各大专院校在培养对外贸易人才的过程中，十分重视国际贸易学科体系的建设，开辟了许多新的学科领域，引进和开创了许多新的课程和教材，为完善国际贸易学科体系、保障人才知识结构更新、适应我国对外贸易事业发展需要做出了贡献。各相关出版社也配合出版了不少好的教材和书籍。

然而，国际贸易学科建设任重而道远，需要不断根据变化的形势和新的业务领域补充新的内容，开辟新的领域；需要数代学者的不懈努力；需要不断地继承与发展，推陈出新。为此，电子工业出版社在广泛深入调查研究的基础上，从当前国际贸易事业发展对人才知识结构要求出发，根据学科发展和教学实际需要，从偏重国际贸易运作实务角度，策划了本套教材。本套教材的主要特点是：尽可能全面反映国际贸易实务及学科的发展，注重知识的创新性和前瞻性，吸取目前学科应用领域的最新知识；注重实务性，突出可操作性，兼顾学科理论体系的完整性。

本套教材的所有参编人员均来自教学第一线，有多年的实际教学经验。具体书目的确定和编写体例均经过全体参编人员的集体讨论，切合学科发展和教学的实际需要。因此，本套教材的体例设计基本一致，同时，为了便于教学，我们还增设了一些学习导航、引导案例和前沿话题之类的栏目，以帮助教师使用，便于学生记忆，拓展学生视野。此外，本套教材还配有教学资料包，包括教学 PPT、复习题和答案、模拟训练题和答案，以及一些相关的资料，使用者可以随时从网上下载。

教材市场上国际贸易类教材很多，林林总总，各有千秋。编写出既有特色，又符合广大教师和学生需要的教材，实属一件不太容易的事情。电子工业出版社和本套教材的编委会组织编写和出版这套教材，主要目的是想在国际贸易教材建设中探索一条自己的道路，为国际贸易学科建设贡献自己的力量。但鉴于国际贸易学科的开放性，以及国际贸易理论、实践和业务内容的不断发展，囿于编者和组织者的学识和水平，本套教材肯定会有一些不尽如人意的地方。希望各高等院校国际经济与贸易，以及相关专业的师生在实际使用中提出宝贵意见和建议，并及时向出版社反馈。我们将认真组织修订，不断提高教材质量，努力完善国际贸易教材体系。

傅禄银

对外经济贸易大学教授

中国国际贸易促进委员会北京分会副会长

第 2 版前言

国际贸易单证教育是职业技能教育的重要组成部分，日益受到重视。与业界较高的现实要求相比，国际贸易单证教学普遍存在障碍。国际贸易单证在专业课程体系中，一般居于末端，知识点零碎、更新快，难以与先期开设课程所要求的知识、技能融会贯通；难以联系相关惯例、法规和制度有效学习；难以抓住主线、保持较高的学习主动性、一丝不苟地学习；难以突破外贸单证词汇积累和英语综合应用能力的障碍。产生上述障碍与相关教材建设滞后有一定的关系。因此，编者在此次修订过程中将“培养专业实践能力，增强就业竞争力”放在突出位置，紧密结合专业（学科）教学改革、课程建设及国际贸易单证员等相关岗位职责的要求，在第 1 版基础上保持体例风格、内容框架不变，进一步突出“紧贴实际、案例引导、突出应用”的特点。主要变化如下：

其一，在适度基础知识与理论体系覆盖下，更加重视实践环节，着重解析单证业务操作的关键点，实践性、可操作性更强。为了提高编写效率，保留第 1 版的代表性案例和实验主体结构，更新了日期，并相应更新了汇率、利率等基础数据；补充了部分章节的实验。

其二，全书结构和内容表述更加严谨，实验目标和任务更加明确，可读性更强。

其三，结合相关的最新研究成果、实效记录和政策变化，修订案例、单证等材料，指导性、实用性更强。

此次修订由缪东玲设计全书结构、拟写提纲、编写和统稿定稿。葛蕾、侯方淼、王雪梅、李淑艳提供了部分资料，并在编写过程中提出了宝贵的建议。

本书参考了许多著作和资料，在此向其作者和相关人士表示衷心的感谢！

由于编者水平所限，书中难免存在疏漏和不妥之处，敬请使用本书的读者批评指正。

编　者

缪东玲 管理学博士，北京林业大学副教授、硕士生导师。主要教授国际贸易惯例与规则、国际贸易实务、国际贸易实务模拟实习、国际商务单证等研究生或本科生课程，教学经验丰富。主持或参与 16 项省部级或校级科研课题；主持校级“国际贸易实务”精品课程和公开视频课程建设。出版《中国木质林产品贸易与环境研究》、《低碳经济与林产品贸易》等专著、合著 4 部；主编《进出口实务》、《国际贸易理论与实务》、《国际贸易单证实务与实验》本科生教材 3 部；副主编《国际贸易实务》本科生教材 1 部；合著《林产品国际贸易》研究生教材 1 部；在《国际贸易问题》、《国际经贸探索》、《世界林业研究》等期刊发表学术论文 30 多篇。

目　录

第1章 国际贸易单证概述

01

引导案例

国际商务单证岗位前景看好

随着中国对外经贸深入发展，社会对人才的要求全面提升，要求具备扎实的专业知识和一定的实务操作经验。国际贸易单证操作技能是外贸业务人员必备的基本技能，大学毕业生进入外贸企业工作，一般都是从单证操作员做起。每一票外贸业务一般由数十种外贸特有的单证来反映和维系相关权利和义务，单证技能的高低直接关系到进出口业务的成败，专业国际商务单证人员是企业正常运作的保证。

自2004年起，我国贸易企业准入实施备案制度，集中在外贸企业代理出口的大量业务开始分散至各生产企业，由各生产企业自营出口。随着外贸企业的增长，外贸单证人员的社会需求以几何数级增长。

以外贸单证处理为主要工作内容的国际商务单证员是各企业开展外贸业务的基础性人才之一，不论是学历教育体系还是职业教育体系中针对该岗位的职业培训较少，现有的少量培训也存在内容单一、覆盖面狭小等问题，大量岗上人员未经过较系统的职业培训，企业也很难招聘到符合业务需要的人员，使得外贸业务风险大大增加。

可以预见，国际商务单证岗位前景看好。

⇨**启示和疑问**　国际商务单证岗位前景看好，然而如何迅速入门？

⇨**建议**　先了解国际贸易单证的含义、种类和作用等基本知识，有利于迅速入门。

本章学习目标

- 体会国际贸易单证的含义、种类、作用和发展趋势。
- 了解国际贸易单证管理的意义和要求。

重要概念

国际贸易单证

1.1　单证的含义、种类和作用

1.1.1　单证的含义

国际贸易单证，简称单证。广义的单证是指在国际贸易中应用的单据、文件与证书，借此来处理国际货物的交收、运输、保险、商检、结算等。狭义的单证仅指单据和信用证。

除非特别说明，本书采用广义单证的含义。

图 1-1 勾画了采用 CIF 合同的基本业务流程及其主要单证。以图 1-1（a）信用证付款为例，第 1 步为交易准备阶段；第 2 ~ 4 步为合同商定阶段，涉及的主要单据是合同；第 5 ~ 44 步为合同履行阶段，在以后章节中将详述的单据基本都在此阶段产生。其中，第 6 ~ 9 步以进口商申请开立信用证为主；第 10 ~ 25 步以出口商备货装运；第 26 ~ 34 步主要业务为结汇、索偿与偿付；第 35 ~ 44 步主要业务为进口商提货。

提示 自 2012 年 8 月 1 日起，取消出口收汇核销单，企业不再办理出口收汇核销手续，出口退税也不再需要出口收汇核销单。图 1-1 中相关步骤可以省略。

1.1.2 单证的种类

单证依其性质、名目、内容、用途、出具单位、出具条件等不同而种类各异（见表 1-1）。

表 1-1 单证的种类

单证分类的依据	单证的种类及其主要单证
涉及贸易方	进口单证、出口单证
性　质	金融单据：汇票、本票、支票或类似用以取得款项的凭证 商业单据：发票、货运单据、保险单据、契据及其他任何非金融单证
用　途	资金单据：对应于第二种分类的金融单据 商业单据：发票及其补充（如装箱单等） 货运单据：各种提单、运单等 保险单据：保险单、保险凭证等 官方单据：原产地证书、熏蒸证书等 附属单据：船龄证明、寄单证明、装船通知书等

从进出口业务角度来看，国际贸易涉及的主要单证及其出单、签证或提交机构如表 1-2 所示。

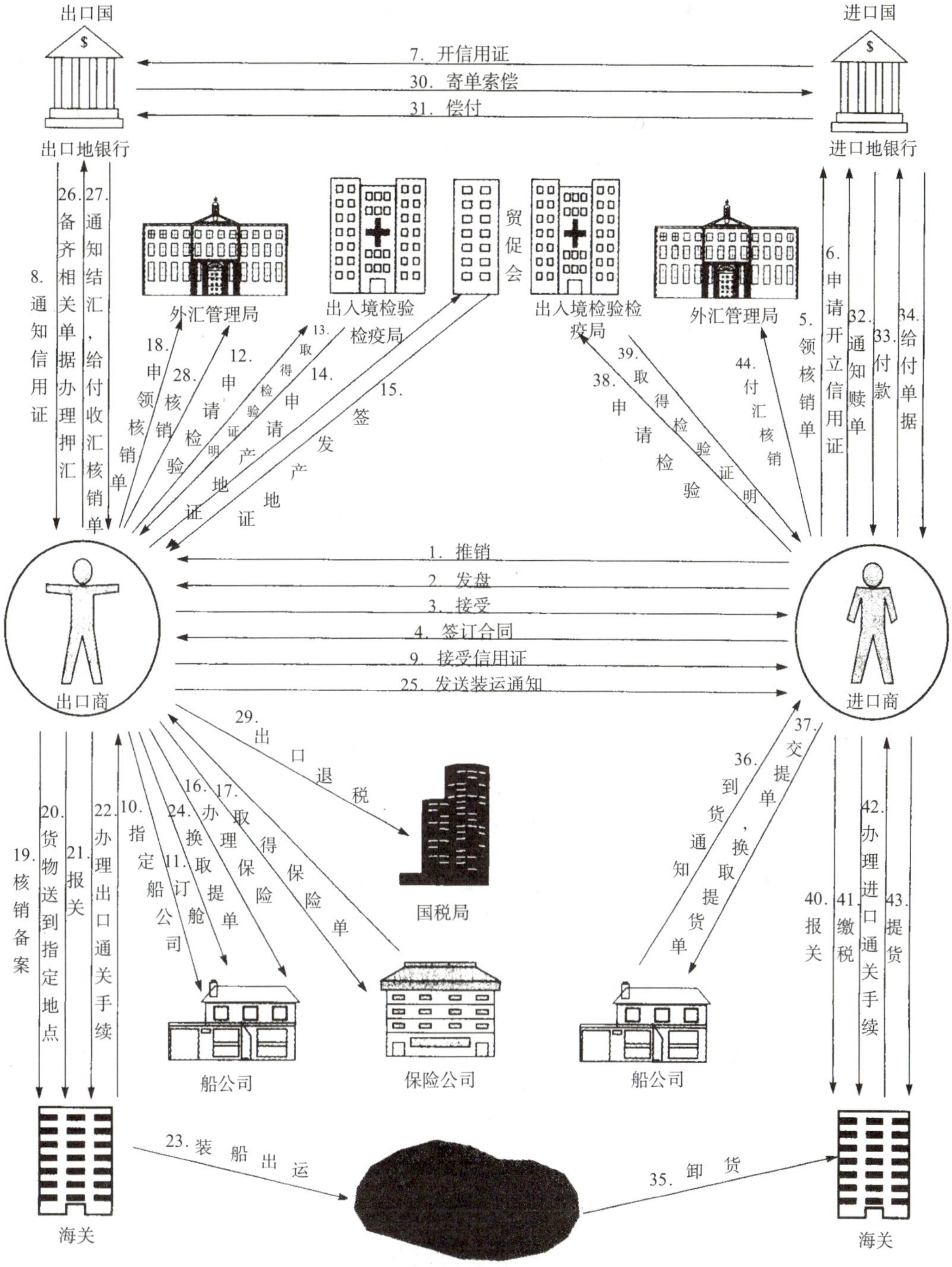

（a）采用 CIF 贸易术语，信用证结算

图 1-1　国际贸易基本业务流程

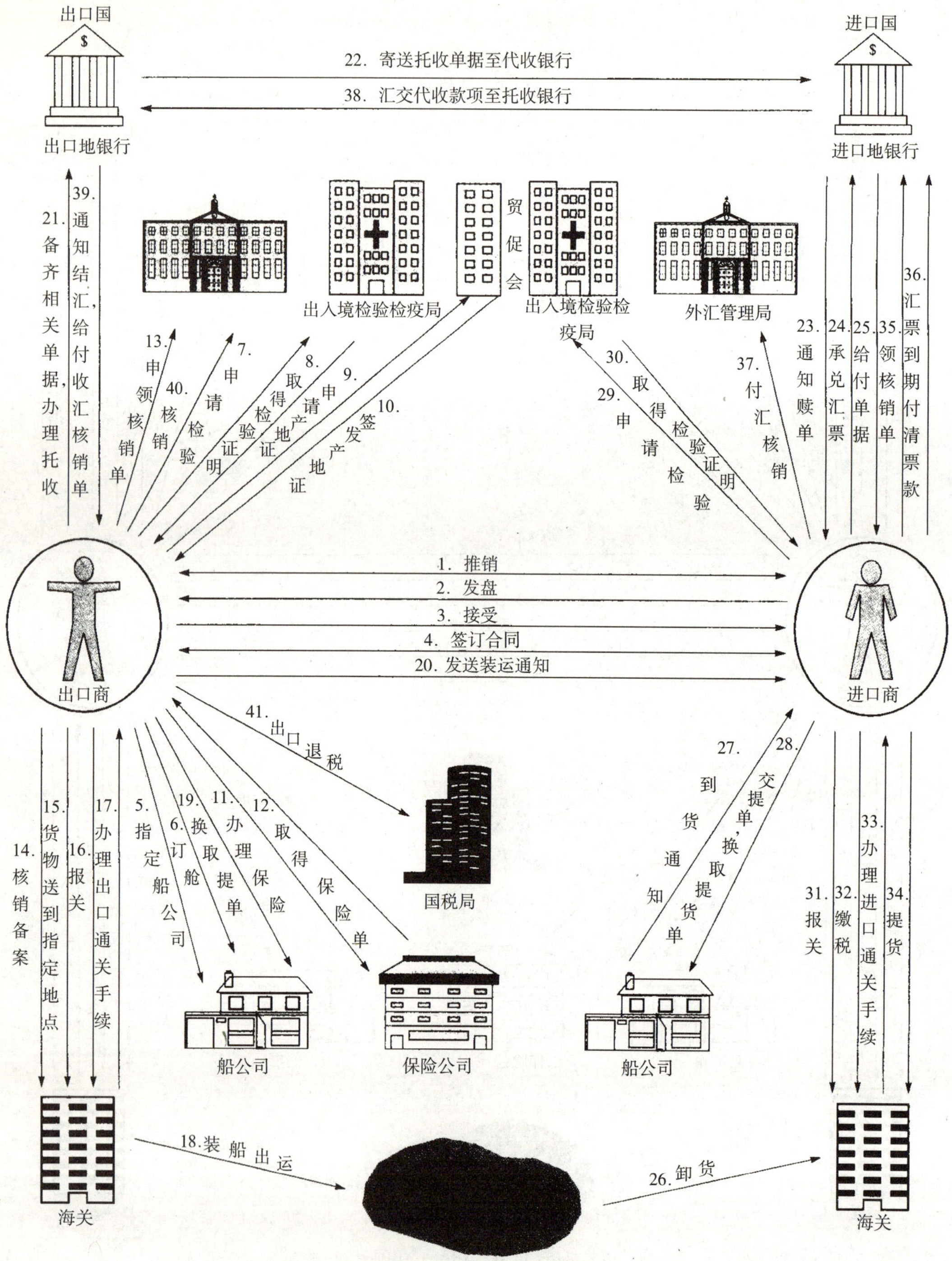

（b）采用 CIF 贸易术语，D/A 结算

图 1-1 国际贸易基本业务流程（续）

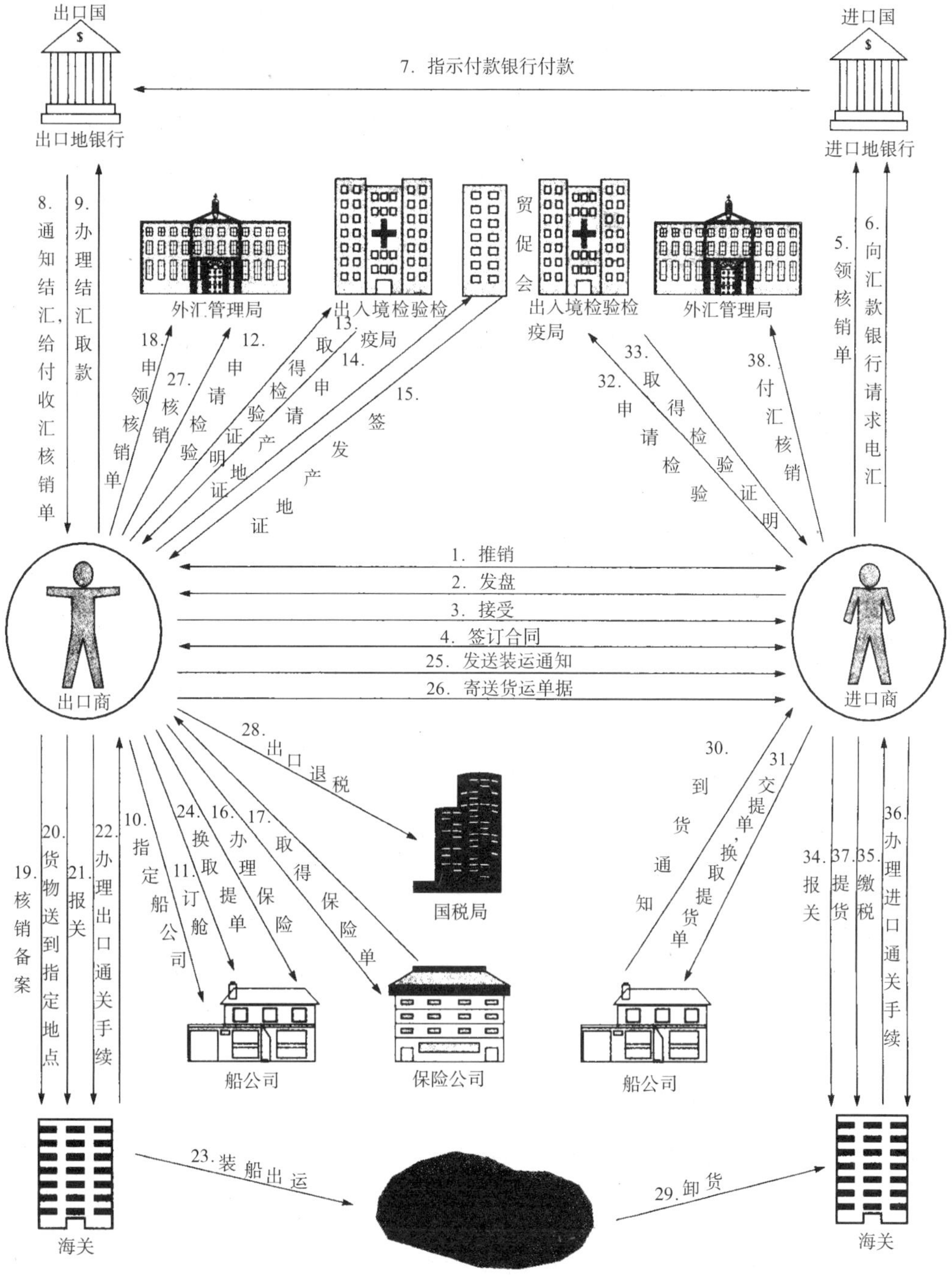

（c）采用 CIF 贸易术语，前 T/T 结算

图 1-1　国际贸易基本业务流程（续）

表 1-2　国际贸易涉及的主要单证及其出单、签证或提交机构

合同履行阶段			主要单据的名称	出单、签证或提交机构
各主要环节均通用			商业发票、装箱单、重量单	出口商 1
结算与结汇	结算工具		汇票	汇出行或出口商
	汇付	申请	电汇/信汇/票汇申请书、购汇申请书	进口商
		汇款	汇款报文、面函	汇出行
		解付	汇款通知单	汇入行/解付行
	托收	委托	托收申请书（或客户交单联系单或托收委托书）	出口商
			结汇单据（跟单托收时）等	出口相关环节的部门出具
			托收指示书（或托收委托书）、寄单面函	托收行
		提示	承兑/付款通知	代收行
		解付	收汇水单	托收行
	信用证	申请	信用证开证申请书、信用证修改申请书(必要时)	进口商
		开证/改证	信用证/信用证修改书（必要时）	开证行
		通知	信用证通知书、信用证修改通知书（必要时）	通知行
		交单	客户交单联系单、信用证正本	受益人（出口商）
			汇票、发票、装运单据等全套结汇单证	出口相关环节的部门出具
		索偿	索偿书	索偿行
		付款赎单	来单通知书	开证行或付款行
办理运输	托运		海运货物委托书(需要货运代理时，其他运输类似)	出口商
			托运单、托运保函	出口商或货代公司
	装载		载货清单（大舱单）、装货清单（小舱单）、货物积载图、实际载货清单、运费清单	运输公司
	装运后		提单、海运单、空运单、铁路运单、邮政收据或投邮证明、多式联运单据	运输公司/货代公司
	卸货		到货通知书、提货单	运输公司/货代公司
办理保险	投保		投保单	出口商/进口商
	承保后		保险单、保险凭证、预约保险单、批单	保险公司
申请办理商检	报检		出入境代理报检委托书（需要报检代理时）	出口商/进口商
	签证		出境货物报检单/入境货物报检单	出口商/进口商或其报检代理
			商检证书/通关单、出境货物换证凭单或凭条(异地报检时)	国家质量监督检验检疫局（CCIQ）
出口免验	申请		免验申请表	出口商
	批准		免验证书	CCIQ

续表

合同履行阶段		主要单据的名称	出单、签证或提交机构
进出口许可	申请	出口许可证申请表、进口许可证申请表、自动进口许可证申请表、纺织品临时出口许可证申请表等	出口商/进口商
	签证	出口许可证、进口许可证、纺织品临时出口许可证等	商务部配额许可证事务局及其委托的各地方发证机构
货物原产地证明	申请	原产地证明书申请书（向CCIQ申请） 原产地证明书/加工装配证明书申请书[向中国贸促会（CCPIT）/中国国际商会（CCOIC）申请]	出口商
	签证	一般原产地证书	CCIQ或CCPIT/CCOIC
		普惠制证书（FORM A）	CCIQ
		亚太贸易协定原产地证书（FORM M）、中国—东盟自由贸易区优惠关税原产地证书（FORM E）、中国—智利自由贸易区原产地证明书（FORM F）、中国—巴基斯坦自由贸易区原产地证明书（FORM P）等区域优惠原产地证书	CCIQ
		各种专用原产地证书	CCIQ
		香港CEPA项下货物原产地证明书	香港工业贸易属和5个政府认可签发来源证机构
		澳门CEPA项下货物原产地证明书	澳门政府经济局
通关	报关	代理报关委托书（需要报关代理时）	出口商/进口商
		报关单	出口商/进口商或报关代理
	查验	查验通知书、查验作业单	海关
	征税	税款缴款书	海关
	放行	报关单（证明联）	海关签注、签章
外汇核销	收汇核销/付汇核销	自2012年8月1日起取消出口收汇核销单，对企业货物流、资金流实施非现场总量核查，对企业实行动态监测和分类管理	国家外汇管理局
出口退税	申报	退税申报表 外销发票、进货增值税专用发票（税款抵扣联）、报关单（出口退税证明联）、远期收汇证明或结汇水单或收汇通知书	出口商、国家商务、海关、外汇、银行等出具
特殊单证	由于出/进口国的特殊要求，或由于交易货物的特殊性质所要求的单证，包括自然资源产品的出口证书、战略物资（如武器、弹药、放射性物质）的进口特别许可证、动植物检疫证书、各种与配额有关的证书		国家商务、商检、外汇、税务等机构

注：① 通关、结汇、出口退税等环节，往往需要在各自业务之前由不同机构出具或签证的多种单证。

② 装箱单、重量单等属于商业发票的附属单据。

③ 5 个政府认可签发来源证机构是：香港总商会、香港工业总会、香港中华厂商联合会、香港中华总商会和香港印度商会。

④ 类似内容和作用的单证有时名称不同，不应妄加推断，应根据当地要求和贸易习惯选用。例如，在出口托收中，出口商向出口地银行申请，委托该银行办理托收时，有的银行称为托收申请书，有的称为托收委托书。而该银行接受委托后，再缮制、交给代收行，以指示代收行行使的托收指示，有的银行称为“托收指示书”，有的称为“托收委托书”。

⑤ 单证的内容和填制要求往往会根据贸易业务和管理需要而不断更新。例 1，由外管局制定全国统一版本的电汇申请书于 2008 年 12 月 18 日启用，格式与之前的差异明显。例 2，为推进贸易便利化，国家外汇管理局、海关总署、国家税务总局决定，自 2012 年 8 月 1 日起：第一，改革货物贸易外汇管理方式。取消出口收汇核销单，企业不再办理出口收汇核销手续，外管局分支局对企业的贸易外汇管理方式由现场逐笔核销改为非现场总量核查。第二，对企业实施动态分类管理。外汇局据企业贸易外汇收支的合规性及其与货物进出口的一致性，将企业分为三类。A 类企业进口付汇单证简化，可凭进口报关单、合同或发票等任一能证明交易真实性的单证在银行直接办理付汇，出口收汇无须联网核查；银行收付汇审核手续相应简化。对 B、C 类企业在贸易外汇收支单证审核、业务类型、结算方式等方面严格监管，B 类企业贸易外汇收支由银行实施电子数据核查，C 类企业贸易外汇收支须经外汇局逐笔登记后办理。外汇局根据企业在分类监管期内遵守外汇管理规定情况，进行动态调整。第三，调整出口报关流程，企业办理出口报关时不再提供核销单。第四，优化升级出口收汇与出口退税信息共享机制，简化出口退税凭证。企业出口退税申报时，无须核销单；税务局参考外汇局提供的企业出口收汇信息和分类情况，依据相关规定，审核企业出口退税。

⑥ 在进出口业务中还会用到其他单证，只要注意其名称、种类、作用、使用范围、内容、申领和签证条件，就可基本掌握其应用。

相对而言，出口单证业务更加繁重，其业务流程和日程如图 1-2 ~ 图 1-6 所示。

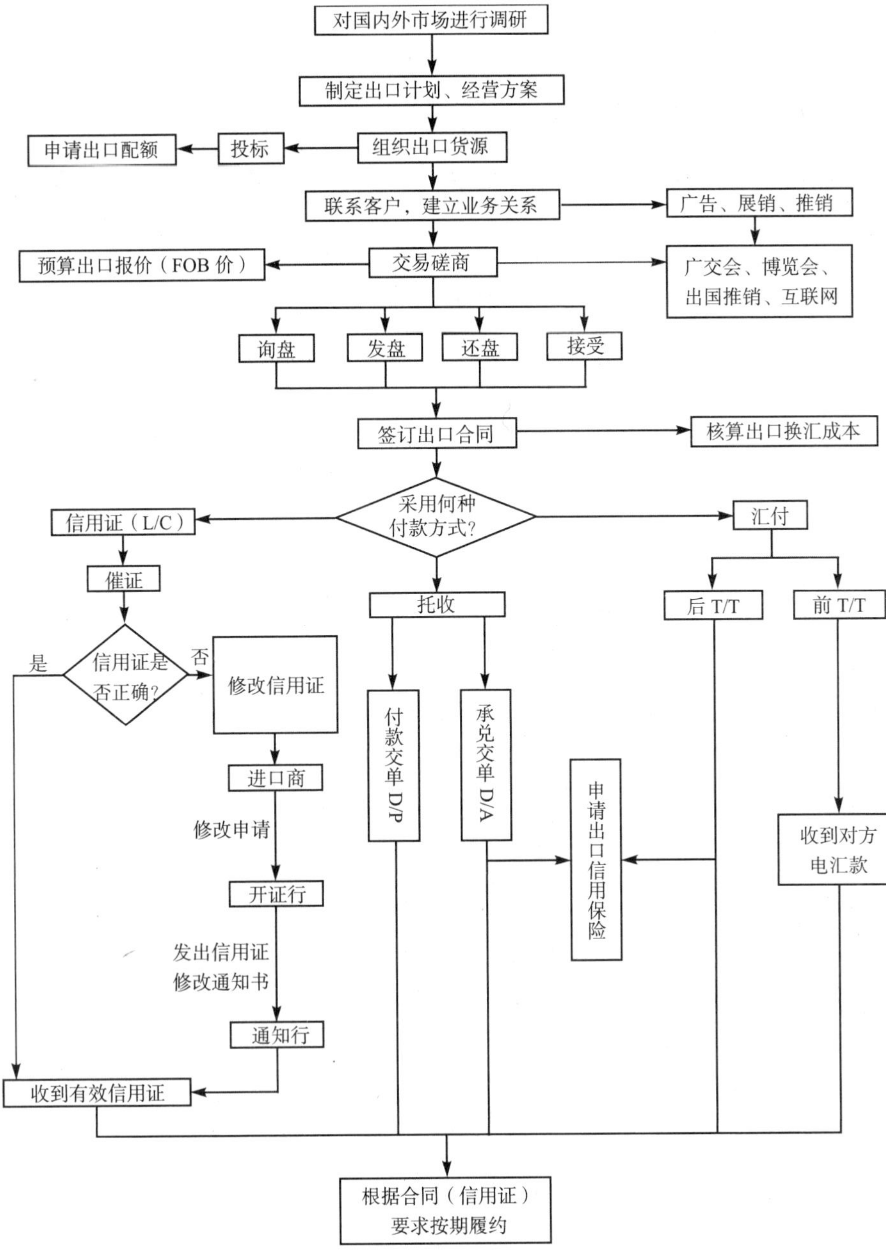

图 1-2　签订出口合同阶段

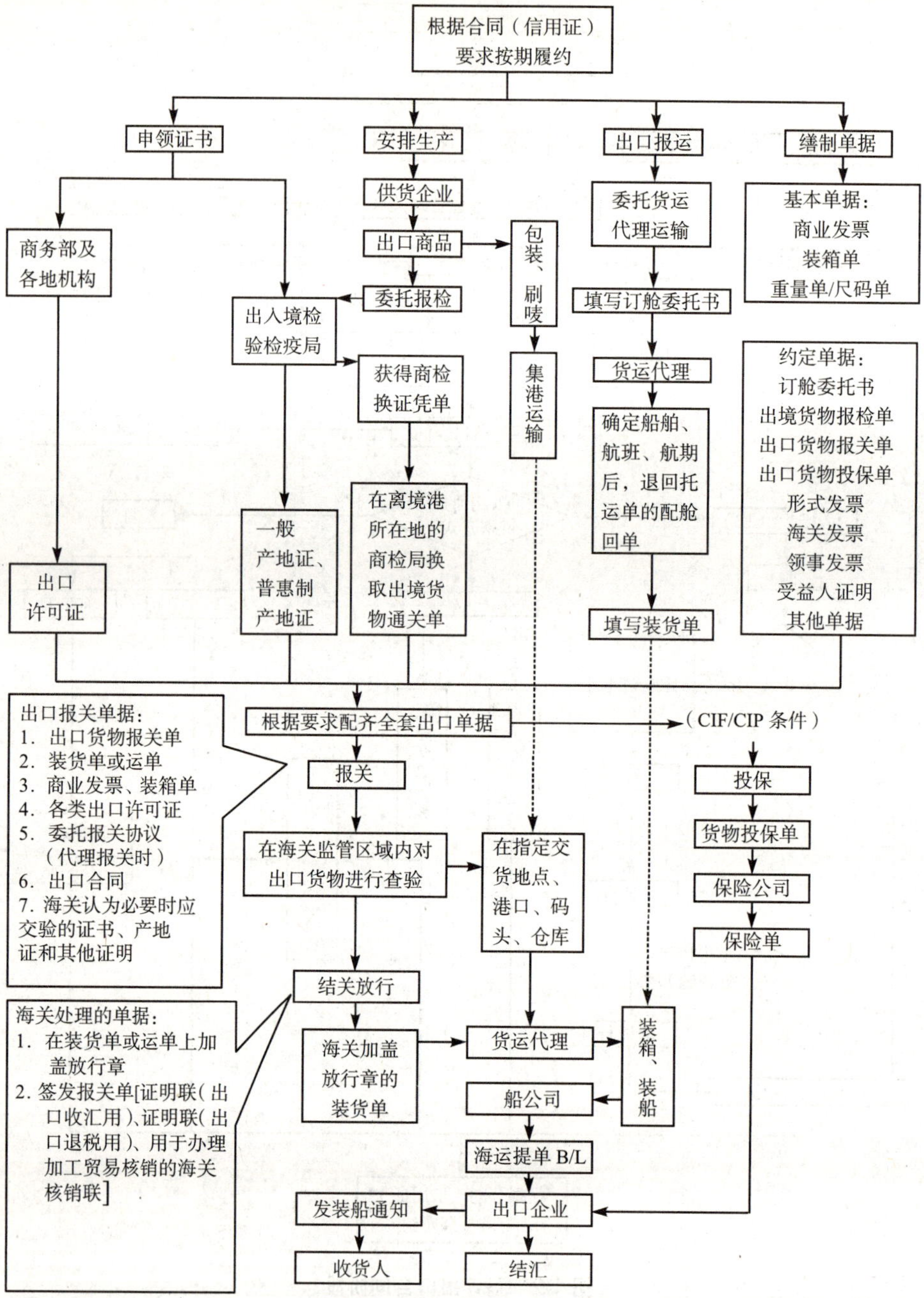

图 1-3　履行出口合同：交货阶段

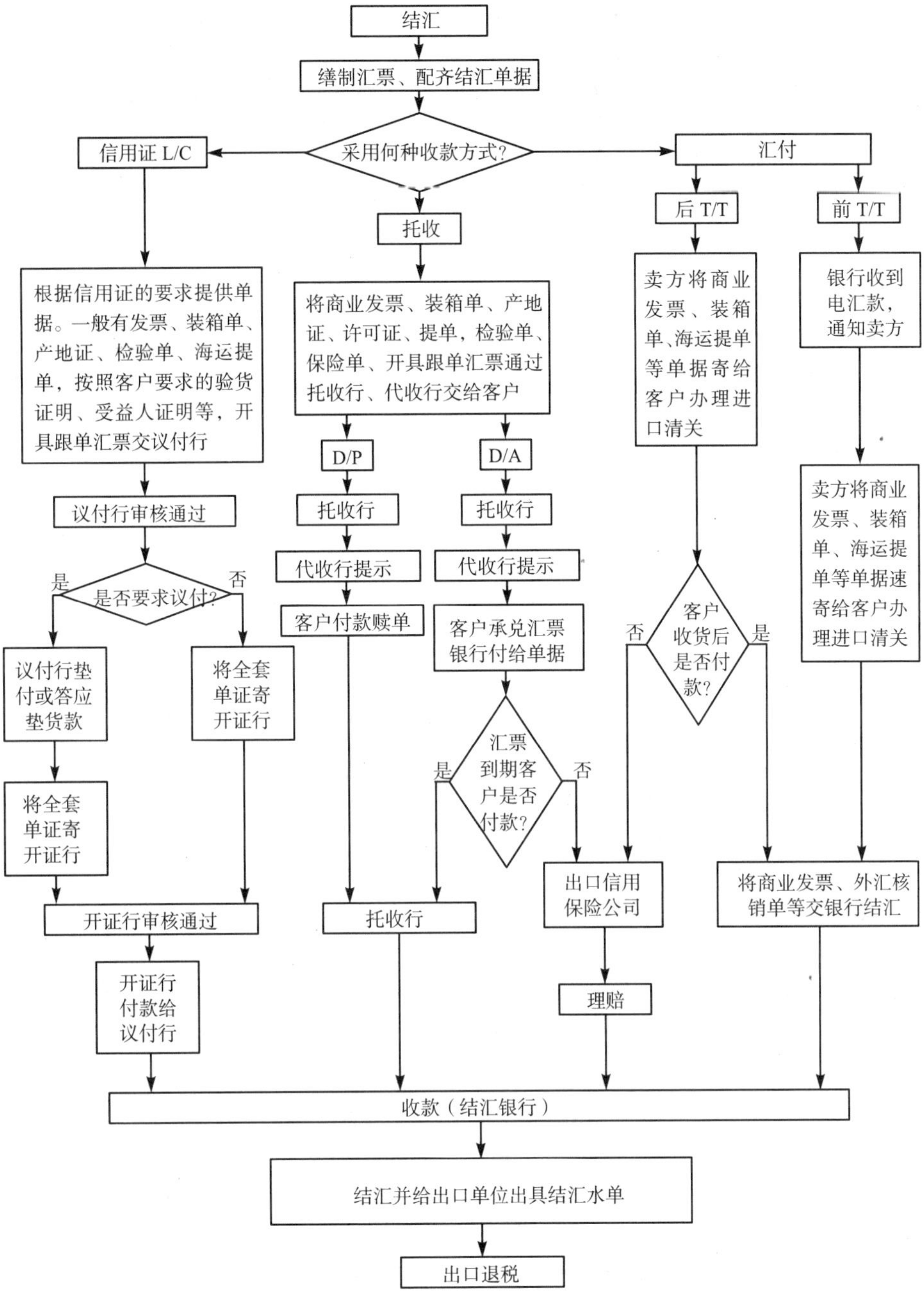

图 1-4　履行出口合同：结汇阶段

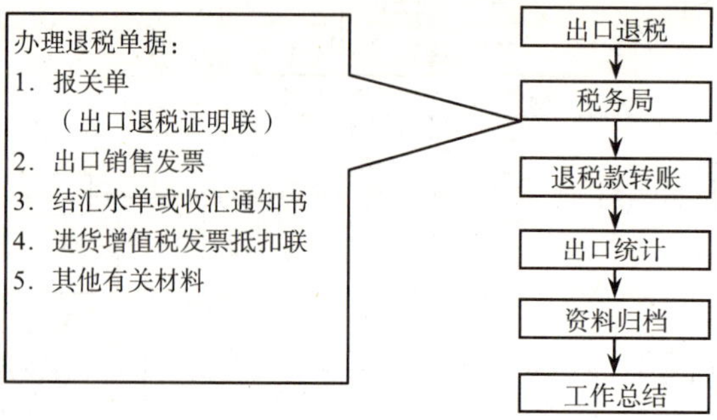

图 1-5　履行出口合同：出口退税等后续阶段

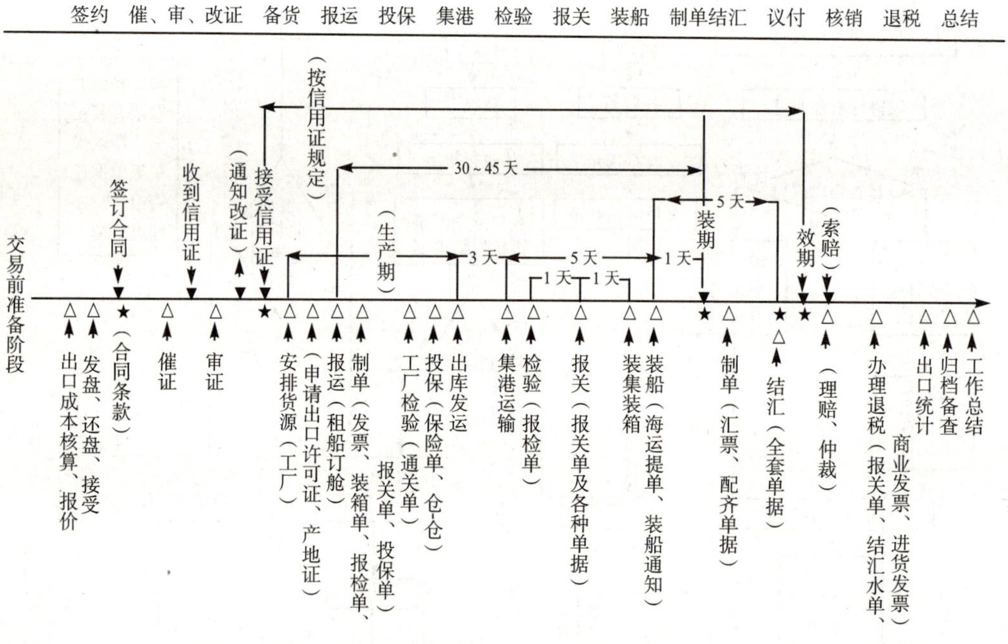

△表示工作环节；▼表示与买方约定的工作环节；★表示履约的关键环节

图 1-6　出口履约单证工作日程

1.1.3　单证的作用

1. 单证是履行合同的必要手段和证明工具

国际贸易的每个环节都需要相应的单证缮制、处理、交接和传递，以满足企业、银行、保险、商检、海关等多方面的需要（见表 1-3）。

表 1-3　国际贸易中单证对不同当事方的作用

当事方	有关单证的作用
出口商	既可作为某项交易的会计凭证、出运货物的收据和出口货物清关的文件，也可作为有关个人、公司和政府机构进行货物运输或检验的指示或为其提供相关信息
进口商	既可作为某项交易的会计凭证，也可作为订购货物已被出运的证明，还可作为货物在目的地通关的文件

续表

当事方	有关单证的作用
船运公司和货运代理公司	可为某项交易提供会计凭证，为货物往哪运、如何搬运提供证明或说明
银行	有关单证为其收付款项提供说明和记录工具
保险公司	有关单证是其进行风险评估、货物估价和在保险索赔中确定损失点的工具
出/进口国及其管理机构	有关单证是相关机构出/进口权的必要证明，可提供有关出/进口货物的统计信息，证明进口货物不会危及其公民健康和安全的证据，为其征收有关税费提供会计工具

2．单证是贸易结算的基础和基本工具

在以信用证作为支付方式的情况下，国际贸易货物的单据化，使得商品买卖可以通过单据买卖来实现。卖方交付单据，即代表交付货物，买方付款赎取单据，即代表买到货物。在以托收或汇付作为支付方式的情况下，单据同样起着不可忽视的作用。

3．单证是经营管理的主要标志

单证工作是一项政策性很强的涉外工作，必须符合商业惯例、法令规定及实际需要，是企业经营管理的主要环节，与企业经济效益密切相关。单证质量不但关系到能否安全迅速收汇或接货，也从侧面反映出一个企业的经营管理水平和一个国家的科学文化水平。

1.2　单证的管理

1.2.1　企业对单证的管理

1．单证管理的意义

（1）为履约提供保证。

（2）为统计分析提供原始资料，提高外贸工作管理水平。

（3）为查询和处理业务差错事故提供资料。

2．单证机构设置

单证机构设置类型如表 1-4 所示。如何设置单证机构、配备单证人员，主要取决于企业的工作流程、规模、管理等方面的需要。目前，我国大部分贸易公司采用简单型方式。

表 1-4　单证机构设置类型

类　型	特　点	适合企业
职能型	单独设立单证部门。优点：减少人员的重复配置，专业化程度高，质量有保障。缺点：有关人员较重视追求职能目标，易忽视全局，无法对最终结果负全责	贸易量大、单据数量多的企业
简单型	由跟单员或外贸业务员完成单证；几个业务员或一个部门合用单证人员。优点：反应快、灵活、责任明确。缺点：当单证业务量大时，会影响速度	贸易量小、单据数量少的企业

3．单证管理的要求

（1）建立完备的单证档案管理制度。出口单证是出口业务活动的重要凭证，有时即使货物已出运，单据已交银行，外汇也已收妥，但事后由于各种原因，往往需要查阅这些单据的留底。例如，客户对品质、数量的索赔，运输纠纷起诉，进口清关时对单证内容提出异议，中间商对佣金事项的查询，开证行提出单证不符、拒绝付款……就要寻根究底，翻查底单直至原始凭证。

出口单据副本的归档方法：① 分散归档，由各分管环节分别将该环节缮制和经营的副本单据分类归档。例如，提单由办理运输的环节按运输日期归档，商业发票按发票号码分别由制单环节归档等。② 集中归档，在交单后将全套副本集中进行保管。

提示 业务量大、部门多、分工细的单位适宜分散归档，业务量不大、工作线条比较简单的单位适宜集中归档。

档卷的编排：以查找方便为原则。如采取集中归档的方式，可按合同号码编组，也可以按发票号码排列，各单位可视情况自行设计。

保存期限：因为诉讼时效多为货到后两年，所以档案保管的时限以 2～3 年为宜。

提示 除保留必要的书面资料外，还可充分利用计算机来加强单证管理。

（2）不断提高单证工作的质量和效率。国际贸易日新月异，法律法规不断变化。应经常培训单证人员，使其能适应业务发展的需要，掌握最新的知识和操作技能。同时，结合对履约情况、客户发展等方面的考察，从审核督促、人员分工、工作考核、流程重组等多方面加以改进，使单证工作不断完善。

1.2.2 国家对单证的管理

国家相关部门监管外贸的同时，也直接或间接管理外贸单证。

例如，海关总署第 172 号令《中华人民共和国海关进出境运输工具舱单管理办法》自 2009 年 1 月 1 日起施行，适用于海关对进出境船舶、航空器、铁路列车及公路车辆舱单的管理。该办法所称进出境运输工具舱单（简称舱单）是指反映进出境运输工具所载货物、物品及旅客信息的载体，包括原始舱单、预配舱单和装（乘）载舱单。进出境运输工具载有货物、物品的，舱单内容应当包括总提（运）单及其项下的分提（运）单信息。进出境运输工具负责人、无船承运业务经营人、货运代理企业、船舶代理企业、邮政企业及快件经营人等舱单电子数据传输义务人（统称“舱单传输人”），应当按海关备案的范围在规定时限向海关传输舱单电子数据。海关监管场所经营人、理货部门、出口货物发货人等舱单相关电子数据传输义务人，应当在规定时限向海关传输舱单相关电子数据。对未按该法规定传输舱单及相关电子数据的，海关可暂不予办理运输工具进出境申报手续。

上述舱单信息往往是根据货主提供的收货单、装货单汇总的，所以国家对舱单的监管逐渐加强，客观上起到了督促各外贸关系人认真缮制、使用和管理这类单据。

相关链接

强制性供应链安全项目——提前货物信息

提前货物信息（Advance Commercial Information，ACI），有利于海关做出有情报根据的目标甄别和干预决定，并把资源集中用于高风险问题和货物。例如，美国海关与边境保护局以自动目标甄别系统为基础，进行所有目标甄别和风险管理，优化大量提前货物信息的收集、使用、分析、筛选和分发工作。美国24小时规则和“10+2”申报、中国的提前舱单申报管理办法、墨西哥的24小时规则和日本的提前货物信息等，都是建立在提前货物信息基础之上的重要项目。

《世界海关组织全球贸易安全与便利标准框架》统一了进出口、转运货物的提前货物信息。

1. 美国24小时规则（2003）

这是第一个强制性供应链安全要求。2003年，美国海关实施24小时舱单规则：海运承运人和无船承运人在最后境外港口输美集装箱装船前的24小时前，必须向美国海关与边境保护局提供如下提单（舱单）信息：1发货人姓名和地址；2收货人或货主姓名和地址；3通知地址；4提单号；5提单上的唛头和号码；6集装箱号和特征；7封志号；8货物描述；9毛重或体积；10件数；11危险品国际代码；12承运人接货的第一外国港口/地方；13货物装船的外国港口；14直接出口的国外卸货港/目的港以及出口的运输方式；15保税数据。适用货物：一切停靠美国港口的船舶、所有输美货物或经过美国港口的货物（不在美国港口靠岸的支线船舶和转运船舶除外，但是若货物转运至停靠美国港口的船舶上，此项规则仍适用）。如果船公司没有在装船前24小时申报信息，该集装箱就不被允许装上驶往美国港口的轮船。对空运货物，舱单信息必须在飞机起飞后直接传输至海关。

2. 国际船舶和港口设施保安规则（ISPS 2004）

ISPS 2004是国际海事组织成员方之间的一项协定，对各签约国政府具有强制性。ISPS 2004旨在建立多方合作的国际框架，在港口和船舶之间建立起一种长效、精心组织的强制性对话机制，互相申报或确认各自的安全级别。ISPS 2004适用于所有500总吨及以上货轮、客轮、移动式离岸钻井装置和为国际航运船舶提供服务的港口设施。违规船舶和港口将互相产生负面影响：反复不遵守规则的船舶会受到越来越多的管制，逐渐难以找到可停靠和操作的港口；船舶运营人会越来越不愿意在违规的港口靠岸。即使没有被逮捕或抵制，经常违规者也容易受市场排挤。

3. 日本提前货物信息（2007）

该规则适用于进入日本的海运和空运货物。海运货物，要求船舶到达日本港前12小时至24小时递交以下货物信息：装船地点、目的地、唛头和号码、货物描述、数量、货物收发货人、提单号和集装箱号。空运货物在到达日本机场的前3～5小时之内必须提交货物信息。未在指定时限内提交信息或发送假信息，将受到处罚：①对往来外国和日本之间运输的船舶和航空器处以50万日元以下的罚款；②对其他船舶和航空器处以30万日元以下的罚款。

4. 墨西哥24小时规则（2007）

该规则要求运往墨西哥的海运货物运输者（签发提单的海运承运人、货运代理和无船承运人）于货物在境外装货港装船前的24小时向墨西哥海关提交货物电子舱单。无法替货物代理或无船承运客户申报的海运承运人除外。

5. 美国“10+2”申报制度（2009—2010）

2009年1月26日，美国海关与边境保护局引入了“进口商安全申报及承运人附加要求”（ISF）制度，俗称“10+2”申报制度。要求：船运往美国的货物，进口商至少应当在货物装船前24小时，向美国海关与边境保护局传输如下10项数据元：1生产商名称和地址；2卖方名称和地址；3拼箱公司名称和地址；4集装箱装货地址（货物装入集装箱的地址）；5买方名称和地址（最后的买家）；6货物送达的公司名称和地址（实际收货方）；7进口商的海关登记号；8收货人号码；9原产地；10协调制度商品编号（六位数）。承运人至少在装船货物离开最后一个外国港口后48小时或在到达美国港口前48小时提供其他两项数据元：船运装载位置计划；集装箱的状况信息。

“10+2”申报制定的理念：海运提单上的货物描述和装船信息仅仅是发货人的申报，实际上海运承运人根本无法证实，海关无法仅依据海运承运人的提单做出最优和有效的目标甄别和风险评估。

12个月的宽限期过后（也就是从2010年1月1日起），如果违规，进口商将面临高达5 000美元的罚款。

6. 欧盟到达前和离境前项目（2009—2011）

该项目是欧盟版的提前货物信息规则，欧洲委员会2005年开始提出建议，于2009年7月实施，2011年全面生效。旨在满足与跨国境货物有关的安保需要，包含与美国集装箱安全倡议相关的要求，同时，和日后欧盟的电子海关计划保持一致。提前提供进出欧盟关境的货物信息，有利于更精确的风险分析，提高通关效率。

7. 中国提前舱单申报（2009）

从2009年1月1日起，中国要求海运承运人在货物装船前24小时向中国海关提交海运提单或舱单信息。该规则适用于所有进出中国港口和经中国转运的货物。

8. 美国100%扫描（2012）

2007年通过的美国《〈9·11委员会法案〉2007年执行建议》法案，2012年以后，对所有目的地为美国的货物集装箱，美国实施100%境外透视扫描和非侵入式查验。该项目被视为不损害国家经济活力并确保贸易便利、阻止大规模杀伤性武器进入美国的重要举措。为此，美国《贸易安全与便利港口法案》要求在3个港口（巴基斯坦的昆新港、洪都拉斯的科尔特斯港和英国的南安普顿港）推行项目试点。

1.3 单证操作和管理的趋势

1.3.1 单证操作和管理电子化

随着科技发展，单证逐步规范化、国际化，单证制作和传递逐步电子化。

把单证内容的各项资料编好程序，输入计算机系统，利用计算机制单，辅以复印机填印副本，这一方法已迅速普及。有的外贸公司还在信用证分析、信用证管理、交单日期的预报、运输数据的储存等方面实现了电子化。

现代化通信手段的发展给单证传递提供了便利，无纸单据（Paperless Documentation）的设想有了实现的可能。例如，一些银行采用ATP（Accelerated Trade Payment，加速贸易付款）付款方法，银行与公司之间设有电信联机，使用相互约定的密押，通过电信手段把单证内容传到对方，对方既可从屏幕上看到传来的单证内容，也可打印出文字式单证。

1.3.2 单证操作和管理规范化、简化

为了实现单证简化和规范化，减少单证争执，促进贸易发展，国际社会做了大量工作。

1. 制单设计的可标准化

每种单据尽管用途不一，但就其内容而言，约有80%相同，如货物名称、数量、收货人、发货人、启运地、目的地等。这些相同的内容，在每缮制一种单据时，就需重复地进行核对，如有填错、写错，又需要逐一更正。如此操作，不仅费时费力，而且极易出差错。按《联合国贸易单据设计样式》拟制一种“套合一致”的标准单证格式，可减少各种单证相同内容的重复缮打、审核，从而精确内容、节省时间和避免差错。

2. 推广使用国际标准或代码

（1）联合国设计推荐使用下列国际标准化代号和代码：运输标志（唛头）代码，由收货人简称、参考号、目的地和件号四部分组成；国家和地区代码，由两个英文字母组成，如中国为CN，美国为US；货币代号，由三个英文字母组成，前两个字母代表国名，后一个字母代表货币，如人民币为CNY，美元为USD；地名代码，由五个英文字母组成，前两个字母代表国名，后三个字母代表地名，如上海为CNSHG，纽约为USNYC；用数字表示的日期代码，如2015年9月10日为20150910。

（2）国际商会为单证的标准化、规范化做了近70年的努力，从最基本的贸易术语做起，到合约，再到保险、运输、银行、无证托收、单证制作直到审单结算，至今已制定了一系列规章及惯例。以信用证为例，它原来是一封长信的体裁，从“Dear Sirs”开始，直至开证行签章结束，多是从句和复合句，令人费解。现在，国际商会已将其标准化、格式化了，其416号出版物明确规定了信开信用证的格式、长宽尺寸，以及开证申请书的格式等，使之简明扼要，一目了然。就制单工作而言，国际商会设计了各种标准化单据，使之表格化，同时建议减少单证份数、精简单证内容。例如，精简提单正本份数；取消领事签证发票；用商业发票代替海关发票；使用正面无船公司名称、背后无详细条款的简式提单，这样出口商就不必保存不同船名的各种提单，在使用时，只要打上船公司的名称即可。

（3）许多国家的商会或其他机构设立单据委员会或单证标准化组织，在探究单证制作的法律和技术问题方面取得了不小的成果。

1.3.3 单证操作和管理专业化

单证操作和管理日趋专业化。进出口业务流程与从业人员构成如图1-7所示。

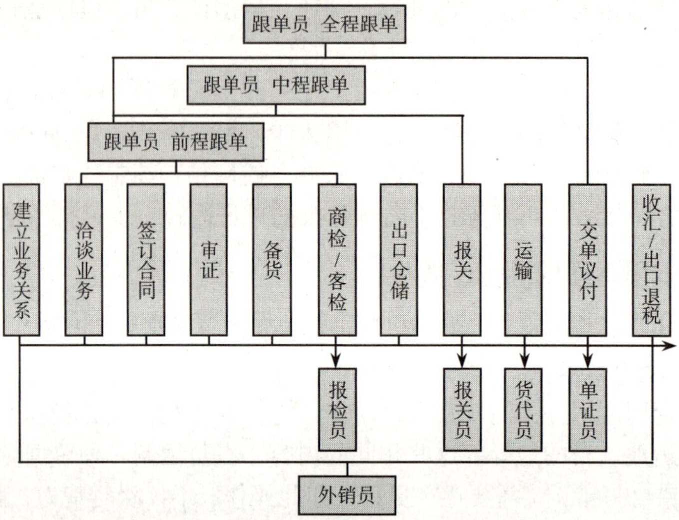

图 1-7 进出口业务流程与从业人员构成

提示 随着国家简政放权改革的逐步深入，外销员、跟单员、单证员、报关员、报检员和货代员等资格考试陆续被取消了，但是相关职业日益专业化，监管逐步规范化。

复习思考题

一、单项选择题

1．金融单据不包括（　　）。

A．汇票　　B．本票　　C．支票　　D．发票

2．下列原产地证书可以向中国贸促会（CCPIT）/中国国际商会（CCOIC）申请的是（　　）。

A．一般原产地证书

B．普惠制证书（FORM A）

C．亚太贸易协定原产地证明书（FORM M）

D．中国—东盟自由贸易区优惠关税原产地证书（FORM E）

二、多项选择题

1．国际贸易单证在国际贸易中的作用体现为（　　）。

A．单证是履行合同的必要手段和证明工具

B．单证是贸易结算的基础和基本工具

C．单证是经营管理的主要标志

D．单证是流通工具

2．企业进行国际贸易单证管理的意义体现为（　　）。

A．为履约提供保证

B．为统计分析提供原始资料

C．为查询和处理业务差错事故提供资料

D．有利于提高外贸工作管理水平

三、简答题

1．简述国际贸易单证的含义及其在国际贸易中的作用。

2．简述国际贸易单证的主要种类。

3．简述国际贸易单证业务操作和管理的趋势。

第2章 国际贸易单证业务

02

引导案例

单证工作专业性很强

经过努力，毕业生田方进入一家纺织服装外贸公司——蓝天国际贸易股份有限公司（Blue sky International Trading Co.，Ltd.）。某天，他看到一则案例：

某年，国内N公司对美国A公司出口一批商品。4月29日收到信用证，其单据条款规定："duplicate/photocopy of original certificate of China origin GSP Form A issued by competent authority."（由官方机构出具的GSP Form A中国产地证正本一式两份/正本影印件。）

N公司将GSP Form A产地证正本（original）直接寄交客户，副本（copy）随附其他单据和汇票一起交银行议付。5月15日开证行来电，提出单证不符："Copy of C/O Form A submitted I/O duplicate/photocopy of original."（GSP Form A副本代替了正本一式两份/正本影印件。）

N公司研究认为所交单据无误，并于5月21日向开证行提出反驳：① 你L/C规定GSP产地证的"duplicate"交银行议付，"original"（正本）寄交客户，这不符合实际操作的要求。因一套GSP产地证均为一正两副（1 original and 2 copy），商检局不出具"duplicate"字样的产地证。② 你L/C规定提供duplicate/photocopy of original certificate of China origin GSP Form A。根据《UCP600》第17条e款规定，如L/C要求多份单据，可以提交一份正本，其余份数以副本单据来满足，但单据本身有显示者除外。我方提供副本产地证并未违反国际惯例和L/C的规定。根据以上情况，我们认为单证相符，你应按时付款。

5月22日开证行又来电提出：你方单据已有"copy"字样的显示，《UCP600》第17条e款不适用于此。我方仍不接受此单据。copy与duplicate/photocopy是有区别的。单据仍由我行暂行保管。请速告处理意见。

N公司业务员对单据和往来电报反复研究，与客户反复磋商。由于该商品正值滞销时期，加之产品质量欠佳，谈判艰难，最终同意客户少付1 900美元而结案。

经过征询，田方得知：商品滞销、国际市价下跌是客户拒付的根本原因。但N公司在审证和制单中确有疏漏：① L/C规定duplicate/photocopy of original，这里强调正本GSP两份或将正本GSP影印一份，这句话与GSP Form A in duplicate是有区别的。后者意指GSP产地证一式两份。② N公司没有准确理解"duplicate"的含义。"duplicate"（含义一：复制的；含义二：两份，可为一正一副）不同于"copy"（副本）。我商检局固然不能提供注有"duplicate"字样的产地证，但也绝非意味着我方可用注有"copy"

字样的产地证代替“duplicate/photocopy of original”（正本一式两份/正本影印件）。③ N公司未能正确理解《UCP600》。按《UCP600》第 17 条 e 款的规定，当信用证要求单据“一式两份”，而未具体规定正本份数时，方可提交一份正本，其他份数用副本来满足。在本案例中，开证行开出的 L/C 中已明文规定产地证正本一式两份，因而《UCP600》第 17 条 e 款对我方已不适用。在本案例中，业务员收到 L/C 后，应认真审核，如不能取得 GSP 产地证正本两份，应速请客户改证，或者从商检局取得一正两副产地证后，将注有正本字样的产地证复印一份，而后将复印件交银行议付便可。

⇨**启示和疑问**　单证工作细致而重要，专业性很强。掌握单证实务知识，提高单证业务技能对外贸人员十分必要，然而如此浩繁的单证业务其基本内容包括哪些呢？

⇨**建议**　先了解单证的制、审、改、交、认证等基本业务方法和技巧，可以为进一步深入学习国际贸易合同、信用证、发票和装箱单、运输单据、保险单据、商检单证、报关单证、进出口许可证、原产地证书、外汇核销和出口退税单证等的基本内容、操作应用要点和填制注意事项做准备。

本章学习目标

- 掌握单证制、审、改、交的基本原则和方法。
- 了解国际贸易单证认证的含义和要求。

重要概念

制单　审单　改单　交单　单证认证

2.1 单证的制作

2.1.1 制单的基本要求

制单是指不同类别的诸单证的缮制和签署。制单的基本要求是正确（“六一致”、“一符合”）、完整（单据成套、内容齐备、份数不缺）、（出单、交单）及时、（内容）简明、（填制）整洁。

1．正确

单证意义上的正确，至少包括两方面内容：

（1）各种单据必须做到“六一致”。① 证同一致。信用证的开立是以开证申请书为据，开证申请书以贸易合同为据。因此，信用证所含的条款不得与贸易合同所列明的内容和要点矛盾。② 单证一致。信用证项下的单据必须与信用证所列的内容一致。③ 单单一致。④ 单内一致。例如，商业发票上列明的单价与数量的乘积应该等于总价。⑤ 单货一致。指单据所列的有关货物的数据和内容，应与契约规定的货物的实际一致，保证单据真实地代表货物。⑥ 单同一致。

提示

（1）在信用证项下，银行只控制单证、单单、单内一致；进出口企业还要控制证同、单货、单同一致。《UCP600》第 14 条“单据审核标准”规定：“按照指定行事的被指定银行、保兑行（如果有）及开证行须审核交单，并仅基于单据本身确定其是否在表面上构成相符交单。”从“严格相符”要求来看，“单证一致”占首要地位，是前提与基础。

（2）在汇付和托收项下，制单原则是单同、单货、单单、单内一致。

（2）各种单据必须符合有关国际惯例和进口国的有关法令与规定。

目前，绝大多数信用证都注明遵从《UCP600》。因此，制单时应注意不要与《UCP600》抵触。此外，还应注意进口国对单据或进口货物有无特殊规定。例如，9・11 事件之后，美国加大对进口货物的监管，船运进口至美国的非散装货物，进口人必须在出口截关前一天通过船运自动舱单系统（the vessel Automated Manifest System，AMS）或自动代理接口（the Automated Broker Interface，ABI）履行“进口商安全申报及承运人附加要求”（ISF）义务。通过该系统，美国将反恐防线前置国外的装运港，同时美国海关的放行信息会自动传输到船公司及集装箱场站。加拿大的 ACI 系统与美国的 AMS 性质相似。

提示

（1）捆绑货物（U.S. Bound Cargo）。由进口商申报 10 项数据元（ISF-10），即 Importer of Record Number，Consignee Number，Seller （Owner） name/address，Buyer （Owner） name/address，Ship to Party，Manufacturer （Supplier） name/address，Country of Origin，Commodity HTS-6，Container Stuffing Location，Consolidator （Stuffer） name/address；由承运人申报 2 项数据元，即 Bill of Lading Number（house or reg.），ISF Importer。俗称“10+2”申报（the “10+2” initiative）。

（2）过境货物（transit cargo）。由进口商申报 5 项数据（ISF-5）。详见 www.cbp.gov。

2. 完整

单据的完整是指单证种类、份数、单据本身的项目等齐全完整。

如果格式使用不当，项目漏填，文理不通，签章不全，就不能构成有效文件，也不被银行所接受。例如，签署和背书，一般只需盖一个章即可，但如果漏了盖章，这项单据便成为“未签署”的单据，则无效。如 Form A 产地证书的“原产地标准”栏，仅需填一个字母或再加上税则号码或进口成分，如果漏填或误填，便会使证书失去效力。

3. 及时

单证工作的时间性很强，主要体现为如下两个方面：

（1）出单及时。出单日期不能超过信用证有效期或按商业习惯的合理日期。例如，发票日期应在各单据日期之首；提单日不得迟于或早于装运期；保单签发日应早于或等于提单日期（一般早于两天），不早于发票日期；箱单应等于或迟于发票日期，但须在提单日之前；产地证不早于发票日期，不迟于提单日；商检证日期不晚于提单日期，但也不能过分早于提单日，尤其鲜活、容易变质的商品；受益人证明应等于或晚于提单日；装船通知应等于或晚于提单日后三天内；船公司证明应等于或早于提单日。尚未取得正本的单据（如提单），应先就副本进行预审，无法提前拿到的单据（如商检证），应及时办理申办手续；

有些进口国需特定的海关发票或产地证等，应及时提供。

（2）交单及时。在信用证项下，应在信用证规定的交单期和《UCP600》规定的交单有效期内办理交单议付或兑付手续。如有可能，最好在货物装运前，先将有关单据送交银行预审。如有必要，可及早联系修改信用证，延展装运期和交单期。

4. 简明

单据内容应按信用证（信用证结算时）或合同（汇付或托收结算时）规定和有关国际贸易惯例填写，力求简单明了，切勿加列不必要的内容，以免弄巧成拙。

5. 整洁

整洁是从外观和技术上对单据提出的更高要求，主要指单证的格式设计和缮制力求标准、规范，表面清洁、美观、大方，各项内容简洁明了、行次整齐、字迹易认、重点醒目。

【实例 2-1】 CIF 合同性质纠纷案。

某 CIF 合同，出售一级咖啡豆 50 公吨，合同规定："CIF 纽约每公吨 569 美元，6 月装船，卖方在纽约提供单据，由买方支付现金。"货于 6 月 15 日装船，但卖方拖到 7 月 20 日才把单据交给买方，由于咖啡豆国际市场价格下跌，买方拒绝付款赎单，除非卖方赔偿差价损失。试问，买方有无拒付的权利？为什么？

分析：CIF 合同是象征性交货。本案中，卖方虽按时交货，却未能如期向买方提供全套合格单证。换言之，尽管货到目的港了，但卖方未及时交单，买方没有物权凭证（提单）无法提货，又遇国际市场价格下跌，损失惨重，当然有权拒付。

启示：及时交单十分重要。

提示 尽管基本原则和要求一致，但各种单据都有其特定的用途，其内容、项目及制单方法也不完全一致。

2.1.2 制单的依据

汇付和托收项下的制单、审单以贸易合同为首要依据，如有特殊要求，应参照相应文件、双方提供的原始资料或共同默契的国际贸易惯例。

在信用证项下，信用证取代贸易合同成为制单、审单的首要依据。

2.1.3 制单的技巧

1. 正确掌握制单步骤

制单的一般步骤：先了解合同、信用证、贸易对方来函等信息，制作货物明细单或货物出仓单，再制作发票，最后以发票为基础，制作或取得包装单据、托运单、报检单、报关单、投保单、产地证、许可证等。

如果采用信用证结算，一般是以货、证、船、款为序制单。如采用汇付方式结算，到付一般是以货、船、款为序制单，预付一般是以款、货、船为序制单。如采用托收方式结算，一般是以货、船、款为序制单。

2. 明确制单工作方式

（1）须及时收齐各项基础资料。例如，缮制装箱单或重量单，先要取得供货单位或加工仓库提供的商品包装资料；缮制商业发票须综合装箱单/重量单内容并参照信用证或合同条款。

（2）资料齐备后必须核对。例如，数量、品质、规格、包装是否符合信用证。制单前还有许多计算工作需要完成。例如，商品的数量、重量、尺码、总价等，某些商品根据行业习惯或客户需要还须提供具体的细码单，需逐码核对，计算累积数量。

（3）依制单步骤制单。熟悉各单据的格式和用途、每栏应填制的事项。例如，海关发票有专门格式，不能错用；各种单据自上而下，从正面到背面，栏目繁多，都要按规定填制。制单完毕后，最好自审一遍，如发现差错，应立即更正。

3．合理选用制单方法

各种外贸制单方法及其特点如表 2-1 所示。

表 2-1　各种外贸制单方法及其特点

制单方法	特　　点
用打字机制单	优点：直观、易懂、易操作和投资少。 缺点：烦琐费时，同项内容在不同单证中体现或同一单据需要多份时须重复制作，打印出的内容无法储存、修改，因此，一份单据只要一处出错就必须重新缮制
套合式一次制单	需制作的单据都收编在由总单证（Master Document）、子单证（Sub Document）和遮盖板（Cover Board 或 Mask）三部分组成的“套合一致的单证系列”（Aligned Document System）中。各单证大小统一，同项放于同一位置。制单时，先把各项资料用打字机填入总单证的各栏目中，制、校、改无误并由负责人签字后，送入复印机，将事先设计、有方空格的不同遮盖板预先套放在总单证上，挡住总单证中与各子单证无关的资料，复印机把总单证上的多种资料项目转移到各子单证上。一套贸易单证制成后，副本无须重复缮制。 优点：可避免同一项内容在不同单证中重复缮制、审核，以及同一单证需要多份时的重复缮制、审核，有利于节省人力、物力，提高工作效率，避免差错
利用通用软件包制单	制作时，先输入所要求的单证格式和各项内容，然后设置出打印格式，最后将要打印的各项信息用打印机打印在预先准备好的空白单证上，也可以根据要求设计出某一种完整的单证并自动打印在白纸上
利用计算机编程语言及数据库制单	根据各单证的具体要求，利用计算机高级语言或数据库设计编写出一定适用范围的专用制单程序来制单。既保持了通用软件包的优点，又有针对性地克服了通用软件包的不足。既模拟人工打字机的操作过程，又拓展了人工打字机难以实现的各种功能，简单易学，能兼顾各种需求，减轻制单的劳动强度，缩短制单时间，大大提高工作效率。 缺点：编程周期较长，增加了没有软件开发和维护能力的公司的负担
利用 Word 文字编辑软件制单	Word 是目前最流行的文字编辑软件，操作简便、功能齐全、速度快捷，可方便地修改、复制、剪切、粘贴、储存，还可综合处理文字与表格。 缺点：对于发票、装箱单、已装船通知等无固定格式要求的单证制作，Word 的优越性彰显无遗，但对于一些已预先印好固定格式的单证，如商检单、保险单、汇票等的制作，则由于录入信息与预定格式在匹配上的难度而显得力不从心

续表

制单方法	特　　点
国际贸易综合信息管理系统（外贸 ERP 系统）	外贸 ERP 系统是当今国内外贸易企业普遍使用的业务运作计算机系统。国际贸易制单为该系统的一个组成部分，包括函电往来、询盘报价、客户关系管理、业务员管理、财务管理、合同管理、内贸采购、进出口业务管理及制单等主要功能，并具有管理层查询、审批、控制总体业务动态的功能。该系统将电子制单和业务管理融为一体，制单数据一次录入，多次使用，并形成历史数据，便于查询、统计；管理层对关键单据拥有电子签名权；可模仿单证标准形态和格式，进行数据录入和单证打印
开发专门的制单软件	利用新一代计算机语言（Java、C 等）强大的数据库访问能力及完善的远程通信功能，配合先进的数据库，用数据库存储大量的表单数据，并通过软件制作数据输入接口和单证模板，形成了功能相当完备的单证表格软件。新的表单制作软件还可通过对网络的访问，客户端与主服务器能随时通信，从而实现单证表格的完全电子化，可以在出单的同时将单证表格数据输入主服务器。同时单证制作部分还可以作为一个模块嵌入教学软件及应用软件中，达到教学与应用的一致性，并且通过数据库技术极易扩展制单的模板和内容，从而形成一种全新的制单软件模式

（1）选用制单方法时，应在满足合同、信用证、贸易对方要求的前提下，遵循单据业务和管理的便捷和效率原则。尤其注意以下几点。

1）区分下列单据：会签单据（Countersigned Document），也称副签单证或连签单证。指已由主签人签署，再由他人副签的单据。副签的作用在于加强单据的效力，副签人表示与主签人共同负责或对单据证实。但旅行支票的购票人，在支付机构要求取款，当面在旅行支票右下角签字，供支付机构核对是否与支票左上角初签相符，这种签字英文虽也称“Counter Sign”，但其性质属于复签，与一般单据的会签不同。

证实副本（Certified Copy）或称保证副本（Guarantee Copy）。各种重要单证的副本，经关系人与原件核对无误，注明“证实”，并加签章，即称为证实副本。在有些情况下，通过一定的手续，此证实副本可以起到代替正本（Original）的作用。

手签单据（Handwriting Document），指单据的出票人（制单人）在签章处以手写方式签名。单据手签不能使用铅笔。

签字单据（Signed Document），指经过出票人（制单人）签字盖章的单据。单据上的签字盖章有两个作用：一是确定签字人的责任；二是凭以识别单据的真伪。例如，汇票、支票等的出票人签字就表示出票人对债务的责任。又如发票、装箱单等非权利凭证，制单人的签字只表示对单据的内容负责。

复制单据（Reproductive Document），指以复印机制作的单据。这种单据，如用作正本，必须加上“正本”字样，再由出票人签字或盖印。否则，只可作为复印抄本（Photocopy），不具有法律效力。

复写（纸）副本（Carbon Copy），指使用复写纸复写而成的副本。传统的制作方法，在缮制一式多份的单据时，采取打字加复写纸复写。最上面的以打字机色带制成的一份属正本，复写纸复写的一般都作为副本。

小签单据（Initial Signed Document），指出票人在单据上只签姓或名，而没有把姓名完整签署的单据。一般用于各种单据的更改处，在加盖更改章后，由出票人小签，表示确认并承担责任。收妥备运提单上加注“已装船”印章处，船方也应加小签。但旅行支票的购票人，在发售支票的地方，当面在旅行支票左上角签字，英文虽也称“Initial Signature”，性质上是初签，供付款部门核对旅行支票“复签”之用，与一般单据的小签有区别。

2）注意不同条款的效力。在效力上，书写条款（Hand Written Clause）优于打字机条款（Type Written Clause），打字机条款优于加贴条款（Attached Clause），加贴条款优于印就条款（Printed Clause）。

3）注意中性（Neutral）单据。在转口贸易中，中间商往往要求单据不含任何关于供货商的内容，如名称、地址、国籍等。但是海关发票、原产地证书等官方单证往往要求填写上述内容，如果无法做到要及时要求对方修改。

（2）选用制单方法时，如果合同、信用证、贸易对方要求比较含混，最好先征询再制作，同时注意相关惯例的规定。

4．确保单证相符

提示 确保单证相符仅针对信用证结算，制单时信用证条款和要求必须在单据上体现。

（1）应按信用证条款文义制单的情况。贯彻“单证相符”的原则，并不意味着必须依信用证原文原名照打，而要正确理解信用证的条款。例如，来证中规定“shipment must be effected by container vessel”，单证中应明确“货已装集装箱船”（Goods shipped by container vessel），如来证中规定“packed in Wooden Cases or Cartons”；“Chinese Rice packed in Gunny Bags of about 50 kilos or 100 kilos per bag，Gross for Net”，制单时应先取得供货单位或加工仓库提供的商品包装资料，按实际包装情况和包装质量填写。例如，规定唛头件号为“1—UP”，制单时不可简单地照证打制，应按实际件数制唛。若为 500 件，则唛头件号应制成“1—500”，但若证中规定的唛头件号为“1—500”，而实际出口 498 件，则制单时，各种单据唛头一栏均应写上“1—500”，同时为慎重起见，可在发票中声明：“We here by declare that number of shipping mark on each package is 1—500, but we actually shipped 498 cartons of goods.”

（2）应按信用证条款严格制单的情况。

1）对品名，制单时应全文照写，不应随意加/减字（尤其制作发票时，名称应严格相符）。品名如用单数，制单时也用单数；品名如用复数，则制单时也用复数。

信用证规定的品名有错字、漏字或中英文不符，对非原则性差错，在没有正式接到修改书的情况下，只能按原样制单，可在错误名称后面用括号注上正确的写法。如帆船牌 Sailing Boad（Boat）；标签 Label（Lable）；特别美国海关发票 Specewl（Special）US Customs Invoice。对原则性差错，应要求改证后发货制单。如来证中将商品“冻去皮去头虾仁”规定为 Frozen shell on Headless Shrimp，其中“shell on”为“带壳”含义，与去皮（peeled）明显相反；商品规格“每磅 200 ~ 350 只”，来证中却规定“200 ~ 300PCS PER LB”等都属原则性差错。来证规定品名为“XiangShan Brand”，我国某公司对出口商品使用象山牌（Mount Elephant Brand）商标，易造成“单货不一致”，应要求改证。

同一商品品名，不同信用证会有不同的翻译方法。例如，活文蛤，living clam 或 alive

（hard）clam；麻袋，gunny bag 或 jute bag；花生，ground nut 或 peanut；纸箱，carton 或 card board cases。应遵从本信用证的规定名称制单。

2）不同国家的来证可能使用不同的语言。如英文 living ark shell（活赤贝），在日商来证中规定为 living sarubou；如象山牌糖水荔枝，每箱 24 听/567 克，在法国来证中规定为 Litchis Au Sirop Marque Mount Elephant En Carton De 24 Boites 567GRS 等，制单时均需使用信用证的语言。如信用证规定 Certificate of Origin G.S.P. From A for France must be established both in English and French Language，则该信用证项下的普惠制产地证应用英文和法文填写。

3）不可随意折算、改称包装规格。信用证如以公吨为单位，则不宜换算为千克。如证中规定有唛头，应严格按照规定制单，不能随意改动。

4）卖方出具的各种单据的名称、份数、出证机关、特殊语句等均应与信用证一致。如信用证规定 Non-transferable，受益人为 China National Cereal & Oil Food Stuff I&E Corp. GuangXi Branch。即使出口人是中国粮油食品进出口公司广西分公司北海支公司，也须以广西分公司名义制单，用支公司发票，用分公司图章盖章。如信用证规定 Transferable，则可以北海支公司名义制单，用支公司发票，用支公司图章盖章。另外，如来证要求卫生证书，不能出具健康证书；如要求出具重量证书，不能出具重量单；如要求出具保险单，不能出具保险凭证；如要求证书三份，不能提供两份；如产地证书要求由 CCIQ 出具，则不能提供中国贸促会出具的产地证书；如来证要求所有单据都要标上成本、保险费和运费（All documents must show a breakdown of costs，insurance and freight.），制单时应按照要求办理。

提示 单据份数的常见写法：in Duplicate 或 2-Fold（一式两份），in Triplicate 或 3-Fold（一式三份），in Quadruplicate 或 4-Fold（一式四份），in Quintuplicate 或 5-Fold（一式五份），in Sextuplicate 或 6-Fold（一式六份），in Septuplicate 或 7-Fold（一式七份），in Octuplicate 或 8-Fold（一式八份），in Nonuplicate 或 9-Fold（一式九份），in Decuplicate 或 10-Fold（一式十份）。

（3）若对信用证主要条款做了多次修改，须将原证规定与后来的修改作为制单的依据，特别是对在原证描述基础上补充修改的情形，应仔细分辨有关的完整规定。

（4）注意来证中对单据和货物有无特殊规定。如马来西亚政府规定，商业发票上须注名商品的成本、保险费、运费的金额，且这三者之和必须等于 CIF 价格，否则不予以进口报关。又如，巴基斯坦某些来证规定，提单须经手签才有效，拒绝接受盖章的提单，且在提单上注明装船日期应为装完货物的日期；某些来证规定不接受挂印度国旗的船只装运，要求出具船籍证明书。对此，应照办，如难以办到，须及时提出修改。

5．确保单单相符

（1）各种单据签发日期应合理，符合逻辑性及国际贸易惯例。

1）汇票是根据发票开立的，所以汇票日期应等于或晚于发票日期。

2）商业发票的日期可早于或等于或晚于提单日期，但须在交单日期内。海关发票的签发日期不应迟于提单日期；形式发票日期应先于装运日期；领事发票的日期不得迟于汇票和提单日期，以满足其提前办理进口手续或出口报价的需要。

3）装箱单、重量单日期应等于或略迟于发票日期，但不得早于发票日期。

4）提单日期应符合信用证规定的装运期。

5）保险单日期应早于或等于提单日期，以符合装运前投保的要求。除非保险单据表明保险责任不迟于发运日生效。

6）一般产地证日期不应迟于提单日期。普惠制产地证书号码和日期须按正式商业发票填写，签证当局和出口商签署日期均不得早于发票日期。

7）为确定货物经检验合格后才装船，商检证书日期不应晚于提单日期，但也不能过分早于提单日，特别是某些鲜活商品和容易变质的商品。斯里兰卡进口大米时，常在来证中规定："This certificate should indicate that inspection had been carried out just before loading."

8）出口许可证日期，船公司证实船籍、船龄、航程的证明日期，运费收据日期应早于或等于提单日期。

9）受益人证明或声明往往在装船后出具，因此其日期应等于或晚于提单日期；因装船后才能证实已装数量、质量，船长收据或证明及有关须提供具体数据的单据日期应等于或晚于提单日期。

10）信用证中若规定"卖方装船后立刻发电报给买方"，则电报抄本日期应等于或晚于提单日三天之内（对"立刻"、"马上"、"一定"中国银行定为三天时间），若证中规定"卖方至少在装船前××天发电报给买方"，则电报抄本日期须为装船前××天。

提示 提单日期是确定其他多种单据签发日期的焦点。单据一般应打出制单日期。

（2）海关发票、产地证、投保单、托运单、报关单等一般以商业发票为基础缮制。各单据的填制内容除提单用概括性的商品统称外，须在措辞和用语方面保持一致。如商业发票上叙及的产地应与产地证上的产地相同；商业发票上运费金额应与运费单据或运费发票上所列一致；检验证书上应注明货物描述、航运、信用证或其他单据的引证；各单据相应的质量或数量应完全相等。涉及商品数量、尺码、质量、总价等方面计算的，制单前应按信用证要求和装运实际详细核算，须提供细码单时还应逐码核对，并计算累积数量。

6. 确保单货相符

在"重合同、守信用、平等互利"的原则下，须做到单货一致，才能不被海关、法院、买方追究单货不一致的合同责任，确保及时安全收汇。

2.2 审单、改单、交单

2.2.1 审单

审单是指对已缮制的诸单据的复核和审查。

1. 审单的原则

长期以来，银行在审单时既有采取严格相符的原则，也有采取实质一致的原则。

（1）严格一致。严格一致，是指在单据和信用证条款之间，一个字与一个字、一个字母与一个字母的相符，即使拼写错误，也构成单证不一致，单据就像信用证的"镜子影像"。单证不一致，其结果将会造成大量的不符问题和激增的诉讼案件，所以要求达到单证严格一致是很难的，也是不易实行的。

（2）实质一致。实质一致，是允许单据有差异，只要差异不损害申请人，或不违反法庭自身对“合理、公平、善意”的概念即可。换言之，单据有了实质的不符点，即构成单证不一致，单据没有实质不符点，即达到单证一致。这相对来说比较现实。

提示

（1）审单中应做到有依据的内容应“严格相符”，没有依据的内容则“实质一致”。

（2）银行对信用证未规定的单据将不予审核。

（3）如信用证载有某些条件，但并未规定需提交与之相符的单据，银行将视这些条件（非单据条件）为未予规定而不予置理。

（4）银行审单的合理时间是不超过收到单据次日起的5个银行工作日。这对开证行、保兑行和对指定银行都适用。但对其他银行则不适用。其他银行如接到受益人提交的单据，被要求转递或寄单给开证行时，应使单据在信用证有效期内尽快送达开证行。

2．审单的方法

（1）针对单套单据的审单方法。

1）先数字后文字审单法。在单据数量较集中时，可以先将各种单据的所有数字，如单价、总价、数量、毛净重、尺码、包装件数等数据进行全面复核，然后采用纵横审单法对其他内容进行审核。

2）纵横审单法。纵横审单法，也称单据与信用证对照审核法（The Checking-up of Documents Against L/C）（见图2-1）。

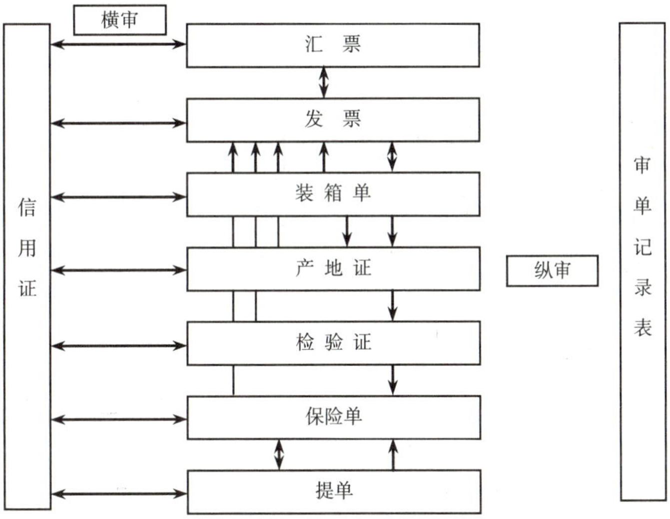

图2-1 纵横审单法

“横审”（单证一致）：审单时将信用证、全套单据、审单记录表（Check Memo）从左向右放置在案桌上，中间的全套单据按汇票、商业发票……提单从上至下依次排好。认真将信用证条款（包括修改条款）从头到尾仔细阅读至少一遍，每涉及一种单据，立即与该种单据核对。或者先将信用证与发票逐字逐句核对，再将其他单据与信用证的有关条款核对。如出现不符点应及时标注，不要遗漏。审完的单据反转放置在桌子中间未审单据的前面，待全套单据审完，未被审核的单据即信用证未规定的单据，应抽出退还交单人或随单寄开证行，对此未规定的单证银行不再承担责任。

"纵审"（单单一致）：横审完毕后，从诸单据中选择一份主要的单据（也称大单据，如商业发票或汇票）为中心，与其他单据逐一核对，做到其共有项目内容一致，签发日期合理。将提单与保险单核对。审核所有单据之间相同项目的一致性。每发现一个不符点，应立即记录在审单记录表上，并在记录文字后写上"改"、"加"、"补"字样。待改妥单据后，将该字画圈表示不再有不符点。当全部需改的地方画圈后，单据全部改妥相符，就可以交单了。

审单完毕，出口商将单据交给银行，银行在确认"单证相符、单单一致"的情况下，应在正本信用证背面背书，注明承付/议付日期、金额、审单员签章、电话号码等内容。

（2）针对多套单据的审单方法。

1）即期装船审单法（The Checking-up of Documents for Prompt Shipment）。将航次安排、运输吞吐进度与审单进度相结合，以每航次货物装运日期先后依次进行审单，争取在提单签发之前完成预审，以便在取得正本提单后立即交单。即期装船审单法的特点是化整为零，将制、审、改单程序合为一体。

2）分地区客户审单法。同一国别地区或同一客户对出口单据的要求基本相同，为了提高效率和质量，业务量较大的单位，可以采用分地区客户审单的工作方法。

3）两道工序审单法（The Checking-up of Documents by Two Times）。有的集团或跨国公司，制单业务是由各主管部门办理的，制、审相结合，而后集中于一处由专家予以复核。两道工序审单法将"一缮一审"和"综合复审"相结合，不是简易的重复，而是抓住扼要内容，一审再审，一般内容仅做统计审核。

3. 审单要则

（1）速审。信用证是否仍有效；单据是否过期；金额是否一致；货物数量是否一致；出运日期是否在最迟装运日之前；所要求的单据是否全部提交。

（2）总审（所有单据）。名称和地址是否一致；货物描述是否一致；唛头是否一致；更正处是否加具签字或小签。

2.2.2 改单

1. 改单的含义

改单是指审核单据的过程中发现有错误、矛盾或不妥之处，对单据予以修改。例如，条款前后有矛盾，以此及彼有差异，数字计算有出入，诸单据所列的主要内容繁简不一，单据份数有多有少等，发现问题都应予以修改。

2. 改单的要求

单证应尽量减少甚至不出现涂改现象；改单要有一个限制点，涂改多于三处，最好重新缮制；涂改处应盖更正章或校对图章"alteration approved"，并签字或小签加以证实（anthenticated），以明确修改责任。

提示 提单、汇票等重要单据的主要项目，如金额、件数、数量、重量等，不宜更改。有些国家（如智利）来证中规定：单据如有修改或更改不能接受，签字的影印本也不予接受，对此应特别注意。例如，“All Documents must be signed. Photocopies of signatures, amendments and corrections are not acceptable. According to requirements of our exchange authority.”

2.2.3 交单

1．交单的含义

交单是出口人在规定的时间内将单据交银行议付或兑付，或者将单据直接寄进口商的行为。

（1）电汇或光票托收项下，出口商将单据直接寄进口商。

（2）跟单托收项下交单。出口商（委托人）交单：选择D/P或D/A结算方式时，出口商装运货物后应出具托收委托书，及时将有关托收单据交出口地银行（托收行）办理托收。托收交单较灵活，单据种类、内容、交单时间由出口商根据合同和进口商的情况决定。

出口商（委托人）交单后银行的操作流程。托收行核实单据在表面上与托收委托书所列一致后接受委托，然后托收行根据托收委托书制作寄单面函，连同单据寄给代收行，代收行接受托收行的委托，向付款人收款并交单。之后，代收行将款项转付托收行，托收行解付出口商。代收行无法照约收款时，必须立即通知托收行。

提示 托收行仅被授权根据委托人的指示和《托收统一规则》办理，不能擅自超越、修改、疏漏、延误委托人的指示。在业务进行过程中，如有问题，托收行应迅速联系委托人，保持与代收行的联系，并及时将有关信息反馈给委托人。

（3）信用证项下交单。信用证或跟单托收项下，出口人向银行交单。包括：① 正常交单：单据齐备。内容正确。提交及时。交单日期为规定交单日、信用证有效日、提单签发日后21天三者中的最小日。有的信用证规定在进口国或开证行所在地到期，则交单要提前，以便留有充足的时间让出口地银行审单后立即寄单，保证在信用证到期日前开证行或指定银行能收到单据。② 不符点交单，详见本书第4章。

出口商（受益人）交单后银行的操作流程：议付行收单（注明收单日）；议付行审单（不超过5个工作日）；议付行审单无误，则扣除手续费和贴息后将余款交出口商或答应垫款；议付行寄单索偿；开证行审单（不超过5个工作日）；开证行审单无误，则接受单据，并通知赎单；申请人付款赎单；开证行偿付议付行；议付行解付出口商。

提示 ① 议付行审单后，按信用证规定的路线寄单至开证行，并附上议付行自有格式的寄单面函，向开证行索偿。寄单面函是议付行的索汇依据和指示，一般包括金额、信用证号、寄单说明（每种单据的名称、份数、寄单方式）、付款指示、账号及汇款方式等内容。② 如果信用证允许，也可采用电索（T/T）。③ 如果是限制议付信用证，而非指定银行审核并接受了受益人提交的单据，然后向开证行寄单并向偿付行索汇，根据国际商会第489号出版物case196的解释，由于非指定银行没有得到开证行授权，因此无权得到偿付。但是，该非指定银行将单据提交给开证行并直接向开证行索汇，若单证相符，且开证行在信用证有效期和最迟交单期内收到单据，则开证行必须付款。④ 如果受益人按期交单，而议付行在5个工作日内审完单据后已过交单截止日期，则应在寄单面函上注明受益人的交单日期，以免开证行或保兑行以已过有效期为由拒付（参见国际商会第535号出版物 case 27）。⑤ 如议付行直接向开证行索汇，若开证行拒付，只通知议付行即可。如议付行已向偿付行索汇，开证行即使接受单据也要通知议付行，以解除议付行对受益人的追索权；若开证行拒付，则必须通知议付行退款，同时通知偿付行。

【实例 2-2】 寄单的风险由谁承担?

某年10月10日，国内某进出口公司将一套含有全套海运提单的出口信用证单据（金额为USD4 320 000）交我国Y银行，开证行为沙特阿拉伯的某银行。Y银行审单后认为单证相符，于当日交快递公司寄出，预计10月底能收汇。但超过预计收汇期后还没有贷记头寸，通过快递公司，Y银行了解到开证行已于10月17日签收了此快递单，自11月4日起Y银行便隔日发电查询，11月17日开证行回复，称所查快递单虽签收，但收件内容却是一块长120cm、宽21cm的布料，并未收到Y银行查询电中所述单据。Y银行收电后意识到该单据已被错寄，于是要求快递公司予以协查。同时由于单据中含有全套物权单据，Y银行又通过船运公司了解到开证申请人用银行担保提走货物，进一步证明开证行确实未收到正本单据。为尽快收回此笔款项，在单据查无着落的情况下，Y银行提出补寄一套副本单据请求开证行付款，但开证行坚持要求正本单据，因为开证行已出具提货担保书，必须用正本提单换回其担保书才能免除其自身责任，而要再出具一套正本提单，还需出口商提供反担保，出口商要求Y银行承担连带责任。正在Y银行一筹莫展时，快递公司通过国外代理公司、海关等的联查，追回了寄错的单据，于12月27日交回Y银行。Y银行当日通过另一家快递公司再将单据寄开证行，同时发电通知。该笔货款终于在次年1月6日收回，时间长达三个月。

本案中出口方银行抽调专人收发电27次，传真查询、电话查询无数次，去船运公司、出口公司联系协商多次，最后虽然收回款项，但使出口商蒙受了晚收汇的利息损失，银行遭受到客户资源流失的间接损失。

分析：寄单也存在很大风险，但在交单时往往被忽略，银行应注意防范。

深入了解各家快递公司的业务专长，针对不同寄达地点选择快递公司。世界范围内办理快递业务的公司有五大家族，即EMS（邮政特快专递）、UPS（美国联合包裹公司）、FEDEX（联邦快件）、DHL（敦豪国际航空快件有限公司）、TNT。EMS对近洋地区如韩国、日本、东南亚的邮寄速度最快，资费也较低；DHL、UPS对美、加地区速度较快；TNT对欧洲地区最为迅捷。其他偏远地区如非洲、南美洲等国家，EMS需要通过其他快递公司代理投递，环节较多，转换投递的出错率较高。

银行可将自己了解到的各快递公司的优势介绍给客户，由出口商最后决定选择哪家快递公司为其服务。同时为了替客户保密，最大限度地减少由于快递公司工作失误打错快递封面、装错单据的情况，银行应将全套单据装好、封好并粘贴好封面详情单，不能图省事，把单据直接交给快递公司，由快递公司代为装封缮打封面详情单。

对大额单据或银行已融资单据，应使用保价特快专递，以降低风险；应与快递公司签订邮寄协议，明确双方责任。

对各家快递公司的服务质量进行备案，对出错率高的快递公司予以淘汰。

2．交单的要求

交单的基本要求是单据齐全，内容正确，提交及时。

提示 参看《UCP600》、《UCP500》、《eUCP1.1》、《ISBP681》等相关国际贸易惯例对信用证业务中的到期日、交单期、交单地点等问题的相关规定。

2.3 单证的认证

2.3.1 单证认证的含义

单证认证，是指根据有关惯例和进口国的相关规定，由出口商所在地商会、公证/认证机构或进口国驻出口国使/领馆对各种商业单据加以确认和证实。

2.3.2 单证认证的作用

不少国家都要求单证认证。单证认证的作用在于确保商业单据的真实性和交易的安全、避免发票等单据的私下交易、保证商品质量。

2.3.3 单证认证的主要类型

1．单证的国际商会认证

（1）单证的国际商会认证的含义。在我国，如果国外进口商要求“出口国的国际商会”进行外贸单证认证，可向当地中国贸促会（CCPIT）/中国国际商会（CCOIC）申请办理。CCPIT/CCOIC 以直接加盖单据认证专用章和说明章的方式对用于结汇的商业单证进行认证，这就是单证的国际商会认证。

（2）认证涉外商业单证的范围。提交 CCPIT/CCOIC 申请办理认证的单证应是信用证等所规定，并用于通关结汇的单证，类别主要有以下几种。

1）商业发票及形式发票。发票需加盖经过备案的印章，发票抬头与印章一致，必须有发票金额等。发票中如出现进、出口商以外的其他第三方的名称（如制造商、生产商），应提供该第三方的许可类文件。

2）提单。签发提单的船公司必须提供营业执照、船公司印章、印模样式及有关文件，在签证机构备案。外国船公司在我国的办事处签发的提单不予认证。

3）商品数量及重量证明。

4）各类运输证明及单据，包括船公司证明、船籍证明、船龄证明和运费发票等。

5）装箱单。

6）价格单。

7）检验证书。包括：外国在中国境内设立的检验机构出具的检验证，如 SGS；中国商检公司出具的检验证书，如 OMIC，直接用于出口通关结汇的；商检公司签发的检验证书，出口方、供货方或生产厂家出具的检验证、品质证、健康证、分析证等所涉及的非法定检验产品的检验证书。

8）屠宰证书。

9）保险单。签发保险单的公司必须提供营业执照及有关文件证明，在签发证机构备案。

10）其他用于通关结汇的单据和单证。

（3）递交认证的单证要求。

1）需要认证的商业单证，应属于单据认证业务范围，单证内容必须真实、合法、清晰、准确。申请单位与申请认证的商业单证必须具有相应的法律关系。

2）提交需认证的各类单证一律用打字机缮制，手写无效。单证要求做到清洁、完整、有效，凡修改处要盖申请单位修正章（每份单证使用修正章不得超过三处），提交时应注明各单证需认证的份数。

3）出口企业或供货方出具其产品达到国内或国际标准的证明，药品或食品卫生证明，须提供专门机构出具的佐证后方可认证。非直接用于出口通关结汇的，应一律申请涉外经贸文件证明书。

4）出口方、供货方或生产厂家出具的检验证、品质证、健康证、分析证等所涉及的非法定检验产品，办理认证时，要提供信用证、主管部门出具的产品合格证、生产许可证、营业执照等，作为申请认证的依据。

5）认证文件需要加手签的，应提供有效依据（如信用证等）。

6）所有单证认证须在贸促会留底一份，留底的可以是影印件。

附件 2-1 商业发票认证保函（向中国国际贸易促进委员会保证）

保　函

中国国际贸易促进委员会：

我公司保证提交贵会认证的第×××号商业发票所述产品名称、数量、单价、总价金额等项内容与海关出口货物报关单的内容相符，真实合法有效。如有违反相应法律、规定，出现伪造、瞒报等与事实不符的情况，由此产生的责任由我公司承担全部法律责任。

谢谢合作。

××××××公司

（单位公章）

年　　月　　日

（4）申请认证单证所需材料。申请材料：《认证涉外商业单据认证申请书》（见附件 2-2）；需认证的商业单据及其复印件；信用证、报关单、合同或其他相关依据。

2．领事认证

（1）领事认证的含义。领事认证（Legalization by Embassy or Consulate），又称“使领馆认证”，是指领事认证机构根据自然人、法人或其他组织的申请，对国内涉外公证书及其他证明文书或国外有关文书上最后一个印鉴、签名予以确认的活动。

在实际业务中，需要办理领事认证的单据文件往往是原产地证和商业发票。例如，“THE CERTIFICATE OF ORIGIN SHOULD BE LEGALIZED BY EMBASSY OR CONSULATE.”（原产地证明，必须由使馆或领事馆予以认证。）

附件2-2 认证涉外商业单据申请书

<table>
<tr><td colspan="2">

认证涉外商业单据申请书

申请单位声明：本企业申请办理下列单据的认证，保证单据上的全部内容正确、无误、真实，并承担由此产生的一切法律责任。

申请单位：
地　　址：　　　　　　　　　　　　　邮　　编：
经 办 人：　　　　　　　　　　　　　电　　话：

认证单据的种类（请在对应种类后画“√”）
商业发票/形式发票/海关发票/厂商发票
装箱单/重量单/数量单/价格单
提单、保险单
船公司各类声明
各种检验证书
其他用于通关结汇的单据和文件

认证事项及内容：
其他有关材料：　　　　　　　　　　　认证份数：
对应发票号或合同号：

申请单位盖章（签字）
年　月　日

签证机构声明：（1）证明单据的印章/签字属实（认证人员签字　　　）
（2）证明单据的内容真实、正确（认证人员签字　　　）

</td></tr>
</table>

（2）领事认证的作用。

1）使一国出具的文书能在其他国家境内得以承认，不会因怀疑文书上的印鉴、签名的真实性而影响其域外的法律效力。

2）通过领事认证，可以使被认证的单据文件在中华人民共和国境外发生法律效力，并被进口国有关机构（如贸易主管部门、海关、银行等）所承认和接受，确保出口贸易各项程序（如报盘、申请进口许可、出口结汇）的顺利进行。

> **提示** 由于领事认证并没有确认和证实单据文件上记载内容是否真实，所以进口国相关机构仍然可以对单据文件的内容进行审查，以确认能否被进口国所接受。如果经进口国审核，单据文件内容不真实，尽管该单据文件经过领事认证，仍可能被拒收。

3）通过领事认证可以使进口国的驻华使馆对我国与其贸易进行统计和审查，特别是对进口国实行特殊贸易政策的货物实施审查并加以控制（如禁止或限制进口、反倾销等）。还可以防止商人的伪造诈骗、弄虚作假和逃税行为。

4）领事认证费用较高，因而从某种意义上说，领事认证是一种非关税性贸易壁垒，可变相限制进口；同时，通过领事认证收取认证费用，也可增加其使领馆的收入。

（3）领事认证的范围。

1）用于通关结汇的各类商业单证，如原产地证、商业发票、 装箱单、提单、商检证、屠宰证、船证明、保险单等。

2）用于涉外商贸活动的各类证明文件，如合同、报关单、授权书、代理协议、营业执照、资信证明、投标文件等。

3）其他与涉外商贸活动相关需办理领事认证的文件。

（4）领事认证的办理程序。

1）出口企业申请。我国出口企业需要对涉外商业单据办理领事认证时，可委托各级 CCIQ 或各地 CCPIT/CCOIC 办理。委托代办时，申请单位应填写由中国贸促会统一印制的代办领事认证申办表；提交由中国贸促会（或其分支会）、中国出入境检验检疫局出具的公证或认证的商业文件；提交驻华使领馆认证所要求的文件复印件及其他相关材料。

2）各级 CCIQ 或各地 CCPIT/CCOIC 审核。经审核，认为材料齐备、符合条件的，可以接受代办申请。认证文件应当具备以下条件：申办表上所填写的申办国别、公司名称、联系人、电话、传真、申请日期及印章等应准确无误。申请人要求合理，并符合使馆有关规定（语言、份数、相关单据文件）； 提交的认证文件需符合领事认证受理范围的规定；合法有效、真实可辨、正确无误；是正式制作的，根据需要可以是正本、副本，甚至复印件（如报关单），但不能为手写；认证文件上的签字或印章清晰，且文件需经相关机构认证，印章不清、模糊、盖倒、重复盖两个章的单据文件不受理。

3）我国外交部领事司认证。由我国外交部领事司对单据文件先进行认证是外国驻华使领馆领事认证的先决条件。我国外交部领事司的认证是代表国家对涉外商业单据或文件进行审查。因此，需要领事认证的单据或文件，必须先由我国外交部领事司认证，不得直接交外国驻华使领馆认证。CCIQ 或 CCPIT/CCOIC 对申请单位提交代办的单据或文件审核后，对于可以办理领事认证的单据（如产地证）和官方机构、公证部门出具的文件（如商检局出具的商检证、动植物检疫局出具的动植物检疫证明等），可按要求直接送外交部领事司。对拟办理的领事认证，属于认证范围的单据文件，如发票、提单、屠宰证、商检公司出具的商检证、保险公司出具保险单等，先由 CCPIT/CCOIC 直接加盖单据证明专用章予以认证，然后送外交部领事司。对于需制作国际商事证明书的，先交中国贸促总会出具国际商事证明书，再送外交部领事司。CCPIT/CCOIC 将受理的文件输机、制单、整理后，需一个工作日送外交部领事司认证。

4）外国驻华使领馆认证。外交部领事司办妥认证后，由其驻外机构服务中心送外国驻华使馆办理领事认证（具体时间参照各国驻华使馆规定、收费一览表）。经外交部、使领馆认证好的文件，当天取回并当天核销完毕，通知当地自办公司、邮寄各地方贸促分支会。

（5）领事认证的注意事项。

1）加盖正确的印章。需要认证的各种商业单据或文件都应加盖各级 CCIQ 或各地 CCPIT/CCOIC 的印章，办理相应的公证书或证明书。

2）注意认证所需的时间和材料。不同国家办理领事认证规定的时间和所需材料不一

（见表 2-2，详见中国领事服务网）。各国使馆往往遇到我国的假期和本国的假期都休息。因此，申请领事认证时要注意时限规定，尽可能提早办理，以便顺利通关。

3）有些国家要求某些贸易单证的认证需同时办理。例如，阿联酋、科威特、伊朗、约旦、叙利亚等国要求发票必须与原产地证一起认证。此外，阿联酋、沙特、约旦等国还要求对出口到该国的肉类商品必须同时认证 4 种单证：发票、产地证、检验检疫证和屠宰证。阿联酋还要求肉鸡出口时需在检验检疫证上注明无病毒、无害、无流感。科威特还要求发票必须与原产地证及白色产地证（白色产地证是使用阿拉伯文的一种产地证）一起认证等。

4）有些国家要求附加单据或文件。阿根廷要求由他国或地区转口至阿根廷的货物，其原产地证办理认证时需同时认证两张发票。利比亚要求单独认证产地证时须附正本发票，且另收发票金额 8.3‰的手续费，发票和产地证需 4 份复印件。

5）注意领事认证的费用。几乎所有使领馆认证都收取一定的费用，有的收费还较高。因此，企业在开展对这些国家的出口贸易，尤其成交金额不大的贸易时要考虑到认证费用。同时还要注意有些国家是按批次收费，有些国家是依据发票金额按一定比例收费。

6）注意领事认证对文种的规定。例如，利比亚、科威特规定申请使馆认证时须附阿拉伯文的有关单据。委内瑞拉、哥伦比亚、乌拉圭、玻利维亚规定申请使馆认证时必须附西班牙文译文。

7）注意准确的联系方式。出口企业应清楚地留下联系方式（详细地址、联系人、电话），以便能够及时、准确地将办好的证件通知企业领取。

8）提供资料。包括《领事认证申请书》、产地证及其他有关材料（见表 2-2）。

表 2-2 常见的领事认证内容、时间和所需材料

国 别	认证内容	时 间	所需材料
阿根廷	产地证书、发票	7 天	已签产地证正本及复印件各一份；由他国或地区转口至阿根廷的货物，其产地证书办理时需附两份发票（出口商的发票和转口商的发票）；发票正本一份
阿联酋	产地证书、发票	7 天（普通）	发票需一份复印件；发票须与产地证一起认证，发票按金额收费；出口肉类时，需同时认证下列四类文书：发票、产地证、检验检疫证、屠宰证
阿曼	产地证书、发票	8 天	发票与产地证同时认证
埃及	产地证书	3 天	已签发好的产地证正本及复印件各一份
巴西	产地证书	20 天	一份正本，一份副本
韩国	产地证书	7 天	一份正本，一份副本
科威特	产地证书、白色产地证书、发票	7 天	发票必须与产地证和白色产地证（需用阿文填写，机打、手写均可）一起认证；蓝色产地证必须与白色产地证一起认证
黎巴嫩	产地证书、发票	15 天	证书认证时需附发票；发票可单独认证
秘鲁	产地证书	10 天	产地证和发票复印件须订在一起；需提供 1 份复印件
墨西哥	产地证书、其他商业证书	15～20 天	一份正本，一份副本

续表

国　别	认证内容	时　间	所需材料
沙特	产地证书、白色产地证书	10天	白色产地证需用阿文填写（手写、机打均可）；出口肉类时，需同时认证下列四类文书：发票、产地证、检验检疫证、屠宰证
土耳其	各类证书	10天	一份正本，一份副本
委内瑞拉	产地证书、其他商业证书	15天	一份正本，一份副本
乌拉圭	产地证书	15天	需西班牙文
叙利亚	产地证书、商业发票	7天	需一份复印件；发票、产地证一起认证；发票、产地证必须有下列字样：Neither parts nor raw-material of Israeli origin have been used in the production of the goods mentioned in this invoice no Israeli company or institute have been involved in the production or co-production of the above mentioned goods. 凡证书中包含与以色列有关内容，该馆均不予认证
伊拉克	产地证书等	20天	食品进口需提供健康证明；不认证肉类、奶类食品；单据类的商业文件（不能由公证处出具）送使馆经商处认证
伊朗	产地证、发票	15天	需一份复印件；产地证、发票、健康证（如有）须一起认证；所有商业发票类文书中必须注明买卖双方公司信息，包括公司名称地址、联系电话及手机、传真；伊朗到货港口信息；货物名称、重量、运输方式、金额（美元、欧元）、原产地等信息
以色列	产地证书	20天	一份正本，一份副本
英国	商业证书	10～15天	一份正本，一份副本
约旦	产地证书、发票	10天	发票、产地证一起认证；肉类出口需提供发票、产地证、检验检疫证、屠宰证；自由销售证明需提供约旦客户要求的证明
越南	产地证书	15天	一份正本，一份副本
智利	产地证书	20天	一份正本，一份副本

3．产地证书加签“未再加工证明”

（1）产地证书加签“未再加工证明”的含义。根据我国与有关国家、地区或区域性组织达成的协议，国家质检总局授权中国检验有限公司（香港）对我国经香港转口的出口货物，在中华人民共和国签证机构签发的原产地证书的“官方声明”栏加签“未再加工证明”。

（2）“未再加工证明”的内容。“未再加工证明”的中文为：“兹证明该证书所列商品在中国香港停留/转运期间未进行任何加工。”英文为：“This is to certify that the goods stated in this certificate had not been subjected to any processing during their stay/transshipment in China Hong Kong.”

该证明加注在已签发的原产地证的官方声明栏，加盖中国检验有限公司（香港）的印章，签署人手签并注明加签日期。

在特殊情况下，中国检验有限公司（香港）也可以签发单独的“未再加工证明”。

（3）“未再加工证明”的申请。

1）申请条件。“未再加工证明”的加签，仅限于某些国家、地区或区域性组织。这些国家、地区或区域性组织已经与我国政府达成双边协议，接受由中国检验有限公司（香港）签发的“未再加工证明”。目前只有输往欧盟的货物，需要加签“未再加工证明”。申请加签“未再加工证明”的货物，必须已经取得中国检验检疫机构签发的原产地证。申请人在领到检验检疫局签发的 FORM A 证书后，可向中国检验有限公司（香港）签证服务部提出申请。已经取得中国境内签发的直运提单或联运提单的货物，不需要申请“未再加工证明”。

2）申请人。货物关系人（如制造商、承运商、中介商等，以下简称“申请人”）均可申请“未再加工证明”。

3）申请时需提交的材料及提交时间。提交已签发的原产地证正本和复印件各一份、中国的出口发票、报关单和申请人开具的转口发票（皆为复印件）及书面申请，据实申请。申请人应于货物交仓前提交申请。

（4）“未再加工证明”的签发。申请人应保证我国出口货物在香港停留或转运期间，不对该货物进行任何加工，方可获得签发“未再加工证明”。

签发“未再加工证明”时，中国检验有限公司（香港）应逐一审核申请人提交的各种证单是否与检验检疫机构签发的原产地证内容一致。经审核无误的，予以签发“未再加工证明”。

中国检验有限公司（香港）视情况在货物离境前对货物按规定比例进行查验。发现对申请“未再加工证明”的货物进行任何形式再加工的，不予签发“未再加工证明”。再加工包括拆箱、分类（分级）、重新搭配、检验、换包装、再包装及替换产品等。

对转口时未申请“未再加工证明”的货物，离境后一般不再受理签发“未再加工证明”。

复习思考题

一、单项选择题

1．托收项下单证无须做到（　　）。

A．单同一致　　B．单单一致　　C．单证一致　　D．单货一致

2．下列关于单证日期表述不正确的是（　　）。

A．汇票日期应在各单据日期之首

B．提单日不得迟于或早于装运期

C．保险单签发日应早于或等于提单日期，不早于发票日期

D．商检证日期不晚于提单日期，但也不能过早于提单日，尤其是鲜活、易变质商品

3．针对单套单据，在单据数量较集中时，可以先采用（　　）审单。

A．先数字后文字审单法　　B．纵横审单法

C．即期装船审单法　　D．两道工序审单法

二、多项选择题

1．制单的具体要求包括（　　）。

A．正确完整　　B．及时　　C．无涂改　　D．简洁

2．下列关于单证修改表述正确的是（　　）。

A．单证应尽量减少甚至不出现涂改现象

B．不允许一份单证多次涂改，涂改多于三处，最好重新缮制

C．涂改处一定要盖更正章或校对图章“alteration approved”，并签字或简签加以证实（anthenticated），以明确修改责任

D．如果出现差错，单证都可以修改

三、简答题

1．简述制单的基本要求、依据和技巧。

2．简述审单的基本原则和方法。

3．简述改单、交单的含义和要求。

4．简述国际贸易单证认证的含义、作用和主要类型。

5．简述单证的国际商会认证的含义、范围和对所需认证的单证的要求。

6．简述单证的领事认证的含义、范围和注意事项。

四、案例分析题

1．某外贸公司与澳大利亚客商签订一份销售合同，目的港为悉尼。由于单证员疏忽，制单时误填为墨尔本，以致货物错运至墨尔本。这种疏忽会带来什么经济影响？

2．中国A公司与美国B公司签订了一份国际货物买卖合同，由A公司向B公司销售一批工艺品，双方在合同中约定采用信用证方式付款。合同订立后，B公司依约开来信用证。该信用证规定，货物最迟装运期至9月30日，提单是受益人A公司应向银行提交的单据之一，信用证到期日为10月15日，信用证未规定交单期。A公司于9月12日将货物装船并取得提单，提单的日期为9月13日。10月5日A公司向银行交单议付，银行以已过交单期为由拒绝付款。请分析本案例。

第3章 国际贸易合同

03

引导案例

有资信不错的客户询盘了

田方用了约三个月的时间到工厂车间实习，了解产品的种类、规格、性质、包装、生产工艺和生产能力等，通过各种方法了解纺织服装的国内外行情。做好必要的业务准备以后，田方跟随经理参加了一次广交会，在广交会上结识了来自阿联酋星星公司的经理 Lamia Khashoggi 女士。Lamia Khashoggi 对从中国进口童毯非常感兴趣，双方交换名片后约定尽快联系。广交会结束后，田方就收到了 Lamia Khashoggi 的询盘函（Inquiry Letter），欲从中国购买童毯（BABY BLANKET），内容如下：

STAR CORPORATION
5 KING ROAD, DUBAI, UAE
TEL：+971-4-6666888
FAX：+971-4-6666889
E-MAIL：LAMIAKHASHOGGI@STAR.COM

TO：BLUE SKY INTERNATIONAL TRADING CO.，LTD.
ATTN：TIAN FANG
DATE：OCT. 21, 2014

Dear Sirs,

It was a pity that we didn't have the chance to talk with you in detail during the GUANG ZHOU Fair. We are very interested in your Baby Blanket, Style No.SY001.It would be appreciated if you could quote us your best price in USA/pc on CIF DUBAI including 5% commission for 5 000 pcs. 30% of sales proceeds will be paid by T/T before shipment and the balance paid by T/T after we receive the shipment. Besides, the commodity must be delivered before Jan. 15, 2015.

Meanwhile, we would like to have one sample of the above items for our customers to test before we place a firm order. Please mail it by DHL as soon as possible. We will pay the courier charge via DHL NO.996 785 666. If the lab tests go well, and your price is competitive, we'd certainly be able to place the order. Looking forward to hearing from you.

Yours sincerely,
STAR Corporation
Lamia Khashoggi
Manager

因为遇到的是新客户，田方商定合同前进行如下操作：

（1）进行细致的调查。① 客户资信调查。田方通过中国银行北京市分行在迪拜（DUBAI）的往来银行对阿联酋的星星公司进行资信调查。从资信调查结果来看，该公司是迪拜信用等级为 A、规模中等、专门经营纺织服装的进口商，值得信赖。② 贸易障碍调研。该童毯的海关编码适用于 63014000（合纤制毯子及旅行毯），出口到阿联酋不需要纺织品配额；查询海关税则，得知该商品的监管条件为 B（出境货物通关单），属于法定检验商品，需向出入境检验检疫局报检，出口报关时需提供出境货物通关单，增值税税率 17%，出口退税率为 16%。

（2）完成打样与寄样。① 当日发传真给供应商北京新星纺织有限公司，指示按星星公司要求打样并报价。② 2014 年 10 月 22 日，收到北京新星纺织有限公司免费提供的两条童毯 SY001 样品。通过 DHL 把一条样品寄给星星公司，邮费到付。另一条样品自己留存，并在留存样上标注货号/款式号（SY001）、寄送日期（OCT. 22, 2014）、客户名称（STAR CORPORATION）、快递单号（CHECKING NO.）等信息，以便日后与客户联系。

⇨**启示和疑问**　功夫不负有心人，有资信不错的客户询盘了。应该如何应对，才能顺利签订出口合同？

⇨**建议**　了解商定合同的相关知识，仔细进行核价，积极商定出口合同。

本章学习目标

- 了解价格核算、商定国际贸易合同的基本方法。
- 掌握价格核算、国际贸易合同的单证知识。

重要概念

价格核算　出口成交核算表　国际贸易合同

3.1 国际贸易合同的单证实务

3.1.1 国际贸易合同概述

1．国际贸易合同的含义

国际贸易合同，指不同国家的居民就货物、服务、技术贸易所达成的一致意思表示。居民包括自然人、非法人组织及法人，不强调其国籍，而主要以其住所或居所为基准。

2．国际贸易合同的商定程序

以货物贸易为例，国际贸易合同商定的程序一般有邀请发盘（Invitation to Offer）、发盘（Offer）、还盘（Counter Offer）和接受（Acceptance）四个步骤，其中发盘和接受是达成任何交易均不可缺少的两个基本环节和必经法律步骤。

3．国际贸易合同的内容

国际贸易合同的内容包括品名、品质、数量、包装、运输、保险、价格、国际货款收付、检验、索赔、不可抗力、仲裁和法律适用等交易条件。

提示 国际商会针对旨在转售的制成品所制定的《国际销售示范合同》(1997 年修订)，填补了制成品国际销售合同标准条款的空白，对涉外企业有深远的借鉴意义。

3.1.2　国际贸易价格核算

1．价格表示方法

商品价格一般包括单价（Unit Price）和总值（Total Value）或总金额（Total Amount）。完整的报价包含四部分：计量单位、单位金额、计价货币和贸易术语，各部分的顺序可变。

例如，	每公吨	1 000	美元	CIF 伦敦
	计量单位	单位金额	计价货币	贸易术语

2．出口报价构成及其核算

出口报价（售价、成交价）=出口成本+出口费用+出口利润。其核算步骤为：① 明确价格构成；② 核算出口成本；③ 核算出口费用；④ 核算出口利润；⑤ 核算出口报价。

（1）成本（Cost）。成本可以是生产成本、加工成本或采购成本（也称购货成本）。加工贸易型进出口企业，应重点掌握商品的加工成本，而大多数贸易型进出口企业则主要掌握采购成本。以贸易型进出口企业的采购成本为例，在出口报价中，采购成本所占的比重最大。如果国内供货价格除了货价外，还包含增值税，则采购成本又称“含税采购成本”或“税前成本”。增值税是以商品进入流通环节所发生的增值额为课税对象的一种流转税。由于出口商品通常进入国外流通领域，因此，对出口商品根据不同类别，国家采取增值税全额或比例退还的政策，从而形成了“退税收入”和“实际成本”（又称“不含税成本”或“税后成本”）的概念。由于增值税的征收及返还是根据货物本身的价格（货价），而不是根据含税的采购成本而定的，因此，必须将采购成本换算成实际成本，这是掌握出口成本换算的关键所在。

（2）费用（Expenses, Charges）。出口业务通常涉及货物的买卖、运输、保险、国际结算、海关及检验检疫等多个环节，每个环节都将形成费用。其中，国内费用包括包装费（缝包、拆包、倒包、捆包、过磅、定量、分标志、港外减载等费用）、仓储费、国内运杂费、港务费（拖轮、引航、移泊、停泊、系缆或解缆等费用）、码头捐、商检费、认证费、报关费、银行费用、购货利息、经营管理费等。国外费用包括出口运费、出口保险费、佣金等。

出口费用比重不大，但内容繁多，核算较为复杂。核算方法有两种：一是明细核算法，即把可能产生的费用相加计算出口费用；二是经验核算法，即根据企业经营状况和管理规定，按采购成本的一定比例（出口费用率）计算出口费用。

主要出口费用构成及经济含义如表 3-1 所示。

表 3-1　主要出口费用构成及经济含义

中文名称	英文名称	经济含义
包装费	Packing Charge	通常包括在采购成本中，如果客户对货物另有特殊的包装要求，由此产生的费用要作为包装费另加
仓储费	Warehousing Charge	需要提前采购或另外存仓的货物往往会发生仓储费用
国内运费	Inland transport Charge	出口货物在装运前发生的境内运输费用，通常有卡车运输费、内河运输费、路桥费和装卸费等

续表

中文名称	英文名称	经济含义
港杂费	Port Charge	出口货物装运前在港区码头所需支付的各种费用
认证费	Certification Charge	出口商办理出口许可、配额、产地证明或其他证明所付的费用
商检费	Inspection Charge	出口商品检验机构根据国家规定或出口商请求，对货物进行检验所发生的费用
捐税	Duties and Taxes	指国家对出口商品征收、代收或退还的有关税费，通常有出口关税和增值税等。其中，出口关税税额=出口关税完税价格×适用出口关税税率。完税价格是为进出口货物缴纳关税而由海关审核确定的价格
垫款利息	Interest	垫款利息是指出口企业从支付供应商货款到收到出口货款期间，对采购成本所垫付的银行利息。垫款利息=采购成本×贷款年利率×垫款天数÷一年的天数（360 天或 365 天）
业务定额费或经营管理费	Operating Charge	业务定额费=采购成本（含税）×业务定额费率 业务定额费率：指出口商对业务操作中诸如邮电通信、交通差旅、招待客户等业务费用（也称经营管理费）按历年实际支出状况规定的百分比，一般为购货成本的 5% ~ 10%。业务量越大，商品获利能力越强，则费率定得越低，反之越高
银行手续费	Banking Charge	银行向客户提供汇兑、结算等相关服务收取的费用，按次（每笔交易）或按委托收款金额（即报价或成交价格）的一定百分比收取。例如，信用证付款时，通知费：RMB100 ~ 400；修改通知费：RMB100 ~ 300；议付费：货值的 0.125%，最低 RMB400；快递费：一般实报实销
国外运费	Freight Charge	货物出口时支付的海运、陆运或空运费用
保险费	Insurance Premium	出口商向保险公司购买货运保险或信用保险所支付的费用
佣金	Commission	买方或卖方向中间商支付的报酬
包干费		货运代理或其他服务营运商提供进出口清关服务所发生的费用，通常含运输、装卸、商检、报关、单证和港口码头费用等

（3）预期利润（Expected Profit）。利润多少往往根据商品、行业、市场竞争状况，以及企业的价格策略等因素决定。利润的计算方法不尽相同，有的以某一固定的数额作为单位商品的利润，有的用一定的百分比作为经营的利润率。用利润率核算利润额时，应当注意利润率计算的依据。用采购成本作为利润计算依据的称为成本利润率；用销售价格作为利润计算依据的，则称为销售利润率。

出口价格的主要项目、计算公式和说明如表 3-2 所示。

表 3-2　出口价格的主要项目、计算公式和说明

项目	计算公式	特别说明
成本	（1）采购成本（含税）=购货单价或加权平均单价×购货数量 （2）退税收入=应退增值税+应退消费税 应退增值税=采购成本（含税）×出口退税率=购货成本（含增值税）÷（1+增值税税率）×出口退税率 消费税的退税办法分别依据该消费税征税办法确定。 从价定率征收：应退消费税=购进货物的进货金额×消费税税率 从量定额征收：应退消费税=出口数量×单位税额 复合征税：应退消费税=出口数量×定额税率+出口销售额×比例税率 （3）实际购货成本=采购成本（含税）–退税收入=采购成本（含税）×[1–出口退税率÷（1+增值税税率）]	（1）同一关联号下，一票出口对应多票进货或多票出口对应多票进货（按相同商品码计算）：加权平均单价=∑关联号内各笔进货计税金额÷∑各笔进货数量；按进货计算的平均退税率=∑每笔应退税额÷∑每笔进货计税金额 （2）申报退增值税时，一般须提供增值税专用发票。申报退消费税时，须提供从价定率和（或）从量定额消费税税收专用缴款书
费用	国内费用 经验核算法：国内费用=出口报价×定额费率 明细核算法：国内费用=各项国内费用之和（见表 3-1）	定额费率由外贸公司根据国内费用情况确定
	国外运费 每单位货物的运费=总运费÷货物总数量=总运费÷[（集装箱体积÷每一包装体积）×每一包装内的货物数量]	
预期利润	出口利润=出口报价–出口成本–出口费用 销售利润率=出口利润÷出口报价×100% 成本利润率=出口利润÷采购成本（含税）×100%	利润可用某个数额或利润率表示。用利润率表示时应注意基数
FOB 净价	FOB 成本价=实际购货成本+国内费用	在本公式中，预期利润均以报价为基数核算；FCA 价类似 FOB 价核算
	FOB 报价= FOB 成本价+预期利润 = FOB 成本价÷（1–预期销售利润率）	
CFR 净价	CFR 成本价=实际购货成本+国内费用+国外运费 =FOB 成本价+国外运费	在本公式中，预期利润以报价为基数核算；CPT 价类似 CFR 价核算
	CFR 报价= CFR 成本价+预期利润 = CFR 成本价÷（1–预期销售利润率）	
CIF 净价	CIF 成本价=实际购货成本+国内费用+国外运费+保险费 =FOB 成本价+国外运费+保险费 =（FOB 成本价+国外运费）÷[1–（1+保险加成率）×保险费率] =CFR 成本价+保险费 =CFR 成本价÷[1–（1+保险加成率）×保险费率]	在本公式中，预期利润以报价为基数核算；CIP 价类似 CIF 价核算
	CIF 报价= CIF 成本价+预期利润 =（实际购货成本+国内费用+国外运费）÷[1–（1+投保加成率）×保险费率–预期销售利润率]	在本公式中，预期利润以报价为基数核算；CIP 价类似 CIF 价核算

续表

项目	计算公式	特别说明
含佣价	含佣价=净价÷（1–佣金率） 例如，CIFC 报价=（实际购货成本+国内费用+国外运费）÷[1–（1+投保加成率）×保险费率–预期销售利润率–佣金率]	在本公式中，预期利润、佣金均以报价为基数核算
出口经济效益核算	出口换汇成本=出口总成本（人民币）÷出口外汇净收入（外币） 出口商品盈亏率 = 出口商品盈亏额÷出口总成本×100% =（出口人民币净收入–出口总成本）÷出口总成本×100% =（1–出口换汇成本÷银行外汇买入价）×100% 出口创汇率=出口创汇额÷原料外汇成本×100% =（成品出口外汇净收入–原料外汇成本）÷原料外汇成本×100%	（1）出口外汇净收入：出口商品按 FOB 价出售所得的外汇收入 （2）出口人民币净收入=出口外汇净收入×当时银行外汇买入价 （3）原料如为国产品，原料外汇成本按原料的 FOB 价计算；如为进口，则按原料的 CIF 价计算

3．进口价格构成及其核算

进口价格=进口成本+进口费用+进口利润。

其中，进口成本主要是进口货物的 FOB 价；进口费用包括国外运费（正常主运费）、国外保险费和国内费用。国内费用包括进口税费、目的港码头捐税、港务费（拖轮费、引航费、移泊费、停泊费、系缆或解缆费等）、卸货费、检验费、仓储费、国内运杂费、其他杂费、国内保险费、融资利息和银行费用、佣金等。

进口价格的主要项目、计算公式和说明如表 3-3 所示。

表 3-3　进口价格的主要项目、计算公式和说明

项目	计算公式	特别说明
成本	购货成本=购货单价或加权平均单价×购货数量	向出口商购货所付的货款
国外运费	每单位货物的运费=总运费÷货物总数量=总运费÷[（集装箱体积÷每一包装体积）×每一包装内的货物数量]	
保险费	保险费=保险金额×保险费率	保险金额=CIF 价或 CIP 价×（1+保险加成率）
国内费用	（1）内陆运费、报检费、报关费 （2）进口海关税费 1）进口关税税额（从价税制）=进口关税完税价格×适用进口关税税率 其中，进口关税完税价格=进口价（CIF）=（FOB+运费）÷（1–保险费率）=CFR÷（1–保险费率） 2）海关代征税 从价定率消费税=组成计税价格×适用消费税比例税率 从量定额消费税=应税进口数量×适用消费税定额税率 增值税税额=组成计税价格×适用增值税税率 其中，组成计税价格=进口关税完税价格+进口关税+	（1）报检或报关费：约 200 元/次 （2）完税价格是为进出口货物缴纳关税而由海关审核确定的价格。《海关法》规定，进口货物的完税价格包括货物的货价，运抵输入地点起卸前的运输及相关费用、保险费。它相当于该项进口货物的相同或类似货物在国际市场上公开的成交价格。凡成交价以外币计的，由海关按填发税款缴纳证之日国家外汇牌价的中间价折合人民币

续表

项目	计算公式	特别说明
国内费用	消费税 =[进口关税完税价格×（1+适用进口关税税率）]÷（1–适用消费税比例税率）（消费税从价征收时） 或=进口关税完税价格×（1+适用进口关税税率）+应税进口数量×适用消费税定额税率（消费税从量征收时） 3）进口调节税税额=CIF 价格×进口调节税税率 4）滞报金=完税价格×0.05%×滞报天数 5）监管手续费（主要指对减、免、保税货物提供服务而征收）=到岸价×0.1%～0.3% （3）银行费用 L/C 成交：银行费用=开证费+改证费（如需）+赎单费 D/P 成交：银行费用=赎单费 D/A 成交：银行费用=赎单费 T/T 成交：银行费用=汇款手续费	计征关税。完税价格金额四舍五入计算到元。 消费税是价内税，在进口时，总价已含消费税，计算消费税时要从价内税除去消费税再计算消费税。增值税是价外税，要在总价之外再计。产品税、工商统一税（地方附加税）与增值税计算方法类似。 进口调节税是国家对限制进口的商品或其他原因加征的税种 （3）银行收费情况不尽相同，每个银行对不同客户收费不尽相同（可和银行商谈） 汇款手续费=汇款金额×汇款费率
利润	利润可用某个数额或利润率表示	用利润率表示时应注意基数
进口经济效益核算	进口商品盈亏率=［国内销售收入（人民币）–进口成本（人民币）］÷进口成本（人民币）×100% 进口每美元赔赚额=［国内销售收入（人民币）–进口成本（人民币）］÷进口商品价格（美元）	（1）进口商品盈亏率反映盈亏程度。计算结果为正数，表示盈余；结果为负数，表示亏损 （2）进口每美元赔赚额反映企业每进口一美元商品的获利能力

3.1.3　成本核算表

为了进一步明晰出口核算，可以编制出口成本预算表（见表 3-4）或出口成交核算表（见表 3-5）。

表 3-4　出口成本预算表

编号：____________

日期：____________

商品名称及规格：__________________________

供货单位：____________________　出口国家/地区：____________________

买　方：____________________　出口报价：____________________

成交数量：____________________　当日汇率：____________________

装卸口岸/地点：从________至_________经由______________________

收入栏	J 合同金额：（外币） V 汇率： S 成交金额：（本币）

成本栏	收购价（含税进货价款） 含增值税税率：_____% 扣除出口退税收入： 退税率：_______% A. 实际采购成本：（本币）
费用栏	进货费用： 仓 储 费：_______ 国内运杂费：_________ 包 装 费：________ 港 杂 费：________ 商 检 费：_________ 报 关 费：_________ 其 他：_______ B. 国内费用：（本币）
	出口总成本 C：（FOB 成本）（本币）（C=A+B）
	出口运费 F：（外币）（本币） 计算标准和费率：______________
	CFR 成本（本币）：（C+F）
	出口保费 I：（外币/本币） 投保险别及相应保费率：__________ 总保费率：______________________ 加______成投保金额：____________
	CIF 成本（本币）：（=C+F+I）
	佣金 C：（本币） 佣金率：________%　　　计佣基数：______
	CIFC 成本（外币/本币）：（=C+F+I+C）
利润栏	L 成交利润额：S-CIFC： 成交利润率：L/J/V：

复核：　　　主管部门意见：　　　　　　财务部门意见：　　　　　　总经理批示：

表 3-5　出口成交核算表

编号：	日期：
商品名称及规格：	出口国家/地区：
供货单位：	成交价格：
买方：	汇率：　　　　成交数量：
收入栏	合同金额：（外币/本币）

成本栏	1. 采购成本（购货成本）: 含增值税税率： % 含消费税税率： % 2. 出口退税收入： 出口退税率： %
	实际成本：
费用栏	1. 出口运费（外币/本币）: 包装： 毛重： 每个纸箱尺码： 计算标准和费率： 2. 出口保险费（外币/本币）: 投保险别和相应费率： 加成投保金额： 3. 客户佣金（外币/本币）: 佣金率： % 4. 国内费用（外币/本币）:
	出口费用：
利润栏	总利润额（外币/本币）: 销售利润率： % 成本利润率： %

3.2 国际贸易合同的单证案例

3.2.1 合同磋商案例

1. 出口报价核算和发盘实例

【实例 3-1】 2014 年 10 月 22 日，田方收到北京新星纺织有限公司就童毯 SY001 的回复。报价核算资料如下。

品名：童毯；包装：纸箱；货号：SY001；包装方式：用出口纸箱包装，20 条/纸箱；面料：全涤纶；每个纸箱尺码：0.57（长）×0.40（宽）×0.40（高）=0.091 2（m^3）；毛重：10kg/箱，净重：9kg/箱。

采购成本（含增值税）：72 元/条（含增值税）；增值税税率：17%；出口退税率：16%；月生产能力：6 000 条/月；最低起订量：1 000 条/款；付款方式：交货时付款；交货地点：工厂交货；人民币对美元汇率：2014 年 10 月 22 日为 6.1437∶1；业务定额费率（按采购成本计）：5%；国内运费：2 000 元；其他国内费用：500 元；银行贷款年利率（1 年按 360 天计）：5.25%；银行费用率（以出口报价为基础）：0.3%；垫款利息：预计垫款时间为 30 天。

认证费：① 贸促会收费。产地证的办证费 35 元/份，领事认证代办费 115 元/份，发票认证费 10 元/份。② 外交部相关部门收费，240 元/份。③ 阿联酋使馆认证费（按货物总值为标准在收费表中查出）。产地证的使馆认证费 400 元，发票的使馆认证费 4 000 元。

商检费：该商品商检费标准是货物总值的 0.15%。投保平安险，到阿联酋的海运货物保险费率：0.1%。投保加成率：10%。佣金率：5%。预期销售利润率：12 %。假定起订量为 5 000 条。

需要报出每条童毯 CIF C5% DUBAI 价格。（计算数值保留到小数点后 4 位，最后报价保留到小数点后 2 位。）

【解析】

（1）明确价格构成。根据对方询盘函，需要报出每条童毯 CIF C5%DUBAI 的价格。确定价格构成为：CIF 含佣价=实际购货成本+国内费用+国外运费+保险费+佣金+出口预期利润

（2）核算出口成本。

实际购货成本=采购成本（含税）×［1−出口退税率 ÷（1+增值税税率）］

=72×［1−16% ÷（1+17%）］

≈62.153 9（元/条）

62.153 9÷6.143 7 ≈ 10.116 7（美元/条）

（3）核算出口费用。

1）国内费用。

国内运费=2 000÷5 000÷6.1437 ≈ 0.0651（美元/条）

业务定额费=采购成本（含税）×业务定额费率=72×5% ÷6.1437 ≈ 0.586 0（美元/条）

银行费用=出口报价×银行费用率=出口报价×0.3%

垫款利息=采购成本（含税）×贷款年利率×垫款天数÷1 年的天数（360）

=72×5.25%×30÷360÷6.143 7

≈ 0.051 3（美元/条）

认证费=贸促会收费+外交部相关部门收费+阿联酋使馆认证费

=［（35+115+10+115）+（2×240）+（400+4 000）］÷5 000÷6.1437

≈ 0.167 8（美元/条）

商检费=出口报价×0.15%

其他国内费用=500÷5 000÷6.1437=0.016 3（美元/条）

国内费用=国内运费+业务定额费+银行费用+垫款利息+认证费+商检费+其他国内费用

=0.0651+0.586 0+0.3%×出口报价+0.051 3+0.167 8+出口报价×0.15%+0.016 3

=0.886 5+0.45%×出口报价

2）国外运费。一是计算集装箱装箱量（按 20 英尺干货集装箱钢质）。

按重量计算：纸箱数量=250×10=2 500kg

按体积计算：纸箱的放置方法不同，结果也不同。纸箱放置方法有下列三种。

纸箱放置方法一

集装箱内尺寸：长 591cm×宽 233cm×高 224cm

纸箱在集装箱内的对应位置为：长 57cm×宽 40cm×高 40cm

集装箱长、宽、高共可装箱量为：长 10.3 箱×宽 5.8 箱×高 5.6 箱

去纸箱误差，集装箱可装纸箱数为：长 10 箱×宽 5 箱×高 5 箱=250 箱

体积为 22.8m^3

纸箱放置方法二

集装箱内尺寸：长 591cm×宽 233cm×高 224cm

纸箱在集装箱内的对应位置变动为：宽 40cm×长 57cm×高 40cm

集装箱长、宽、高共可装箱量为：长 14.7 箱×宽 4.0 箱×高 5.6 箱

去纸箱误差，集装箱可装纸箱数为：长 14 箱×高 4 箱×宽 5 箱=280 箱

体积为 25.536m^3

纸箱放置方法三

集装箱内尺寸：长 591cm×宽 233cm×高 224cm

纸箱在集装箱内的对应位置变动为：宽 40cm×高 40cm×长 57cm

集装箱长、宽、高共可装箱量为：长 14.7 箱×宽 5.8 箱×高 3.9 箱

去纸箱误差，集装箱可装纸箱数为：长 14 箱×高 5 箱×宽 3 箱=210 箱

体积为 19.152m^3

由此可见，“方法二”是最佳装箱方案，可以装 280 箱。

二是计算运费。查询中远集装箱运输有限公司（COSCO Container Lines）的报价表，DUBAI 属于基本港，一个 20 英尺集装箱基本运费为 600 美元，燃油附加费 BAF 为 126 美元。

国外运费=基本运费+附加费=（600+126）÷5 000=0.145 2（美元/条）

国外保险：查询保险费率表，投保平安险，到阿联酋的保险费率为 0.1%。

国外保险费=CIF 价×（1+保险加成率）×各种保险费率之和

=出口报价×（1+10%）×0.1%

=0.11%×出口报价

佣金=含佣价×佣金率=5%×出口报价

出口费用=国内费用+国外运费+国外保险+佣金

=0.886 5+0.45%×出口报价+0.145 2+0.11%×出口报价+5%×出口报价

=1.031 7+5.56%×出口报价

（4）核算出口利润。

出口利润=出口报价×销售利润率=12%×出口报价

（5）核算出口报价。

出口报价=出口成本+出口费用+出口利润

= 10.116 7+（1.031 7+5.56%×出口报价）+12 %×出口报价

即出口报价= 11.148 4÷（1–17.56%）

≈13.52（美元/条）

因此，出口报价为 USD13.52/PC CIF C5% DUBAI。

【实例 3-2】 根据对方询盘和己方的报价核算，对外发盘如下。

BLUE SKY INTERNATIONAL TRADING CO. , LTD.
118 # 5TH NORTH RING ROAD BEI JING, P. R. CHINA
TEL：+86-10-82398888
FAX：+86-10-82398889
E-MAIL：Tianfang@ bluesky.com

TO：STAR CORPORATION
ATTN：LAMIA KHASHOGGI

DATE：OCT. 23, 2014

Dear MS Lamia Khashoggi,

Thanks for your inquiry on Oct. 21, 2014.

We have mailed a sample of Baby Blanket Style No. SY001 by DHL on Oct. 22, 2014. As to the relevant fee, in order to facilitate you to promote sales in the initial stage, we furnish them to you free of charge. Please tell us if you have any special requirement for the goods, we will remake the sample to meet your demand. We believe through our mutual efforts, there will be active demand in your market.

We are now pleased to quote as follows:

1. Baby Blanket：Style No. SY001　Size：90cm×110cm　fabric：100%polyester
2. Packing：20 PCS/CTN　Size：57cm×40cm×40cm
3. Unit price：USD13.52/PC CIF C5%DUBAI
4. Quantity：5000 PCS
5. Payment：By L/C at sight
6. Shipment：To be effected within 60 days after receipt of the relevant L/C.
7. Insurance：To be effected by the seller for 1 10%invoice value covering F. P. A. as per CIC Of PICC dated 01/01/1981.

This offer is valid subject to your reply here before Nov. 1, 2014. As we have been receiving a rush of orders now, we would advise you to place your order ASAP.

By the way, according to this order, should any documents, i. e. certificate of origin, be legalized by UAE embassy/consulate in China?

We wish we could become your good trade partner.

I'm looking for your reply ASAP.

Yours sincerely,

Tian fang

提示　直接向客户发盘要多考虑发盘的完整性和吸引力；收到客户询盘后发盘则要注意针对性，必须以对方感兴趣或符合对方要求的商品货号为中心，有的放矢。

发盘具有法律约束力，完整、准确地拟写发盘函可避免争议，有利于缩短商定合同的时间。一封规范的出口发盘函应包括如下三方面内容：各项主要交易条件，可采用分条列项的形式写出，这样看起来清楚醒目；有效期及其他约束条件，目的是防止日后的争议，并催促对方早下订单；鼓励对方订货并表示供货满意。

2. 出口还价核算与还盘实例

【实例 3-3】　2014年10月27日，蓝天国际贸易股份有限公司（Blue sky International Trading Co.,Ltd.）外贸业务员田方收到阿联酋星星公司经理 Lamia Khashoggi 的如下回复：

STAR CORPORATION
5 KING ROAD, DUBAI, UAE
TEL：+971-4-6666888

FAX：+971-4-6666889
E-MAIL：LAMIA KHASHOGGI@STAR.COM

TO：BLUE SKY INTERNATIONAL TRADING CO. , LTD.

ATTN：TIAN FANG

DATE：OCT., 27, 2014

Dear Sir,

Thanks for your efficient work. We have received your sample which has passed our customer's test.

For your offer on Oct. 23, 2014, we think that the price is too high and some terms are not very reasonable. We will purchase 5000 pieces of Baby Blanket SY001（2000 pieces is white, 2000 pieces is blue, and the other is pink）, and send you the order in detail if you can accept me following before Nov. 1, 2014:

1. Unit price：USD 12.00/pc CIF C5% DUBAI

2. Payment：By L/C at 60 days after sight

3. Insurance：To be effected by the seller for 110%invoice value covering ALL Risks and War Risks as per CIC of PICC dated 01/01/1981.

The other terms of offer on Oct. 23. 2014 remain valid.

Besides, according to this order, certificate of origin and commercial invoice should be required to legalize by UAE embassy/consulate in China.

Best regards,

Yours sincerely,

Lamia Khashoggi

提示 星星公司（STAR CORPORATION）的回复表明三点：

（1）星星公司对田方的工作效率已加以肯定和认同，增加了对蓝天国际贸易股份有限公司的信任度。

（2）样品通过测试，表示星星公司对商品质量要求加以确认。

（3）该函只是一个还盘，但星星公司已表露出较强烈的合作意愿，只要蓝天国际贸易股份有限公司愿意降价、延长付款时间和扩大投保范围，就下5 000条童毯的订单。

星星公司的还盘改变了交易条件，蓝天公司需要进行出口还价核算。

（1）如果接受对方的还价，即USD 12. 00/pc CIF C5% DUBAI，则蓝天公司的销售利润率和成本利润率核算如下。

进货价：72元/条（含增值税）；数量：5 000条；增值税税率：17%；出口退税率：16%；出口价格：12.00美元/条；2014年10月27日的美元买入价变化为1美元=6.130 5元；业务定额费率（以采购成本为基础）：5%；国内运费：2 000元；银行费用率（以出口报价为基础）：0.3%；银行贷款年利率（以采购成本为基础）：5.25%；认证费：5 155元；商检费率（以出口报价为基础）：0.15%；其他国内费用：500元；国外运费（一个20英尺干货集装箱钢质）：726美元；一切险费率：0.4%；战争险费率：0.03%；佣金率：5%。

出口价格=出口成本+出口费用+出口利润

销售利润率=出口利润÷出口价格=（出口价格−出口成本−出口费用）÷出口价格

成本利润率=出口利润÷采购成本（含税）

=（出口价格−出口成本−出口费用）÷采购成本（含税）

1）核算出口成本。

实际购货成本=72×［1−16%÷（1+17%）］÷6.130 5

≈62.153 9÷6.130 5 ≈ 10.138 5（美元/条）

2）核算出口费用。

第一，国内费用，其中：

国内运费=2 000÷5 000÷6.130 5≈ 0.065 3（美元/条）

业务定额费=采购成本×业务定额费率=72×5%÷6.130 5 ≈ 0.587 2（美元/条）

银行费用=出口报价×银行费用率=0.3%×12.00=0.036（美元/条）

垫款利息=采购成本（含税）×贷款年利率×垫款天数÷一年的天数（360）

=72×5.25%×90÷360÷6.130 5

≈0.154 2（美元/条）

（注：由于付费时间从 L/C at sight 改为 L/C at 60 days after sight，垫付时间延长为 3 个月，银行贷款年利率为 5.25%。）

认证费=5 155÷5 000÷6.130 5 ≈ 0.168 2（美元/条）

商检费=出口报价×0.15%=12.00×0.15%=0.018 0（美元/条）

其他国内费用=500÷5 000÷6.130 5 ≈ 0.016 3（美元/条）

则国内费用=国内运费+业务定额费+银行费用+垫款利息+认证费+商检费+其他国内费用

= 0.065 3+0.587 2+0.036+0.154 2+0.168 2+0.018 0+0.016 3

=1.045 2（美元/条）

第二，国外运费=（600+126）÷5 000=0.145 2（美元/条）

第三，国外保费=CIF 价×（1+保险加成率）×各种保险费率之和

=12.00×（1+10%）×（0.4%+0.03%）

≈ 0.056 8（美元/条）

（注：由于星星公司把投保险别从投保平安险改为一切险和战争险。）

3）佣金=含佣价×佣金率=12.00×5%=0.600 0（美元/条）

最后得出：出口费用=国内费用+国外运费+国外保险+佣金

=1.045 2+0.145 2+0.056 8+0.600 0

=1.847 2（美元/条）

4）核算销售利润率和成本利润率。

销售利润率=1−（出口成本+出口费用）÷12.00

=1−（10.138 5+1.847 2）÷12.00

≈0.119 2%

成本利润率=出口利润÷采购成本（含税）

=（出口价格−出口成本−出口费用）÷采购成本（含税）

=（12.00–10.138 5–1.847 2）÷（72÷6.130 5）

≈0.1218%

（2）还价成本核算。若接受星星公司 12.00 美元/条的还价，在出口费用不变的情况下，要实现 10%的目标销售利润率，应该明确采购成本要降多少。

采购成本（含税）=出口价格–出口利润–出口费用+出口退税额

1）核算出口利润。

出口利润=出口价格×销售利润率=12.00×10%=1.20（美元/条）

2）核算出口费用。

第一，计算国内费用。

国内运费=2 000÷5 000÷6.130 5≈ 0.065 3（美元/条）

业务定额费=采购成本（含税）×业务定额费率=采购成本（含税）×5%

=采购成本（含税）×0.05

银行费用=出口报价×银行费用率=0.3%×12.00=0.036（美元/条）

垫款利息=采购成本（含税）×贷款年利率×垫款天数÷1 年的天数（360）

=采购成本（含税）×5.25%×90÷360

=0.013 1×采购成本（含税）

认证费=5 155÷5 000÷6.130 5 ≈ 0.168 2（美元/条）

商检费=出口报价×0.15%=12.00×0.15%=0.018 0（美元/条）

其他国内费用=500÷5 000÷6.130 5 ≈ 0.016 3（美元/条）

国内费用=国内运费+业务定额费+银行费用+垫款利息+认证费+商检费+其他国内费用

=0.065 3+采购成本（含税）×0.05+0.036+0.013 1×采购成本（含税）+0.168 2+0.018 0+0.016 3=0.303 8+0.063 1×采购成本（含税）

第二，计算国外运费。

国外运费=（600+126）÷5 000=0.145 2（美元/条）

第三，计算国外保险费。

国外保费=CIF 价×（1+保险加成率）×各种保险费率之和

=12.00×（1+10%）×（0.4%+0.03%）

≈ 0.056 8（美元/条）

（注：由于星星公司把投保险别从投保平安险改为一切险和战争险。）

第四，计算佣金。

佣金=含佣价×佣金率=12.00×5%=0.600 0（美元/条）

出口费用=国内费用+国外运费+国外保险+佣金

=0.303 8+0.063 1×采购成本（含税）+0.145 2+0.056 8+0.600 0

=1.105 8+0.063 1×采购成本（含税）

3）核算出口退税额。

出口退税额（退税收入）=采购成本（含税）÷（1+增值税税率）×出口退税率

=采购成本（含税）÷（1+17%）×16%

≈0.136 8×采购成本（含税）

4）核算采购成本。

采购成本（含税）=出口价格−出口利润−出口费用+出口退税额

=12.00−1.20−［1.105 8+0.063 1×采购成本（含税）］+0.136 8×采购成本（含税）

解得：采购成本（含税）=9.694 2÷0.926 3×6.130 5

≈64.16（元/条）

提示 如果接受星星公司的价格12.00美元/条，则可能出现如下变化。

（1）如果成本、费用不做调整，销售利润率为0.119 2%，无法实现10%的目标销售利润率。

（2）如果出口费用不做调整，想要保持10%的销售利润率，并接受12.00美元/条的价格，就要求供货商降价，即采购成本（采购价格）（含税）降至64.16元/条，比原报价72元/条要低7.84元/条，下降10.89%。供货商能接受吗?

还价核算为出口企业的再还价提供了决策依据，要保持10%的销售利润率，对内对外都要压价，不能只压国内企业价格，对国外客户一味妥协。因此，田方一方面要求工厂降价，从每条72元降到70元；另一方面对客户采取小幅递减让步策略，从USD13.52/PC降到USD13.40/PC，第二次让步时，从USD13.40/PC降到USDL13.30/PC，最终双方同意按USD13.30/PC CIF C5%DUBAI成交。

3. 出口成交核算实例

【实例3-4】 2014年10月31日，通过几轮的磋商，外贸业务员田方最终说服供应商北京新星纺织有限公司，把价格降到70元/条。同时，与星星公司达成USD13.30/PC CIF C5%DUBAI成交价，并就其他条款达成一致协议，主要的谈判结果如下。

品名及货号：童毯SY001。

面料：100%涤纶

单价：USD 13.30/PC CIF C5%DUBAI

数量：5 000条

金额：66 500美元（数量和金额都允许有5%的增减）

包装：用出口纸箱包装，20条/纸箱，单色单码

每个纸箱尺码：57cm×40cm×40cm=0.091 2m^3

正唛：包括STAR、合同号码、款式号、目的港和箱号

侧唛：包括商品颜色、纸箱尺寸和每箱条数

付款方式：见票后60天付款的议付信用证，要求在2014年11月22日之前开到。

装运：收到信用证后60天内装运；从天津装运至迪拜；允许转运，不允许分批装运。

保险：由卖方按发票金额的110%投保一切险和战争险。

单据：① 签名的发票一式三份，其中一份正本要到国际商会和阿联酋在中国的使馆认证。② 装箱单一式三份。③ 一般原产地证，要到国际商会和阿联酋在中国的使领馆认证。④ 全套（3/3）清洁已装船海运提单，做成空白指示抬头，空白背书，标注运费已付，通

知开证申请人。⑤ 保险单一式两份。

提示　田方与星星公司的谈判结果表明，合同的主要条款已经谈妥，应进行成交核算，进一步明确该笔业务的出口成本、费用和利润。蓝天国际贸易股份有限公司的销售利润率和成本利润率成交核算如下。

进货价（采购成本，含增值税）：70 元/条；数量：5 000 条；增值税税率：17%；出口退税率：16%；出口价格：13.30 美元/条；2014 年 10 月 31 日的美元买入价 1 美元=6.097 8 元；业务定额费率（以采购成本为基础）：5%；国内运费：2 000 元；银行费用率（以出口报价为基础）：0.3%；银行贷款年利率（以采购成本为基础）：5.25%；认证费：5 155 元；商检费率（以出口报价为基础）：0.15%；其他国内费用：500 元；国外运费（一个 20 英尺干货集装箱钢质）：726 美元；一切险费率：0.4%；战争险费率：0.03%；佣金率：5%。

成交核算具体过程如下。

（1）核算出口成本。

出口成本（实际购货成本）= 采购成本（含税）×（1+增值税税率−出口退税率）÷（1+增值税税率）=70×（1+17%−16%）÷（1+17%）÷6.097 8
≈ 60.427 4÷6.097 8 ≈ 9.909 7（美元/条）

（2）核算出口费用。

1）核算国内费用。

国内运费=2 000÷5 000÷6.097 8=0.065 6（美元/条）

业务定额费=采购成本（含税）×业务定额费率=70×5%÷6.097 8 ≈ 0.574 0（美元/条）

银行费用=出口报价×银行费用率=13.30×0.3%=0.039 9（美元/条）

垫款利息=采购成本（含税）×贷款年利率×垫款天数÷1 年的天数（360）÷6.097 8
=70×5.25%×90÷360÷6.097 8
≈ 0.150 7（美元/条）

（注：由于付费时间从 L/C at sight 改为 L/C at 60 days after sight，垫付时间延长为 3 个月，银行贷款年利率为 5.25%。）

认证费：5 155÷5 000÷6.097 8 ≈ 0.169 1（美元/条）

商检费=出口报价×0.15%=13.30×0.15% ≈ 0.020 0（美元/条）

其他国内费用=500÷5 000÷6.097 8 ≈ 0.016 4（美元/条）

国内费用=国内运费+业务定额费用+银行费用+垫款利息+认证费+商检费+其他国内费用
=0.065 6+0.574 0+0.039 9+ 0.150 7+0.169 1+0.020 0+0.016 4
=1.035 7（美元/条）

2）核算国外运费。

国外运费=726÷5 000=0.145 2（美元/条）

3）核算国外保费。

国外保费=CIF 价×（1+保险加成率）×各种保险费率之和
=13.30×（1+10%）×（0.4%+0.03%）
≈ 0.062 9（美元/条）

（注：由于星星公司把投保险别从投保平安险改为一切险和战争险。）

4）核算佣金。

佣金=含佣价×佣金率=13.30×5%=0.665 0（美元/条）

综上，出口费用=国内费用+国外运费+国外保险+佣金

=1.035 7+0.145 2+0.062 9+0.665 0

=1.908 8（美元/条）

（3）核算销售利润率和成本利润率。

销售利润率=出口利润÷出口价格×100%

=（出口价格–出口成本–出口费用）÷出口价格×100%

=（13.30–9.909 7–1.908 8）÷13.30×100%

≈ 11.14%

成本利润率=出口利润÷采购成本（含税）×100%

采购成本（含税）=70÷6.097 8 ≈ 11.479 6（美元/条）

成本利润率=（出口价格–出口成本–出口费用）÷采购成本（含税）×100%

=（13.30–9.909 7–1.908 8）÷11.479 6×100%

≈ 12.91%

提示 根据洽谈结果，核算后发现，销售利润率达 11.14%，成本利润率为 12.91%，比预期利润率略高，磋商谈判达到了预期效果。为了进一步明晰该笔交易的成交核算，田方制作了出口成交核算表（见表 3-6）。

表 3-6 出口成交核算表

蓝天国际贸易股份有限公司（Blue sky International Trading Co.，Ltd.）		
编号：		日期：2014 年 10 月 31 日
商品名称及规格：品名：童毯；货号：SY001		出口国家/地区：阿联酋
供货单位：北京新星纺织有限公司		成交价格：每条 13.30 美元 CIF C5%DUBAI
买方：星星公司（STAR CORPORATION）		汇率：1 美元=6.097 8 元 成交数量：5 000 条
收入栏	合同金额：（外币）13.30 美元/条×5 000 条=66 500.00 美元 成交金额：（本币）66 500.00 美元×6.097 8 元/美元=405 503.70 元	
成本栏	1．采购成本（含税）：70 元/条×5 000 条=350 000.00 元 11.479 6 美元/条×5 000 条=57 398.00 美元 含增值税税率：17%，含消费税税率：0 % 2．出口退税收入：9.572 6 元/条×5 000 条=47 863.00 元 1.569 8 美元/条×5 000 条=7 849.50 美元 出口退税率：16%	
	出口成本，即实际购货成本：60.427 4 元/条×5 000 条=302 137.00 元 9.909 9 美元/条×5 000 条=49 549.50 美元	

续表

费用栏	1. 出口运费（外币/本币）：0.145 2 美元/条×5 000 条=726.00 美元 0.885 4 元/条×5 000 条=4 427.00 元 包装：用出口纸箱包装，20 条/纸箱，单色单码；毛重：10 kg/纸箱 每个纸箱尺码：57cm×40cm×40cm=0.091 2m^3，280 纸箱/20 英尺集装箱 计算标准和费率：一个 20 英尺干货集装箱（钢质）726 美元 2. 出口保险费（外币/本币）：0.062 9 美元/条 ×5 000 条=314.50 美元 0.3836 元/条×5 000 条=1 918.00 元 投保险别和相应费率：一切险费率 0.4%；战争险费率 0.03% 加 1 成投保金额：73 150.00 美元 3. 客户佣金（外币/本币）：0.665 0 美元/条×5 000 条=3 325.00 美元 4.055 0 元/条×5 000 条=20 275.19 元 佣金率：5% 4. 国内费用（外币/本币）：1.035 7 美元/条×5 000 条=5 178.50 美元 6.315 5 元/条×5 000 条=31 577.50 元 业务定额费：费率以采购成本（含税）为基础 5%；0.574 0 美元/条 国内运费：2 000 元；0.065 6 美元/条 银行费用：费率以出口报价为基础 0.3%；0.039 9 美元/条 垫款利息：银行贷款年利率以采购成本（含税）为基础 5.25%；0.150 7 美元/条 认证费：5 155 元；0.169 1 美元/条 商检费：费率以出口报价为基础 0.15%；0.020 0 美元/条 其他国内费用：500 元；0.016 4 美元/条
	出口费用：1.908 8 美元/条×5 000 条=9 544.00 美元 11.639 5 元/条×5 000 条=58 197.40 元
利润栏	总利润额（外币/本币）：7 406.50 美元 单位利润额：1.481 3 美元/条 销售利润率：11.14% 成本利润率：12.91%

3.2.2 合同签订案例

【实例 3-5】 2014 年 11 月 6 日，根据蓝天国际贸易股份有限公司与星星公司磋商谈判的结果，拟订销售合同如下，经双方盖章签字确认，合同开始生效。合同号：BS14125。

SALES CONTRACT

NO.：BS14125　　　　DATE：NOV.6, 2014

THE SELLER：BLUE SKY INTERNATIONAL TRADING CO., LTD.

118 #　5TH NORTH RING ROAD, BEIJING, P.R.CHINA

THE BUYER：STAR CORPORATION

5 KINGROAD, DUBAI, UAE

This Contract is made by and between the Buyer and Seller, whereby the Buyer agree to buy and the Seller agree to sell the under-mentioned commodity according to the terms and conditions stipulated below：

Commodity and Specification	Quantity	Unit price	Amount
Baby Blanket（100%polyester） As per the confirmed sample of Oct. 22, 2014 and Order NO. 2014008 and Style No. SY001	5 000 pcs	CIF C5% DUBAI USD13.30/pc	USD 66 500.00
Total	5 000 pcs		USD 66 500.00
TOTAL CONTRACT VALUE：SAY US DOLLARS SIXTY SIX THOUSAND FIVE HUNDRED ONLY.			

COLOR ASSORTMENT：

Color	White	Blue	Pink	Total
Total	2 000	2 000	1 000	5 000

More or less 5% of the quantity and the amount are allowed.

PACKING：20 pieces of Baby Blankets are packed in one export standard carton, solid color and size in the same carton.

MARKS：Shipping mark includes STAR, S/C No. , style No. , port of destination and carton No.

Side mark must show the color, the size of carton and pieces per carton.

TIME OF SHIPMENT：

Within 60 days upon receipt of the L/C which accord with relevant clauses of this Contract.

PORT OF LOADING AND DESTINATION：From Tianjin, China to Dubai, UAE

Transshipment is allowed and partial shipment is prohibited.

INSURANCE：To be effected by the Seller for 110% of invoice value covering. All Risks and War Risks as per CIC of PICC dated 01/01/1981.

TERMS OF PAYMENT：By irrevocable Letter of Credit at 60 days after sight, reaching the Seller not later than Nov. 30, 2014 and remaining valid for negotiation in China for further 15 days after the affected shipment. In case of late arrival of the L/C, the Seller shall not be liable for any delay in shipment and shall have the right to rescind the contract and/or claim for damages.

DOCUMENTS：+Signed invoice in triplicate, one original of which should be certified by Chamber of Commerce or CCPIT and legalized by UAE embassy/consulate in seller's country.

+Full set（3/3）of clean on board ocean bill of lading marked "freight prepaid" made out to order blank endorsed notifying the applicant.

+Insurance policy in duplicate endorsed in blank.

+Packing list in triplicate.

+Certificate of origin certified by Chamber of Commerce or CCPIT and legalized by UAE embassy/consulate in seller's country.

INSPECTION：The certificate of quality issued by the China Entry-Exit Inspection and Quarantine Bureau shall be taken as the basis of delivery.

CLAIMS: In case discrepancy on the quality or quantity of the goods is found by the Buyer, after arrival of the goods at the port of destination, the Buyer may, within 30 days and 15 days respectively after arrival of the goods at the port of destination, lodge with the Seller a claim which should be supported by an Inspection Certificate issued by a public surveyor approved by the Seller. The Seller shall, on the merits of the claim, either make good the loss sustained by the Buyer or reject their claim, it being agreed that the seller shall not be held responsible for any loss or losses due to natural cause failing within the responsibility of Ship owners of the Underwriters. The Seller shall reply to the Buyer within 30 days after receipt of the claim.

LATE DELIVERY AND PENALTY: In case of late delivery, the Buyer shall have the right to cancel this contact, reject the goods and lodge a claim against the Seller. Except for Force Majeure, if late delivery occurs, the Seller must pay a penalty, and the Buyer shall have the right to lodge a claim against the Seller. The rate of penalty is charged at 0.5% for every 7 days, odd days less than 7 days should be counted as 7 days. The total penalty amount will not exceed 5% of the shipment value. The penalty shall be deducted by the paying bank or the Buyer from the payment.

FORCE MAJEURE: The Seller shall not held responsible if they, owing to Force Majeure cause or causes, fail to make delivery within the time stipulated in the Contract or cannot deliver the goods. However, in such a case, the Seller shall inform the Buyer immediately by cable and if it is requested by the Buyer, the Seller shall also deliver to the Buyer by registered letter, a certificate attesting the existence of such a cause or causes.

ARBITRATION: All disputes in connection with this contract or the execution thereof shall be settled amicably by negotiation. In case no settlement can be reached, the case shall then be submitted to the China International Economic Trade Arbitration Commission for settlement by arbitration in accordance with the Commission's arbitration rules. The award rendered by me commission shall be final and binding on both parties. The fees for arbitration shall be borne by the losing party unless otherwise awarded.

This contract is made in four original copies and becomes valid after signature, two copies to be held by each party.

Signed by:

THE SELLER:	THE BUYER:
BLUE SKY INTERNATIONAL TRADING CO., LTD.	STAR CORPORATION
田方	Lamia Khashoggi

提示 书面合同一般包括下列三个部分内容。

（1）约首，指合同的序言部分，一般包括：合同名称；合同编号；订约日期；订约双方的名称和地址；双方订立合同的意愿和执行合同的保证。

（2）正文，具体列明各项交易条件。

（3）约尾，一般包括：合同份数；使用文字及效力，生效时间；订约的时间、地点；订约双方的签章。订约地点涉及合同法的适用问题，应该慎重对待。

3.3 国际贸易合同的单证实验

实验3-1 上海嘉宝进出口有限公司出口合同磋商与价格核算

【实验目的】 巩固出口交易磋商、价格核算和出口成交核算表的知识。

【知 识 点】 出口交易磋商、价格核算和出口成交核算表。

【实验内容】 根据素材给定的基本信息，完成如下操作：

（1）拟写业务建交函电。

（2）进行出口报价核算。

（3）拟写发盘函电。

（4）进行出口还盘核算。

（5）拟写还盘函电。

（6）进行出口成交核算、完成出口成交核算表。

【实验素材】素材3-1～素材3-6。

素材3-1 拟写出口建交函电的基本信息和具体要求

上海嘉宝进出口有限公司专营瓷器，产品包括各种茶具、餐具和厨房用具等。

在2015年某国际博览会上，日本东京一家公司代表 Miss SUZUKI 对上海嘉宝进出口有限公司出口的瓷器表现出浓厚的兴趣。但当时她有要事，未及深谈，留下名片就走了。该公司联系人及地址如下：

FUJIDA TRADING CO., LTD

LUNA SUZUKI
SECTION CHIEF OF SALES DEPT.I
ADD：TOKYO FUJIDA BUILDING，11-2
FUJIDA 1-CHOME，CHIYODAKU
TOKYO 102，JAPAN

博览会上日方感兴趣的是15头茶具系列（15PC TEA SET），该系列既实用，又具收藏价值，业已在日本其他地区受到好评。为打开东京市场，上海嘉宝进出口有限公司希望与该日本公司及早建立业务往来。

请拟写函电给对方，说明上述情况并另空邮商品目录，提请对方早日回复。信函日期：2015年3月2日。要求：格式正确完整，内容简明扼要。

素材3-2 出口报价核算的基本信息和具体要求

客户3月7日来函请中方按照FOBC5和CIFC5报价，并详述交易条件。

结合下述条件，以美元为报价单位进行出口报价核算，分别算出FOBC5和CIFC5价格，并列出详尽的核算过程。（小数保留至4位，小于1时保留至5位，美元报价取小数后2位）

商品	15头茶具（瓷制）	220CC 咖啡杯碟（瓷制）	16件厨房杂件（瓷制）	20头餐具（瓷制）（含瓷盘8只，瓷碟4只，瓷杯4只，瓷汤碗4只）
货号	NF91115	NC904	NY10216/408	NH91120
HS 编码	69111010	69111010	69111020	69111010
增值税税率	17%	17%	17%	17%
监管条件	A（入境货物通关单） B（出境货物通关单）	A（入境货物通关单） B（出境货物通关单）	A（入境货物通关单） B（出境货物通关单）	A（入境货物通关单） B（出境货物通关单）
出口退税率	13%	13%	13%	13%
包装	4套/纸箱	8盒/纸箱	2套/纸箱	2套/纸箱
包装尺码(m)	0.545×0.285×0.407	0.4×0.353×0.332	0.565×0.35×0.24	0.565×0.285×0.25
采购成本(含增值税)(元)	100	60	80	90
国内费用	（按一个20英尺集装箱计，有效容积25 m^3） 运杂费1 000元；商检费250元；报关费250元；港区港杂费1 000元；业务费1 500元；其他费用2 000元			
保险	成交金额基础上加成10%投保中国人民保险公司海运货物保险条款中的水渍险、碰损破碎险和战争险，费率分别为0.5%，0.3%和0.2%			
其他	嘉宝公司要求的预期利润为出口成交价格的10%；客户要求的佣金为5% 海洋运费：850美元/20'FCL。2015年3月12日美元汇率为1美元=6.1617元人民币			

素材 3-3 拟写出口发盘函电的基本信息和具体要求

根据素材3-2提供的客户来函信息和上述报价核算，写一封发盘信，告知对方交易的基本条件，并敦促对方尽快决定，发盘有效期为8天。

交易的基本条件如下。

（1）保险：成交金额基础上加成10%投保中国人民保险公司海运货物保险条款中的水渍险、碰损破碎险和战争险。

（2）支付方式：即期信用证。

（3）装运：5月底装运。

信函日期：2015年3月12日。

素材 3-4 出口还价核算的基本信息和具体要求

2015年3月23日收到对方还价，要求即期托收付款，并还价如下：

Commodity	15pc Tea Set	220cc Cup & Saucer	16pc Kitchenware	20pc Dinner Set
ART.NO.	NF91115	NC904	NY10216/408	NH91120
Price（CIFC5YOKOHAMA）	@ US$ 15.00/SET	@ US$9.20/BOX	@ US$ 13.20/SET	@ US$ 14.65/SET

根据对方还盘，试计算（计算过程小数保留至 4 位，小于 1 时保留至 5 位，计算结果取小数后 2 位。2015 年 3 月 23 日汇率：1 美元=6.144 8 元）：

（1）四种商品的利润额各为多少元？

（2）如果接受客户还价，而我公司又必须保持 8%的出口利润率，那么，每种商品的国内采购价格应为多少元？

（3）再次报价。经过努力，公司争取到以下条件，购货成本：NF91115：95 元/套；NC904：55 元/盒；NY10216/408：75 元/套；NH91120：85 元/套。海运费：800 美元/20'FCL。请重新报出 CIFC5 YOKOHAMA 的价格。（NF91115 和 NH91120 两种商品的利润率仍为 10%，NC904 和 NY10216/408 的利润率下降为 8%）

素材 3-5 拟写出口还盘函电的基本信息和具体要求

根据素材 3-4 提供的客户的还价信息和上述还价核算，草拟出口还盘信，要求如下：

（1）对对方未能接受我方报价表示遗憾。

（2）竞争应以质取胜，而非低价竞销。我方产品质量上乘，价格合理，设计典雅，色泽柔和，非常适销。

（3）对方的还盘无法接受，但出于开拓市场的考虑，首笔交易给予特别优惠的报价，以增强商品的竞争能力。

（4）有关即期托收，因本公司惯例为信用证付款，暂无法接受。如果今后能建立长期友好合作，可考虑。针对本次交易，本公司只接受即期信用证。

（5）该盘有效期为 8 天。

信函日期：2015 年 3 月 23 日。

素材 3-6 出口成交核算及编制出口成交核算表的基本信息

客户接受了上述中方 2015 年 3 月 23 日的出口还盘，同时明确不允许分批装运和转运。中方则要求对方于 4 月 25 日前通过可以接受的银行开来信用证，信用证有效期为装运日后 15 天在中国到期。

请根据与国外客户最终达成的交易条件，做出详细的出口成交核算，其中包括：采购总成本（含税）；总退税收入；实际购货成本；费用细目及总额（包括国内费用、海洋运费、保险费、佣金）；合同利润额及利润率。计算过程保留 4 位小数，最后结果保留 2 位小数。

实验 3-2 上海嘉宝进出口有限公司出口合同签订与出口成交签约函

【实验目的】 巩固拟写出口合同的知识。

【知 识 点】 出口合同。

【实验内容】 根据素材给定的基本信息，完成如下操作：

（1）拟写出口合同。

（2）拟写成交签约函。

【实验素材】 素材 3-7 和素材 3-8。

素材 3-7 拟写出口合同的基本信息和具体要求

根据素材 3-1 ~ 素材 3-6 的操作，结合出口合同基本条款的要求，完成售货确认书（空白格式如下）。合同号：JB-FJDSC15。日期：2015 年 4 月 1 日。要求：条款内容全面、具体。

上海嘉宝进出口有限公司售货确认书（空白）

SALES CONFIRMATION

S/C No.:

Date:

The Seller:SHANGHAI JIABAO IMP./EXP. CO., LTD　The Buyer:

Address: RM. 1812 UNION BUILDING ,　Address:

1202 ZHANGSHAN ROAD,

SHANGHAI, CHINA

Item No.	Commodity &Specifications	Unit	Quantity	Unit Price (US$)	AMOUNT (US$)

TOTAL CONTRACT VALUE:

PACKING:

PORT OF LOADING & DESTINATION:

SHIPMENT:

PAYMENT:

INSURANCE:

CONFIRMED BY:

THE SELLER　THE BUYER

SHANGHAI JIABAO IMP./EXP. CO., LTD.

×××

REMARKS:

1. The buyer shall have the covering letter of credit which should reach the Seller 30 days before shipment, failing which the Seller reserves the right to rescind without further notice, or to regard as still valid whole or any part of this contract not fulfilled by the Buyer, or to lodge a claim for losses thus sustained, if any.

2. In case of any discrepancy in Quality, claim should be filed by the Buyer within 30 days after the arrival of the goods at port of destination; while for quantity discrepancy, claim should be filed by the Buyer within 15 days after the arrival of the goods at port of destination.

3. For transactions concluded on C.I.F. basis, it is understood that the insurance amount will be for 110% of the invoice value against the risks specified in the Sales Confirmation. If additional insurance amount or coverage required, the Buyer must have the consent of the Seller before Shipment, and the additional premium is to be borne by the Buyer.

4. The Seller shall not hold liable for non-delivery or delay in delivery of the entire lot or a portion of the goods hereunder by reason of natural disasters, war or other causes of Force Majeure, However, the Seller shall notify the Buyer as soon as possible and furnish the Buyer within 15 days by registered airmail with a certificate issued by the China Council for the Promotion of International Trade attesting such event（s）.

5. All deputies arising out of the performance of, or relating to this contract, shall be settled through negotiation. In case no settlement can be reached through negotiation, the case shall then be submitted to the China International Economic and Trade Arbitration Commission for arbitration in accordance with its arbitral rules. The arbitration shall take place in Shanghai. The arbitral award is final and binding upon both parties.

6. The Buyer is requested to sign and return one copy of this contract immediately after receipt of the same. Objection, if any, should be raised by the Buyer within it is understood that the Buyer has accepted the terms and conditions of this contract.

7. Special conditions: （These shall prevail over all printed terms in case of any conflict.）

The Buyer__________
（买方加盖合同章生效）
（Be valid subject to being with the Buyer's Contract seal）

The Seller Shanghai Jiabao Imp. & Exp. Co., Ltd.
×××
GENERAL MANAGER

素材 3-8　拟写出口成交签约函的基本信息和具体要求

拟写成交签约函，感谢国外客户的订单，说明随寄售货确认书，催促会签合同，并希望信用证在 4 月 25 日前开到。信函日期：2015 年 4 月 1 日。

实验 3-3　签订出口合同

【实验目的】　巩固拟写出口合同的知识。

【知 识 点】　出口合同。

【实验内容】　经过交易磋商，太阳国际贸易公司和加拿大 ABC 公司就陶瓷餐茶具的交易条件达成共识。请进行如下操作：根据成交条件签订出口合同。要求：格式清楚、条款明确、内容完整。合同号：SHDS03027。

【实验素材】　素材 3-9 和 3-10。

素材 3-9　太阳国际贸易公司和加拿大 ABC 公司的成交条件

1. 卖方（Seller）：
太阳国际贸易有限公司
SUN TRADING CO., LTD.
623JINLIN RD., SHANGHAI, CHINA

2. 买方（Buyer）：
ABC GENERAL TRADING CO.
362 JALAN STREET, TORONTO, CANADA

3. 货号品名规格：
CHINESE CERAMIC DINNERWARE

DS1511	30-Piece Dinnerware and Tea Set	542SETS	USD23. 50/SET
DS2201	20-Piece Dinnerware Set	800SETS	USD20. 40/SET
DS4504	45-Piece Dinnerware Set	443SETS	USD23. 20/SET
DS5120	95-Piece Dinnerware Set	254SETS	USD30. 10/SET

4. 唛头：出货前客户通知。

5. 成交价格：CIF5% TORONTO。10%溢短装，卖方选择。

6. 包装条件：纸箱包装。DS2201 每箱装 2 套，DS1151、DS4504、DS5120 每箱装 1 套，共 1639 箱。

7. 交货/装运条件：货物用集装箱自中国经海运至加拿大多伦多港，装运期为 2013 年 4 月。

8. 保险条件：由买方按 CIF 价的 110%投保中国人民保险公司海运货物水渍险、碰损破碎险和战争险。

9. 付款条件：不可撤销即期信用证付款。

素材 3-10 太阳国际贸易公司和加拿大 ABC 公司的销售合同模板

<table>
<tr><td colspan="6">销售合同
SALES CONTRACT</td></tr>
<tr><td rowspan="3">卖方
SELLER:</td><td rowspan="3" colspan="3"></td><td>编号 NO.:</td><td></td></tr>
<tr><td>日期 DATE:</td><td></td></tr>
<tr><td>地点 SIGNED IN:</td><td></td></tr>
<tr><td rowspan="2">买方
BUYER:</td><td rowspan="2" colspan="3"></td><td></td><td></td></tr>
<tr><td></td><td></td></tr>
<tr><td colspan="6">买卖双方同意以下条款达成交易：
This contract Is made by and agreed between the BUYER and SELLER, in accordance with the terms and conditions stipulated below.</td></tr>
<tr><td colspan="2">1. 品名及规格
Commodity & Specification</td><td>2. 数量
Quantity</td><td>3. 单价及价格条款
Unit Price & Trade Terms</td><td colspan="2">4. 金额
Amount</td></tr>
<tr><td colspan="6"></td></tr>
<tr><td colspan="2"></td><td></td><td></td><td colspan="2"></td></tr>
<tr><td colspan="2">Total:</td><td></td><td></td><td colspan="2"></td></tr>
<tr><td>允许
With</td><td></td><td colspan="4">溢短装，由　　决定
More or less of shipment allowed at the　　option</td></tr>
<tr><td>5. 总值
Total Value</td><td colspan="5"></td></tr>
<tr><td>6. 包装</td><td colspan="5"></td></tr>
</table>

Packing	
7. 唛头 Shipping Marks	
8. 装运期及运输方式 Time of Shipment & means of Transportation	
9. 装运港及目的地 Port of Loading & Destination	
10. 保险 Insurance	
11. 付款方式 Terms of Payment	
12. 备注 Remarks	
The Buyer	The Seller
(Signature)	(Signature)

复习思考题

一、单项选择题

1．下列说法不正确的是（　　）。

A．利润的计算方法不尽相同

B．用利润率来核算利润额时，应当注意利润率计算的依据

C．用实际成本作为利润计算依据的，称为成本利润率

D．用销售价格作为利润计算依据的，则称为销售利润率

2．发盘既可由卖方提出，也可由买方提出，后者习惯上称为（　　）。

A．Invitation to Offer　　B．Offer

C．Acceptance　　D．Bid

二、多项选择题

1．商定国际贸易合同一般有四个步骤，其中必不可少的是（　　）。

A．邀请发盘　　B．发盘　　C．还盘　　D．接受

2．完整的报价包含（　　），缺一不可，但顺序可变。

A．计量单位　　B．单位价格金额　C．计价货币　　D．贸易术语

3．下列说法正确的是（　　）。

A．出口报价（售价、成交价）=出口成本+出口费用+出口利润

B．为了进一步明晰每笔交易的成交核算，可以编制出口成交核算表

C．书面合同一般包括约首、正文、约尾三部分

D．合同中的订约地点涉及合同法的适用问题，应该慎重对待

三、简答题

1．简述国际贸易合同的含义及其订立程序。

2．简述出口报价构成及其核算步骤。

3．简述实际成本的核算方法。

4．简述出口费用的核算方法。

四、单证业务操作题

1．某外贸公司当月从日本进口 140 辆小轿车，每辆关税完税价格为 80 000 元，小轿车关税税率为 110%，消费税税率为 5%。计算进口轿车应缴纳的消费税和增值税。

2．某进出口公司从美国进口货物一批，货物以 FOB 价成交，成交价折合人民币为 1 882 万元，包括单独计价并经海关审核的向境外采购代理人支付的 20 万元，但不包括因使用该货物而向境外支付的特许使用费 60 万元和向卖方支付的佣金 30 万元；另支付货物运抵我国口岸的运费、保险费等其他费用 48 万元。假设该货物适用的关税税率为 20%，增值税税率为 17%，消费税税率为 10%。计算该批货物应缴纳的消费税和增值税。

3．出口报价核算：信梁公司欲出口一批不锈钢厨具至开普敦，3 个货号各装一个 20 英尺的集装箱（每个集装箱的有效容积按照 25m³ 计算）。

货号	包装方式	尺码长	尺码宽	尺码高	采购成本（含税）
3SA1012RG	2 套/箱	56	32.5	49	180 元
3SA1013	2 套/箱	61.5	30.5	74	144 元
3SA1004	8 套/箱	63	35.5	25	55 元

上海至开普敦 20 英尺 FCL 海洋运费为 2 200 美元，增值税税率为 17%，退税率为 9%。加一成投保一切险和战争险，保险费率分别为 0.8%和 0.2%。这批货一个 20 英尺集装箱的国内运费共 2 000 元；出口商检费 100 元；报关费 150 元；港区港杂费 600 元；其他业务费用共 1 800 元，包装费每箱 4 元。如果公司预期利润率为成交金额的 8%，客户要求 2%的佣金。1 美元=6.85 元。请报出 3 个货号 CIFC2 CAPETOWN 价格。

4．出口合同磋商单证操作练习。

格林（集团）国际贸易公司成立于 1992 年，主要经营轻工业品，历年出口贸易额已达 10 多亿美元，与 100 多个国家地区的 600 多家客商有业务往来。公司位于北京，在华北、东北、四川等省份建立了雄厚的货源基地。公司按经营商品门类分为十余个出口业务部，目前经营商品达 400 余种上万个规格。公司备有各种商品详尽介绍的样本，承接来料加工、定样、定牌等各种灵活贸易方式。公司最近针对欧洲市场推出了“幸运”牌铝制室外花园家具（“Fortune” brand aluminum outside garden furniture），包括圆桌、椅子、花篮等。产品质地轻盈，设计典雅，工艺精湛，极富浪漫情调。又可拆卸，携带方便，是居家旅游的良伴。其中部分工艺已获中国专利，并正在向欧洲专利局申请专利。

经了解，荷兰的 NOM 公司（ADDR.: POSTBUS 20101, 2800 ECS-ROTTERDAM, THE NETHERLANDS。TEL: 31-07081-40-12。FAX: 31-07081-23-78）是一家资信良好的轻工产品进口商，在当地乃至整个西欧都有一定影响。格林公司决定先通过 NOM 公司，使产品进入欧洲市场，并争取打出知名度，为日后的交易打下基础。

请进行如下练习（如涉及计算，则计算过程保留 4 位小数，结果保留 2 位小数）：

（1）建立业务关系。请通过网络给对方发一封 E-mail，要求建立业务关系。内容包括公司简介，写信意图，产品介绍，告知公司开户行为中国银行北京分行，并说明已空寄商品目录。信函日期：2015 年 3 月 2 日。

（2）出口报价核算。请根据下述条件并结合外方 2015 年 3 月 7 日的报价要求，以美元为单位，报出 CIFC5 ROTTERDAM 价格。要求列出详尽的核算过程。

"幸运"牌铝制室外花园家具

商品	ALUM SET OF 3PC	4PC ALUM GARDEN SETTING	ALUM STAND MAIL BOX	ALUM FLOWER BASKET 13"
货号	DS-1-A	DS-2	AS-2	AS-1
采购成本（含 17%增值税）	400 元/套	700 元/套	100 元/件	20 元/件
包装	1 pc/poly bag 1 set/carton	1 pc/poly bag 1 set/carton	1 pc/poly bag 1 pc/carton	4 pcs/carton
尺码	50cm×40cm×37.8cm	90cm×40.8cm×40cm	112cm×42cm×30cm	30cm×30cm×50cm
毛重/净重	22/20kg	50/45kg	17/15kg	8/7.6kg
纸箱尺码（m）	1 套/箱 0.5×0.4×0.378	1 套/箱 0.9×0.408×0.4	1 件/箱 1.12×0.42×0.3	4 件/箱 0.3×0.3×0.5
出口退税率	8%			
汇率	1 美元=6.1533 元人民币			
国内费用	（按每一 20 英尺集装箱计）运杂费 1 700 元；商检报关费 50 元；港区港杂费 1 110 元；业务费 1 500 元；其他费用 1 250 元			
海运费	每一 20 英尺集装箱：容积为 25m³，运费为 2 180 美元			
海运保险	按成交金额加成 10%投保中国人民保险公司海运货物保险条款中的一切险，费率为 1%			
佣金率	5%			
预期利润	为出口成交价格的 10%			

（3）草拟发盘函。请根据客户 2015 年 3 月 7 日的来函，写一封发盘信，告知对方交易基本条件。① 保险：成交金额（发票金额）基础上加成 10%投保中国人民保险公司海运货物保险条款中的一切险。② 支付方式：即期信用证。③ 装运：收到信用证后一个月。敦促对方尽快做出决定，发盘有效期为 7 天。对客户来函要求采用对方品牌予以拒绝，并阐述理由；顺便告知，本公司总经理杨先生去欧洲出差，已带去样品若干，届时将拜访对方。

（4）出口还价核算。客户还盘，要求降价 10%。请计算如按对方还盘：① 在其他已知条件不变的情况下，降价 10%后，每个货号的总利润额应为多少元？② 若接受对方价格，而我公司的利润率又不得少于 8%，那么，在其他条件不变的情况下，公司应掌握的各货号国内采购价为多少元？③ 经过同厂家的磋商，厂家同意在数量增加的基础上给予一定优惠，即 DS-1-A @ RMB380 元/套；DS-2 @ RMB 670 元/套；AS-2 @ RMB 95 元/只；AS-1 @ RMB 18 元/只。在这种情况下，决定 DS-1-A 和 DS-2 用 40'集装箱，AS-1 和 AS-2 仍用 20'集装箱。已知每个 40'整箱国内费用为 20'整箱的 2 倍，容积为 55m³，海运运费为 4 100 美元。请按利润率为 10%重新报出 CIFC5 价格。

（5）拟写还盘函。要求：① 阐述我方报价理由。② 竞争应以质取胜，而非低价竞销。并说明理由。③ 对方提的问题有一定道理，特在价格上给予一定减让，以弥补对方在开拓市场、广告促销等方面的开支和费用。但订货数量须至少为两个40'集装箱（整箱）。④ 暂无法接受赊账。但为了开拓市场，并本着高度诚意，特同意采用45天远期信用证付款方式。当双方建立巩固的关系后，可酌情考虑其他灵活付款方式。信函日期：2015年3月22日。

（6）出口成交核算。请根据上述与国外客户最终达成的交易条件，做出详细的出口成交核算，其中包括采购总成本（含税）、总退税收入、实际购货成本、费用细目及总额（包括国内费用、海洋运费、保险费、佣金）、合同利润额及利润率。

（7）出口合同签订。① 请根据出口合同基本条款的要求和双方在信中确定的条件制作售货确认书，要求条款内容全面、具体。② 给国外客户寄出成交签约函，感谢对方的订单，说明随寄售货确认书，催促会签合同，并希望信用证在4月25日前开到。合同日期：2015年4月1日。信函日期：2015年4月1日。售货确认书号码：GREEN-NOMSC15。

第4章

信用证催、审、改操作单证

04

引导案例

收到信用证

经过催证，2014年11月20日，中国银行北京市分行通知蓝天国际贸易股份有限公司，已收到阿联酋星星公司通过汇丰银行迪拜分行（HSBC BANK PLC, DUBAI）开来的编号为KBLC2014199的信用证电开本。信用证正文内容如下：

SEQUENCE OF TOTAL 27：1/1

FORM OF DOC. CREDIT 40A：IRREVOCABLE

DOC. CREDIT NUMBER 20：KBLC 2014199

DATE OF ISSUE 31C：141119

APPLICABLE RULES 40E：UCP LATEST VERSION

DATE AND PLACE OF EXPIRY 31D：DATE 150131 PLACE IN UAE

APPLICANT 50：STAR CORPORATION
5 KING ROAD, DUBAI, UAE

BENIFICIARY 59：BLUE SKY INTERNATIONAL TRADING CO., LTD.
118 # 5TH NORTH RING ROAD, BEIJING, P.R.CHINA

AMOUNT 32B：CURRENCY USD AMOUNT 69 000.00

AVAILABLE WITH/BY 41D：BANK OF CHINA, BY NEGOTIATION

DRAFT AT 42C：120 DAYS AFTER SIGHT

DRAWEE 42A：HSBC BANK PLC, NEW YORK

PARTIAL SHIPMENT 43P：PROHIBITED

TRANSSHIPMENT 43T：ALLOWED

LOADING ON BOARD/DIS./TAKING IN CHARGE AT/FROM 44A：CHINESE MAIN PORT

FOR TRANSPORTATION TO 44B：DUBAI, UAE

LATEST DATE OF SHIPMENT 44C：150101

DESCRIPTION OF GOODS 45A：5 000 PCS BABY BLANKET, 100% POLYESTER. STYLE NO. SY001, ORDER NO.2014008. AS PER S/C NO. BS14125 AT USD13. 80/PC CIF C5%DUBAI, PACKED IN 20 PCS/CTN

DOCUMENT REQUIRED 46A：

+COMMERCIAL INVOICE SIGNED IN INK IN TRIPLICATE. ONE ORIGINAL OF WHICH SHOULD BE CERTIFIED BY CHAMBER OF COMMERCE OR CCPIT

AND LEGALIZED BY UAE EMBASSY/CONSULATE IN SELLER'S COUNTRY.

+PACKING LIST IN TRIPLICATE.

+CERTIFICATE OF CHINESE ORIGIN CERTIFIED BY CHAMBER OF COMMERCE OR CCPIT AND LEGALIZED BY UAE EMBASSY/CONSULATE IN SELLER' S COUNTRY.

+INSURANCE POLICY/CERTIFICATE IN DUPLICATE ENDORSED IN BLANK FOR 120% INVOICE VALUE. COVERING ALL RISKS AND WAR RISK OF CIC OF PICC（1/1/1981）INCL. WAREHOUSE TO WAREHOUSE AND I. O. P. AND SHOWING THE CLAIMING CURRENCY IS THE SAME AS THE CURRENCY OF CREDIT.

+FULL SET（3/3） OF CLEAN ON BOARD OCEAN BILLS OF LADING MADE OUT TO APPLICANT MARKED FREIGHT PREPAID AND NOTIFY APPLICANT.

+ SHIPPING ADVICE SHOWING THE NAME OF THE CARRYING VESSEL, B/L NO., DATE OF SHIPMENT, ETA , MARKS, QUANTITY, NET WEIGHT, GROSS WEIGHT , COMMODITY AND VALUE OF THE SHIPMENT TO APPLICANT WITHIN 3 DAYS AFTER THE DATE OF BILL OF LADING.

ADDITIONAL CONDITION 47A：

+DOCUMENT DATED PRIOR TO THE DATE OF THIS CREDIT ARE NOT ACCEPTABLE.

+THE NUMBER AND THE DATE OF THIS CREDIT AND THE NAME OF ISSUING BANK MUST BE QUOTED ON ALL DOCUMENTS.

+TRANSSHIPMENT ALLOWED AT HONGKONG ONLY.

+SHORT FORM/CHARTER PARTY/THIRD PARTY BILL OF LADING IS NOT ACCEPTABLE.

+SHIPMENT MUST BE EFFECTED BY1×20'FULL CONTAINER LOAD. B/L TO SHOW EVIDENCE OF THIS EFFECT IS REQUIRED.

+THE GOODS SHIPPED ARE NEITHER ISRAELI ORIGIN NOR DO THEY CONTAIN ISRAELI MATERIALS NOR ARE THEY EXPORTED FROM ISRAELI, BENEFICIARY'S CERTIFICATE TO THIS EFFECT IS REQUIRED.

+ALL PRESENTATIONS CONTAINING DISCREPANCIES WILL ATTRACT A DISCREPANCY FEE OF USD40.00 PLUS TELEX COSTS OR OTHER CURRENCY EQUIVALENT. THIS CHARGE WILL BE DEDUCTED FROM THE BILL AMOUNT WHETHER OR NOT WE ELECT TO CONSULT THE APPLICANT FOR A WAIVER.

CHARGES 71B：ALL CHARGES AND COMMISSIONS ARE FOR ACCOUNT OF BENEFICIARY INCLUDING REIMBURSING FEE.

PERIOD FOR PRESENTATION 48：WITH 5 DAYS AFTER THE DATE OF SHIPMENT, BUT WITHIN THE VALIDITY OF THIS CREDIT.

CONFIRMATION INSTRUCTION 49：WITHOUT

REIMBURSING BANK 53A：HSBC BANK PLC, NEW YORK

INFORMATION TO 78：ALL DOCUMENTS ARE TO BE REMITTED IN ONE LOT

BY COURIER PRESENTING BANK TO HSBC BANK PLC, TRADE SERVICES. DUBAI BRANCH, P. O. BOX 66, HSBC BANK BUILDING 312/45 AI SQUARE ROAD, DUBAI, UAE.

⇨**启示和疑问** 在凭信用证结算的交易中，信用证是开证行向受益人（出口商）开立的承诺并凭规定单据保证付款的凭证。信用证依据国际贸易合同开立，但一经开立，就独立于国际贸易合同。银行是否付款依据信用证而非合同。因此，外贸业务员收到信用证时，一定要仔细审核。若发现与合同规定不符或不能接受或无法办到的条款，应一次性通过开证申请人（进口商）向开证行提出改证申请，以免影响合同履行和收汇安全。然而如何准确、迅速地读懂该信用证？该信用证有陷阱条款或瑕疵吗？如果有，如何处理？

⇨**建议** 根据相关知识和技能：催证（若需要）；审证；改证（若需要）。

本章学习目标

◆ 掌握信用证的含义、特点、种类、基本业务流程和当事人，了解信用证的形式。
◆ 掌握信用证审核、修改等业务操作程序及其单证实务。
◆ 掌握信用证、信用证修改书的主要内容及其填制方法，能够对目前常见的MT700/701信用证和MT707信用证修改书全部场次进行拆解及逐条分析，理解审核信用证要点，学会拟写修改信用证的信函。

重要概念

信用证 信用证修改书 审证 改证

4.1 信用证单证实务

4.1.1 信用证概述

1. 信用证的含义

信用证（Letter of Credit，L/C），指一项不可撤销的安排，无论其名称如何，该项安排构成开证行对相符交单予以承付的确定承诺。

2. 信用证的种类

依据不同的标准，信用证可以分为多种类型，如表4-1所示。

表4-1 信用证的种类

分类标准	信用证的种类
是否附有商业单据	跟单信用证（Documentary L/C）、光票信用证（Clean L/C）
未经受益人同意，可否撤销	可撤销信用证（Revocable L/C）、不可撤销信用证（Irrevocable L/C）
有无保兑	保兑信用证（Confirmed L/C）、非保兑信用证（Unconfirmed L/C）
兑付方式	即期付款信用证（Sight Payment L/C）、延期付款信用证（Deferred Payment L/C）、承兑信用证（Acceptance L/C）、议付信用证（Negotiation L/C）

续表

分类标准	信用证的种类
受益人对信用证的权利是否可转让	可转让信用证（Transferable L/C）、不可转让信用证（Non-transferable L/C）
其他标准	背对背信用证、对开信用证、预支信用证、循环信用证、备用信用证

注：《UCP600》规定信用证都是不可撤销的。

3．信用证的基本业务流程及当事人

图 4-1 至图 4-4 分别介绍了议付跟单信用证、可转让信用证、背对背信用证、对开信用证的基本业务流程及其当事人。其他信用证的基本业务流程及其当事人与议付跟单信用证相似。

在信用证业务中，进口商（申请人 Applicant/Principal/Accountee/Accreditor/Opener）受到两种契约关系的约束：一是与出口商（受益人 Beneficiary）之间的买卖合同，二是与开证行（Issuing Bank/Opening Bank/Establishing Bank）之间的开证申请书。开证行和受益人是信用证最基本的当事人。通知行（Advising Bank/Notifying Bank）、议付行（Negotiating Bank）、付款行（Paying Bank/Drawee Bank）、保兑行（Confirming Bank）、偿付行（Reimbursing Bank）等有权使用信用证的银行统称为“被指定银行”（Nominated Bank），开证行与“被指定银行”之间是委托代理关系。

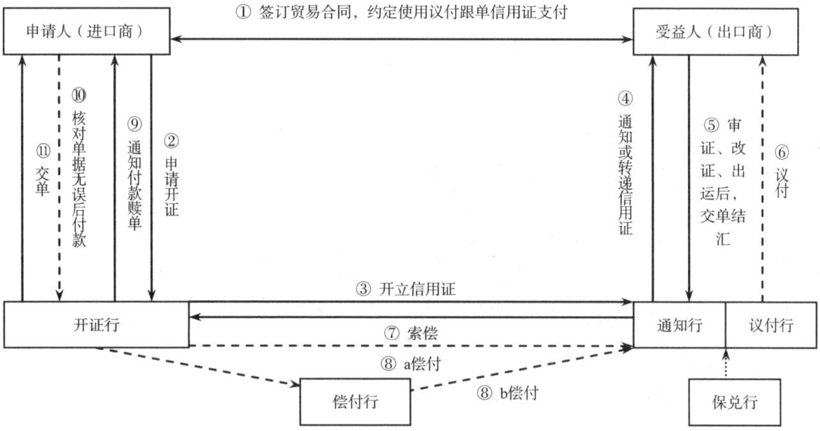

图 4-1　议付跟单信用证的基本业务流程及其当事人

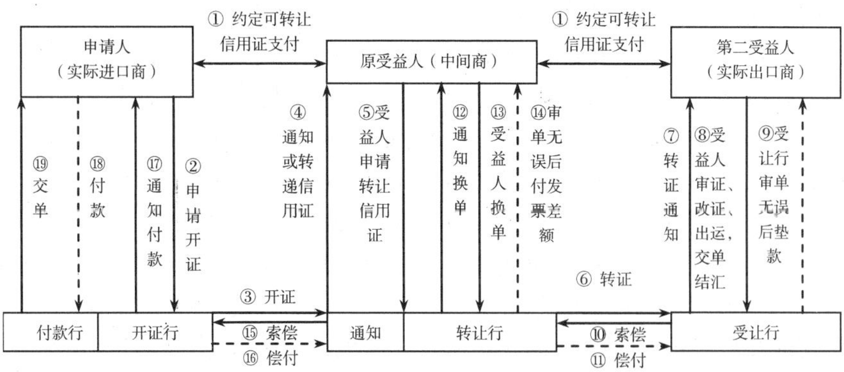

图 4-2　可转让信用证的基本业务流程（第一受益人替换单据时）及其当事人

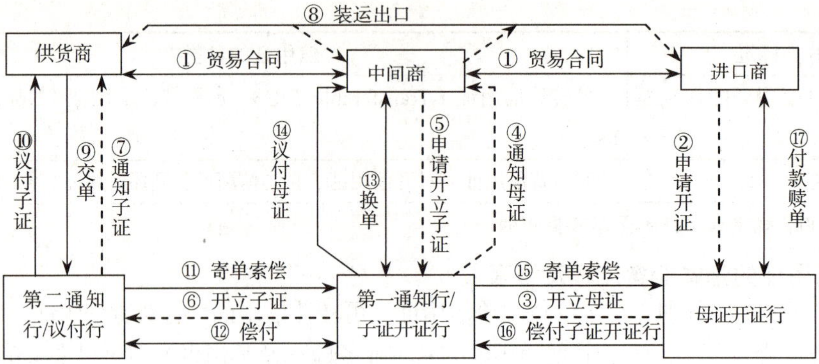

图 4-3　背对背信用证的基本业务流程及其当事人

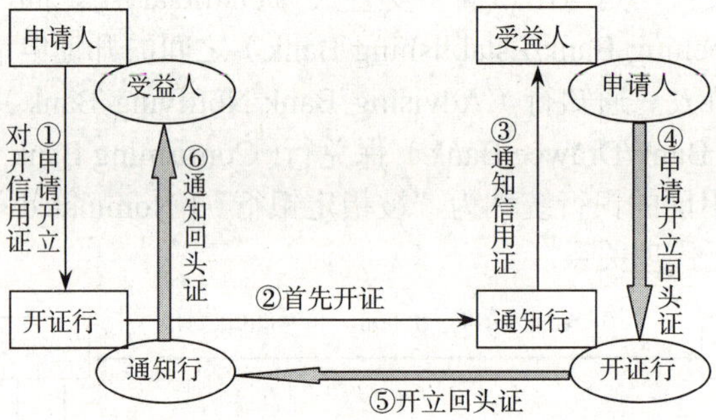

图 4-4　对开信用证的基本业务流程及其当事人及其当事人

4.1.2　信用证催立、审核、修改业务操作及其主要单证

1．信用证催立的流程及其主要单证

如果在合同约定的开证期或合理时期内没有开来信用证，或者临近合同约定的开证期或合理时期，出口商可以函电进口商，敦促或提醒其及时开立信用证。

2．信用证审核的流程及其主要单证

（1）通知行审核信用证。

1）查核印鉴和密押，如相符，应在原函/电文上注明“印或押相符”。

2）审证。① 索汇路线是否正确，是否符合支付协定，是否要加具保兑或由偿付银行确认偿付，付款保证是否有效或存在缺陷。② 凡信开、电传开立的信用证，审核其是否列明“根据《UCP600》开立”的语句；凡通过 SWIFT MT700/MT701 格式开立的信用证，一般无须列明上述语句。③ 信用证的类型。不论即期、远期、保兑、可转让、循环或备用的信用证，都应该有“Irrevocable”字样。当合同规定开立保兑信用证或可转让信用证时，应检查来证是否注明“Confirmed”或“Transferable”字样。④ 对信用证条款进行审核：若来证不符合我国政策或带有歧视性条款，应要求修改；若来证中带有附加生效条件、受益人无法控制或不易执行等软条款，应加以注明，提醒受益人注意；若来证条款不完整或相互之间矛盾，应当日向外查询；若来证中有含混不清、单据之间或单据本身内容自相矛盾的条款，应在通知信用证时提醒受益人迳洽开证申请人要求开证行改证或澄清；如来证中偿付路线和索汇路线迂回、环节多或有其他影响及时收汇的条款，要及时联系开证行予以

修改。

（2）通知行通知信用证。经办人员待收到表面完整一致的来证并审核后，方可正式通知受益人，一般需要“信用证通知书”。

（3）受益人审核信用证。受益人重点对照贸易合同审核信用证条款，一般应填写“信用证审核表”或“信用证预审单”。审核重点包括以下几项内容：

1）申请人。一般是买方，也可能是买方的客户或买方委托的开证人。

2）受益人。应是卖方。应以合同为依据，逐字查核受益人的姓名、地址是否写错。

3）币制和金额。原则上来证的币别和币值应与合同相符。主要检查：信用证金额是否与合同一致；单价与总值要准确，大小写并用内容要一致；如果数量上可以有一定幅度的伸缩，那么信用证也应相应规定在支付金额时允许有一定幅度；如果在金额前使用了“大约”一词，其意思是允许金额有10%的伸缩。

4）有效期、地点。根据《UCP600》的规定，若信用证没有规定有效期，视为无效信用证。到期地点应在受益人国内，否则有关单据必须寄送国外，由于无法掌握单据到达国外银行所需的时间且容易延误或丢失，有一定的风险。

5）汇票条款。若信用证为即期付款，其汇票条款一般为“Credit available by your draft（s） at sight for100 percent of Invoice value drawn on ...”。若信用证为远期付款，要分清是真远期还是假远期，真远期的汇票条款一般为“Available by your draft（s） at 30 days sight drawn on the issuing bank for 100% of Invoice value”。

6）分批装运及转运。如来证规定在某个港口转船，或指定由某个船公司接转或在某港转装集装箱等，要核实能否按来证要求办理，避免额外的费用（如ORC、THC）大量增加。来证规定海运的起运港为中国港口（Chinese Ports）或当地的港口，甚至规定亚洲口岸（Asian Ports）都可以，但不能是乌鲁木齐、拉萨或北京等内陆城市。信用证的装运期一般应规定为最迟（Latest）某月某日。如来证未规定装运期，根据惯例，可理解为双到期。检查装运期应注意两点：一是能否在信用证规定的装期内备妥有关货物并按期出运；装运期应提前一定的时间（一般在效期前10天），以便有合理的时间来制单结汇。如装期太近，无法按期装运，应及时联系与修改。实际装期与交单期时间相距时间太短。二是信用证中规定了分批出运的时间和数量，应注意能否办到，否则，任何一批未按要求出运，该批及以后各期均告失效。

7）货物描述。来证的品名、货号、规格、包装和合同号码等必须与合同一致。来证所列单价和数量应与合同一致。

8）单据要求。商业发票（Commercial Invoice）。来证要求出具两份不同买主名称的商业发票时，应要求改证。

装箱单（Packing List）。来证要求提供中性包装单（Neutral Packing List），只要装箱单上不显示受益人名称和地址即可，不必改证。

提单（Bill of Lading, B/L）。如果以FOB交易，提单应注明FREIGHT COLLECT，如来证误开为FREIGHT PREPAID，应要求改证。

保险单（Insurance Policy）。来证要求保险单中的保险条款、险别、保险加成、保险人和理赔人等应与合同一致。除非信用证另有规定，保险单据必须使用与信用证相同的货币开立。保险加成如高于 30%且并排投保关税险，应征得保险公司同意，否则应改证。

产地证（Certificate of Origin）。来证指定由出入境检验检疫局或贸促会出具产地证可以接受，但要求上述两家机构互相加具证明的不能接受。

普惠制产地证格式 A（Generalized System of Preferences Certificate of Origin FROM A，GSP）。出入境检验检疫局是我国签发普惠制产地证的唯一机构，来证指定其他机构如贸促会签发普惠制产地证，应要求改证。

品质证书（Certificate of Quality）和检验证书（Inspection Certificate）。如果属于法定检验的商品，而来证要求由贸促会出证，应要求改证。

受益人证明（Beneficiary's Certificate）。主要包括寄单证明、电抄本和履约证明等，应是受益人实际已完成或力所能及的任务的证明。

装船通知（Advice of Shipment）。来证规定在装运前若干天发装船通知并要列明装运日期，应要求改证，改为装运后发电。

海关发票（Customs Invoice）。如来证指定某种格式或编号的海关发票，应核查能否提供，否则应要求改证。

领事发票（Consular Invoice）。来证规定要求提供领事发票，应核查能否提供，否则应要求改证。

9）交单期限。如来证没有要求，根据《UCP600》第 14 条 c 款的规定，受益人须在不迟于发运日之后的 21 个日历日内交单，但不得迟于信用证有效期。应考虑下列事宜对交单期的影响：生产及包装所需时间；内陆运输或集港运输所需时间；进行法定检验或客检所需时间；申领出口许可证/产地证所需时间（如需要）；报关查验所需的时间；船期安排情况；到商会和（或）领事馆办理认证或出具有关证明所需时间（如需要）；申领检验证书，如 SGS 验货报告/OMIC LETTER/客检证等所需时间；缮制、审核信用证规定的文件所需的时间；单据送交银行所需时间（包括单据退回更正的时间）。

10）其他。第一，费用条款：运费或检验费等应事先协商一致，否则，对于额外的费用原则上不应承担；银行费用如事先未商定，应以双方共同承担为宜。第二，检查信用证规定的文件能否提供或及时提供：一些需要认证的单据特别是使馆认证等能否及时办理和提供；由其他机构或部门出具的有关文件（如出口许可证、运费收据、检验证明等）能否提供或及时提供；信用证中指定船龄、船籍、船公司或不准在某港口转船等条款能否办到等。第三，检查信用证中有无软条款/陷阱条款。第四，检查信用证中有无矛盾之处。例如，空运却要求提供海运提单；采用 FOB，保险由买方办理，却要求提供保险单。第五，信用证的通知方式是否安全、可靠。

3. 信用证修改的流程及其主要单证

（1）申请改证需提交的单证。

1）信用证修改申请书。须加盖申请人在银行预留的印鉴及签章，列明修改内容，并注明修改手续费是由申请人还是由受益人负担。

2）若修改信用证的有效期、金额、商品等超出了原有效凭证规定范围的，需提交符合该修改条件的有效凭证，包括合同及（或）有关批文等。

3）购买外汇申请书或付汇申请书。

4）有效商业单据（如需要）。

（2）信用证修改申请书的填写。应该按照进出口双方认可的信用证修改电文或信函，兼顾开证行和 MT707 格式的要求填写信用证修改申请书。

（3）信用证修改注意事项。

1）受益人对收到的信用证修改通知书应认真进行审核，如发现修改内容有误或不能同意的，有权拒绝接受。

2）受益人改证的要求一般应用电讯通知申请人，并规定修改书的到达时限。

3）一份信用证如有多处需要修改，应集中一次通知申请人办理修改，避免一改再改而增加费用、浪费时间、造成不良影响。

4）根据《UCP600》第 10 条 e 款的规定，对同一份修改的内容不允许部分接受，部分接受将被视为拒绝修改的通知。

5）根据《UCP600》第 9 条 d 款的规定，经由通知行或第二通知行通知信用证的银行必须经由同一银行通知其后的任何修改。这意味着通过申请人直接寄送的修改申请书或修改书复印件不是有效的修改。

6）根据《UCP600》第 9 条 e 款的规定，如一银行被要求通知信用证或信用证修改书，但该银行决定不予通知，则应毫不延误地告知自其处收到信用证、修改或通知的银行。

7）明确修改费用由谁承担，一般按照责任归属来确定修改费用由谁承担。

（4）原开证行对信用证修改申请书的审核。原开证行接到原信用证申请人的信用证修改申请书后，必须按照修改申请书所列信用证编号，调出原信用证副本对照审核。审核的主要内容如下。

1）信用证修改申请书中的编号是否正确。

2）所要求修改的条款内容是否符合国际惯例和本国法律。

3）所要求修改的条款对开证行有无不利之处。

4）所要求修改的条款之间有无相互矛盾之处。

5）如果提出增加信用证总金额，则要增收保证金。

4.2 信用证单证案例

4.2.1 信用证的审核案例

1. 分析信用证条款

【实例 4-1】 蓝天国际贸易股份有限公司的田方仔细逐场分析收到的信用证。信用证包括报头、正文和报尾三大部分。以下是对报头和正文的分析。

（1）报头。

```
****** NETWORK ACKNOWLEDMENT ******      14-11-19 14：23 page no: 8905
STATUS: MESSAGE RECEIVED
STATION: 1                 BEGINNING OF MESSAGE
-----------------------------------------------------------------------------------------
SENDER:   BBMEAEADDIF
```

HSBC BANK MIDDLE EAST LIMITED, DIFC BRANCH
PRECINCT BUILDING THE GATE DISTRICT , DUBAI, UAE
RECEIVER: BKCHCNBJ110
BANK OF CHINA, BEIJING BRANCH
19 DONG AN MEN STREET, BEIJING BRANCH, CHINA
SWIFT MESSAGE TYPE: 700 1SSUF OF A DOCUMENTARY CREDIT
INPUT TIME: 1521
MIR: 141119××××××××××××××××××××××
PRIORITY: NORMAL

【解析】报头显示：此信用证的发送者（开证行）SWIFT 代码是 BBMEAEADDIF，名称为 HSBC BANK MIDDLE EAST LIMITED（DIFC BRANCH），地址为 PRECINCT BUILDING THE GATE DISTRICT, DUBAI, UAE；接收者（通知行）的 SWIFT 代码是 BKCHCNBJ110，名称为 BANK OF CHINA（BEIJING BRANCH），地址为 19 DONG AN MEN STREET, BEIJING BRANCH, CHINA；报文类型为 MT700，是开立信用证的电文。

（2）正文。

SEQUENCE OF TOTAL 27：1/1
FORM OF DOC. CREDIT 40A：IRREVOCABLE
DOC. CREDIT NUMBER 20：KBLC 2014199
DATE OF ISSUE 31C：141119
APPLICABLE RULES 40E：UCP LATEST VERSION
DATE AND PLACE OF EXPIRY 31D：DATE 150131 PLACE IN UAE
APPLICANT 50：STAR CORPORATION
5 KING ROAD, DUBAI, UAE
BENIFICIARY 59：BLUE SKY INTERNATIONAL TRADING CO., LTD.
118 # 5TH NORTH RING ROAD, BEIJING , P.R.CHINA
AMOUNT 32B: CURRENCY USD AMOUNT 69 000.00
AVAILABLE WITH/BY 4lD：BANK OF CHINA, BY NEGOTIATION

【解析】这部分是对信用证本身的说明。含义如下：

27/合计次序：1/1
40A/信用证类型：不可撤销
20/信用证编号：KBLC 2014199
31C/开证日期：2014 年 11 月 19 日
40E/适用惯例：UCP 最新修订本
31D/有效日期及地点：2015 年 1 月 31 日，阿拉伯联合酋长国
50/申请人：星星公司，KING 路 5 号，阿拉伯联合酋长国迪拜
59/受益人—名称和地址：蓝天国际贸易股份有限公司，中国北京北五环 118 号
32B/币别代号、金额：USD 69 000.00（69 000.00 美元）
41D/通过……银行（名址），以……方式交单兑用：中国银行，议付

DRAFT AT 42C：120 DAYS AFTER SIGHT DRAWEE 42A：HSBC BANK PLC, NEW YORK

【解析】这部分是对汇票的说明。含义如下：

42C/汇票期限……：见票后 120 天

42A/付款人：汇丰银行，纽约

PARTIAL SHIPMENT 43P：PROHIBITED TRANSSHIPMENT 43T：ALLOWED LOADING ON BOARD/DIS./TAKING IN CHARGE AT/FROM 44A：CHINESE MAIN PORT FOR TRANSPORTATION TO 44B：DUBAI, UAE LATEST DATE OF SHIPMENT 44C：150101

【解析】这部分是对运输的说明。含义如下：

43P/分批装运：禁止

43T/转运：允许

44A/由……装船/发运/接管：中国主要港口

44B/装运至……：阿拉伯联合酋长国迪拜

44C/最迟装运日期：2015 年 1 月 1 日

DESCRIPTION OF GOODS 45A：5 000 PCS BABY BLANKET, 100% POLYESTER. STYLE NO. SY001, ORDER NO.2014008. AS PER S/C NO. BS14125 AT USD13.80/PC CIF C5% DUBAI, PACKED IN 20 PCS/CTN

【解析】这部分是对货物的说明。含义如下：

45A/货物描述　5 000 条童毯，100%涤纶，货号 SY001，订单号 2014008。符合 BS14125 号合同要求，每条 13.80 美元，CIF C5%迪拜，每纸箱装 20 条。

DOCUMENT REQUIRED 46A： +COMMERCIAL INVOICE SIGNED IN INK IN TRIPLICATE. ONE ORIGINAL OF WHICH SHOULD BE CERTIFIED BY CHAMBER OF COMMERCE OR CCPIT AND LEGALIZED BY UAE EMBASSY/CONSULATE IN SELLER'S COUNTRY. +PACKING LIST IN TRIPLICATE. +CERTIFICATE OF CHINESE ORIGIN CERTIFIED BY CHAMBER OF COMMERCE OR CCPIT AND LEGALIZED BY UAE EMBASSY/CONSULATE IN SELLER' S COUNTRY. +INSURANCE POLICY/CERTIFICATE IN DUPLICATE ENDORSED IN BLANK FOR 120% INVOICE VALUE. COVERING ALL RISKS AND WAR RISK OF CIC OF PICC（1/1/1981）INCL. WAREHOUSE TO WAREHOUSE AND I. O. P. AND SHOWING THE CLAIMING CURRENCY IS THE SAME AS THE CURRENCY OF CREDIT. +FULL SET（3/3）OF CLEAN ON BOARD OCEAN BILLS OF LADING MADE OUT TO APPLICANT MARKED FREIGHT PREPAID AND NOTIFY APPLICANT. +SHIPPING ADVICE SHOWING THE NAME OF THE CARRYING VESSEL, B/L NO., DATE OF SHIPMENT, ETA, MARKS, QUANTITY, NET WEIGHT, GROSS WEIGHT , COMMODITY AND VALUE OF THE SHIPMENT TO APPLICANT WITHIN 3 DAYS AFTER THE DATE OF BILL OF LADING.

【解析】这部分是对单据的说明。含义如下：

46A/所需单据

+用墨水笔签字的商业发票3份。1份正本需要商会或中国国际贸易促进委员会认证，并由阿拉伯联合酋长国驻卖方所在国大使馆或领事馆认证。

+装箱单3份。

+中国原产地证书，需要商会或中国国际贸易促进委员会认证，并由阿拉伯联合酋长国驻卖方所在国大使馆或领事馆认证。

+保险单或保险凭证两份，空白背书，按照发票价值的120%投保中国人民保险公司的中国保险条款的一切险和战争险（1/1/1981）。仓至仓，不计免赔率，显示以本信用证相同的货币赔付。

+全套清洁已装船提单（含3份正本，全部提交），申请人抬头，注明"运费已付"并通知申请人。

+装运通知，显示运输船名、装运日期、预计到达时间、运输标志（唛头）、数量、净重、毛重、提单号、装运的商品规格、价值，提单日后3天内通知。

ADDITIONAL CONDITION 47A: +DOCUMENT DATED PRIOR TO THE DATE OF THIS CREDIT ARE NOT ACCEPTABLE. +THE NUMBER AND THE DATE OF THIS CREDIT AND THE NAME OF ISSUING BANK MUST BE QUOTED ON ALL DOCUMENTS. +TRANSSHIPMENT ALLOWED AT HONGKONG ONLY. +SHORT FORM/CHARTER PARTY/THIRD PARTY BILL OF LADING IS NOT ACCEPTABLE. +SHIPMENT MUST BE EFFECTED BY 1×20'FULL CONTAINER LOAD. B/L TO SHOW EVIDENCE OF THIS EFFECT IS REOUIRED. +THE GOODS SHIPPED ARE NEITHER ISRAELI ORIGIN NOR DO THEY CONTAIN ISRAELI MATERIALS NOR ARE THEY EXPORTED FROM ISRAELI, BENEFICIARY'S CERTIFICATE TO THIS EFFECT IS REQUIRED. +ALL PRESENTATIONS CONTAINING DISCREPANCIES WILL ATTRACT A DISCREPANCY FEE OF USD40.00 PLUS TELEX COSTS OR OTHER CURRENCY EQUIVALENT. THIS CHARGE WILL BE DEDUCTED FROM THE BILL AMOUNT WHETHER OR NOT WE ELECT TO CONSULT THE APPLICANT FOR A WAIVER.

【解析】这部分是对附加条件的说明。含义如下：

+单证日期不得早于信用证开证日期。

+所有单证必须显示信用证号码、开证日期和开证行。

+只允许在香港转运。

+略式提单、租船提单和第三方作为托运人的提单不被接受。

+必须用20英尺集装箱整箱装，提单必须如此显示。

+货物不得由以色列原产或包括以色列原料或由以色列出口，此项须受益人证明。

+所有交单一旦存在不符点，无论我们是否征询申请人，40美元的不符点费和电传费或其他等值货币金额都将从汇票款项中扣除。

CHARGES 71B：ALL CHARGES AND COMMISSIONS ARE FOR ACCOUNT OF BENEFICIARY INCLUDING REIMBURSING FEE.

【解析】这部分是对银行费用的说明。含义如下：

71B/费用：所有费用和佣金，包括偿付费用，都由受益人承担。

PERIOD FOR PRESENTATION 48：WITH 5 DAYS AFTER THE DATE OF SHIPMENT, BUT WITHIN THE VALIDITY OF THIS CREDIT.

【解析】这部分是对银行交单期的说明。含义如下：

48/交单期限：所有单据应在装运日后 5 天内提交，但是必须在本信用证有效期内。

CONFIRMATION INSTRUCTION 49：WITHOUT REIMBURSING BANK 53A：HSBC BANK PLC, NEW YORK INFORMATION TO PRESENTING BANK 78：ALL DOCUMENTS ARE TO BE REMITTED IN ONE LOT BY COURIER TO HSBC BANK PLC, TRADE SERVICES, DUBAI BRANCH, P.O. BOX 66, HSBC BANK BUILDING 312/45 AI SQUARE ROAD, DUBAI, UAE.

【解析】这部分是对银行交单期的说明。含义如下：

49/保兑与否提示：不保兑

53A/偿付行：汇丰银行，纽约

78/对（付款/承兑/议付/偿付银行的）指示：所有单据由交单行一次性快递至 HSBC BANK PLC, TRADE SERVICES, DUBAI BRANCH, P.O. BOX 66, HSBC BANK BUILDING 312/45 AI SQUARE ROAD, DUBAI, UAE。

2. 审核信用证

【实例 4-2】 蓝天国际贸易股份有限公司的田方仔细逐场分析收到的信用证后，动手审核信用证。

第一步：田方对照 BS14125 号合同审核 KBLC 2014199 号信用证。审核后发现有多处错误（见附件 4-1）。

附件 4-1 信用证审核表

信用证审核表

信用证存在的问题	修改建议	修改理由
交单地点在阿联酋	IN CHINA	造成受益人迟交单或邮寄途中遗失单据，对受益人收汇不利
单价和金额错误	USD13.30/PC, USD66 500.00	与合同规定不符
汇票付款期限错误	AT 60 DAYS AFTER SIGHT	与合同规定不符
装运港 CHINESE MAIN PORT	TIANJIN, CHINA	与合同规定不符
只能在香港转运		与合同规定不符

续表

信用证存在的问题	修改建议	修改理由
最迟装运日期 2015-1-1	2015-1-19	合同规定为开证日期后的 60 天，开证日期为 2014-11-19
投保加成 120% INVOICE VALUE	110% INVOICE VALUE	与合同规定不符
提单抬头 TO APPLICANT	TO ORDER	对受益人不利
信用证交单期 WITHIN 5 DAYS AFTER THE DATE OF SHIPMENT	WITHIN 15 DAYS AFTER THE DATE OF SHIPMENT	受益人需委托贸促会到阿联酋北京使馆认证，易过交单期
信用证费用条款不合理	FOR ACCOUNT OF APPLICANT	开证费包括偿付费，应由开证申请人承担

第二步：核对销售合同，有无信用证漏开的合同条款。

通过核对，信用证漏开了一个重要的合同条款："MORE OR LESS 5 PCT OF QUANTITY OF GOODS AND CREDIT AMOUNT IS ALLOWED。" 这对受益人不利，限制了装货数量的操作弹性。

第三步：外贸业务员田方确定改证的内容。

遵循"利己不损人"的原则，田方对审核出的上述问题条款分别按 5 种方式处理。

（1）对我方有利，但又不影响对方利益，一般不改。

信用证装运港为"CHINESE MAIN PORT"，与合同中"TIANJIN，CHINA"不一致。但信用证中的中国主港包括天津港，可增加受益人选择范围，对我方有利，又不影响对方利益。

（2）对我方有利，但会严重影响对方利益，一定要改。

信用证单价条款"USD13.80/PC"与金额"USD69 000.00"错误，正确的是"USD13.30/PC，USD66 500.00"，这会使对方遭受 2 500 美元的损失。作为一名合格的业务员，应该诚信待人，不能因贪图 2 500 美元的便宜而失去客户信任。如果业务员向对方提醒多算了成交金额，一定会赢得对方的敬意和肯定。

（3）对我方不利，但在基本不增加成本的情况下可以完成，可以不改。

信用证规定只能在香港转船，与合同规定不符。尽管我方在选择运输路线上缺少弹性，但不会影响托运操作，也基本不影响运输，因此可以不改。

（4）对我方不利，且在增加较大成本的情况下可以完成，若对方愿意承担成本，则不改，否则，必须改。

信用证中汇票条款"AT 120 DAYS AFTER SIGHT"错误，正确的是"AT 60 DAYS AFTER SIGHT"；信用证中保险条款的投保金额"120% INVOICE VALUE"错误，正确的是"110% INVOICE VALUE"。

（5）对我方不利，若不改会严重影响收汇安全，必须改。

信用证规定交单地点在阿联酋 UAE，对受益人不利，一方面容易造成受益人延迟交单，另一方面邮寄途中遗失单据，可能导致无法收汇。

信用证规定最迟装运期为2015月1月1日，这是错误的。根据合同，装运期为开证日期后的60天，开证日期为2014年11月19日，正确的是2015年1月19日。若是2015年1月1日，会使装运时间很紧张。实践中，服装厂出现挤单现象，推迟备货时间都属于正常，如果订舱托运再不顺利，很可能会错过装运期。

信用证提单条款中收货人抬头“TO APPLICANT”对受益人不利，应改为“TO ORDER”。

信用证交单期“WITHIN 5 DAYS AFTER THE DATE OF SHIPMENT”错误，正确的是“WITHIN 15 DAYS AFTER THE DATE OF SHIPMENT”，因为受益人需委托贸促会到阿联酋北京使馆认证，容易错过交单期。

信用证费用条款“ALL CHARGES AND COMMISSIONS ARE FOR ACCOUNT OF BENEFICIARY INCLUDING REIMBURSNG FEE”不合理，因为开证费用包括偿付费用，理应由开证申请人承担。

信用证漏开了一个重要的合同条款“MORE OR LESS 5 PCT OF QUANTITY OF GOODS AND CREDIT AMOUNT IS ALLOWED”。这对受益人不利，限制了装货数量的操作弹性。

4.2.2 信用证的修改案例

1. 要求修改信用证

【实例4-3】 受益人要求改证操作

2014年11月20日，根据改证原则和《UCP600》相关条款的规定，蓝天国际贸易股份有限公司外贸业务员田方向阿联酋星星公司Lamia Khashoggi发出改证函（见附件4-2）。

附件4-2 要求修改信用证的函电

Amending letter of credit

BLUE SKY INTERNATIONAL TRADING CO. , LTD.

118 # 5TH NORTH RING ROAD BEI JING, P. R. CHINA

TEL：+86-10-82398888

FAX：+86-10-82398889

E-MAIL：Tianfang@bluesky.com

TO：STAR CORPORATION

ATTN：LAMIA KHASHOGGI

DATE：NOV. 20. 2014

Dear MS Lamia Khashoggis,

We are very glad to receive your L/C No. KBLC2014199 issued by HSBC BANK PLC, DUBAI, UAE. But we are quite sorry to find the following discrepancies with our sales Contract No. BS14125.

1. The place of expiry amends to“ IN CHINA” .

2. Unit price of goods and amount of L/C are higher than these of S/C No. BS14125, which should be“ USD13.330/PC and USD66 500.00” , not“ USD13.80/PC and USD69 000.00” respectively.

3. The tenor of draft is“ AT 60 DAYS AFTER SIGHT” instead of“ AT 120 DAYS AFTER SIGHT” .

4. The latest date of shipment amends to“ 60 DAYS FROM THE DATE OF CREDIT” .

5. The amount insured is“ 110% INVOICE VALUE” , not“ 120% INVOICE VALUE”.

6. The consignee of B/L should be“ TO ORDER” , not“ To APPLICANT” .

7. The charge clause amends to“ ALL CHARGES AND COMMISSIONS OUTSIDE UAE ARE FOR ACCOUNT OF BENEFICIARY EXCLUDING REIMBURSING FEE” .

8. The period of presentation amends to“ WITHIN 15 DAYS AFTER THE DATE OF SHIPMENT, BUT WITHIN THE VALIDITY OF THIS CREDIT. ”

9. To add the clause“ MORE OR LESS 5 PCT OF QUANTITY OF GOODS AND CREDIT AMOUNT IS ALLOWED” .

Please instruct the issuing bank to amend the L/C ASAP. Thank you for your kind cooperation. Please see to it that L/C amendment reach us not later than Nov.30, 2014, otherwise we cannot effect punctual shipment.

Thank you.

Yours truly,

Tian fang

2. 修改信用证

【实例 4-4】 申请人同意改证操作。

信用证修改书的内容如下：2014 年 11 月 20 日，Lamia Khashoggi 看了外贸业务员田方当天发的改证函后，非常感激外贸业务员田方，因为田方有诚信的品质，不图小利，把信用证金额多开一事告诉他。于是立即按照田方改证函的内容填写信用证修改申请书，向汇丰银行迪拜分行提出改证申请。2014 年 11 月 21 日，中国银行北京市分行商业银行通知田方，汇丰银行迪拜分行的信用证修改书（Amendment to documentary credit）已到。信用证修改书如下（省略报头和报尾部分内容）：

SENDER: BBMEAEADDIF
HSBC BANK MIDDLE EAST LIMITED, DIFC BRANCH
PRECINCT BUILDING THE GATE DISTRICT , DUBAI, UAE
RECEIVER: BKCHCNBJ110
BANK OF CHINA, BEIJING BRANCH
19 DONG AN MEN STREET, BEIJING BRANCH, CHINA
SWIFT MESSAGE TYPE: 707 AMENDMENT TO A DOCUMENTARY CREDIT
SENDER'S REFERENCE 20：KKK141888
RECEIVER'S REFERENCE 21：NON
DATE OF AMENDMENT 30：141121
DATE OF ISSUE 31C：141119
NUMBER OF AMENDMENT 26E：01
BENEFICIARY （BEFORE THIS AMENDMENT） 59：
BLUE SKY INTERNATIONAL TRADING CO.,LTD.
118 # 5TH NORTH RING ROAD, BEIJING , P.R.CHINA

NEW DATE AND PLACE OF EXIPIRY 31E：DATE 150131 PLACE IN CHINA

DECREASE OF DOCUMENTARY CREDIT AMOUNT 33B：CURRENCY USD AMOUNT 2 500.00

NEW DOCUMENTARY CREDIT AMOUNT AFTER AMENDENT 34B：

CURRENCY USD AMOUNT 66 500. 00

PERCENTAGE CREDIT AMOUNT TOLERANCE 39A：05/05

LATEST DATE OF SHIPMENT 44C：150119

NARRALRIVE 79：

① UNDER FIELD 45A, UNIT PRICE AMENDED TO USD13.30/PC.

② UNDER FIELD 42C AMENDED TO：AT 60 DAYS AFTER SIGHT.

③ UNDER FIELD 48 AMENDED TO：WITHIN 15 DAYS AFTER THE DATE OF SHIPMENT. BUT WITHIN THE VALIDIITY OF THIS CREDIT.

④ UNDER FIELD 46A, THE AMOUNT INSURED AMENDED TO：110% INVOICE VALUE.

⑤ UNDER FIELD 46A, THE CONSIGNEE OF B/L AMENDED TO：TO ORDER.

⑥ UNDER FIELD 71B AMENDED TO：ALL CHARGES AND COMMISSIONS OUTSIDE UAE ARE FOR ACCOUNT OF APPLICANT EXCLUDING REIMBURSING FEE.

⑦ UNDER FIELD 47A, ADD THE CLAUSE：MORE OR LESS 5 PCT OF QUANTITY OF GOODS IS ALLOWED.

OTHER TERMS AND CONDITIONS REMAIN UNCHANGED.

AMENDMENT FEE USD25.00 AND TELEX FEE USD30.00 ARE FOR A/C OF APPLICANT.

接受改证后，信用证修改书成了原信用证的组成部分，并替代原信用证对应条款而使其失效。为了以后更好地操作业务，我们可以把信用证修改书替代原信用证对应条款而产生一份新的信用证，其主体内容如下。

SENDER: BBMEAEADDIF

HSBC BANK MIDDLE EAST LIMITED, DIFC BRANCH

PRECINCT BUILDING THE GATE DISTRICT , DUBAI, UAE

RECEIVER: BKCHCNBJ110

BANK OF CHINA, BEIJING BRANCH

19 DONG AN MEN STREET, BEIJING BRANCH, CHINA

SWIFT MESSAGE TYPE:700 1SSUE OF A DOCUMENTARY CREDIT

SEQUENCE OF TOTAL 27：1/1

FORM OF DOC. CREDIT 40A：IRREVOCABLE

DOC. CREDIT NUMBER 20：KBLC2014199

DATE OF ISSUE 31C：141119

APPLICABLE RULES 40E：UCP LATEST VERSION

DATE AND PLACE OF EXPIRY 31D：DATE 150131 PLACE IN CHINA

APPLICANT 50：STAR CORPORATION

5 KING ROAD, DUBAI, UAE

BENIFICIARY 59：BLUE SKY INTERNATIONAL TRADING CO., LTD.

118 # 5TH NORTH RING ROAD, BEIJING , P.R.CHINA

AMOUNT 32B: CURRENCY USD AMOUNT 66 500. 00

PERCENTAGE CREDIT 39A：05/05

AMOUNT TOLERANCE

AVAILABLE WITH/BY 41D：BANK OF CHINA, BY NEGOTIATION

DRAFT AT 42C：60 DAYS AFTER SIGHT

DRAWEE 42A：HSBC BANK PLC, NEW YORK

PARTIAL SHIPMENT 43P：PROHIBITED

TRANSSHIPMENT 43T：ALLOWED

LOADING ON BOARD/DIS./TAKING IN CHARGE AT/FROM 44A：CHINESE MAIN PORT

FOR TRANSPORTATION TO 44B：DUBAI, UAE

LATEST DATE OF SHIPPMENT 44C：150119

DESCRIPTION OF GOODS 45A：

5 000 PCS BABY BLANKET, 100% POLYESTER. STYLE NO. SY001, ORDER NO.2013008.
AS PER S/C NO. BS14125 AT USD13.30/PC
CIF C5% DUBAI, PACKED IN 20 PCS/CTN

DOCUMENT REQUIRED 46A：

+COMMERCIAL INVOICE SIGNED IN INK IN TRIPLICATE. ONE ORIGINAL OF WHICH SHOULD BE CERTIFIED BY CHAMBER OF COMMERCE OR CCPIT AND LEGALIZED BY UAE EMBASSY/CONSULATE IN SELLER'S COUNTRY.

+PACKING LIST IN TRIPLICATE.

+CERTIFICATE OF CHINESE ORIGIN CERTIFIED BY CHAMBER OF COMMERCE OR CCPIT AND LEGALIZED BY UAE EMBASSY/CONSULATE IN SELLER' S COUNTRY.

+INSURANCE POLICY/CERTIFICATE IN DUPLICATE ENDORSED IN BLANK FOR 110% INVOICE VALUE. COVERING ALL RISKS AND WAR RISK OF CIC OF PICC （1/1/1981）. INCL. WAREHOUSE TO WAREHOUSE AND I. O. P. AND SHOWING THE CLAIMING CURRENCY IS THE SAME AS THE CURRENCY OF CREDIT.

+FULL SET（3/3） OF CLEAN ON BOARD OCEAN BILLS OF LADING MADE OUT TO ORDER MARKED FREIGHT PREPAID AND NOTIFY APPLICANT.

+ SHIPPING ADVICE SHOWING THE NAME OF THE CARRYING VESSEL, B/L NO., DATE OF SHIPMENT, ETA，MARKS, QUANTITY, NET WEIGHT, GROSS WEIGHT , COMMODITY AND VALUE OF THE SHIPMENT TO APPLICANT WITHIN 3 DAYS AFTER THE DATE OF BILL OF LADING.

ADDITIONAL CONDITION 47A：

+DOCUMENT DATED PRIOR TO THE DATE OF THIS CREDIT ARE NOT ACCEPTABLE.

+THE NUMBER AND THE DATE OF THIS CREDIT AND THE NAME OF ISSUING BANK MUST BE QUOTED ON ALL DOCUMENTS.

+TRANSSHIPMENT ALLOWED AT HONGKONG ONLY.

+SHORT FORM/CHARTER PARTY/THIRD PARTY BILL OF LADING ARE NOT ACCEPTABLE.

+SHIPMENT MUST BE EFFECTED BY 1×20'FULL CONTAINER LOAD.

B/L TO SHOW EVIDENCE OF THIS EFFECT IS REQUIRED.
+THE GOODS SHIPPED ARE NEITHER ISRAELI ORIGIN NOR DO THEY CONTAIN ISRAELI MATERIALS NOR ARE THEY EXPORTED FROM ISRAELI, BENEFICIARY'S CERTIFICATE TO THIS EFFECT IS REQUIRED.
+ALL PRESENTATIONS CONTAINING DISCREPANCIES WILL ATTRACT A DISCREPANCY FEE OF USD40.00 PLUS TELEX COSTS OR OTHER CURRENCY EQUIVALENT. THIS CHARGE WILL BE DEDUCTED FROM THE BILL AMOUNT WHETHER OR NOT WE ELECT TO CONSULT THE APPLICANT FOR A WAIVER.

CHARGES 71B：ALL CHARGES AND COMMISSIONS OUSIDE UAE ARE FOR ACCOUNT OF APPLICANT EXCLUDING REIMBURSING FEE.

PERIOD FOR PRESENTATION 48：WITH 15 DAYS AFTER THE DATE OF SHIPMENT, BUT WITHIN THE VALIDITY OF THIS CREDIT.

CONFIRMATION INSTRUCTION 49：WITHOUT

REIMBURSING BANK 53A：HSBC BANK PLC, NEW YORK

INFORMATION TO 78：ALL DOCUMENTS ARE TO BE REMITTED IN ONE LOT
PRESENTING BANK　　BY COURIER TO HSBC BANK MIDDLE EAST LIMITED, DIFC BRANCH, TRADE SERVICES. PRECINCT BUILDING THE GATE DISTRICT , DUBAI, UAE

4.3 信用证单证实验

提示　由于上海嘉宝进出口有限公司的合同、太阳国际贸易公司的出口合同属于第3章实验内容，所以对这两个公司的业务不要求对照合同审核信用证，只要求根据提供的审证结果拟写改证函电或分析相关信用证要点。为了更全面地进行信用证审改实验，本章补充了幸福贸易公司和上海纺织品进出口公司的实验。

实验4-1　上海嘉宝进出口有限公司改证

【实验目的】　熟悉信用证条款；初步掌握审证要领；熟悉改证单证业务。

【知 识 点】　信用证的格式、内容；信用证审核的要点、常见问题；改证流程、信用证修改书的主要内容。

【实验内容】　上海嘉宝进出口有限公司审证后发现信用证存在问题。请进行如下操作：根据提供的审证结果草拟改证函。要求：列明不符点，并清晰告知客户如何进行修改。信函日期：2015年4月25日。

【实验素材】　素材4-1。

素材 4-1 上海嘉宝进出口有限公司审证结果（L/C No. FJD-JBLC15）

上海嘉宝进出口有限公司

Shanghai Jiabao Imp. & Exp. Co. , Ltd.

Add: Rm.1812 Union Building, Fax: 86-21-64537843
315 Jingzhou Road , Tel: 86-21-64537876
Shanghai, China

审证意见（信用证号码 FJD-JBLC15）

信用证存在的问题	修改建议	需要修改的理由
日本到期	中国到期	国外到期易产生逾期交单
All Risks 和 War Risk 投保险别有误	W.P.A. Risk, Clash & Breakage 和 War Risk	与合同规定不符
按照发票价值加 3 成投保错误	按照发票价值加 1 成投保	与合同规定不符，增加保费支出
信用证金额 US$143134.76 有误	US$148134.76	与成交总额不符，无法全额出货
两个品种货号有误：Chinese Ceramic 15pc Tea set Art. No. 91115, 220cc Cup & Saucer Art. No. NC904, 16pc Kitchenware Art. No. NY10216, and 20pc Dinner Set Art. No. NH91120	改为：Chinese Ceramic 15pc Tea set Art. No. NF91115, 220cc Cup & Saucer Art. No. NC904, 16pc Kitchenware Art. No. NY10216/408, and 20pc Dinner Set Art. No. NH91120	与实际出运货号不符
2/3 正本提单议付不妥	3/3 正本提单议付	受益人控制货权有风险
1/3 正本提单直寄不妥	删除	受益人控制货权有风险
受益人地址 RM.1921 有误	RM.1812	易出现单证不符

实验 4-2 太阳贸易公司的审证（信开）和改证

【实验目的】 巩固信用证审核的知识和技能。

【知 识 点】 信用证审核。

【实验内容】 达成交易后，2013 年 4 月 8 日，太阳贸易公司收到 ABC 公司通过加拿大皇家银行开来的信开本信用证（编号 13/0501-FCT）。请进行如下操作：分析信用证（编号 13/0501-FCT）的要点，并根据提供的审证结果草拟改证函。要求：列明不符点，并清晰告知客户如何进行修改。信函日期：2013 年 4 月 10 日。

【实验素材】 素材 4-2 和素材 4-3。

素材 4-2 太阳贸易公司收到的信用证（号码 13/0501-FCT）

THE ROYAL BANK OF CANADA BRITISH COLUMBIA INTERNATION CENTRE 1055 WEST GEORGIA STREET, VANCOUVER, B. C. V6E 3P3 CANADA	
□CONFIRMATION OF TELEX/CABLE PER-ADVISED TELEX NO. 4720688 CA	DATE: APR 8, 2013 PLACE: VANCOUVER

<table>
<tr><td colspan="2">IRREVOCABLE DOCUMENTARY CREDIT</td><td colspan="2">CREDIT NUMBER:
13/0501-FCT</td><td>ADVISING BANK'S REF. NO.</td></tr>
<tr><td colspan="2">ADVISING BANK:
SHANGHAI A J FINANCE CORPORATION
59 HONGKONG ROAD
SHANGHAI 200002, CHINA</td><td colspan="3">APPLICANT:
ABC GENERAL TRADING CO.
362 JALAN STREET, TORONTO, CANADA</td></tr>
<tr><td colspan="2">BENEFICIARY:
SUN TRADING CO. , LTD.
623JINLIN RD. , SHANGHAI, CHINA</td><td colspan="3">AMOUNT:
USD46, 980. 00
(US DOLLARS FORTY SIX THOUSAND NINE HUNDRED AND EIGHTEEN ONLY)</td></tr>
<tr><td colspan="2">EXPIRY DATE: MAY 15, 2015</td><td colspan="3">FOR NEGOTIATION IN APPLICANTS COUNTRY</td></tr>
<tr><td colspan="5">GENTLEMEN:
WE HEREBY OPEN OUR IRREVOCABLE LETTER OF CREDIT IN YOUR FAVOR WHICH IS AVAILABLE BY YOUR DRAFTS AT SIGHT FOR FULL INVOICE VALUE ON US ACCOMPANIED BY THE FOLLOWING DOCUMENTS:
+ SIGNED COMMERCIAL INVOICE AND 3 COPIED.
+ PACKING LIST AND 3 COPIES, SHOWING THE INDIVIDUAL WEIGHT AND MEASUREMENT OF EACH ITEM.
+ ORIGINAL CERTIFICATE OF ORIGIN AND 3 COPIES ISSUED BY THE CHAMBER OF COMMERCE.
+ FULL SET CLEAN ON BOARD OCEAN BILLS OF LADING SHOWING FREIGHT PREPAID CONSIGNED TO ORDER OF THE ROYAL BANK OF CANADA INDICATING THE ACTUAL DATE OF THE GOODS ON BOARD AND NOTIFY THE APPLICANT WITH FULL ADDRESS AND PHONE NO. 77009910.
+ INSURANCE POLICY OR CERTIFICATE FOR 130 PERCENT OF INVOICE VALUE COVERING: INSURANCE CARGO CLAUSES （A） AS PER I. C. C. DATED 1/1/1982.
+ BENEFICIARY’S CERTIFICATE CERTIFYING THAT EACH COPY OF SHIPPING DOCUMENTS HAS BEEN FAXED TO THE APPLICANT WITHIN 48 HOURS AFTER SHIPMENT.
COVERING SHIPMENT PF:
4 ITEMS TERMS OF CHINESE CERAMIC DINNERWARE INCLUDING:
DS1511 30-PIECE DINNERWARE AND TEA SET, 544SETS
DS2201 20-PIECE DINNERWARE SET, 800SETS,
DS4504 45-PIECE DINNERWARE SET, 443SETS
DS5120 95-PIECE DINNERWARE SET, 245SETS
DETAILS IN ACCORDANCE WITH SALES CONTRACT HSDS03027 DATED APR. 3, 2015.
[ ]FOB / [ ]CFR / [X] CIF/ [ ]FAX TORONTO CANADA.</td></tr>
<tr><td>SHIPMENT FROM
SHANGHAI</td><td>TO
VANCOUVER</td><td>LATEST
APRIL 30,2015</td><td>PARTIAL
SHIPMENTS
PROHIBITED</td><td>TRANSSHIPMENT
PROHIBITED</td></tr>
<tr><td colspan="5">DRAFTS TO BE PRESENTED FOR NEGOTIATION WITHIN 15 DAYS AFTER SHIPMENT, BUT WITHIN THE VALIDITY OF CREDIT. ALL DOCUMENTS TO BE FORWARDED IN ONE COVER, BY AIRMAIL, UNLESS OTHERWISE STATED UNDER SPECIAL INSTRUCTION.</td></tr>
<tr><td colspan="5">SPECIAL INSTRUCTION: ALL BANKING CHARGES OUTSIDE CANADA ARE FOR ACCOUNT OF BENEFICIARY.
+ ALL GOODS MUST BE SHIPPED IN ONE 20'CY TO CY CONTAINER AND B/L SHOWING THE SAME.
+ THE VALUE OF FREIGHT PREP AID HAS TO BE SHOWN ON BILLS OF LADING.
+ DOCUMENTS WHICH FAIL TO COMPLY WITH THE TERMS AND CONDITIONS IN THE LETTER OF CREDIT SUBJECT TO A SPECIAL DISCREPANCY HANDLING FEE OF US$35. 00 TO</td></tr>
</table>

BE DEDUCTED FROM ANY PROCEEDS.	
DRAFT MUST BE MARKED AS BEING DRAWN UNDER THIS CREDIT AND BEAR ITS NUMBER; THE AMOUNTS ARE TO BE ENDORSED ON THE REVERSE HERE OF BY NEG. BANK. WE HEREBY AGREE WITH THE DRAWERS, ENDORSERS AND FIDE HOLDER THAT ALL DRAFTS DRAWN UNDER AND IN COMPLIANCE WITH THE TERMS OF THIS CREDIT SHALL BE DULY HONORED UPON PRESENTATION. THIS CREDIT IS SUBJECT TO THE UNIFORM CUSTOMS AND PRACTICE FOR DOCUMENTARY CREDITS（1993 REVISION）BY THE INTERNATIONAL CHAMBER OF COMMERCE PUBLICATION NO. 500.	
David Jone	Yours Very Truly, Joanne Hsan
AUTHORIZED SIGNATURE	AUTHORIZED SIGNATURE

素材 4-3　太阳贸易公司的信用证审核结果

信用证审核结果	
信用证号	13/0501-FCT
合 同 号	SHDS03027
审证结果	1. 信用证大小写金额不一致，大写金额错误（US DOLLARS FORTY SIX THOUSAND NINE HUNDRED AND EIGHTEEN ONLY），低于合同金额（USD46980），应为 USD46980（US DOLLARS FORTY SIX THOUSAND NINE HUNDRED AND EIGHTY ONLY）而不是 USD46918。 2. 信用证在加拿大到期（FOR NEGOTIATION IN APPLICANT COUNTRY），易产生逾期，建议改在国内到期（FOR NEGOTIATION IN BENEFICIARY COUNTRY）。 3. 加减保率为 30%(FOR 130 PERCENT OF INVOICE VALUE), 高于合同规定的 10%，应改为（FOR 100 PERCENT OF INVOICE VALUE）。 4. 投保险别为协会货物 A 险，与合同的水渍险加破碎险加战争险不同，应当根据合同规定投保。 5. 证明装运货物数量与合同有出入，证中规定 DS1151 544SETS、DS5120 245SETS，而合同中为 DS1151 542SETS、DS5120 254SETS。 6. 目的港与合同不符。应为多伦多而（TORONTO）不是温哥华（VANCOUVER）。 7. 合同明确规定允许转运，但信用证中禁止转运。 8. 证中要求“SHIPPED IN ONE 20' CY TO CY CONTAINER”, 但实际有 4 个 20 英尺箱，应改为“SHIPPED IN FOUR 20' CY TO CY CONTAINER”。

实验 4-3　幸福贸易公司审核信用证（电开）

【实验目的】　巩固信用证审核的知识和技能。

【知 识 点】　信用证审核。

【实验内容】　经过交易磋商，幸福国际贸易公司和沙特阿拉伯（缩写 KSA）的 XYZ 贸易公司就听装罐头蘑菇（CANNED MUSRHOOMS）达成共识并签订了 XYZ2013026 号出口销售合同。2013 年 3 月 22 日，中国银行江苏省分行通知幸福贸易公司收到 XYZ 公司通过利雅得银行开来的信用证电开本（编号 0011LC123756）。请进行如下操作：根据销售合同（编号 XYZ2013026）对信用证（号码 0011LC123756）进行审核，指出信用证存在的问题并提出具体的改证要求。

【实验素材】 素材 4-4～素材 4-6。

素材 4-4 幸福国际贸易有限公司和 XYZ 公司签订的销售合同（编号 XYZ2013026）

销售合同
SALES CONTRACT

卖方 SELLER:	HAPPY TRADING CO. , LTD. NO. 85 GUANJIAQIAO, NANJING 210005, CHINA TEL: 86-25-4715004　FAX: 86-25-4711363	编号 NO. : 日期 DATE: 地点 SIGNED IN:	XYZ2013026 Feb. 28, 2013 NANJING, CHINA
买方 BUYER:	XYZ TRADING CO. P. O. BOX 99552, RIYADH 22766, KSA TEL: 966-1-4659220　FAX: 966-1-4659213		

买卖双方同意以下条款达成交易：
This contract Is made by and agreed between the BUYER and SELLER, in accordance with the terms and conditions stipulated below.

1. 品名及规格 Commodity & Specification	2. 数量 Quantity	3. 单价及价格条款 Unit Price & Trade Terms	4. 金额 Amount
CFR DAMMAM PORT, SAUDI ARABIA			
ABOUT 1700 CARTONS CANNED MUSRHOOMS PIECES & STEMS 24 TINS X 425 GRAMS NET WEIGHT （D. W. 227 GRAMS）AT USD7. 80 PER CARTON.	1700CARTONS	USD7. 80	USD13260. 00
Total:	1700CARTONS		USD13260. 00

允许 With		溢短装，由卖方决定 More or less of shipment allowed at the sellers' option

5. 总值 Total Value	USD THIRTEEN THOUSAND TWO HUNDRED AND SIXTY ONLY.
6. 包装 Packing	EXPORTED BROWN CARTON
7. 唛头 Shipping Marks	ROSE BRAND 178/2013 RIYADH
8. 装运期及运输方式 Time of Shipment & means of Transportation	Not Later Than Apr. 30, 2013 BY VESSEL
9. 装运港及目的地 Port of Loading & Destination	From: SHANGHAI PORT, CHINA To: DAMMAM PORT, SAUDI ARABIA
10. 保险 Insurance	TO BE COVERED BY THE BUYER.

11. 付款方式 Terms of Payment	The Buyers shall open through a bank acceptable to the Seller an Irrevocable Letter of Credit payable at sight of reach the seller 30 days before the month of shipment, valid for negotiation in China until the 15th day after the date of shipment.
12. 备注 Remarks	

The Buyer	The Seller
XYZ TRADING CO.	HAPPY TRADING CO. , LTD.
(Signature)	(Signature)

素材 4-5 幸福贸易公司收到的信用证（号码 0011LC123756）

2013MAR22 09:18:11 LOGICAL TERMINAL E102

MT S700 ISSUE OF A DOCUMENTARY CREDIT

PAGE 00001

FUNC MSG700

UMR 06881051

MSGACK DWS765I AUTH OK, KEY B198081689580FC5, BKCHCNBJ RJHISARI RECORO

BASIC HEADER F 01 BKCHCNBJA940 0588 550628

APPLICATION HEADER 0 700 1057 010320 RJHISARIAXXX 7277 977367 020213 1557 N

*ALRAJHI BANKING AND INVESTMENT
*CORPORATION
*RIYADH
*（HEAD OFFICE）

USER HEADER SERVICE CODE 103: （银行盖信用证通知专用章）

BANK. PRIORITY 113:

MSG USER REF. 108:

INFO. FROM CI 115:

SEQUENCE OF TOTAL	*27	1 / 1
FORM OF DOC. CREDIT	*40 A	IRREVOCABLE
DOC. CREDIT NUMBER	*20	0011LC123756
DATE OF ISSUE	31 C	130320
DATE/PLACE EXP.	*31 D	DATE 130505 PLACE CHINA
APPLICANT	*50	XYZ TRADING CO. P. O. BOX 99552, RIYADH 22766, KSA TEL: 966-1-4659220 FAX: 966-1-4659213
BENEFICIARY	*59	HAPPY TRADING CO. , LTD. NO. 85 GUANJIAQIAO, NANJING 210005, P.R.CHINA TEL: 86-25-4715004 FAX: 86-25-4711363
AMOUNT	*32 B	CURRENCY USD AMOUNT 13260,
AVAILABLE WITH/BY	*41 D	ANY BANK IN CHINA, BY NEGOTIATION
DRAFTS AT . . .	42 C	SIGHT
DRAWEE	42 A	RJHISARI *ALRAJHI BANKING AND INVESTMENT *CORPORATION

2013MAR22 09:18:11 LOGICAL TERMINAL E102

MT S700 ISSUE OF A DOCUMENTARY CREDIT

PAGE 00001

FUNC MSG700

UMR 06881051

MSGACK DWS765I AUTH OK, KEY B198081689580FC5, BKCHCNBJ RJHISARI RECORO
*RIYADH
*（HEAD OFFICE）

PARTIAL SHIPMTS 43 P NOT ALLOWED

TRANSSHIPMENT 43 T NOT ALLOWED

LOADING ON BRD 44 A
CHINA MAIN FORT, CHINA

44 B
DAMMAM PORT, SAUDI ARABIA

LATEST SHIPMENT 44 C 130430

GOODS DESCRIPT. 45 A

ABOUT 1700 CARTONS CANNED MUSRHOOM PIECES & STEMS 24 TINS X 425 GRAMS NET WEIGHT （D. W. 227 GRAMS） AT USD7. 80 PER CARTON. ROSE BRAND.

DOCS REQUIRED 46 A

DOCUMENTS REQUIRED:

+ SIGNED COMMERCIAL INVOICE IN TRIPLICATE ORIGINAL AND MUST SHOW BREAK DOWN OF THE AMOUNT AS FOLLOWS: FOB VALUE, FREIGHT CHARGES AND TOTAL AMOUNT C AND F.

+ FULL SET CLEAN ON BOARD BILL OF LADING MADE OUT TO THE ORDER OF AL RAJHI BANKING AND INVESTMENT CORP, MARKED FREIGHT PREPAID AND NOTIFY APPLICANT, INDICATING THE FULL NAME, ADDRESS AND TEL NO. OF THE CARRYING VESSEL'S AGENT AT THE PORT OF DISCHARGE.

+ PACKING LIST IN ONE ORIGINAL PLUS 5 COPIES, ALL OF WHICH MUST BE MANUALLY SIGNED.

+ INSPECTION（HEALTH）CERTIFICATE FROM C. I. Q.（ENTRY-EXIT INSPECTION AND QUARANTINE OF THE PEOOPLES REP. OF CHINA） STATING GOODS ARE FIT FOR HUMAN BEING.

+ CERTIFICATE OF ORIGIN DULY CERTIFIED BY C. C. P. I. T. STATING THE NAME OF THE MANUFACTURERS OF PRODUCERS AND THAT GOODS EXPORTED ARE WHOLLY OF CHINESE ORIGIN.

+ THE PRODUCTION DATE OF THE GOODS NOT TO BE EARLIER THAN HALF MONTH AT TIME OF SHIPMENT. BENEFICIARY MUST CERTIFY THE SAME.

+ SHIPMENT TO BE EFFECTED BY CONTAINER AND BY REGULARE LINE. SHIPMENT COMPANY'S CERTIFICATE TO THIS EFFECT SHOULD ACCOMPANY THE DOCUMENTS.

+ INSURANCE POLICY OR CERTIFICATE IN 1 ORIGINAL AND 1 COPY ISSUED OR ENDORSED TO THE ORDER OF AL RAJHI BANKING AND INVESTMENT CORP FOR THE INVOICE PLUS 10 PERCENT COVERING ALL RISKS, INSTITUTE CARGO CLAUSES, INSTITUTE STRIKES.

DD. CONDITIONS 47 A

ADDITIONAL CONDITION:

2013MAR22 09:18:11 LOGICAL TERMINAL E102

MT S700 ISSUE OF A DOCUMENTARY CREDIT

PAGE 00001

FUNC MSG700

UMR 06881051

MSGACK DWS765I AUTH OK, KEY B198081689580FC5, BKCHCNBJ RJHISARI RECORO

A DISCREPANCY FEE OF USD50. 00 WILL BE IMPOSED ON EACH SET OF DOCUMENTS PRESENTED FOR NEGOTIATION UNDER THIS L/C WITH DISCREPANCY. THE FEE WILL BE DEDUCTED FROM THE BILL AMOUNT.

PAYMENT UNDER THE GOODS WERE APPROVED BY SAUDI GOVERNMENT LAB.

CHARGES 71 B ALL CHARGES AND COMMISSIONS OUTSIDE KSA ON BENEFICIARIES' ACCOUNT INCLUDING REIMBURSING, BANK COMMISSION, DISCREPANCY FEE （IF ANY） AND COURIER CHARGES.

CONFIRMAT INSTR *49 WITHOUT

REIMBURS. BANK 53 D //

AL RAJHI BANKING AND INVESTMENT CORP

RIYADH （HEAD OFFICE）

INS PAYING BANK 78

DOCUMENTS TO BE DESPATCHED IN ONE LOT BY COURIER.

ALL CORRESPONDENCE TO BE SENT TO ALRAJHI BANKING AND INVESTMENT

COPRORATION RIYADH （HEAD OFFICE）

SEND REC INFO 72 REIMBURSEMENT IS SUBJECT TO ICC URR 725

TRAILER ORDER IS <MAC:> <PAC:> <ENC:> <CHK:> <TNG:> <PDE:>

MAC: E55927A4

CHK: 7B505952829A

HOB:

素材 4-6 幸福贸易公司的信用证审核结果模板

信用证审核结果	
信用证号	
合 同 号	
审证结果	

实验 4-4 上海东方纺织品进出口公司审证、改证

【实验目的】 熟悉信用证条款；初步掌握审证要领；熟悉改证单证业务。

【知 识 点】 信用证的格式、内容；信用证审核的要点、常见问题；改证流程、信用证修改书的主要内容。

【实验内容】 替上海东方纺织品进出口公司进行如下操作：

（1）根据售货确认书（确认书号码：ST120311）分析、审核信用证（信用证号码：CN30991714）。

（2）根据审证结果草拟改证函，要求列明不符点，并清晰地告知客户如何进行修改。信函日期：2014 年 10 月 5 日。

【实验素材】素材 4-7 和素材 4-8。

素材 4-7 上海东方纺织品进出口公司销售确认书（S/C No.: ST120311）

SALES CONFIRMATION

S/C No.: ST120311

Date: AUG.15, 2014

The Seller: SHANGHAI DONGFANG TEXTILES IMP.&EXP. CO.

Address: RM. 1812 UNION BUILDING, 27 ZHONGSHAN ROAD, SHANGHAI, CHINA

TEL: 86-21-63218467 FAX: 86-21-63291267

The Buyer: SUPERBAIM（HONGKONG）LTD.

Address: RM. 504 FUNGLEE COMM. BLDG. KOWLOON, HONGKONG

We hereby confirm having sold to you the following goods on terms and conditions as stated below:

货物名称及规格 Commodity & Specification	数量 Quantity	单价 Unit Price	总值 Amount
TEXTILE TWILL 2/1 108×54/20×20 59"	10 000 METERS	CIFC2 H.K. USD 54.00 PER METER	USD 540 000.00
TOTAL	10 000 METERS		USD 540 000.00
合同总额 Total Contract Amount: SAY US DOLLAR FIVE HUNDRED AND FORTY THOUSAND ONLY.			

Packing: packed in cartons of ten meters

Shipment: during oct./ nov., 2014 from Shanghai to H.K. with partial shipment and transshipment permitted.

Insurance: To be covered by the Seller for 110% of total invoiced value against all risks and war risk as per the relevant ocean marine cargo clauses of the PICC dated 1981/01/01.

Payment: The Buyer should open through a bank acceptable to the Seller 30 days before the month of shipment valid for negotiation in China until the 15th day the date of shipment.

Remarks: Please sign and return one copy for our file.

The Buyer <u>**Alice**</u>

The Seller <u>**SHANGHAI DONGFANG TEXTILES IMP.&EXP. CORP.（章）**</u>

×××

素材 4-8 上海东方纺织品进出口公司收到的信用证（L/C No. CN30991714）

Message Type : 700 Issue of a Documentary Credit

Sender : ××××××××××××HONGKONG & SHANGHAI BANKING CORPORTION
GUEEN'S ROAD CENTERAL, P.O. BOX 64, H.K.

Receiver : ××××××××××××BANK OF CHINA
SHANGHAI BRANCH

27 Sequence of Total
1/1

40A/Form of Documentary Credit
IRREVOCABLE

20/Documentary Credit Number
CN30991714

31C/Date of Issue
141002

40E/Applicable Rules
UCP 600

31D/Date and Place of Expiry
141121 SHANGHAI

50/Applicant
SUPERBAIM（HONGKONG）LTD.
RM. 450 FUNGLEE COMM. BLDG. KOWLOON, HONGKONG

59/Beneficiary
SHANGHAI DONGFANG TEXTILES IMP.&EXP. CORP.
27 ZHONGSHAN ROAD, SHANGHAI, CHINA
TEL: 86-21-63218467 FAX: 86-21-63291267

32B/Currency Code, Amount
HKD 540 000, 00

41D/Available With ... By ...
ANY BANK
BY NEGOTIATION

42C/Drafts at...
30 DAYS AFTER SIGHT FOR 100PCT OF INVOICE VALUE QUOTING DATE AND NO. OF THIS CREDIT

42A/Drawee
HONGKONG & SHANGHAI BANKING CORPORTION

43P/Partial Shipments
NOT ALLOWED

43T/Transshipment

NOT ALLOWED

44A/Place of Taking in Charge/Dispatch from .../Place of Receipt

SHANGHAI

44B/Place of Final Destination/For Transportation to .../Place of Delivery

HONGKONG.

44C/Latest Date of Shipment

141031

45A/Description of Goods and/or Services

TEXTILE

TWILL 2/1 108×54/20×20 59"

Quantity：10 000 METERS

UNIT PRICE : HKD 54.00 PER METER CIFC2 H.K.

46A/Documents Required

+SIGNED COMMERCIAL INVOICE IN SIX COPIES.

+PACKING LIST IN QUADRUPLICATE

+2/3 CLEAN "ON BOARD" BILLS OF LADING MADE OUT TO ORDER AND NOTIFY APPLICANT AND MARKED "FREIGHT COLLECT" .

+INSURANCE POLICY（IES） IN TWO COPY COVERING ALL RISKS AND WAR RISK FOR 130%

INVOCIE VALUE AS PER THE RELEVANT OCEAN MARINE CARGO CLAUSES OF THE PICC DATED 1981/01/01.

+CERTIFICATE OF ORIGIN ISSUED BY CHINA COUNCIL FOR THE PROMTION OF INTERNATIONAL TRADE.

+A CERTIFICATE ISSUED BY THE BENEFICIARY AND COUNTERSIGNED BY BUYER'S REPRESENTATIVE MR. JEREMIAH, HIS SIGNATURE MUST BE VERIFIED BY OPENING BANK, CERTIFYING THE QUALITY TO CONFORM TO SAMPLE SUBMITTED UNTIL 7TH JUNE, 2014.

+A COPY OF SHIPPING ADVICE.

47A/Additional Conditions

+SHIPPING ADVICE TO BE SENT BY FAX TO THE APPLICANT IMMEDIATELY AFTER THE SHIPMENT STATING OUR L/C NO. , SHIPPING MARKS, NAME OF VESSEL, GOODS DESCRIPTION AND AMOUNT AS WELL AS THE BILLS OF LADING NO. AND DATE.

+1/3 CLEAN ON BOARD BILLS OF LADING SENT TO APPLICANT BY DHL WITHIN 24 HOURS AFTER SHIPMENT.

49/Confirmation Instructions

WITHOUT

78/Instructions to the Paying/Accepting/Negotiating Bank

+EACH DRAWING SHOULD BE ENDORSED ON THE REVERSE OF THIS L/C AND THE PRESENTING BANK MUST EVIDENCE THIS EFFECT ON THEIR COVERING SCHEDULE.

+DOCUMENTS SHOULD BE SENT BY COURIER SERVICE IN ONE LOT TO

HONGKONG & SHANGHAI BANKING CO. GUEEN'S ROAD CENTERAL, P.O. BOX 64, H.K.
+UPON RECEIPT OF DOCUMENTS AND DRAFTS AT OUR COUNTER ON OR BEFORE IN COMPLIANCE WITH TERMS AND CONDITIONS OF THIS CREDIT, WE WILL ACCEPT THE DRAFT AND REIMBURSE YOU AS PER YOUR INSTRUCTIONS AT MATURITY.

72/Sender to Receiver Information

/TELEBEN/

复习思考题

一、单项选择题

1．(　　)规定信用证都是不可撤销的。

A．UCP400　　B．UCP500　　C．UCP600　　D．ISBP681

2．信用证修改必须由(　　)向银行申请。

A．申请人　　B．受益人　　C．通知行　　D．议付行

3．关于信用证修改，下列说法不正确的是(　　)。

A．必要时，申请人也可主动申请改证

B．对同一份修改的内容不允许部分接受，部分接受将被视为拒绝修改的通知

C．通过申请人直接寄送的修改申请书或修改书复印件不是有效的修改

D．修改费用一律由申请人承担

二、多项选择题

1．(　　)是信用证最基本的当事人。

A．申请人　　B．受益人　　C．开证行　　D．议付行

2．开证行与有权使用信用证的“被指定银行”之间是委托代理关系。“被指定银行”(Nominated bank)可以包括(　　)。

A．通知行(Advising Bank / Notifying Bank)

B．议付行(Negotiating Bank)

C．付款行(Paying Bank / Drawee Bank)

D．保兑行(Confirming Bank)

3．信用证的审核由(　　)共同完成，但二者的工作重点不一样。

A．申请人　　B．受益人　　C．通知行　　D．偿付行

三、简答题

1．信用证的基本内容有哪些?

2．审核信用证的要项包括哪些?

3．简述信用证修改的注意事项。

4．简述开证行对不符点的处理方法。

5．简述议付行对不符点的处理方法。

6．简述受益人对不符点拒付的处理方法。

四、单证业务操作题

1．翻译信用证（素材 4-9，信用证号码 LC20130001），并回答下列问题：

本信用证的种类为（至少四种）______________________________。

该信用证的有效期、交单期、最迟装运期分别为_____________________。

该信用证项下，受益人应提交的单据种类及其份数为____________________。

根据《跟单信用证统一惯例》(《UCP600》) 的规定，对标有“*”符号的部分内容进行分析，并指出这种条款对受益人的影响。

该信用证项下的汇票付款人应是__________________。

该信用证项下的发票的签发人应是__________________。

根据来证要求，提单的收货人（抬头）应做成“To order”，这应解释为凭_______指定。

如出口方在 5 月 21 日装运一批货物，则应在________月________日前向银行交单。

素材 4-9 信用证（主体部分）

ISSUING BANK: NATIONAL PARIS BANK

24 MARSHAL AVE DONCASTER MONTREAL, CANADA

FORM OF DOC.CREDIT: 40A: IRREVOCABLE AND TRANSFERABLE

DOCU CREDIT NO.: 20: LC20130001

DATE OF ISSUE: 31C: 130918

DATE & PLACE OF EXP: 31D: 131115 IN BENEFICIARY'S COUNTRY

APPLICABLE RULES: 40E: UCP 600

APPLICANT: 50: YI YANG TRADING CORPORATION

88 MARSHALL AVE，DONCASTER VIC 3108，CANADA

BENEFICIARY: 59: SHANGHAI KNITWEAR AND MANUFACTURE

GOODS IMPORT AND EXPORT TRADE CORPORATION.

321, ZHONG SHAN ROAD SHANGHAI, CHINA

CURRENCY CODE, AMOUNT: 32: USD 89 705.00

AVAILABLE WITH… BY…: 41D: ANY BANK BY NEGOTIATION

DRAFTS AT… 42C: SIGHT

DRAWEE: 42D: NATIONAL PARIS BANK, MONTREAL

PARTIAL SHIPMENT: 43P: ALLOWED

TRANSSHIPMENT: 43T: NOT ALLOWED

LOAD/DISPATCH/TAKING:44A: SHANGHAI, CHINA

TRANSPORTATION TO … 44B: MONTREAL , CANADA

LATEST SHIPMET DATE: 44C: 131031

DESCRIPTION OF GOODS AND/OR SERVICES: 45A:

COTTON TEA TOWELS

AS PER S/C MN808

FOR 1-300 SIZE 10 INCHES*10 INCHES 16 000 DOZ AT USD 1.31/DOZ.

301-600 SIZE 20 INCHES*20 INCHES 6 000 DOZ AT USD 2.51/DOZ.

AND 601-900 SIZE 30 INCHES*30 INCHES 11 350 DOZ AT USD 4.73/DOZ.

CIF MONTREAL

DOCUMENTS REQUIRED: 46A:

+ COMMERCIAL INVOICES IN 3 COPIES.

+ CANADA CUSTOMS INVOICES IN 3 COPIES.

+ ORIGINAL CERTIFICATE IN 3 COPIES.

+ FULL SET OF NEGOTIABLE INSURANCE POLICY OR CERTIFICATE BLANK ENDORSED FOR 110 PERCENTs OF INVOICE VALUE COVERING ALL RISKS.

+ FULL SET OF ORIGINAL MARINE BILLS OF LADING CLEAN ON BOARD PLUS 2 NON-NEGOTIABLE COPIES MADE OUT OR ENDORSED TO ORDER OF NATIONAL PARIS BANK 24 MARSHALL AVE DONCASTER MONTREAL, CANADA.

+ SPECIFICATION LIST OF WEIGHTS AND MEASURES IN 4 COPIES COVERING SHIPMENT OF COTTON TEA TOWELS.

ADDITIONAL CONDITIONS: 47A:

+ ALL CHARGES IF ANY RELATED TO SETTLEMENTS ARE FOR ACCOUNT OF BENEFICIARY.

*+IN CASE OF PRESENTATION OF DOCUMENTS WITH DISCREPANCY（IES）A CHARGE OF USD 55.00 WILL BE DEDUCTED.

CHARGES: 71B: ALL BANKING CHARGES INCLUDING REIMBURSEMENT CHARGES OUTSIDE CANADA ARE FOR ACCOUNT OF BENEFICIARY.

CONFIRMATION INSTRUCTIONS: 49:WITHOUT

2．根据审证意见（L/C No. NOM-GREENLC15）（见素材 4-10），草拟改证函。要求：列明不符点，并清晰告知客户如何进行修改。信函日期：2015 年 4 月 25 日。

素材 4-10 信用证（L/C No. NOM-GREENLC15）的审证意见

格林（集团）国际贸易公司

GREEN GROUP INTERNATIONAL TRADE CORP.

地址：中国北京新路 28 号世贸大厦 807 室
电话：86-10-82334545
传真：86-10-82334599

ADDR：8TH FLOOR, WORLD TRADE BUILDING 807 NO.28 BEIJING NEW ROAD, BEIJING , CHINA
TEL：86-10-82334545
FAX：86-10-82334599

审证意见（L/C No. NOM-GREENLC15）

信用证存在的问题	修改建议	需要修改的理由
开证行所在地到期	中国到期	国外到期易产生逾期交单
信用证金额有误	126006.40 美元应改为 126806.40 美元	无法全额出运货物
一个品种货号有误	DS-1 应改为 DS-1-At	与实际出运货号不符
合同号码错误	GREEN-NOM15 应改为 GREEN-NOMSC15	与实际合同号码不符
检验条款不妥	商检证书应由 Beijing Inspection Bureau 出具	限制过严
唛码有误	.../ROTERDAM/....应改为.../ROTTERDAM/....	易产生异地卸货

3．请根据信用证预审单（见素材 4-11）的相关信息，为上海新联纺织品股份有限公司拟写一封信函，对其中用带圆圈数字标出的 5 个问题进行修改。

素材 4-11 信用证预审单

开证行	BANK OF NAGOYA LTD.	开证日期	Oct.6th, 2003		
申请人	THE GENRRU TRADING CO. LTD.	受益人	SHANGHAI NEW UNION TEXTILES IMP. & EXP. CORP. PU DONG COMPANY 3409 NEW DENG ROAD SHANGHAI CHINA		
信用证金额	① USD172 006 （应为 USD172 066）	信用证号	NLC0310598		
汇票付款人	开证行	汇票期限	② 见票后 60 天（应为即期）		
可否转船	可以	可否分批装运	可以		
装运期限	Dec.15th, 2003 以前	有效期	Dec.30th, 2003	到期地点	③ KOBE
唛头	未指定	交单日	④ 提单日后 3 天		

单据名称	提单	发票	装箱单	重量单	保险单	产地证	FORM A	寄单证明	寄单邮据	寄样证明	寄样邮据	检验证明
银行	3/3	3	3		2	2		3				3

提单或承运单据	抬头	to order	保险	一切险加战争险		
	通知	applicant		加成 10%	赔款地点	目的港
	注意事项	注明运费已付				
备注	⑤ 检验证明须由开证申请人签发					

第 5 章

发票、装箱单与汇票

05

引导案例

着手备货了

确认信用证后，外贸业务员田方立即着手协调和跟踪以下几项工作：

（1）签订购货合同。参照外贸合同条件，外贸业务员田方与供应商北京新星纺织有限公司最终签订了如下购货合同（合同编号：14YX239）。

购销合同

需方：蓝天国际贸易股份有限公司　　　　　合同编号：14YX239

签约时间：2014 年 11 月 21 日

供方：北京新星纺织有限公司　　　　　　　签约地点：北京

根据《中华人民共和国合同法》和有关规定，经双方协商签订本合同，并信守下列条款。

一、商品

品名及规格	数　量	单　位	单价（含税）	金　额	交 货 期
童毯 款号：SY001 面　：100%涤纶	5 000	件	70 元/件	350 000	2015 年 1 月 10 日前
总金额（大写）	人民币 叁拾伍万元整				

二、质量要求：具体款式和要求根据确认样。

三、包装要求：每件装一个塑料袋，20 件装一个出口标准纸箱（单色、单码），具体要求按国外客户订单。

四、交货地点：在供方仓库交货。

五、付款方式：交货时支付。

六、责任条款：

1. 因供方的责任造成国外客户索赔的，其索赔款及因索赔而产生的费用由供方承担。

2. 需方已安排供方生产的商品，因外销变化需要做出某些调整或变更的，其修改部分则为合同的组成部分。

七、本合同有效期从 2014 年 11 月 21 日至 2015 年 5 月 20 日。

八、纠纷处理方法及地点：执行长合同过程中如有争议，双方通过友好协商解决；如协商未能取得一致，则由需方所在地人民法院管辖。

九、本协议双方签字盖章。合同一式两份，供需双方各执一份。

十、备注：在客户确认产前样之后开始生产。

需方授权代表：×××	供方授权代表：×××
盖章：蓝天国际贸易股份有限公司	盖章：北京新星纺织有限公司
需方电话：（010）82398888	供方电话：（010）63533390
传真：（010）82398889	传真：（010）63533612

（2）组织备货生产。

1）原材料采购跟踪和打样。田方首先对北京新星纺织有限公司欲采购的原材料进行确认。然后，把色样（Colour Sample）和料样（Material Sample）寄给星星公司进行确认。2014 年 11 月 24 日，收到星星公司色样和料样通过检验回复后，立即通知北京新星纺织有限公司采购原材料并打产前样（Pre-production Sample）。11 月 26 日打好产前样并寄出。

2）生产进度跟踪。2014 年 11 月 30 日收到星星公司产前样确认通知，则该产前样成为确认样（Confirmed Sample），田方对该样品进行封样，通知北京新星纺织有限公司开始排产。同时，做好生产进度跟踪工作，包括：加强与生产管理人员的联系，明确生产、交货的权责；减少或消除临时、随意的设计和技术变更，规范设计和技术变更要求；掌握生产进度，督促生产企业按进度生产；加强对产品质量、不合格产品和外协产品的管理；妥善处理生产异常事务等。

田方估计大约要在 2015 年 1 月 10 日至 2015 年 1 月 20 日期间段完成交货，他一方面要督促北京新星纺织有限公司合理调整生产计划，提高产能，争取比估计的交货期提前一些时间；另一方面要督促外贸单证员事先向船公司订好合理舱位，以保证在信用证规定的交货期 2015 年 1 月 20 日之前顺利出货。同时准备：如果调整产能后仍约在 2015 年 1 月 20 日以后才能完成交货，应及时向国外客户反映情况，争取修改信用证，延长交货期和有效期。

3）产品包装跟踪。由于北京新星纺织有限公司提供的出口纸箱超重，因此选用双瓦楞纸板箱。田方一方面督促北京新星纺织有限公司符合合同规定质量、尺寸和装箱数量等要求的纸箱准时到位；另一方面，指导正唛和侧唛的刷制工作（实际装运 260 箱）。

正唛：	侧唛：
STAR	WHITE/BLUE/PINK
S/C No.：BS14125	57 CM×40 CM×40 CM
Style No.：SY001	20 PIECES
Port of destination：Dubai	
Carton No.：1-260	

4）产品质量跟踪。田方以外贸合同质量要求为依据，要求北京新星纺织有限公司按星星公司要求的生产工艺和图样进行生产。通过生产前检验，生产初期、中期和尾期检验，最终使北京新星纺织有限公司保质保量地完成了童毯的生产。

⇨**启示和疑问** 能否按信用证规定的交货期及时出货的关键是，要与北京新星纺织有限公司共同制定合理的生产计划，并跟踪其生产进度（若是生产型外贸企业，则是与生产部门一起控制生产进度，保证及时出货）。那么，在此阶段可以准备哪些国际贸易单证，如何处理？

⇨**建议** 根据相关知识和技能填制：发票和装箱单。

本章学习目标

- 理解商业发票的流转程序；了解商业发票的含义和作用；了解其他发票。
- 掌握商业发票的基本内容及其缮制和应用技巧。
- 掌握装箱单的基本内容及其缮制和应用技巧。

重要概念

商业发票 海关发票 领事发票 厂商发票 形式发票 样品发票 寄售发票
装箱单 重量单 汇票

5.1 发票、装箱单与汇票实务

5.1.1 商业发票概述

1．商业发票的含义和主要作用

商业发票（Commercial Invoice，简称发票），是卖方向买方开立的，凭以向买方收取货款的发货价目清单，是装运货物的总说明。其主要作用如下：① 发票是卖方向买方发货的凭证，是卖方重要的履约证明文件。② 发票是买卖双方交接货物、结算货款和记账的凭证。③ 在不使用汇票的情况下，发票可代替汇票作为付款依据。④ 凭发票付款时，通常用以确定有关交易的细节。⑤ 发票是进出口货物报检、办理产地证、许可证、报关、纳税、出口交单结汇必备的基本单证。⑥ 发票可作为索赔、理赔的凭据。⑦ 发票全面反映了交付货物的状况，是全套出口单据的核心，是缮制其他出口单据的依据。⑧ 发票还可以作为海关统计、保险索赔的价值证明，补充确定交易细节。

2．商业发票的主要内容

商业发票的主要内容示例如表 5-1 所示。

提示 （1）与国内发票不同，外贸中的商业发票，是货物的卖方自己编制的一份单据，格式不拘，但内容和作用相似。

（2）近几年，各地已陆续出现了国内税务机关统一印制的通用出口发票，一套六联（发票联、记账联、税务联、报关联、核销联、存根），内容与一般发票项目相同。如进口商接受，通用出口发票也可用于收汇。但若与 L/C 或进口商要求不一致，则只在报关、报检等国内环节中使用，对外收汇时，另外再制作符合 L/C 或进口商要求的发票。

（3）有一些进口商要求出口商按其公司特有的格式发票制单，内容栏目基本上也与一般发票相同，若对出口方无不妥之处的，出口商可协助进口商按其要求办理。

（4）更多商业发票样式参见本章附表。

表 5-1　商业发票（EDI 通用）

Issuer		Commercial Invoice		
To		NO.	Date	
Transport Details From To		S/C No.	L/C No. Issued By	
		Terms of Payment		
Marks and Numbers	Description & Specification	Quantity	Unit Price	Amount
		Total:		
Say Total:				
		(signature)		

5.1.2　商业发票的填制方法

缮制商业发票时要求直观简练、正确无误、排列合理、缮打清楚、整洁美观。

商业发票各栏目的填制要点如下。

1．发票名称

发票名称（Name of Invoice），一般为“Commercial Invoice”或“Invoice”粗体字。

> **提示** 《ISBP681》第 57 条规定：信用证要求“发票（Invoice）”而未做进一步定义，则提交的任何形式的发票都可以接受［如商业发票（Commercial Invoice）、海关发票 Customs Invoice）、税务发票（Tax Invoice）、最终发票（Final Invoice）、领事发票（Consular Invoice）等］。但是，“临时发票（Provisional Invoice）”、“预开发票或形式发票（Pro-forma Invoice）”等或类似的发票是不可接受的，除非信用证另有授权。当信用证要求提交商业发票时，标为“发票（Invoice）”的单据是可以接受的。

2．出票人

出票人（Issuer/Seller/Exporter/Shipper/Shipped by），一般是出口公司。按照《UCP600》的规定，信用证项下的发票必须表面看来由信用证中具名的受益人出具，《UCP600》第 38

条（可转让信用证）另有规定者除外。

提示 当企业采用印刷空白发票或计算机制单时，已预先印上或在程序中编入出票人的名称和详细地址（Name and Address of Seller）。名称、地址应位于发票正上方的显著位置并不应同行放置。按《ISBP681》第 60 条、第 61 条的规定，发票中受益人、抬头人地址中的电传或传真号等不是必填项目；如果提供，也不必与信用证中的统一。

3．抬头人

抬头人（To/Messers/Sold to Messers/For Account and Risk of Messers/Consigned to）。如信用证有指定抬头人，则按来证规定制单，否则须出具成以申请人为抬头（可转让信用证除外）（见表 5-2）。当采用托收方式支付货款时，填写合同买方的名称、地址。

表 5-2　发票抬头的填制方法

面临的情况	信用证条款举例	发票抬头的填制技巧
信用证的申请人是中间商，并非真正买主	ALL DOCUMENTS INCLUDING INVOICE MUST BE IN THE NAME OF DEEP 2ST.S.D P.O. BOX 101 LAS PALMAS CANARY ISLANDS	照打： DEEP 2ST.S.D P.O. BOX 101 LAS PALMAS CANARY ISLANDS
银行代替某公司申请开证（如转开），表明公司	APPLICANT: THE BANK OF TOKYE LTD., TOKYO A/C EFG CO., LTD. TOKYO	打公司名： EFG CO., LTD. TOKYO
银行代替某公司申请开证（如转开），但没有表明公司	APPLICANT: THE BANK OF TOKYE LTD., TOKYO	打银行名： THE BANK OF TOKYE LTD., TOKYO
开证申请人是两个公司	APPLICANT: ABC LTD., TOKYO ACCOUNT OF EFG CO., LTD. TOKYO	前一个是中间商，后一个是实际买主。照打： ABC LTD., TOKYO ACCOUNT OF EFG CO., LTD. TOKYO
银行代替某公司申请开证，同时另有规定	规定：AT REQUEST OF XYZ BANK 同时规定：BY ORDER OF ABC CO., LTD FOR ACCOUNT OF DEF CO., LTD.	不打银行名，只打： ABC CO., LTD FOR ACCOUNT OF DEF CO., LTD.
明确规定了开证申请人，同时规定以某公司（通常是收货人）为抬头	（1）APPLICANT: HIJ CO., LTD., TOKYO （2）INVOICE TO BE MADE OUT IN THE NAME OF KLM CO., LTD. TOKYO	只打后者： KLM CO., LED. TOKYO
明确规定了开证申请人，同时规定发票抬头应注明某公司代另一个公司	（1）APPLICANT: HIJ CO., LTD., TOKYO; （2）INVOICE TO BE MADE OUT IN THE NAME OF KLM CO., LED. TOKYO ON BEHALF OF ACCC CO., LED. TOKYO	照打： KLM CO., LED. TOKYO ON BEHALF OF ACCC CO., LED. TOKYO

提示　信用证对发票抬头的规定：

（1）By order of ××（奉××之命）。例如，By order of Rickertsen Import GMBH & Co. KG Sachsenstr，8，D-2000 Hamburg 1。

（2）At the Request of M/S ××（应××请求）。例如，At the Request of M/S ABS Co. Hongkong.

（3）On behalf of ××（代表××）。

（4）For Account of ×× Bank O/B ××（付代表××的××的账）。

（5）By order of and For Account of ××（奉××之命并付其账户）。

（6）At the Request of and For Account of ××（应××的要求并付其账户）。

（7）In Accordance with instruction Received From Applicant（根据已收到的委托开证人的指示）。

4．唛头及件号

唛头及件号（Marks & Numbers）是发票的重要项目之一，填制方法如表 5-3 所示。

表 5-3　发票唛头的填制方法

<table>
<tr><th>适用情况</th><th colspan="4">发票唛头的填制方法</th></tr>
<tr><td>来证没有指定唛头</td><td colspan="4">（1）出口商可自行设计唛头，以简明、易于识别为原则，内容包括客户名称缩写、合同号、发票号等业务参考号、目的港、件号等。如货运至目的港后还要转运到内陆城市，可在目的港下面加打“IN TRANSIT TO××”或“IN TRANSIT”字样
（2）若没有唛头，则可打“N/M”（No Mark 的缩写）</td></tr>
<tr><td rowspan="3">来证指定唛头</td><td colspan="4">（1）须逐字按规定制唛
（2）如果唛头过多，则处理如下：其一，增加附页，在发票上注明“SEE ATTACHED SHEET”或“AS PER ATTACHED SHEET”，其二，组唛或混唛：</td></tr>
<tr><td>MARKS :
STYLE NO. 095
STYLE NO. 096
STYLE NO. 097
STYLE NO. 098</td><td>MARKS :
STYLE NO. 095
NO. 096
NO. 097
NO. 098</td><td>MARKS :
STYLE NO. 095/ 096/ 097/ 098</td><td>MARKS :
STYLE NO. 095, 096, 097, 098</td></tr>
<tr><td colspan="4">如果组唛或混唛后还是太多，直接填写“MIXED DESCRIPTION”</td></tr>
</table>

5．货物描述、包装种类和件数

货物描述、包装种类和件数（Number and Kind of Package，Description of Goods）。此部分是发票的主要部分，包括商品的名称、规格、包装和件数等内容。

（1）货物描述（Description of Goods）。必须与合同或 L/C 相符，不能有任何遗漏和改动。注意以下几点：

第一，如果来证列明货物较多，又冠有统称，制单时在具体品名上面应照来证打统称。

第二，如果来证规定多种货名，如“STONEWARE/PORCELAIN WARE/KITCHEN WARE”，制单应根据实际发货情况标注，不能盲目照抄。

第三，如果来证关于货物的描述用法文或德文等多种语种，制单时应照打，必要时后面可加括号用英文注释。

第四，对来证没有规定的内容，发票上应尽量少做说明，如果 L/C 内容没有规定详细品质与规格，必要时可按合同加注一些说明，但不能与 L/C 内容相抵触，以防国外银行故意挑剔或拒付。尽管合同要求和实际货物都是残次品或等外品，但 L/C 中未做相关规定，则发票不应对货物等级给予详细说明，否则易遭开证行拒付，在此情况下最好注明“OTHER DETAILS ARE AS PER CONTRACT NO. ×××”代替其他描述。

第五，有些 L/C 中规定了商品的品质机动幅度。例如，出口鱼粉，规定“PROTEIN：55%～65%”，则发票应按此规定范围注明蛋白质含量。若此范围是对卖方装运货物的标准限度，如出口煤炭，发热量可规定为每千克 6 800 大卡以上，而实际出口货物可能为每千克 7 000 大卡以上，此时应按检验证书的实际检测结果在发票上如实反映。

第六，如信用证在货名之后注有“AS PER CONTRACT NO. ×××”、“AS PER ORDER NO. ×××”、“AS PER PROFORMA INVOICE NO. ×××”、“AS PER SAMPLE”等有关发货依据的字样，发票中应照抄或有所体现，如“ALL OTHER DETAILS AS PER CONTRACT NO. ×××”。

提示 品名、规格应该严格按信用证的规定填写。如信用证列明的商品较多，又冠有统称，制单时应在具体品名上面按来证打上统称。如来证只列明具体品名，则只打具体品名，不加统称。如来证跟随附件，品名应参照附件规定的内容缮制。

思考 信用证规定货物名称为“Lady's shirts”（女衬衫），而商业发票上的货物名称却为“Garment”（服装），交单时银行能否接受？为什么？

解答 不能接受。因为商业发票上的商品名称必须是具体名称。

（2）包装件数。应按实际装运情况和 L/C 有关规定填写，并注明包装件数的合计数。如有两种以上包装单位，发票应全部给予注明，并以“PACKAGE”为单位注明合计数；如以托盘装运，发票应注明包装数量及托盘数量，两者缺一不可；如交易货物为散装货，可注明“IN BULK”字样，也可不注；如采用“坚固木箱装”不应只打“木装箱”；“适合海运的纸箱装”不应只打“纸箱装”；凡以重量计量或计价的，应详细注明毛、净重；若有装箱单或重量单，发票上可不再反映包装件数和重量，如要反映，注明包装件数及总重量即可。

提示 包装与重量说明不是发票的主要内容，但经包装装运的货物，如没有装箱单或重量单，则发票上最好有包装件数条款，如 100 SETS、500 METRIC TONS 等。

（3）数量（Quantity）。应与实际装运货物相符，同时符合信用证的要求，如信用证没有详细的规定，必要时可按合同注明货物数量，但不能与来证内容有抵触。

第一，发票中数量的填制一定要能反映货物的实际装运数量。有时因受客观条件的制约，如装船时因舱容不够或集装箱容量有限而少装一部分货物，或为充分占用空间或舱位而适当增加货量，均可造成实际发运量与预计发运数的出入。制单时务必注意单货一致。

第二，当货物有不同的品种或类别时，应注明每一品种或类别的货量。

第三，对按公量计价的货物，应算出并表明公量。

第四，对按重量计价的货物，如合同规定了水分含量等指标，货物的计价重量应以此为标准进行调整，并在发票上一一予以说明。如出口煤炭 300 公吨，合同规定的水分含量标准为 10%，允许±5%。实际含量为 11%，则发票上可说明如下：

TOTAL SHIPPING WEIGHT：300M/T

INSPECTED ACTUAL MOISTURE：11%

OVER 1% DEDUCTED：3M/T

CALCULATED WEIGHT：297M/T

第五，有时根据信用证规定或实际业务需要，一批货物可分制几套单据，每套单据可缮制一份或多份发票，每份发票的货量总和应等于该批货物的总货量。

第六，制单时应根据信用证的要求把握好货量的伸缩幅度。如 L/C 允许分批装运，又规定一定的增减幅度，则每批货物按相同的增减幅度掌握；如货量允许一定的增减幅度，所发货物又包含不同的品种，则每个品种应按相同的增减幅度掌握。

例如，对于下列货物，当证中未明确规定数量增减幅度时，货量的增减幅度如下掌握：以“把”计数的蕨菜，不能增减数量；以“吨”计数的石油，可增减数量 5%，但金额不超过信用证的总金额；以“桶”计数的石油，不能增减数量；ABOUT 1 000M/T CEMENT，可增减数量 10%，但金额不超过信用证的总金额。

6. 价格

价格内容是发票的关键内容，包括单价（Unit Price）与金额（Amount）两个栏目。必须准确计算，正确缮制，认真复核，特别要注意保证小数点的位置正确，金额和数量的横乘、竖加不得矛盾，大小写一致，并显示货币。

（1）单价。完整的单价由四个部分组成：计价货币、计量单位、单位数额和贸易术语。例如，USD 25 Per M/T CIF NEWYORK。

第一，计价货币。根据《UCP600》第 18 条 a 款的规定，发票中显示的单价和币种必须与信用证的要求一致。如果计价货币与证中规定的总值货币不一致，应先按计价货币算出货款总额，再折合成信用证规定的总值货币。

第二，计价单位。计价单位一般应与货物的计量单位保持一致，若遇不一致的情形（如石油以公吨计数，但按桶计价），则应先将货量折算成与计价单位相同的货量（桶）来表示，再乘以单价，得出总值。

第三，贸易术语。贸易术语一般在总值栏内单独列出，是发票要项之一，直接关系到交易双方的责任与风险，也是海关核定关税、统计进出口货物的依据，不可遗漏。

填制时应注意：如果信用证中只规定了笼统的港口名称，如 FOB CHINESE PORT，则发票内应根据实际打制具体港口名称，如 FOB DALIAN，对重名港口还应加注国名。如果经修改改变了原定的起运港或目的港，但未涉及单价条件，则单价后的港口名称可不变。如这种修改引起受益人的额外支出，经与开证人交涉，可加在发票金额内连同货款一并收取。

有时合同规定 FOB 或 CFR 价，但开证人委托受益人代办运输或保险，来证可能改为 CFR 或 CIF 价，同时规定由此引起的额外支出可在证下或超证支取，则依 L/C 缮制发票时可同时将运费、保费与货款加在一起收取。

有时来证要求在成交价格为 CIF 时，分列出运费、保险费，并显示 FOB 的价格，制单时可按下例填写发票：

TOTAL FOB VALUE	$12 160.00
FREIGHT	$2 128.00
INSURANCE	$912.00
TOTAL CIF VALUE	$15 200.00

（2）总金额。

第一，总金额应为发票上列明的单价与数量的乘积。一般大、小写金额应相等。

第二，除非信用证另有规定，总金额不能超过信用证的总金额。

第三，如果来证规定，额外费用可在证下或超证支取，受益人应将这些费用与货款加在一起在发票上反映。如 L/C 规定“Extra charge such as freight surcharges，congestion，surcharges，insurance premium，option charges if any may be drawn under this credit or in EXCESS of credit value”，则发票总额可写成：

Proceeds	USD 15 672.00
Plus freight surcharge	USD 300.00
Option charge	USD 200.00
Insurance premium	USD 450.00
Total amount	USD 1 6 622.00

第四，如果金额超支，除非信用证特别规定，应将超证部分减除另行托收。如来证金额为 USD 2 955.00，货款为 USD 3 150.00，发票应做成：

Proceeds	USD 3 150.00
Less excessive value for collection	USD 195.00
NET amount	USD 2 955.00

第五，当计价货币为 JPY（日元）等时，小数以下辅币应四舍五入。

（3）佣金、折扣问题。如果合同规定了佣金，发票是否扣佣，应根据信用证的规定办理，主要处理方式如下。

1）汇付。合同规定佣金，但证中未含佣金额，且未提及佣金事宜，则先收后付。即发票不显示佣金，按含佣价金额制作发票，待货款收回后另行汇付佣金。

2）票扣。如果信用证金额正好是减佣后的净额，但证内无扣佣规定，为保证单证一致，发票内应反映扣佣全过程。即发票开列扣佣后的净额（否则发票金额超证），列明扣佣过程；汇票开列扣佣后的净额。发票列明扣佣过程如下：

QUANTITY	UNIT PRICE	AMOUNT
1 000PCS	FOBC5 TIANJING USD100.00	USD100 000.00
	LESS C5	USD5 000.00
	FOB TIANJING	USD95 000.00

3）贷记账单（Credit Note）或声明（Statement）。如果信用证金额正好是减佣后的净

额，但规定发票不能扣除佣金，则发票开列含佣的全部金额，汇票开列扣佣后的净额，并单独出具贷记账单或声明。

4）议扣。如果信用证开足全部货款，并规定在议付或结汇时扣佣，则发票不扣佣，汇票打发票金额，在交单时另行批注，提醒议付行在议付时扣佣。

5）部分票扣、部分议扣。如果信用证已扣除一部分佣金，并规定另一部分佣金议扣。例如，某笔交易的含佣率为 8%。其信用证金额是合同金额的 95%，说明进口商在申请开证时已扣 5%佣金，另外有 3%议扣字样，则发票上扣 5%佣金，汇票打发票金额，在交单时另行批注，提醒议付行在议付时扣佣 3%。

6）如信用证规定发票金额要扣除相应佣金，则要扣佣，同时计算出扣佣后的净值，货款按扣佣后的净值收取。例如，有“5% commission to be deducted from the invoice value”或“less 5% commission”或其他类似的条款，且总金额为“USD100 000 FOBC5 TIANJIN”，则填写：

QUANTITY	UNIT PRICE	AMOUNT
1 000PCS	FOBC5 % TIANJING USD100.00	USD100 000.00
	LESS 5% COMMISSION	USD5 000.00
	FOB NET VALUE	USD95 000.00

注：在 CFR 和 CIF 条件下，佣金一般应按扣除运费和保险费之后的 FOB 价计算。

提示 综上所述，在下列情况下发票不应反映扣佣过程：

（1）证中未提及佣金，汇票金额规定为发票金额的_______%（一般为 95%以上）。

（2）证中要求受益人出具佣金单，汇票金额与减佣后的发票金额相等。

（3）证中规定银行在议付时应扣除佣金。

（4）合同规定佣金，但证中为含佣金额，且未提及佣金（先收后付）。

（5）代理人佣金不应在发票内反映。

（4）其他费用。发票金额可能还包括其他一些费用。例如，“The letter of credit value includes port congestion surcharges which must be shown separately on the invoices and documentary evidence issued by shipping company. The evidence must accompany the documents presented for negotiation.”表明，发票金额包括港口拥挤费在内，且该费用在发票上应列明，一并向开证银行收取。如果信用证内未注明，即使合同有此约定，也不能凭信用证支取上述费用。除非国外客户同意并经银行通知在信用证内加列上述条款，否则上述增加费用应另制单据通过托收方式处理。

对于单价因规格不同而不同的商品，如出口冻虾仁，必须清楚地将每种规格的数字先表达出来，每一品种的金额需累计，最后应总计发票的总金额。

7. 其他栏目

商业发票的其他栏目及其填制方法如表 5-4 所示。

表5-4 商业发票的其他栏目及其填制方法

栏　目	填制方法
发票号码 （Invoice No.）	① 发票号码由出口商根据自身的实际情况自行编制：一般采用顺序号，便于查对 ② 按照报关单号码编制：便于报关查对 ③ 按照银行上一年度编制并发放的统一编号（BP或OC号）：有效防止结汇混乱 ④ 年度顺序号+内部代码：有效防止业务订单数量泄露
发票日期 （Invoice Date）	填写发票签发或出单的日期。 ① 一般而言，商业发票出具最早。相关日期从早到晚依次为发票日期、检验证书日期、保单日期、提单日期、汇票日期、信用证最迟交单日期或信用证有效期 ② 只要在合同签订之后，可早于开证日期，但不得迟于信用证有效期（Expiry Date）
合同号 （Contract No.）	填写相关交易的合同号码。 一笔交易涉及几个合同的，可合并开立一份发票，如一份发票显示多个合同项下的货物，则这些合同号码都应注明；如信用证没有规定合同号，可不注明合同号码，如信用证明确规定了合同号码，应严格按信用证填制，即使信用证规定与实际不符；如信用证只规定发票必须注明合同号，但没有具体规定合同号码，则应据实填制
信用证号码（L/C No.）和开证行（Issued by）	如采用信用证结算，发票应注明信用证号码；因为两个或以上信用证项下的货物不能合并在同一份发票中，所以一份发票只能注明一个信用证号码；如果是转让或转开信用证，则中转信用证的号码也可以加注。如果采用非信用证结算，此栏不填
支付方式 （Terms of Payment）	据实填制。如CIF Vancouver D/P at sight
运输细节 （Transport Details）	启运地（From）：填写具体的装货港、收货地或接受监管地。 目的地（to）：填写规定的卸货港、交货地或最终目的地。重名港口应加注国名。 ① 该项不是必填项 ② 按信用证规定填写，并与运输单据保持一致。如需转运，应把转运港的名称表示出来。例如，FROM GUANGZHOU TO HELSINKI W/T HONGKONG BY VESSEL
签章 （Signature）	应填制出口公司的名称、公司图章，负责人签字或盖章。图章须与其他单据相同。 目前我国大多数出口公司的做法是加盖带有公司名称的手签章或按签样印制。受益人名称可用盖章或用英文打字机打出，签字可盖手章，但最好由授权人亲笔手签。 根据《UCP600》第18条的规定，如L/C无特殊要求，商业发票无须签署。但当信用证要求“Signed invoice”时，发票就需签署；而要求“Manually signed invoice”时，该发票还必须由发票授权签字人手签，否则发票无效。如果以影印、自动或计算机处理或复写方法制作的发票，作为正本者，应在发票上注明“正本”（ORIGINAL）字样，并由出单人签字。如果发票上有证明字句（We certify that…），须签署

8．发票的补充说明

（1）细节条款。对证中规定应批注的细节内容，受益人应据实加注在发票货物描述下面的空白处，常见的细节内容有：其一，各种费用金额，如选港费、港口拥挤费、超额保费。其二，特定号码，主要有：① 信用证号或合同号（L/C No. or contract No.）；② 形式发票号(proforma invoice No.)、订单号(order No./indent No.); ③ 海关税则号(customs tariff No.)、银行注册号 (bank registration No.); ④ 外汇批准号 (exchange permit No.); ⑤ 进口许可证号 (import license No.); ⑥ 注明 "任何条件下进口", 如 import under W.E.S.或 import under O.G.L.; ⑦加注厂商或生产厂商的名址 (name and address of manufacturer or producer)。

(2) 特殊条款。对证中有关特殊条款的规定, 发票上应照打或灵活反映。常见的特殊条款如下:

1) 有些来证要求注明产地, 并附价值声明, 则发票上可注 "We hereby certify/states/ declare that (或 This is to certify that) the goods are of Chinese origin and that the value in real, authentic and inconformity with our records."。

2) 若要求受益人在其提交的商业发票上打上特定的证明文句。例如, The invoice shall certify that each piece/packing unit of goods carries a stamp/label indicating the name of the country of origin in a non-detachable or non-alterable way.或 The commercial invoice must swear that the goods are of chinese origin. 加列上述文句的发票俗称 "证实发票" (Certified Invoice) 或 "宣誓发票" (Swear Invoice)。则缮制发票时应在发票的首部注明 "证实发票" (Certified Invoice) 或 "宣誓发票" (Swear Invoice), 将发票下端的 "有错当查" (E.&.O.E.) 字样画掉, 在发票正文后面注明 "We hereby certify that this invoice is in all respects correct and true both regarding to the prices and description of the goods stated therein, and only one issued by us for the good. " 或 "We hereby swear that the contents of invoice herein are true and correct."。有些国家对证实发票规定有一定的格式, 作为货物进口清关课以较低关税或免税证明。有些地区的进口商凭证实发票代替海关发票办理清关或取得关税优惠。有些进口商凭证实发票证明佣金未包括在货价内, 借以索取价外报酬。

如要求提供 "收讫发票" 或 "钱货两讫发票" (Received Invoice /Receipt Invoice), 则照打名称, 并在发票结文签字处加注货款已收讫条款: Value/Payment received under credit No.××× issued by ×××bank。这种发票在即期付款信用证下多采用, 其目的是以商业发票代替货款收据, 而不需再开立汇票。因汇票在有些国家需贴印花税票, 一些进口商为免除印花税负担, 也要求提供这种发票。

如要求提供 "详细发票" (Detailed Invoice), 则照打名称, 并在发票中详细列明货名、规格、数量和单价等内容。

如要求提供 "中性发票" (Neutral Invoice), 则在发票上不得出现出口人名称和出口地, 并以 "给相关者" (To whom it may concern) 作为发票的抬头。

如要求提供 invoice (发票)、Commercial Invoice (商业发票)、Shipping Invoice (装运发票)、Trade Invoice (贸易发票), 一律可按商业发票掌握, 也可将发票名称印为 "Invoice"。

3) 受政治、民族因素影响, 有的来证要求出口商声明货物中不含以色列原料, 货物或集装箱包装上不带以色列的六角星标记。对此, 可做以下声明 "We hereby declare that the products stated in the invoice do not contain any Israeli materials, and that the goods or container are not bearing hexagon star. " 若来证主要受益人声明在以色列没有投资, 则发票上可注 "We hereby certify that our company is a state enterprise and has no relations whatsoever with

Israeli."

4）有些国家（如澳大利亚）规定，可在发票上加注“发展中国家声明”条款，声明进口商品为发展中国家自产产品，作为取得普惠制的依据，这种发票的作用相当于 FORM A。例如，“I declare that final process of manufacture of the goods for which special rates are claimed has been performed in People's Republic of China and that not less than one-half of the factory or works cost of the goods is represented by the value of labor or materials or of labor and materials of People's Republic of China."

5.1.3 其他发票

其他发票包括海关发票、领事发票、厂商发票、形式发票、样品发票、寄售发票和增值税专用发票等。

1. 海关发票

（1）海关发票（Customs Invoice）的含义。海关发票是美国、加拿大、新西兰、中南美洲等进口国家海关规定的一种格式发票，由出口商填制，供进口商使用。其核心内容是货物价值（Value of Goods）和原产地证明（Certificate of Origin of Goods），以证明其商品 FOB 价和原产地。因此，其常见名称有：① Customs Invoice；② Combined Certificate of Value and of Origin（估价和原产地联合证明书，C.C.V.O.）；③ Certified Invoice in Accordance with××（进口国名称）Customs Regulations（根据××国家海关法令的证实发票）；④ Appropriate Certified Customs Invoice；⑤ Signed Certificated of Value and Origin in Appropriate Form。

各国使用的海关发票不同（见表 5-5），不能互相代替。

（2）缮制海关发票的注意事项。

1）海关发票格式不一，切勿用错格式（来证一般有规定）。一般要用相应的外文进行填写，力求文字简洁。

表 5-5 常见各国海关发票的名称或格式

国　名	海关发票的名称或格式
美国	Special Customs Invoice（包括 FORM5515 服装，FORM5519 棉布、棉涤纶、人造棉布，FORM5520 钢铁，FORM5523 鞋类等）
加拿大	Canada Customs Invoice
澳大利亚	Combined Certificate of Value and of Origin to be Written(C.C.V.O.), Typewritten or Printed on Invoice of Goods for Exportation to the Commonwealth of Australia
新西兰	Combined Certificate of Value and of Origin of Goods for Exportation to New Zealand （FROM 59 A）
巴布亚新几内亚	Combined Certificate of Value and of Origin （No.27）
尼日利亚	Combined Certificate of Value and of Origin and Invoice of Goods for Exportation to Federation of NigeriaBowcourt （No.25）
赞比亚	Invoice and Certificate of Value for Exports to Zambia
圭亚那	Combined Certificate of Value and of Origin and Invoice of Goods （FORM B）
肯尼亚	Combined Certificate of Value and Invoice in Respect of Goods for Exportation into Kenya，Uganda and Tanzania

续表

国　　名	海关发票的名称或格式
马耳他	不限制格式
南非	Appendix B Customs（表格 B 式）、Conference Form（自由格式）
牙买加	FORM C23
西非	FORM C
加勒比共同市场	CARICON INVOICE

2）海关发票与商业发票上共有的项目和内容必须完全一致，其商品名称、金额、重量等还应与提单等一致。

3）关于价格和费用的填写，一般均要求列明构成该价格的各项费用。① 运费、保险费及包装费等要经过准确核算。特别是来证要求提供保险单账单，或将实际运费加注在海运提单上时，海关发票上的保险费和运费金额必须和实际付出的费用一致。② 如成交条件为 CIF，应分别列明 FOB、F（运费）、I（保险费）三部分价格，且其和应与 CIF 货值相等。③ 凡须列明国内市场价、公平市场价或成本价时，应以出口国货币填报，且不高于销售的 FOB 价，否则可能被视为倾销。④ 有些国家的格式有“费用栏”，应尽量填全。如有“是否包括在国内市场价内”的要求，也应表明。如果填“不包括”或“包括”都直接影响“国内市场价”的计算额，应注意计算正确。

4）关于签署：要求以个人名义手签的海关发票，则不得以公司名义签章；如需要监签人（证明人），也要手签。海关发票的签字人或其他单据的签字人不得作为监签人。海关发票如有涂改，须由原缮制人用钢笔小签，不能加盖校对印章，也不得由监签人代行。

5）关于原产国别：应据实填写。一般应填“中国”。如非纯粹一国产品，应在商品描述栏内逐一列明各项商品的产地国名。

6）关于留空：有的海关发票（如加拿大海关发票）要求逐栏填写，不可留空，如果没有相应内容，则填写 N/A。

7）其他：加勒比共同体海关发票要以发票同样币制，列明包装费用、运费和保险费。西非各国用的格式，要列明运费并印有出口单位名称的信头，否则要以印有信头的商业发票作为附件，并做如下声明：We hereby certify that this commercial invoice is in support of the attached certified invoice no. … and that the particulars shown on the certified invoice are true and correct in every detail. 毛里求斯、马耳他海关发票无指定格式，可用无指定地区海关发票，并加注：We hereby certify that this invoice is in all respect true and correct and is the only one issued for the goods mentioned herein and that no different invoice has been or will be furnished to any one.

提示

（1）有些国家允许以海关发票代替商业发票。

（2）当信用证仅要求海关发票，但未规定该海关发票的填写内容时，即使受益人提交的该项发票上有许多栏目被漏填或填写不全或误填，只要与其他单据不相抵触，开证行都没有理由拒付。

2．领事发票

菲律宾及一些中美洲国家规定，凡输往该国的货物，国外出口人须向该国海关提供领事发票（Consular Invoice），或用以确定货物的原产地，凭以明确差别待遇关税；或凭以核定发票售价是否合理，是否存在倾销。

有的国家制定了固定格式的领事发票，出口人填写后由进口国的领事签章证实，有的国家仅要求卖方出具的商业发票上须由该国领事签证（Consular Visa）。这种发票称为领事签证发票（Consular Legalized Invoice）。

领事发票中应注明的内容视信用证上发票认证条款而定，一般须注明“装运货物系××（出口国）制造/出产”。

3．厂商发票

厂商发票（Manufacturer's Invoice）是由出口货物的制造厂商所出具的、以本国货币计算价格、用来证明出口国国内市场的出厂价格的发票，格式和内容由厂商自拟。

缮制时应注意：发票名称应照打，且出票日期应早于商业发票日期。价格为以出口国币制表示的国内市场价。填制方法与海关发票相同，但应注意出厂价不能高于发票货价，应适当打个折扣（一般按 FOB 价打九折或八五折），以免被进口国海关视为压价倾销而征收反倾销税导致巨大损失。发票内应加注证明制造商的语句“WE HEREBY CERTIFY THAT WE ARE ACTUAL MANUFACTURER OF THE GOODS INVOICED”。抬头人打出口商，但出单人为制造厂商，应由厂方负责人在发票上签字盖章。货物出厂时，一般无出口装运标记，因此除非信用证有明确规定，厂商发票不必缮制唛头。

提示 海关发票、领事发票、厂商发票的作用类似，主要供进口国海关征收差别待遇关税和统计使用，还可提供货物原产地依据。

4．形式发票

形式发票（Proforma Invoice），也称为预开发票，单从字面来理解，是纯为形式的、无实际意义的发票。若 L/C 规定需“PROFORMA INVOICE”，制单时名称照打，且发票内注明“供商人申请许可证”或“本交易以卖方最终确认为有效”等。表 5-6 所示为形式发票。

（1）形式发票本来是卖方推销货物时，为了供买方估计进口成本，假定交易已成立所签发的一种参考性发票，对买卖双方都无约束力，正式交易还需另开正式发票。因此，在日本也称其为“试算发票”。若其具备报价单的内容而构成法律上的要约（Offer），则可以用来替代报价单，甚至可以作为销售确认书（Sales Confirmation）。

（2）由于形式发票详细载明了进口货价及有关费用，所以，有些国家规定可以凭形式发票申请进口许可证、申批外汇、向海关申报货物价格。

（3）形式发票还可用于其他场合。例如，在寄售方式中，可以作为代销商向潜在买方报价的指南；在投标中，可以供买方在许多相互竞争的供货商中按合理的价格和销售条件进行选择以签订合同。

表 5-6　形式发票

CHINA TEX COTTON YARNS & FABRICS IMP. & EXP. CORP.

NO.19 JIAN GUO MEN NEI STREET, BEIJING, CHINA

E-mail：××××@vip.163.com

Tel: +86-10-6356××××　　　　P/INO.: 05LF1202

FAX: +86-10-6351××××　　　　Date:OCTOBER 29.2015

Signed at: GUANGZHOU

PROFORMA INVOICE

M/S TOP VITRO

WE HEREBY CONFIRM HAVING SOLD YOU THE FOLLOWING ITEMS AND SPECIFICATIONS STATED AS BELLOW:

ITEM NO.	品名及规格 Commodity & Specification	数量 Quantity	单价及价格条款 Unit Price & Terms	金额 Amount
	N–SHAPE		FOB	
MH-276	18 PCS DINNER SET.	1000 SETS	XINGANG@USD7.6/SET	USD 7 600.0
MH-163	1 SET/ GIFT BOX,2 SETS/CTN	(500 CTNS)		
MH-276	12 PCS COFFEE SET.	1000 SETS	@USD2.1/SET	USD 2 100.0
MH-163	6 CUPS & 6 SAUCERS/SET	(100 CTNS)		
	1SET/GIFT BOX,10 SETS/CTN			
MH-163	30 PCS DINNER SET	1008 SETS	@USD9.3/SET	USD 10 044.0
MH-276	1 SET/GIFT BOX, 2 SETS/CTN	(540 CTNS)		
MH-263	ALL goods are with cut decal			
	and gift box			
	总值 Total Value	USD 19 744.0		

QUANTITY: 1×40 FULL CONTAINER. 10% OF THE INVOICE QUANTTTY MORE OR LESS WILL BE ALLOWED.

ORIGIN:CHINA

PACKING:EXPORT CARTON

SHIPPING MARKS: TOP–VITRO

TOP–VITRO
05-280 MARKI K/WARSZAWY
ULPILSUDAKIOGO 123 O
TEl:761 9300 FAX:771 4350
REGON 016178985
NIP 118-14-88-728

LOADING PORT:XINGANG PORT　　　　DESTINATION PORT: GDYNIA

PARTIAL SHIPMENT:　　　　TRANSHIPMENT:

TIME OF SHIPMENT:BEFORE THE END OF DECEMBER, 2015

INSURANCE:TO BE EFFECTED BY THE BUYER

5. 样品发票

样品发票（Sample Invoice），又称小发票，是卖方向买方寄样时出具的清单，供进口报关时使用。

6．寄售发票

寄售发票（Consignment Invoice），是货物寄售时卖方开给买方作为定价依据的发票。

7．增值税专用发票

增值税专用发票是我国为了推行新的增值税制度而使用的新型发票，是购销双方收付款的凭证，也可以用作购买方扣除增值税的凭证。增值税专用发票有四个联次和七个联次两种，第一联为存根联（用于留存备查），第二联为发票联（用于购买方记账），第三联为抵扣联（用做购买方扣税凭证），第四联为记账联（用于销售方记账），七联次的其他三联为备用联，分别作为企业出门证、检查和仓库留存用。具有增值税一般纳税人资格的企业都可以到主管国税部门申请领购增值税发票，并通过防伪税控系统开具。

5.1.4 装箱单

1．装箱单的含义及作用

（1）装箱单的含义。装箱单用以表明包装货物的名称、规格、数量、唛头、箱号、件数、重量及包装情况，是商业发票的附属单据。常用的装箱单有以下几种。

装箱单（Packing List/Packing Slit），又称花色码单，列明每批货物的逐件花色搭配，除散装货物外，多为必不可少的单据。

重量单（Weight List/Weight Note）：除装箱单的内容外，尽量清楚地表明商品单件毛重、净重及整批货物总重量的情况，供买方安排运输、存仓时参考。

尺码单（Measurement List）：在装箱单内容的基础上偏重于说明每件外包装及其所装的不同规格项目货物的尺码和总尺码，如果不是统一尺码应逐件列明。

其他：如包装说明/明细单（Packing Specification）、详细包装单（Detailed Packing List）、包装提要（Packing Summary）、重量证书（Weight Certificate）、磅码单（Weight Memo）、尺码单（Check List）及花色搭配单（Assortment List）等。

（2）装箱单的作用。补充商业发票内容的不足（最主要作用）；缮制发票、计量、计价的基础；海关和商检验货凭证；进口清点货物根据；便于进口商分销及使用货物。

2．装箱单的主要内容

装箱单的主要内容示例如表 5-7 所示。

表 5-7 装箱单（EDI 通用）

<table>
<tr><td>Issuer</td><td colspan="2" rowspan="2">Packing List</td></tr>
<tr><td rowspan="3">To</td></tr>
<tr><td>No.</td><td>Date</td></tr>
<tr><td>S/C NO.</td><td>L/C NO.</td></tr>
<tr><td>Transport Details</td><td colspan="2">Terms of Payment</td></tr>
</table>

Marks And Numbers	Description & Specification	Quantity	Package	G.W	N.W	Meas.
	Total:					
Say Total:						

装箱单的主体部分示例如下：

标记 Shipping Marks	件数 Quantity	货名 Description of Goods	净重 N.W.	毛重 G.W.	尺码 Measurement
ABC HELSINKI NO. 1-400	TRANGLE BRAND 3U—SHAPE ELECTRONIC ENERGY SAVING LAMP 100CTNS	TR—3U—A 110V 5W E27/B22	@7.50KGS	@9KGS	@(50×50×28)CM^3
	100CTNS	TR—3U—A 110V 7W E27/B22	@7.50KGS	@9KGS	@(50×50×28)CM^3
	100CTNS	TR—3U—A 110V 22W E27/B22	@7.50KGS	@9KGS	@(50×50×28)CM^3
	100CTNS	TR—3U—A 110V 26W E27/B22	@7.50KGS	@9KGS	@(50×50×28)CM^3
	400CTNS		3 000KGS	3 600KGS	28CBM

TOTAL QUANTITY: 20 000PCS

TOTAL: FOUR HUNDRED CARTONS ONLY

3. 装箱单的填制

装箱单的填制要点类似于商业发票，注意要项如下：

（1）单据名称必须与信用证规定相符，其具体名称有装箱单（Packing List）、重量单（Weight List）、尺码单（Measurement List）、包装说明（Packing Specification）、包装提要（Packing Summary）、重量证书（Weight Certificate）、磅码单（Weight Memo）、花色搭配单（Assortment List）。当信用证条款要求提供详细装箱单时，应提供尽可能详细的包装内容，描述每件包装的细节，包括商品的货号、色号、尺寸搭配、毛净重及包装的尺码等。

（2）内容要正确无误。单据上的总件数和总重量应与发票一致。品名、件数、数量、重量等，要与实物一致。否则，一旦被国外海关查实，将受到处罚，甚至被追究刑事责任。

数量（Quantity）：包装内件数和运输包装的数量。例如，50 PCS/CARTON。又如，80

CARTONS（箱）。

货物描述（Description of Goods）：货物名称、总件数。二者要分行表示。

净重、毛重：表明包装重量和总包装重量，以@开头。例如，

@4.00KGS　320KGS

@5.00KGS　400KGS

尺码：表明包装尺寸和总包装体积，以@开头。例如，@（42×23×25）CM　1.932CBMS。

货物总件数、总箱数。例如，TOTAL QUANTITY：4 000PCS。又如，TOTAL：EIGHTY CARTONS ONLY。

如果是“Certificate of Weight”，内容同上，最后加注“We certify that the weights are true and correct”。

（3）“NOs.”应填写不同货号商品的包装序列号。例如，一批商品共有两个货号，包装件数分别为 50 件和 100 件，则填写该栏时应对应不同的货号分别填入“1-50”及“51-150”。

（4）在单据上一般不注明货物的单价、总价等，只需列明货物的名称、数量及重量等，因为进口商转售商品给第三者时要交付货物和装箱单，不愿泄露其购买成本信息。

（5）单据日期应与商业发票日期相同或略迟，不能早于商业发票日期。

（6）一般无须签署，单据的最末一份由出口商加盖公章。

5.1.5　汇票

1．汇票的含义

我国票据法的定义：汇票是出票人签发的，委托付款人在见票时或者在指定日期无条件支付确定的金额给收款人或者持票人的票据。

英国票据法的定义：汇票（Bill of Exchange 或 Draft）是一个人签发给另一个人的，要求对方即期、定期或在可以确定的将来某一时间，向某人或其指定的人或来人无条件支付一定金额的书面命令。

提示　汇票的本质和核心表现为它是无条件的支付命令。

（1）直接简单地写明付款指示。例如，“支付 A 公司或其指定人金额 1 000 美元”。

（2）指示付款人可以借记某账户。例如，“支付 A 银行或其指定人金额为 1 000 美元，并将此金额借记申请人开设在你行的账户”。

（3）写明汇票的出票条件。例如，“支付 A 银行或其指定人金额为 1 000 美元，按照 B 银行于××××年××月××日开立的第×号信用证开立这张汇票”。

2．汇票的记载事项

（1）必要记载事项（绝对记载事项）。指汇票上必须记载的项目，如果缺一，汇票无效。《中华人民共和国票据法》第 22 条规定，汇票必须记载下列事项：表明“汇票”的字样；无条件支付的委托；确定的金额；付款人名称；收款人名称；出票日期；出票人签章。

（2）对应记载事项。有一些事项，如果当事人没有记载，汇票并不因此失效，而是由法律另做规定，对这些事项加以补充，这类事项称为对应记载事项。包括：① 付款期限或日期。日内瓦统一票据法、英国票据法、我国票据法均规定，若汇票上未记载付款日期，视为见票即付。② 付款地点。日内瓦统一票据法规定，如无特殊记载，受票人姓名旁记载

的地点视为付款地；同时视为受票人的住所地。《中华人民共和国票据法》第 23 条规定，汇票上未记载付款地的，付款人的营业场所、住所或者经常居住地为付款地。③ 出票地点。日内瓦统一票据法规定，未载出票地的汇票，出票人姓名旁所载的地点视为出票地。《中华人民共和国票据法》第 23 条规定，汇票上未记载出票地的，出票人的营业场所、住所或者经常居住地为出票地。

（3）任意记载事项。可以由当事人任意记载，一经记载，该记载即具有票据法上的效力，这类事项称为任意记载事项。一般包括：① 汇票编号。② 出票依据。③ 付款货币、利息及利率。④ 付一不付二或付二不付一。此外，还可以包括担当付款人，预备付款人，必须提示承兑及提示承兑日期，不得提示承兑，免做拒绝证书或拒付通知，免于追索等。

对应记载事项和任意记载事项统称为其他记载事项或相对记载事项。

3. 汇票的内容与缮制要求

（1）跟单信用证项下汇票缮制要点。汇票在国际贸易结算中有着广泛的运用，跟单信用证项下的业务大都要求采用汇票。例如，信用证规定："By negotiation against presentation of the document detailed herein and of the beneficiary's draft（s）in duplicate at sight drawn on applicant"，这就表明需要汇票。

提示　有时，为了节省汇票印花税或其他原因，往往不提交汇票，而是凭单据付款或采用付款信用证。

（1）付款人是我国国内银行，只需受益人向国内银行开立汇票，通知行可以不向国外开立汇票，以节省手续。例如，"Available against beneficiaries' drafts at sight drawn on Bank of China, Shanghai Branch, Shanghai for 100 percent of the invoice value when accompanied by the following documents"。

（2）信用证规定可凭单据付款，如果提交了汇票，虽也可接受，但汇票印花税须由受益人负担。例如，"Available at sight at the counters of HSBC, HK against presentation of the following documents"。

（3）采用付款信用证（指当受益人向信用证所指定的被授权付款的银行提交规定的单据时，即行付款，而不需要提供汇票）。例如，"We hereby issue in your favour this documentary credit which is available by payment against presentation of the following documents"。

跟单信用证项下汇票例示如下（注：编号是为了说明方便添加的，实际运用中不需要）。

① BILL OF EXCHANGE

凭　　　　　　　　　　　　　　　　　　　　信用证
② Drawn under…………………………………… L/C NO. ………………….
日期　　　　　　　　　　　　　　　　　　　支取　　　按__息__付款
Dated……………………………………　　　③ Payable with interest @　　%
号码　　　　　　　汇票金额　　　　　　　　　中国　北京（出票地点和日期）
④ NO.……………… ⑧ Exchange for　　　　　⑤ Beijing China ……………………
见票…………………………日后（本汇票之__________正本未付）付交
⑥ At………………………… sight of this **SECOND** of Exchange（**FIRST** of Exchange being unpaid）

⑦ pay to the order of ……………………………………………………………………
金额
⑨ the sum of

此致：
⑩ To…………………………………………………………………
⑪ ……………………………………………

跟单信用证项下汇票缮制要点如下：

1）汇票的字样。《日内瓦统一法》规定：汇票上必须标明"汇票"字样，如"Exchange for"、"Bill"、"Draft"等。用以明确票据的种类，使汇票区别于本票和支票。《英国票据法》并无此项要求。《中华人民共和国票据法》第 22 条规定，汇票必须标明"汇票"的字样。

2）出票条款。也就是开具汇票的依据，在信用证支付方式下应按照国外来证的要求填写，如果信用证内没有规定具体文句，一般在汇票上注明开证行的名称、信用证号码和开证日期。例如，"All drafts must be marked Drawn under Bank of China, credit NO.2C58686 and dated of this credit"。有时，信用证还规定采用假远期信用证汇票的出票条款，即除了注明信用证上规定的文句外，还要写清楚买方交远期汇票和单据，远期汇票经银行承兑后，卖方凭此贴现取得现款，贴现利息归买方负担。因此，就必须把多少天远期汇票按即期议付，年息多少，从何时何地算起到何时何地等和汇票出票条款打在一起。例如，"Drawn under HSBC L/C NO.MN88669 dated May 8th, 2015 with interest added at the rate of 4.65 percent per annum from date here of to approximate date of receipt of remittance in KH, Document Against Payment at 60 days（Negotiable on sight Basis）"。

3）年息（Payable with Interest）。该栏由银行填写，用以清算企业与银行间的利息费用。

4）号码（No.）。通常填商业发票的号码，以核对发票与汇票中相同相关内容，还有填汇票本身的顺序编号或 BP 号。

提示 BP 号是指信用证项下议付通知书编号。

5）出票地点和日期（Address and Date）。一般填写交单日期和地点，向银行交单时往往由银行填写。该日期不能迟于信用证的有效期，也不得早于各单据的出单日期。

6）付款期限（At…Sight）。汇票付款期限分为即期和远期。

如为即期汇票 at sight/on demand，在 At 与 Sight 之间打下"…"或"***"符号。

远期汇票的付款期限有四种：① 见票远期付款，见票后若干天/月付款（at a fixed period after sight）。例如，见票后六十天付款，在 At 与 Sight 之间打下 60 days after。② 出票远期付款，出票若干天/月付款（at a fixed period after date）。例如，出票后六十天付款，在 At 与 Sight 之间打下 60 days after date，画去事先印就的 Sight。③ 固定将来日期付款汇票，板期（At a fixed date）。例如，2015 年 3 月 20 日付款。④ 提单签发日后若干天/月付款的远期汇票（at a fixed period after date of bill of lading）。例如，提单签发日后六十天付款，在 At 与 Sight 之间打下 60 days after date of bill of lading，画去事先印就的 Sight。⑤ 计算汇票的时间，不包括见票日、出票日等，即常说的"算尾不算头"。

7）受款人。汇票的受款人即汇票的抬头，是出票人所指定的接收票款的当事人。抬头共有三种：① 限制性抬头。例如，“PAY ×× ONLY”（仅付给某某），这种汇票不能流通，只有指定的受款人才能接受票款。② 指示抬头。例如，“PAY TO THE ORDER OF…”（由某人指定），这种汇票可经受款人背书转让。③ 持票人或来人抬头。例如，“PAY BEARER”（付给来人），这种汇票转让时无须背书，仅将汇票交给受让人即可。

在信用证方式下，通常填由受益人（出口人）所委托的某家银行（例如，议付行）的指示作为受款人。例如，“Pay to the order of Bank of China”。

8）汇票小写金额（Amount in Figures）。如果出现 Exchange for，则要求填写小写金额。小写金额由货币符号和阿拉伯数字组成。例如，美元一千零五元三十美分，写为 USD1 005.30。应注意：① 信用证没有特别规定，其金额应与发票金额一致。② 如信用证金额规定汇票金额为发票金额的百分之几，如 97%，那么发票金额应为 100%，汇票金额为 97%，其差额 3%一般理解为佣金。③ 如信用证规定部分信用证付款，部分托收，应各分制两套汇票。信用证下付款的按信用证允许的金额支取，以银行为付款人，托收部分的以买方为付款人。发票金额是两套汇票相加之和。

9）汇票大写金额（Amount in Words）。如果出现 the sum of，其后填写大写金额。汇票上的金额小写和大写必须一致。大写金额由货币名称和英文文字组成，习惯上在大写数字前加“say”和大写数字后加“only”字样。例如，SAY U.S. DOLLARS ONE THOUSAND AND FIVE AND CENTS THIRTY ONLY。填写大写金额时应注意：① 金额必须确定，不能模棱两可。如“大约付 1 000 美元”、“付 2 000 马克左右”、“付 10 万或 15 万日元”，“付 1 000 美元加利息”等。这些表示方法都是错误的。② 大小写。在实际中，为了防止涂改，票据的金额还必须同时用大、小写记载。如果大小写不一致，《英国票据法》和《日内瓦统一法》都规定以大写为准，我国《票据法》则认为汇票无效。③ 信用证项下的汇票，其金额不得大于信用证的最大金额，否则银行有权拒付。

10）付款人（Payer）和付款地点（Place of Payment）。付款人即受票人，一般用“To”表示。汇票的付款人应按信用证的规定填写，可能是买方，也可能是开证行本身，还可能是开证行指定的议付行。例如，信用证规定：“Drawn on applicant”，则汇票是以开证申请人为付款人。如果信用证规定：“Drawn on us”或“Drawn on ×× Bank”，则该汇票是以开证行或付款行等为付款人。但如果来证中没有具体规定付款人的名称，则可理解为付款人是开证行。因为《UCP600》规定，不应以信用证申请人为汇票付款人，而应以开证行为汇票付款人。如果信用证未规定谁为汇票付款人，应以开证行为付款人。如出现以信用证申请人为汇票付款人的汇票，则银行视其为附加单据，而非汇票。

11）出票人（Drawer）。汇票右下方应由出票人签字盖章。应与发票上的签署人一致。一般应打印出口公司的全称，并由公司经理签字，不能涂改，不能加盖校对图章。

（2）跟单托收方式下缮制汇票应注意的问题。跟单托收项下汇票缮制要点类似于信用证的，只需特别注意如下要点：

1）托收项下出票条款（Drawn Clause）。托收项下的出票条款不同于信用证，一般要求列出为××号合同项下装运多少数量的某商品办理托收，即“Drawn under Contract No.… against shipment of …(quantity)of …(Commodity)for collection”。例如，Drawn under Contact

No.MNS606 against shipment of zoo cartons of class-ware for collection。

2）托收项下汇票付款期限的填制。① 即期付款交单（D/P at sight），本栏为“D/P at *** sight”，即在“At”和“Sight”之间打连续三个“*”，然后在“At”前加“D/P”。② 远期付款交单（D/P after sight），在“at”与“days after sight”之间填入付款的天数，然后在“At”前加 D/P。例如，D/P at 90 days after sight。③ 承兑交单（D/A），在“At”与“Sight”之间填入付款的天数，然后在“At”前加“D/A”。例如，“D/A at 45 days after sight”。

3）号码（No.）。通常填商业发票的号码，还有填汇票本身的顺序编号或 OC 号。

提示 OC 号是指托收项下托收委托书编号。

跟单托收项下汇票例示如下：

BILL OF EXCHANGE

号码 汇票金额 北京（出票地点和日期）

No.......................... Exchange for Beijing ______ 20______

见票 日后（本汇票之正本未付）付交

At.......................... sight of this FIRST of Exchange（Second of Exchange being unpaid）

pay to the order of ....

金额

the sum of

此致

To...

....

5.2 发票、装箱单与汇票案例

5.2.1 蓝天国际贸易股份有限公司填制的商业发票、装箱单和汇票

蓝天国际贸易股份有限公司的田方仔细根据备货情况和合同信用证要求填制发票、装箱单和汇票（见附件 5-1 ~ 附件 5-3）。

附件 5-1 蓝天国际贸易股份有限公司商业发票

<table>
<tr><td>Issuer
BLUE SKY INTERNATIONAL TRADING CO., LTD.
118 # 5TH NORTH RING ROAD BEI JING, P. R. CHINA
TEL: +86-10-82398888 FAX: +86-10-82398889</td><td colspan="2" rowspan="2">Commercial Invoice</td></tr>
<tr><td rowspan="2">To
STAR CORPORATION
5 KING ROAD, DUBAI, UAE
TEL: +971-4-6666888 FAX: +971-4-6666889</td></tr>
<tr><td>NO.
BS14980042</td><td>DATE
DEC. 22, 2014</td></tr>
</table>

Transport Details	S/C No.	L/C No. KBLC2014199
From TIANJIN To DUBAI	BS14125	Issued By HSBC BANK PLC, DUBAI, UAE
	Terms of Payment L/C	

Marks a d Numbers	Description & Specification	Quantity	Unit Price	Amount
STAR	BABY BLANKET	5200PCS	CIF C5%DUBAI	
S / C No. : BS14125	SHELL: WOVEN TWILL 100% COTTON		USD13.30/PC	USD69 160.00
Style No. : SY001	LINING: WOVEN 100%POLYESTER		LESS C5%	USD 3 458.00
Port of destination: Dubai	STYLE NO. SY001, ORDER NO.2014008		NET VALUE	USD65 702.00
Carton No. : 1-260				
	PACKED IN 20 PCS / CTN			
	260 CTNS			
Total:	26 CTNS	5200 PCS		USD 65 702.00

Say Total: SAY US DOLLARS SIXTY FIVE THOUSAND SEVEN HUNDRED AND TWO ONLY

FOR AND BEHALF OF:

BLUE SKY INTERNATIONAL TRADING CO. , LTD.

Signature × × ×

附件 5-2　蓝天国际贸易股份有限公司装箱单

Issuer	Packing List	
BLUE SKY INTERNATIONAL TRADING CO. , LTD. 118 # 5TH NORTH RING ROAD BEI JING, P. R. CHINA TEL: +86-10-82398888 FAX: +86-10-82398889		
To STAR CORPORATION 5 KING ROAD, DUBAI, UAE TEL: +971-4-6666888 FAX: +971-4-6666889	Invoice No. BS14980042	Date DEC. 22, 2014

Marks And Numbers	Description & Specification	Quantity	Package	G.W	N.W	Meas.
STAR	BABY BLANKET	5200PCS	60 CTNS	2600KGS	2340KGS	23.712CUM
S / C No. : BS14125	STYLE NO.: SY001					
Style No. : SY001	ORDER NO.: 2014008					
Port of destination: Dubai	PACKED IN 20 PCS / CTN					
Carton No. : 1-260	SHIPPED IN 20'FCL					
Total:		5200PCS	260 CTNS	2600KGS	2340KGS	3.712CUM

Say Total: SAY TWO HUNDRED AND SIXTY CARTONS ONLY

FOR AND BEHALF OF:

BLUE SKY INTERNATIONAL TRADING CO. , LTD.

Signature × × ×

附件 5-3 蓝天国际贸易股份有限公司汇票

BILL OF EXCHANGE

凭 Drawn under HSBC BANK PLC, DUBAI, UAE	信用证 L/C NO. KBLC2014199
日期 Dated NOV.19,2014	支取 按__息__付款 Payable with interest @ %
号码 汇票金额 NO. BS14980042 Exchange for USD65 702.00	中国 北京（出票地点和日期） BEIJING China JAN. 3, 2015

见票 日后（本汇票之正本未付）付交

At *** sight of this FIRST of Exchange（**SECOND** of Exchange being unpaid）pay to the order of BANK OF CHINA, BEIJING, CHINA

金额

the sum of **SAY US DOLLARS SIXTY FIVE THOUSAND SEVEN HUNDRED AND TWO ONLY**

此致：

To HSBC BANK PLC, DUBAI, UAE

BLUE SKY INTERNATIONAL TRADING CO., LTD.

× × ×

5.2.2 长城贸易有限公司填制的商业发票、装箱单

长城贸易有限公司填制的商业发票、装箱单如附件 5-4 和附件 5-5 所示。

附件 5-4 长城贸易有限公司填制的商业发票

长城贸易有限公司

GREAT WALL TRADING CO.,LTD.

Room 201 HUASHENG BUILDING NINGBO P.R.CHINA

TEL: 0574-24704015 FAX: 24691619

COMMERCIAL INVOICE

TO: AL.BALOUSHI TRADING EST JEDDAH. INVOICE NO.:AC05AR031

INVOICE DATE:APR.25,2015

S/C NO.:05AR225031

S/C DATE:MAR.30,2015

MARKS AND NUMBERS	NUMBER AND KIND OF PACKAGE DESCRIPTION OF GOODS	QUANTITY	UNIT PRICE	AMOUNT
ROYAL	P.P INJECTION CASES		CFR JEDDAH	

05AR225031 JEDDAH C/N:1-460	14″ /22″ /27″ /31″ ART NO.: ZL0322+BC05 14″ /19″ /27″ /31″ ART NO.: ZL0319+BC01 460 CARTONS OF ONE SET EACH	230SET 230SET	USD42.00/SET USD41.00/SET	USD9660.00 USD9430.00

TOTAL:460SET USD19,090.00

SAY TOTAL: U.S. DALLARS NINETEEN THOUSAND AND NINETY ONLY

GREAT WALL TRADING CO.,LTD.

李 力

附件 5-5 长城贸易有限公司填制的装箱单

长城贸易有限公司

GREAT WALL TRADING CO.,LTD.

Room 201 HUASHENG BUILDING NINGBO P.R.CHINA

TEL: 0574-24704015 FAX: 24691619

PACKING LIST

TO: AL.BALOUSHI TRADING EST JEDDAH.

INVOICE NO.:AC05AR031

INVOICE DATE:APR.25,2015

S/C NO.:05AR225031

FROM: NINGBO TO: JEDDAH BY APL

LETTER OF CREDIT NO.: DATE OF SHIPMENT: APR.29,2015

MARKS AND NUMBERS	NUMBER AND KIND OF PACKAGE DESCRIPTION OF GOODS	QUANTITY	PACKAGE	G.W.	N.W.	MEAS.
ROYAL 05AR225031 JEDDAH C/N:1-460	P.P INJECTION CASES 14″ /22″ /27″ /31″ ART NO.: ZL0322+BC05 14″ /19″ /27″ /31″ ART NO.: ZL0319+BC01 460 CARTONS OF ONE SET EACH	230SET 230SET	230CTNS 230CTNS	18.5/4255 KGS 18.5/4255 KGS	16.5/3795 KGS 16.5/3795 KGS	34M3 34M3

TOTAL: 460SET 460CTNS 8510KGS 7590KGS 68M^3

SAY TOTAL: FOUR HUNDRED AND SIXTY CARTONS ONLY

GREAT WALL TRADING CO.,LTD.

李 力

5.3 发票、装箱单与汇票实验

实验5-1 上海嘉宝进出口有限公司的商业发票、装箱单、汇票填制

【实验目的】 巩固缮制商业发票、装箱单、汇票的知识。

【知 识 点】 商业发票、装箱单和汇票的含义、内容与缮制要求。

【实验内容】 根据给定出口贸易基本信息，替上海嘉宝进出口有限公司进行如下操作：

（1）缮制商业发票。

（2）缮制装箱单。

（3）缮制汇票。

【实验素材】 素材5-1。

素材5-1 上海嘉宝进出口有限公司商业发票、装箱单、汇票基本信息

发票号码：JB-FJDINV15	合同：	信用证：	唛头：
日期：2015年5月9日	NO.：JB-FJDSC15	NO.：FJD-JBLC15	JB-FJDSC15
装箱单日期：2015年5月9日	DATE：2015年4月1日	DATE：2015年4月14日	FUJIDA
汇票日期：2015年5月27日			YOKOHAMA
装运：从SHANGHAI到YOKOHAMA			NO.：1-2996

其余信息参见本书第3～4章上海嘉宝进出口有限公司有关内容。

实验5-2 幸福国际贸易有限公司的形式发票、商业发票和装箱单填制

【实验目的】 巩固形式发票、商业发票和装箱单的单证实务知识。

【知 识 点】 形式发票、商业发票和装箱单。

【实验内容】 经过交易磋商，幸福国际贸易公司和沙特阿拉伯（缩写KSA）的XYZ贸易公司就听装罐头蘑菇（CANNED MUSRHOOMS）达成共识并签订了合同。请进行如下操作：根据下述成交资料、销售合同（号码XYZ2013026）和信用证（号码0011LC123756），缮制形式发票、商业发票和装箱单。要求：格式清楚、条款明确、内容完整。

【实验素材】 素材5-2～素材5-5。

素材5-2 幸福国际贸易有限公司和XYZ贸易公司的成交资料

1. 我方（出口方）：

幸福国际贸易有限公司

HAPPY TRADING CO. , LTD.

NO. 85 GUANJIAQIAO, NANJING 210005, CHINA

TEL: 86-25-4715004 FAX: 86-25-4711363

2. 国外客户：

XYZ TRADING CO.

P.O. BOX 99552, RIYADH 22766, KSA

TEL: 966-1-4659220 FAX: 966-1-4659213

3. 我方通知行：

BANK OF CHINA JIANGSU BRANCH

HEAD OFFICE 148 ZHONGSHAN SOUTH ROAD NANJING

4. 我方对押汇银行的要求：可在中国任何银行押汇。

5. 编号和日期：形式发票和商业发票号：从2013STD001起编。形式发票日期比合同日期早10天。商业发票日期与合同日期相同。装箱单号码和日与商业发票相同。

6. 装运港：中国上海。

7. 付款方式：买方应通过一家卖方可以接受的银行于装运月前30天开立并送达卖方不可撤销即期信用证，有效至装运日后15天内在中国议付。

其余信息：参见第4章。幸福国际贸易有限公司和XYZ公司签订的销售合同（号码XYZ2013026）参见素材4-4。幸福贸易公司收到的信用证（号码0011LC123756）参见素材4-5。

素材5-3 形式发票模板

幸福国际贸易有限公司

HAPPY TRADING CO., LTD.

NO. 85 GUANJIAQIAO, NANJING 210005, P.R.CHINA

PROFORMA INVOICE

TO:		INVOICE NO.:	
		INVOICE DATE:	
		S/C NO.:	
		S/C DATE:	

TERM OF PAYMENT:	
PORT TO LOADING:	
PORT OF DESTINATION:	
TIME OF DELIVERY:	
INSURANCE:	
VALIDITY:	

Marks and Numbers	Number and kind of package Description of goods	Quantity	Unit Price	Amount

SAY TOTAL:	

BENEFICIARY:	
ADVISING BANK:	
NEGOTIATING BANK:	

素材 5-4 商业发票模板

幸福国际贸易有限公司

HAPPY TRADING CO., LTD.

NO. 85 GUANJIAQIAO, NANJING 210005, P.R.CHINA

COMMERCIAL INVOICE

To:		Invoice No. :	2013SDT001
		Invoice Date:	2013-04-18
		S/C No. :	XYZ2013026
		S/C Date:	2013-02-28
From:		To:	
Letter of Credit No. :	0011LC123756	Issued By:	2013-04-18

Marks and Numbers	Number and kind of package Description of goods	Quantity	Unit Price	Amount
TOTAL:				
SAY TOTAL:				

素材 5-5 装箱单模板

幸福国际贸易有限公司

HAPPY TRADING CO. , LTD.

Room 2901,HuaRong Mansion, Guanjiaqiao 85#, Nanjing 210005, P. R. CHINA

TEL:025-4715004 025-4715619 FAX:4691619

PACKING LIST

To:		Invoice No. :	
		Invoice Date:	
		S/C No. :	
		S/C Date:	
From:		To:	
Letter of Credit No. :		Date of Shipment:	

Marks and Numbers	Number and kind of package Description of goods	Quantity	Package	G. W	N. W	Meas.
TOTAL:						
SAY TOTAL:						

实验 5-3 上海东方纺织品进出口公司的商业发票、装箱单、汇票填制

【实验目的】 巩固缮制商业发票、装箱单、汇票的知识。

【知 识 点】 商业发票、装箱单和汇票的含义、内容与缮制要求。

【实验内容】 根据给定基本信息，替上海东方纺织品进出口公司进行如下操作：

（1）缮制商业发票。

（2）缮制装箱单。

（3）缮制汇票。

【实验素材】 素材 5-6。

素材 5-6 上海东方纺织品进出口公司商业发票、装箱单、汇票基本信息

发票号码：STINV060311	合同：	信用证：	唛头：
日期：2014 年 10 月 10 日	NO.：ST060311	NO.：CN30991714	N/M
装箱单日期：2014 年 10 月 10 日	DATE：2014 年 8 月 15 日	DATE：2014 年 10 月 2 日	
汇票日期：2014 年 11 月 2 日			

其余信息参见第 4 章的素材 4-7 上海东方纺织品进出口公司销售确认书（号码：ST120311），素材 4-8 上海东方纺织品进出口公司收到的信用证（号码：CN30991714）。模板略。

复习思考题

一、单项选择题

1.《ISBP681》条规定，信用证要求“发票（Invoice）”而未做进一步定义，则提交的任何形式的发票都可以接受。但是，（　　）或类似的发票是不可接受的，除非信用证另有授权。

A．临时发票（Provisional Invoice）　　B．商业发票（Commercial Invoice）

C．海关发票（Customs Invoice）　　D．税务发票（Tax Invoice）

2．下列中国进口贸易涉及的发票单价完整合理的是（　　）。

A．USD 25 Per M/T DEQ NEWYORK　　B．GBP 10 Per Case CIF NINGBO

C．HKD 30 Per Piece CIFC5　　D．USD 26 Per Dozens CPT NEWYORK

3．在下列发票中，除了（　　）之外，其余的发票主要供进口国海关征收差别待遇关税和统计使用，还可提供货物原产地依据。

A．厂商发票　　B．海关发票　　C．领事发票　　D．商业发票

4．我四川业务公司开出的汇票，在信用证结算方式下，出票依据栏应填写（　　）。

A．合同号码及签订日期　　B．发票号码及签发日期

C．提单号码及签发日期　　D．信用证号码和开证日期

5．某公司签发一张汇票，上面注明“At 90 days after sight”，这是一张（　　）。

A．即期汇票　　B．远期汇票　　C．光票　　D．跟单汇票

6．汇票的抬头做成（　　），该汇票只有经过背书后方可转让。

A．“仅付××公司”　　B．“付××公司或其指定人”

C．“付给来人”　　D．“付给持票人”

7.A公司与B公司在合同中约定用信用证付款，在该业务涉及的下列信用证当事人中，（　　）是汇票的出票人。

A．开证申请人　　B．开证行　　C．议付行　　D．受益人

二、多项选择题

1．下列关于发票的说法中，正确的是（　　）。

A．“证实发票”或“宣誓发票”不能涂改，如发票事先印就“E.& O.E”，必须画去

B．一份商业发票只能注明一个信用证号码

C．一份商业发票只能注明一个合同号码

D．除非信用证另有规定，商业发票总金额不能超过信用证的总金额

2．下列关于装箱单的说法中，正确的是（　　）。

A．商业发票是装箱单的附属单据

B．装箱单是进口地海关验货、公证行检验、进口商核对货物时的依据之一

C．详细装箱单，应描述每件包装的细节

D．装箱单的日期不应早于商业发票

三、简答题

1．简述商业发票、装箱单、汇票的含义和作用。

2．在缮制商业发票和汇票时，应如何处理佣金?

3．简述缮制商业发票的基本要求。

4．简述形式发票的作用。

5．简述发票的签署问题。

四、翻译题

1．The goods description in an invoice must reflect what goods have been actually shipped. For example where there are two types of goods shown in the credit, such as 10 trucks and 5 tractors, an invoice that reflects only shipment of 4 trucks would be acceptable provided the credit does not prohibit partial shipment. An invoice showing the entire goods description as stated in the credit, then stating what has actually been shipped, is also acceptable.

2．An invoice must evidence the value of the goods shipped. Unit price（s）, if any, and currency shown in the invoice must agree with that shown in the credit. The invoice must show any discount or deductions required in the credit. The invoice may also show a deduction covering advance payment, discount, etc, not stated in the credit.

3. If partial shipments are prohibited, a tolerance of 5% less in invoice amount is acceptable, provided that the quantity is shipped in full and that any unit price, if stated in the credit, has not been reduced. If no quantity is stated in the credit, the invoice will be considered to cover the full quantity.

4．翻译下列信用证中的发票条款

（1）Signed Commercial Invoice in duplicate showing a deduction or USD200 being commission.

（2）Signed Commercial Invoice，one original and two copies.

（3）Manually Signed commercial invoice in five folds certifying that goods are as per Indent NO. ABC567 of March 10th, 2015 quoting L/C No. and showing original invoice and a copy to accompany original set of documents.

（4）Signed Attested Invoice combined with certificate of origin and value in triplicate as required for imports into Nigeria.

（5）Signed Commercial in quintuplicate，certifying merchandise to be of Chinese origin.

（6）10% Discount should be deducted from total amount of the commercial invoice.

（7）Commercial Invoice in triplicate showing separately FOB value, Freight charges，Insurance premium，CIF value and country of origin.

（8）Signed Commercial Invoice in quadruplicate indicating the following：（a）That each item is labeled"Made in China",（b）That one set of non-negotiable shipping documents has been airmailed in advance to buyer.

（9）Beneficiary's original signed commercial invoices at least in 8 copies issued in the name of the buyer indicating （showing/evidencing/specifying/declaration of） the merchandise, country of origin and any other relevant information.

（10）Combined invoice is not acceptable.

5. 翻译下列信用证中的包装条款

（1）Separate packing list in full details is required.

（2）Combined form of packing list is not acceptable.

（3）Packing list showing gross and net Weight expressed in kilos of each type of goods required.

五、单证业务操作题

根据给定信用证（素材 4-9，信用证号码 LC20130001）和补充资料（素材 5-7、素材 5-8），缮制商业发票。

素材 5-7 补充资料

出票日期为 2013 年 9 月 28 日，发票号码是 MN8866。

唛头：YI YANG
MN8866
MONTREAL
C/NO. 1-360

素材 5-8　卖方的空白发票

上海毛织品进出口公司

SHANGHAI KNITWEAR AND MANUFACTURED GOODS

IMPORT & EXPORT TRADE CORPORATION

No.321 CHONGHHAN ROAD.　SHANGHAI, CHINA

TEL: 86-21-65652521　FAX: 86-21-65652522

COMMERCIAL INVOICE

TO: M/S.

号码

No.________

订单或合约号码

Sales Confirmation No.________

日期

Date________

装船口岸　　目的地

From___SHANGHAI___　　To___MONTREAL___

信用证号数　　开证银行

Letter of Credit No.__LC20130001__　　Issued by___NATIONAL　PARIS　BANK___

唛号 Marks & Nos.	货名数量 Quantities and Descriptions	总值 Amount

___×　×　×___

第6章 国际货物运输单证

06

引导案例

托运在即

2014年11月22日，蓝天国际贸易股份有限公司外贸业务员田方与北京新星纺织有限公司分析备货生产进程后，认为在2014年12月30日货物能生产完毕并出运。田方在收到北京新星纺织有限公司如下计划出运货物的信息后，着手办理货物托运和投保手续。

品名：童毯

数量：5 200件

装箱率：20件/纸箱

纸箱重量：毛重10千克/箱，净重9千克/箱

纸箱尺寸：57cm×40cm×40cm=0.091 2 m^3

⇨**启示和疑问** 按CIF或CFR条件成交，出口商在货、证备妥后，及时办理托运和投保手续。在实务中，大部分外贸企业都会委托货运代理公司向运输公司办理托运工作，并且在货物出运前办理投保工作。主要的国际货物运输单证有哪些？它们是如何流转、填制和使用的呢？该笔业务的托运该如何操作？

⇨**建议** 熟悉相关知识和技能：① 委托订舱（若需要）；② 及时备齐相关运输单证。

本章学习目标

- 了解国际货物运输单证的含义和种类。
- 掌握海运托运流程及其单证实务，学会合理选择货运代理和承运人。
- 准确缮制、审核及应用托运单、提单。
- 掌握空运托运流程及单证实务。
- 能够读懂并准确缮制、审核及应用空运托运书、空运单。
- 掌握航空运费的计算方法，能够计算航空运费，并能填写航空运单中的运费计算栏。

重要概念

装运单证　货运单证　托运单　提单　空运托运书　空运单

6.1 国际货物运输单证实务

6.1.1 国际货物运输单证的种类

1. 装运单证

装运单证（Shipping Documents）专指在货物装运后，由卖方向买方或银行提供的一类货运单证。《UCP600》将装运单证分为 7 类共 9 种，如表 6-1 所示。

表 6-1 《UCP600》中要求的 9 种装运单据

运输方式	装运单据中文名称	装运单据英文名称	英文简称
海运	提单	Bill of Lading	B/L
海运	不可转让海运单	Non-Negotiable Sea Waybill	SWB
海运	租船合同提单	Charter Party Bill of Lading	CB/L
多式联运	多式运输单据或联合运输单据	Multimodal or Combined Transport Document	MTD 或 CTD
空运	空运单	Air Transport Document	Air TD
公路	公路运单	Road Transport Document	Road TD
铁路	铁路运单	Rail Transport Document	Rail TD
内河	内河水运单据	Inland Waterway Transport Document	Inland waterway TD
专递或邮寄	快递收据、邮政收据或投邮证明	Courier Receipt,Post Receipt or Certificate of Posting	P/R

2. 货运单证

货运单证（Cargo Transport Documents）泛指在国际货物运输过程中，由承运人、发货人、收货人、货运代理人签发的，在组织货源、托运订舱、检验检疫、海关申报、货物装运、交单提货、银行结汇、数据交换等各业务环节中用于货物运输操作、管理、证明的一切国际货物运输单证、收据、凭单和电子报文，包括上述装运单证。常见的货运单证如表 6-2 所示。

表 6-2 常见的货运单证

中文名称（俗称）	英文名称（缩写）	中文名称（俗称）	英文名称（缩写）
国际货物托运委托书	Shipper's Letter of Instruction（SLI）	货物积载计划（舱图、船图）	Cargo Plan
托运单	Booking Note（B/N）	提单	Bill of Lading（B/L）
装货单（下货纸，关单）	Shipping Order（S/O）	海运单	Sea Waybill（SWB）
收货单（大副收据）	Mates Receipt（M/R）	航空总运单	Master Air Waybill（MAWB）
装货清单（小舱单）	Loading List（L/L）	航空分运单	House Air Waybill（HAWB）
载货清单（舱单）	Cargo Manifest（M/F）	铁路运单	Rail Waybill（RWB）
提货通知书	Delivery Notice	国际多式联运单据	（MTD 或 CTD）
提货单	Delivery Order（D/O）	承运货物收据	Cargo Receipt

续表

中文名称（俗称）	英文名称（缩写）	中文名称（俗称）	英文名称（缩写）
交货记录	Delivery Record	快递收据	Courier Receipt
		邮政收据	Post Receipt

提示 为叙述方便，除非在海运章节，“船”泛指“货运运输工具”，“船公司”泛指“货运运输公司”。在集装箱运输中，提货单往往只是交货记录中的一联。

3．集装箱运输特有的单证

除了上述单证外，集装箱运输还使用其特有单证，如表 6-3 所示。

表 6-3　集装箱运输特有的单证

中文名称	英文名称
空箱提交单（提箱单）	Equipment Despatch Order
集装箱发放通知单（提箱单）	Container Release Order
集装箱设备交接单	Equipment Interchange Receipt（E/R）
集装箱装箱单	Container Load Plan（CLP）
拼箱装货清单	Consolidated Cargo Manifest
集装箱场站收据	Dock Receipt（D/R）
危险货物清单	Dangerous Cargo List
动物货清单	Zoological Cargo List
植物货清单	Botanical Cargo List
冷冻（藏）货集装箱清单	List of Ree. for Container
交货记录	Delivery Record

6.1.2 国际货物海运操作流程及其单证

1．杂货班轮货运及其主要单证流程

杂货班轮货运及主要货运单证流程如图 6-1 所示，说明如下：

（1）托运人向船公司在装货港的代理人（也可直接向船公司或其营业所）提出货物装运申请，递交托运单（B/N），填写装货联单。

（2）船公司同意承运后，其代理人指定船名，核对装货单与托运单上的内容无误后，签发 S/O，将留底联留下后退还给托运人，要求托运人将货物及时送至指定的码头仓库。

（3）托运人持 S/O 及有关单证向海关办理货物出口报关、验货放行手续，海关在 S/O 上加盖放行图章后，货物准予装船出口。

（4）船公司在装货港的代理人根据留底联编制装货清单（L/L）送船舶及理货、装卸公司。

（5）大副根据 L/L 编制货物积载计划（Stowage Plan）交代理人分送理货、装卸公司等按计划装船。

（6）托运人将经过检验及检量的货物送至指定的码头仓库准备装船。

（7）货物装船后，理货长将 S/O 交大副，大副核实无误后，留下 S/O 并签发收货单（M/R）。

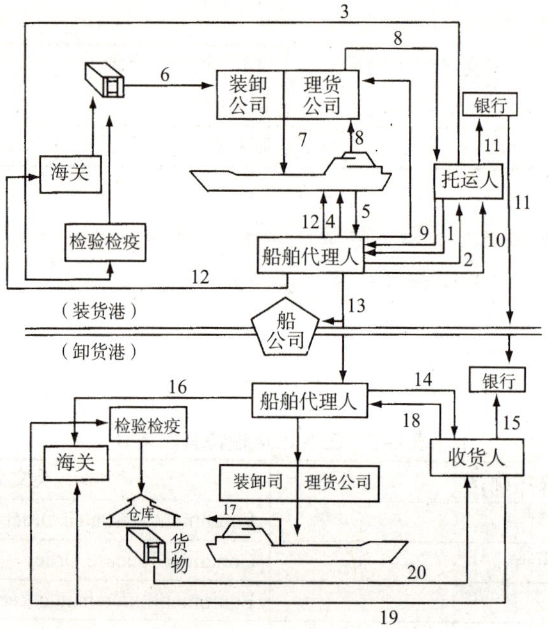

图 6-1　杂货班轮货运及主要货运单证流程

（8）理货长将大副签发的 M/R 转交给托运人。

（9）托运人持 M/R 到船公司在装货港的代理人处付清运费（预付运费情况下），换取正本已装船提单（B/L）。

（10）船公司在装货港的代理人审核无误后，留下 M/R，签发 B/L 给托运人。

（11）托运人持 B/L 及有关单证到议付银行结汇（在信用证支付方式下），取得货款，议付银行将 B/L 及有关单证邮寄开证银行。

（12）货物装船完毕后，船公司在装货港的代理人编妥出口载货清单（M/F）送船长签字后，向海关办理船舶出口手续，并将 M/F 交船随带，船舶起航。

（13）船公司在装货港的代理人根据 B/L 副本（或 M/R）编制出口载货运费清单（F/M），连同 B/L 副本、M/R 送交船公司结算代收运费，并将卸货港需要的单证寄给船公司在卸货港的代理人。

（14）船公司在卸货港的代理人接到船舶抵港电报后，通知收货人船舶到港日期，做好提货准备。

（15）收货人到开证银行付清货款取回 B/L（在信用证支付方式下）。

（16）卸货港船公司的代理人根据装货港船公司的代理人寄来的货运单证，编制进口载货清单及有关船舶进口报关和卸货所需的单证，约定装卸公司、理货公司，联系安排泊位，做好接船及卸货准备工作。

（17）船舶抵港后，船公司在卸货港的代理人随即办理船舶进口手续，船舶靠泊后，即开始卸货。

（18）收货人持正本 B/L 向船公司在卸货港的代理人处办理提货手续，付清应付的费用后，换取代理人签发的提货单（D/O）。

（19）收货人办理货物进口手续，支付进口关税。

（20）收货人持 D/O 到码头仓库或船边提取货物。

2. **集装箱整箱货海运及其主要单证流程**

提示： 整箱货出口货代业务流程：委托代理 → 订舱 → 提取空箱 → 货物装箱 → 交接单证 → 换取提单 → 装船。

（1）集装箱整箱货海运出口托运订舱单证流程，如图 6-2 所示。

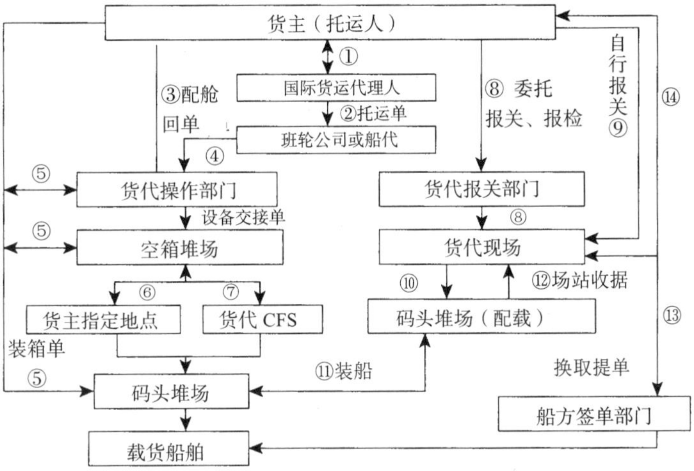

注：在实践中，⑤、⑥、⑦只选择其中一种操作方式。

图 6-2　集装箱整箱货海运出口托运订舱单证流程

图 6-2 说明如下：① 货主与货代建立货运代理关系；② 货代填写托运单，及时订舱；③ 订舱后，货代将有关订舱信息通知货主，或将“配舱回单”转交货主；④ 货主申请用单，取得集装箱发放/设备交接单（E/R）后，方可凭之到空箱堆场提取所需的集装箱；⑤ 货主“自拉自送”时，先从货代处取得 EIR，然后提空箱，装箱后制作集装箱装箱单（CLP），并按要求及时将重箱送码头堆场，即集中到港区等待装船；⑥ 货代提空箱至货主指定的地点装箱，制作 CLP，然后将重箱“集港”；⑦ 货主将货物送到货代装箱站 CFS，货代提空箱，并在 CFS 装箱，制作 CLP，然后“集港”；⑧ 货主委托货代代理报关、报检，办妥有关手续后将单证交货代现场；⑨ 货主也可自理报关；⑩ 货代现场将办妥手续后的单证交码头堆场配载；⑪ 配载部门制定装船计划，经船公司确认后实施装船作业；⑫ 实践中，在货物装船后可以获得场站收据（D/R）正本；⑬ 货代凭 D/R 正本到船方签单部门换取提单（B/L）或其他单据；⑭ 货代将 B/L 等单据交给货主。

（2）集装箱整箱货海运进口接运单证流程，如图 6-3 所示。

图 6-3 说明如下：① 收货人与货代建立货运代理关系；② 在买方安排运输的贸易合同下，货代办理卸货地订舱（Home Booking）业务，落实货单齐备即可；③ 货代缮制货物清单后，向船公司办理订舱手续；④ 货代通知买卖合同中的卖方（实际发货人及装港代理人）；⑤ 船公司安排载货船舶抵装货港；⑥ 实际发货人将货物交给船公司，货物装船后发货人取得有关运输单证；⑦ 货主之间办理交易手续及单证转移；⑧ 货代掌握船舶动态，收集、保管好有关单证；⑨ 货代及时办理进口货物的单证及有关手续（主要掌握换取提货

单）；⑩ 船舶抵港卸货，货物入库、进场；⑪ 在办理了货物进口报关等手续后，凭提货单到现场提货，特殊情况下船边提货；⑫ 货代安排将货物交收货人，并办理空箱运回堆场等事宜。

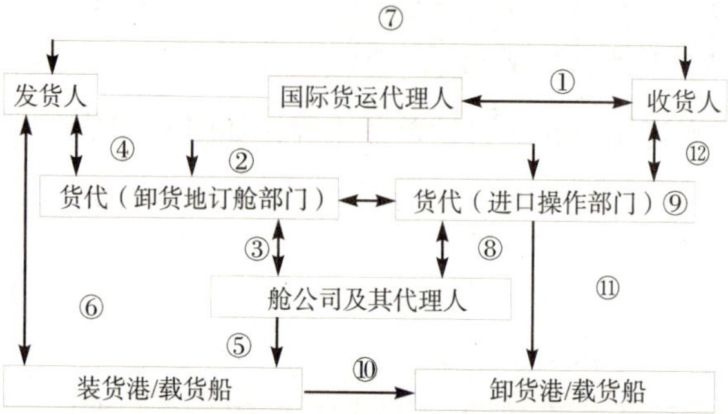

注：在卖方安排运输的情况下，②～⑥不需要。

图 6-3　集装箱整箱货海运进口接运单证流程

3. 集装箱拼箱货海运及其主要单证流程

> **提示** 集装箱拼箱海运中的货代托运程序（见图 6-4）与整箱运输的程序类似，只是国际货物出口托运委托书略有不同。

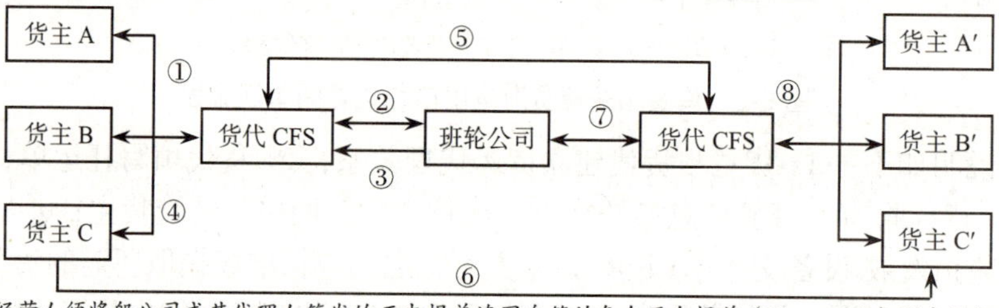

注：集拼经营人须将船公司或其代理人签发的正本提单连同自签的各仓至仓提单（House B/L）副本快邮寄其卸货港代理人，代理人凭正本提单提取集装箱到 CFS 拆箱，通知各收货人持正本 House B/L 提货。

图 6-4　集装箱拼箱货海运及其主要单证流程

图 6-4 说明如下：① A、B、C 等不同货主（发货人）将不足一个集装箱的货物（LCL）交集拼经营人；② 集拼经营人将拼箱货拼装成整箱货（FCL）后，向班轮公司办理整箱货物运输；③ 整箱货物装船后，班轮公司签发 B/L 或其他单据（如海运单）给集拼经营人；④ 集拼经营人在货物装船后也签发自己的提单（House-B/L）给每一个货主；⑤ 集拼经营人将货物装船及船舶预计抵达卸货港等信息告知其卸货港的机构（代理人），同时，还将班轮公司的 B/L 及 House-B/L 的复印件等单据交卸货港代理人，以便向班轮公司提货和向收货人交付货物；⑥ 货主之间办理包括 House-B/L 在内的有关单证的交接；⑦ 集拼经营人在卸货港的代理人凭班轮公司的提单等提取货物；⑧ A′、B′、C′等不同货主（收货人）凭 House B/L 等在 CFS 提取拼箱货。

6.1.3 国际货物海运单证填制规范

1. 提单的填制

各公司的提单样式差异大，但内容类似。以表 6-4 所列提单为例，其正面填制要点如下。

（1）承运人（Carrier）。也称船方，应显示承运人全称。

（2）提单号码（B/L NO.）。为便于工作联系和查核，提单必须注明提单编号，否则提单无效。提单号码一般列于提单右上角，与装货单、大副收据或场站收据的号码一致。发货人向收货人发送装船通知（Shipment Advice）时，也要列明船名和提单号码。

（3）托运人（Shipper）。也称货方，一般为出口企业。通常为信用证受益人或第二受益人，如开证申请人为了贸易的需要，要求做第三者提单（Third Party's B/L）也可照办。

提示 托运人一栏应当包括名称，但不一定加注地址。

（4）收货人（Consignee）。也称提单抬头。这是提单的重要栏目，应与托运单完全一致，并严格按照信用证规定填制。

1）记名提单（Straight B/L），直接写明收货人名称，其特点是收货人已经确定，不得转让。例如，Full set of "clean on board" bill of lading consigned to ABC company notify applicant and marked "freight prepaid"，就表明需要记名提单，则在提单收货人或指示栏内填上"ABC Company"即可。

表 6-4 提单（正面）

<table>
<tr><td colspan="3">（3） Shipper</td><td colspan="2">（2） B/L NO.</td><td colspan="3"></td></tr>
<tr><td colspan="3">（4） Consignee</td><td colspan="2">（1） Carrier</td><td colspan="3"></td></tr>
<tr><td colspan="3">（5） Notify Party</td><td colspan="5" rowspan="5">RECEIVED in external apparent good order and condition except as otherwise noted. The total number of packages or units stuffed in the container, the description of the goods and the weights shown in the Bill of Lading are furnished by the Merchants, and which the carrier has no reasonable means of checking and is not a part of this Bill of Lading contract. The carrier has issued the number of Bills of Lading stated below, all of this tenor and date, one of the original Bill of Lading must be surrendered and endorsed or signed against the delivery of the shipment and whereupon any other original Bills of Lading shall be void. The Merchants agree to be bound by the terms and conditions of this Bill of Lading as if each had personally signed this Bill of Lading.
SEE clauses on the back of this Bill of Lading （Terms continued on the back hereof, please read carefully）
ORIGINAL</td></tr>
<tr><td colspan="3"></td></tr>
<tr><td>（6） *Pre-carriage by</td><td colspan="2">（7） *Place of Receipt</td></tr>
<tr><td>（8） Ocean Vessel & Voy. No.</td><td colspan="2">（9） Port of Loading</td></tr>
<tr><td></td><td colspan="2"></td></tr>
<tr><td>（10） Port of Discharge</td><td colspan="2">（11） *Place of Delivery</td><td colspan="2">（11） *Final Destination</td><td colspan="3">Flag</td></tr>
<tr><td>（12） Container No. Seal No.</td><td>（12） Marks and Numbers</td><td colspan="2">（13） Nos.& Kinds of Pkgs.;
（14） Description</td><td colspan="2">（15） Gross Weight</td><td colspan="2">（15） Measurement（m^3）</td></tr>
<tr><td colspan="4">（16） Total Number of Containers or Packages（in words）</td><td colspan="4"></td></tr>
<tr><td>（17） Freight and Charges</td><td>Revenue Tons</td><td>Rate</td><td>Per</td><td colspan="3">Prepaid</td><td>Collect</td></tr>
</table>

<table>
<tr><td rowspan="2">EX. Rate</td><td>Freight Prepaid at</td><td>Freight Payable at</td><td>（19） Place of Issue</td></tr>
<tr><td>Total Prepaid in</td><td>（18） No. of Original B/L</td><td>（20） Date of Issue</td></tr>
<tr><td colspan="2">Loading on board of the Vessel
（21） Date
（21） By</td><td colspan="2">（22） Signed</td></tr>
</table>

2）不记名提单（Open B/L），填写“To Bearer”，特点是收货人不确定，可自由转让。

3）指示提单（Order B/L），是按照记名人或非记名人的指示交货的提单，意即承运人凭指示付货，可背书转让。

记名指示提单在收货人一栏填写“To order of ×××”（凭某人指示）。根据发出指示人的不同，记名指示提单可分为托运人指示提单（TO ORDER OF SHIPPER）、收货人指示提单（TO ORDER OF CONSIGNEE）和银行指示提单（TO ORDER OF ×× BANK）。

不记名指示提单在收货人一栏仅填写“TO ORDER”（凭指示）。例如，3/3 original +3NN copies clean on board marine bills of lading, issued to order and endorsed in blank marked “freight prepaid” notify applicant。那么，根据这一条款规定，在提单收货人一栏应填写“TO ORDER”。在我国，不记名指示提单也称空白抬头提单。

提示 提单的抬头与背书直接关系到提单的性质，涉及提单能否转让、物权归属等问题，是容易填错的栏目之一。只有掌握了提单抬头的种类，在填制提单抬头时才不会出错。

（1）应特别注意“TO CONSIGNEE”与“TO ORDER OF CONSIGNEE”的区别。前者只有收货人可以提货，不能转让；后者经收货人背书提单可以转让。例如，美国某银行规定提单做成“CONSIGNED TO ××”，而外贸公司把提单做成“CONSIGNED TO ORDER OF ××”，结果对方拒付全部货款。

（2）如果规定“TO ORDER DELIVERY TO THE ORDER OF ×× BANK”，则提单收货人一栏必须写上“TO ORDER”，然后在提单背面由发货人证明“DELIVERY TO THE ORDER OF ××BANK”再盖章签字，这是记名背书，不能简单地在收货人栏直接填写“TO ORDER OF ×× BANK”。

（3）如果规定提单收货人有两种抬头供选择，如巴基斯坦客户来证“TO THE ORDER OF NATIONAL BANK OF INDIA OR TO ORDER”，在填写提单抬头人时只能选择其中一种，不能同时写两种。

（4）如果提单抬头是“To order of shipper”或“To order”，该提单必须经托运人背书。

（5）通知人（Notify Party）。不是提单的关系人，而是承运人在货物到港后发送到货通知的对象，以便提货。由于指示抬头提单上不出现收货人的名称和地址，货到后承运人即与被通知人进行联系。（被）通知人一般是收货人的代理，代为报关提货。

提示 （1）在信用证项下的提单，如果信用证对提单被通知人有具体规定，必须严格按信用证要求填写。如信用证未指定被通知人，例如，“WITHOUT SHOWING

NOTIFY PARTY ON BILLS OF LADING”，根据《ISBP681》规定，提单的相关栏目可以空白或以任何方式填写。如信用证只规定了提单上到货被通知人的名称，但未注明被通知人地址，而实际提交的提单被通知人名称后加注了详细地址，该提单可以接受。

（2）如果是记名提单或收货人指示提单，且收货人又有详细地址的，则此栏可以不填。如果是空白抬头提单或托运人指示提单，则此栏必须填列被通知人名称及其详细地址。如果地址不详，无法通知，可能造成延迟报关提货，甚至被海关没收货物。

（3）无论信用证有无规定被通知人，交给承运人随船带去的提单副本应填明被通知人详细名称和地址，以便船到目的港后联系被通知人做好报关、提货准备。

（6）第一程运输工具（Pre-carriage by）。如果是联运提单，填写第一程运输工具名称，否则，此栏空白。

（7）收货地（Place of Receipt）。如果是联运提单，填写第一程承运人的收货地，否则，此栏空白。

（8）船名、航次（Ocean Vessel & Voy. No.）。按配舱回单上的船名、航次填写。如果是联运提单，填写第二程船名，否则，填写第一程船名。

如果相关文件显示“Intended vessel”，则需加注“ON BOARD”和船名、日期。

（9）装货港（Port of Loading）。如果为联运提单，填写中转港口名称，否则填写装运港名称。

（10）卸货港（Port of Discharge）。应填写货物实际卸下的港口名称。如由第一程承运人出具联运提单（Though B/L），则卸货港即可填最后目的港。如经某港转运，要显示“Via ××”字样。在实际业务中，如属转运，但是不使用联运提单，则第一程提单上的装货港填写一程装货港名称，卸货港填中转港，收货人填二程承运人；第二程提单装货港填上述中转港，卸货港填最后目的港。

（11）交货地（Place of Delivery）或最终目的地（Final Destination）。如果是联运提单，填交货地或最终目的地；如果交货地或最终目的地与卸货港相同，此栏可以不填。如果不是联运提单，此栏可以不填。

提示 随着集装箱业务的不断发展，海洋运输的起点和终点已不再限于港口至港口，常常会出现货物的接受监管地不同于装货港和最终目的地不同于卸货港的情况。《UCP600》第20条a款ⅲ规定：“如果提单没有表明信用证规定的装货港为装货港，或者其载有‘预期的’或类似的关于装货港的限定语，则需以已装船批注表明信用证规定的装货港、发运日期以及实际船名。即使提单以事先印就的文字表明了货物已装载或装运于具名船只，本规定仍适用。”也就是说，提单的装货港栏中应该表明信用证要求的装货港，卸货港栏中应该表明信用证要求的卸货港。

（12）唛头（Marks and Numbers）。提单上的唛头必须与其他单据上的一致。如为散装货应注明“N/M”或“IN BULK”字样。

提示 装船时发现包装货物有缺件的处理：可在提单上运输标志号前面加“EX”字样，以表示其中有缺件。例如，“EX NOs.1-10”。

（13）货物包装及件数（Nos.& Kinds of Pkgs.）。按货物装船的实际情况填写包装情况及总外包装件数。

（14）货物描述（Description）。《UCP600》允许使用货物的统称，但须与信用证用字相符。

（15）货物毛重及尺码（Gross Weight/Measurement）。参照托运单内容，应该与装箱单上货物的总毛重和总尺码一致。除信用证另有规定者外，一般以公吨为重量单位，以立方米为体积单位，小数要保留三位。如果货物无毛重，则注明净重。

（16）货物总包装件数的大写［Total Number of Containers or Packages （in Words）］。此栏的内容要与第 13 栏一致。

提示 除了散装货物以外，提单的包装栏内都要列明包装数量和包装单位，并且大小写件数应该一致。如果在同一提单上有两种以上包装单位，应当分别填写。无论什么货物，提单上都应该列明毛重和尺码。重量是计算船只受载的基础资料，尺码用来计算货物占据舱位的体积，两者是计算运费的主要数据。

（17）运费和费用（Freight and Charges）。

提示 （1）除非信用证强调应在提单上表明运费计算与数额，否则提单只注明运费预付（Freight Prepaid）或运费到付（Freight Collect），不填列运费的具体数额。但按照《汉堡规则》，运费到付时，提单上必须打出运费金额。运费以外的额外费用，必要时也应注明。

（2）信用证规定"运费已付"，则只能批注"Freight prepaid"，别的"Freight payable"（可付）或"Freight to be paid"（将付）都不能视为已付。

（3）本栏应与所用贸易术语一致。例如，CIF 或 CFR 出口，一般填运费预付，如果漏填，容易拖延提货时间，造成损失。如是 FOB 出口，则为"运费到付"，除非收货人委托发货人垫付运费。

（18）正本提单份数（No. of Original B/L）。填写实际出具的全套正本份数。全套一般为 3 份，用大写数字或大写（小写）数字填制。例如，THREE（3）。除非信用证另有规定，全套正本也可以只签发 1 份。

（19）提单的签发地点（Place of Issue）。是承运人营业场所所在地，不一定是装货港或货物集中地。

（20）签发日期（Date of Issue）。根据提单性质的不同而有所不同。如果使用印就"已装船"字样的提单，签发日期应是货物实际装船完毕的日期，并应与收货单上大副所签的日期一致，如果倒签或顺签，都将产生外贸合同中买卖双方、运输合同中的承托双方的法律责任问题。如果是备运提单，签发日期应是货物接受监管的日期。

（21）装船批注的日期和签署（Date/By）。如果要求提供已装船提单，根据《UCP600》第 20 条规定，如果提单上没有预先印就"已装船"（Shipped on Board）字样的，则必须在提单上加注装船批注（on Board Notation），装船批注中所显示的日期即视为货物的装运日期。一般由船长签字并注明开船时间和"Loading on board of the vessel"。

（22）提单签署（Signed）。《UCP600》第 20 条规定，提单必须由承运人/承运人的具名代理人/船长/船长的具名代理人签署证实。

2. 装船通知

装船通知，也称装运通知，主要指出口商在货物装船后发给进口方的包括货物详细装运情况的通知，以便进口商做好筹措资金、付款、接货、保险（FOB/FCA、CFR/CPT 等条件下）的准备。该通知副本（copy of telex/fax）常作为议付单据之一。在进口方派船接货的交易条件下，进口商为了使船、货衔接得当也会向出口方发出有关通知。

通知一般以英文制作，无统一格式。

（1）单据名称。主要体现为 Shipping/Shipment Advice, Advice of shipment 等，也有人将其称为 shipping statement/declaration，如信用证有具体要求，从其规定。

（2）通知内容。主要包括所发运货物的合同号或信用证号、品名、数量、金额、运输工具名称、开航日期、启运地和目的地、提运单号码、运输标志等，并且与其他相关单据保持一致，如信用证提出具体项目要求，应严格按规定出单。此外，还可能出现包装说明、ETD（船舶预离港时间）、ETA（船舶预抵港时间）、ETC（预计开始装船时间）等内容。

（3）制作和发出日期。遵从信用证的约定，常见的有以小时为准（Within 24/48 hours）和以天（within 2 days after shipment date）为准两种情形；如信用证未规定，则应在装船后立即发出，如信用证规定"Immediately after shipment"（装船后立即通知），应掌握在提单后 3 天之内发出。

（4）签署。一般可以不签署，如信用证要求"certified copy of shipping advice"，通常加盖受益人章。

注意区分几个近似概念：shipping advice（装运通知），是由出口商（受益人）发给进口商（申请人）的；shipping instructions 意思是"装运须知"，一般是进口商发给出口商的；shipping note/bill 指装货通知单/船货清单；shipping order 简称 S/O，含义是装货单/关单/下货纸（海关放行和命令船方将单据上载明的货物装船的文件）。

6.1.4 国际货物空运操作流程及其单证

1. 国际航空货物运输概述

国际航空货物运输的主要方式有班机运输（Scheduled Air Line）、包机运输（Chartered Carrier）、集中托运（Consolidation）、陆空陆联运（TAT Combined Transport）、航空快递（Air Express）。其中，集中托运最常见，其业务过程如图 6-5 所示，与直接运输对比如表 6-5 所示。

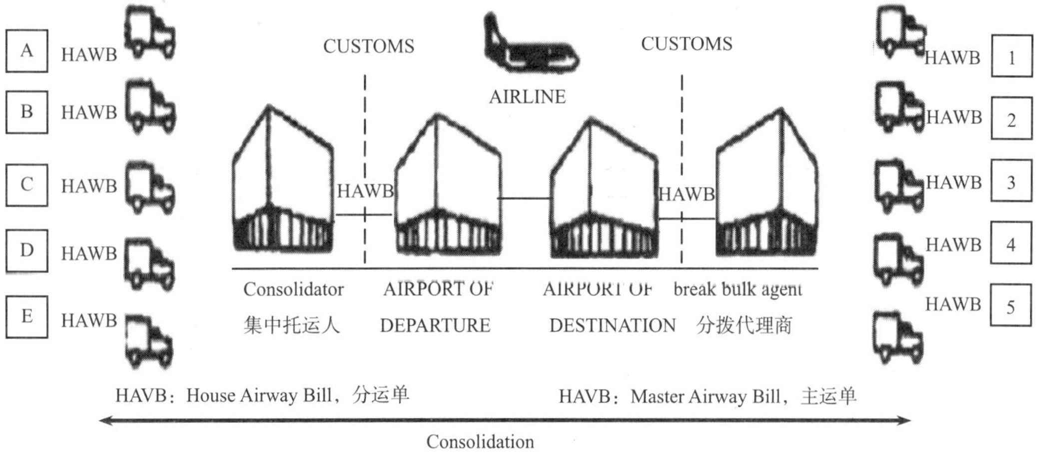

图 6-5　集中托运的业务过程

表6-5　集中托运与直接运输的对比

类　　型	直接运输	集中托运
货物交付	货物由货主或航空货运代理交付给航空公司	集中托运货物由货主交付给集运商，然后由集运商交付给航空公司
所用运单类型	只使用航空公司的货运单	同时使用航空公司的主运单和集运商的分运单
运单填开	航空货运单由航空货运代理人填开；托运人栏和收货人栏分别填列真正的托运人和收货人	主运单、分运单均由集运商填开 主运单上记载的货物收货人、发货人分别为集中托运商和分拨代理人；分运单上记载的货物收货人、发货人分别为真正的托运人和收货人

2．空运货物出口托运操作流程及其单证

国际货物空运中，国际航空货运代理（简称空代）十分活跃。国际航空货运代理涉及的当事人主要有发货人、收货人、航空公司和航空货运公司。航空货运公司可以是货主代理，也可以是航空公司的代理，也可身兼二职。

提示　假设通过货运代理办理，并从货代角度叙述，则航空货物出口托运程序如图6-6中的1～20所示。航空货物进口接运程序如图6-6中的（1）～（7）所示。

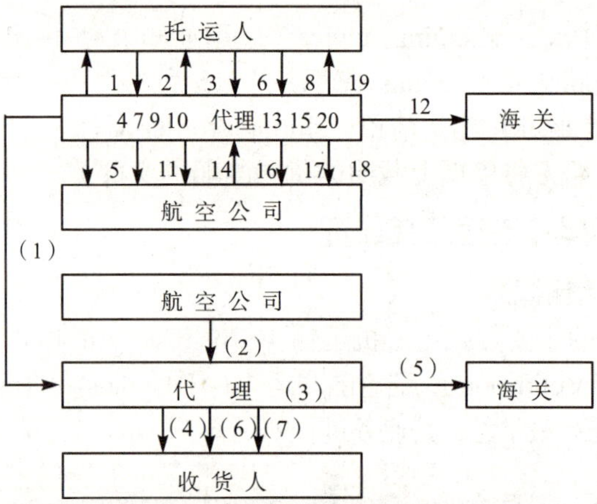

图6-6　国际货物航空运输操作流程及其单证

（1）揽货。货代及时向出口单位介绍本公司的业务范围、服务项目、各项收费标准，特别是介绍本公司的优惠运价和服务优势等。

（2）委托运输。出口企业填写国际货物托运委托书向货代委托，货代将依此委托书缮制托运书，并向航空公司办理出口订舱托运手续。

（3）审核单证。货代审核如下单证：发票、装箱单、报送单项式、外汇核销单、许可证、商检证、进料/来料加工核销本、索赔/返修协议、关封等。

（4）预配舱。货代汇总所接受的委托和客户的预报，并输入计算机，计算出各航线的件数、重量、体积，按照客户要求、货物重量和体积情况，根据各航空公司不同机型对不同板箱的重量和高度要求，制定预配舱方案，并对每票货配上运单号。

货代需缮制的单据有混载货物拼装清单。

（5）预订舱。货代根据预配舱方案，按航班、日期打印出总运单号、件数、重量、体积，向航空公司预订舱。代理人确定航班、日期、运价后，通知货主准备交单、交货。

（6）接受单证。货代从发货人手中接过货物出口所需的一切单证（已经审核确认的托运书、报关单证、收货凭证）；将收货记录与收货凭证核对；制作操作交接单，填写所收到的各种单证份数；逐单预配运单：给每份交接单配一份总运单或分运单或一份总运单下数票分运单；逐单附报关单证。

（7）填制货运单。航空公司代理人根据托运书，用英文填写航空货运单。

（8）接货。货物一般是运送到货代仓库或直接送机场货站。货代可以把即将发运的货物从发货人手中接过来并运送到机场，也可以由货主自己送货至机场。货物须符合有关规定。接货时应根据发票、装箱或送货单清点货物，核对货物的品名、数量、唛头、进舱编号、合同号等是否与航空货运单上所列一致，检查货物外包装是否符合运输要求。

（9）标记和标签。标记包括托运人、收货人的姓名、地址、联系电话、传真；合同号等；操作（运输）注意事项；单件超过 150kg 的货物。

标签按作用分为识别标签、特种货物标签和操作标签；按类别分为航空公司标签和分标签。

（10）正式配舱。货代接货接单核对后，按照各航班机型、板箱型号、高度、数量进行正式配载，确保对预订舱位、板箱有效利用、合理搭配。

（11）正式订舱。订舱，就是将所接收空运货物向航空公司正式提出运输申请并订妥舱位。货代向航空公司吨控部门领取并填写订舱单，正式订舱。航空公司吨控部门根据实际情况安排舱位和航班。订舱后，航空公司签发舱位确认书（舱单），同时给予装货集装器领取凭证，以表示舱位订妥。之后，货代领取集装器装货。

（12）出口报关。货代或机场报关部审查、整理报关单证后，先将发货人提供的出口货物报关单的各项内容输入计算机（计算机预录入），发送到海关审单中心；之后，打印报关单并加盖报关单位的报关专用章，连同有关的发票、装箱单、已配航空货运单、有关证明文件（需要时）等正式向海关申报。海关核准放行后，海关官员即在航空货运单正本、出口收汇核销单、出口报关单上加盖放行章，在发货人用于产品退税的单证上加盖验讫章，粘上防伪标志。若单证无问题，一般两个小时就可放行。

（13）出仓单。配舱方案制定以后就可着手编制出仓单。出仓单的日期、承运航班的日期、装载板箱形式及数量、货物进仓顺序编号、总运单号、件数、重量、体积、目的地三字代码和备注。

（14）提板箱。货代向航空公司办理申领板、箱的相应手续，以便装货。提板、箱时，应领取相应的塑料薄膜和网。对所使用的板、箱要登记、消号。

（15）货物装板装箱。俗称“打板”。在备单的同时，将货物装在航空集装器上（舱板或集装箱），并缮制集装货物组装记录单。如果由航空公司装货，则货代无须领取集装器装板装箱，只需按要求交货给航空公司。

（16）签单。航空货运单在加盖海关放行章后还需到航空公司签单，只有签单确认后才允许将单、货交给航空公司。

（17）交接发运。交接是向航空公司交单交货，航空公司验收单据和货物，在交接单上签字，并负责装上飞机发运。

（18）航班跟踪。需要联程中转的货物，在货物运出后，货代应要求航空公司提供二程、三程航班中转信息，确认中转情况，并及时将上述信息反馈给客户，以便遇到非正常情况能及时处理。

（19）信息服务。货代应从多个方面做好信息服务：订舱信息、审单及报关信息、仓库收货信息、交运称重信息、一程/二程航班信息、单证信息。货物装机离境后，货代应向其海外代理发出装运预报，以让对方办理到货清关准备。

（20）费用结算。与发货人结算费用：在运费预付的情况下，收取航空运费、地面运输费、各种服务费和手续费。与承运人结算费用：向承运人支付航空运费及代理费，同时收取代理佣金。与国外代理结算：主要涉及付运费和利润分成。与机场地面代理结算费用：向机场地面代理支付各种地面杂费。

3. 空运货物进口接运操作流程及其单证

（1）代理预报。在国外发货前，由国外代理公司将运单、航班、件数、重量、品名、实际收货人及其地址、联系电话等内容发给目的地代理公司。

（2）交接单、货。航空公司进港操作如表6-6所示。

表6-6 航空公司进港操作

步骤名称	操作内容	操作角色	接收角色
运输工具入境申报	发送总运单、联程载货清单、进口载货清单	机场地面代理	航空货站
	在运单上盖到达航班、日期章	航空货站	机场地面代理
	发送总运单、货物舱单、邮件路单	机场地面代理	海关
	运单上盖海关监管章	海关	机场地面代理
卸货入仓	交接货物，如有问题填写运输事故记录 标出每票货的去向 填写货物到达通知	机场地面代理	航空货站
单据移交	移交随机文件、总运单及空运货运代理交接单	机场地面代理	进口柜台

提示 （1）货到达后，除另有约定外，承运人或其代理人应当及时向收货人电话或书面发出到货通知。急件货物的到货通知应当在货物到达后2小时内发出，普通货物应当在24小时内发出。自发出到货通知的次日起，货物免费保管3日。逾期提取，按规定核收保管费。

（2）航空货物入境时，与货物相关的单据（运单、发票、装箱单等）也随机到达，航空公司的地面代理需要向货运代理公司交接的有国际货物交接清单、总运单、随机文件、货物。交接时做到：交接清单与总运单核对（单单核对）；交接清单与货物核对（单货核对）。分批货物，应做好空运进口分批货物登记表。交接单、货出现的问题及其处理方式如表6-7所示。若存在有单无货或有货无单等情况，应在交接清单上注明，以便航空公司组织查询并通知入境地海关。

（3）如发现货物短缺、破损或其他异常情况，应向民航索要商务事故记录，作为实际收货人或其货代公司代表收货人向航空公司交涉索赔事宜的依据。商务事故通常有：

包装货物受损；裸装货物受损；木箱或精密仪器上防震、防倒置标志泛红；货物件数短缺。

（4）根据《华沙公约》第26条规定："除非有相反的证据，如果收货人在收受货物时没有异议，就被认为货物已经完好地交付，并和运输凭证相符。"此规定对收货人不利。后《海牙议定书》(《华沙公约》修正本）中第15条规定："关于损坏事件，收货人应于发现损坏后立即向承运人提出异议……最迟应在收到货物后14天内提出。"

表6-7 交接单、货出现的问题及其处理方式

问　题	总运单	清　单	货　物	处理方式
1	有	无	无	总运单退回
2	有	无	有	清单上加主运单号
3	无	有	有	主运单后补
4	无	有	无	清单上画去
5	有	有	无	主运单退回
6	无	无	有	货物退回

航空货物入境时，与货物相关的单据也随机到达，运输工具及货物处于海关监管之下。货物卸下后，将货物存入航空公司或机场的监管仓库，录入进口货物舱单，将舱单上总运单号、收货人、始发站、目的站、件数、重量、货物品名、航班号等信息通过计算机传输给海关留存，供报关使用，同时根据运单上收货人的地址寄发取单、提货通知。

（3）理货与仓储。理货：货代逐一核对每票件数，再次检查货物破损情况，确有接货时未发现的问题，可协助收货人向航空公司追查或索赔，对于分批到达的货物将跟踪直到货物全部收集完毕；按大货、小货、重货、轻货、单票货、混载货、危险品、贵重品、冷冻品、冷藏品分别堆存、进仓；登记每票货储存区号，并输入计算机。

仓储：注意防雨、防潮；防重压；防变形；防高温变质；防暴晒；独立设危险品仓库。根据不同货种的实际需要进行保管。上述货物的仓储，不论在航空公司货站、机场货站，还是在航空货运代理的仓库，都是海关的监管仓库。

（4）理单与到货通知。理单：如果是集中托运，则将总运单项下拆单；分类理单、编号；编制种类单证。

到货通知：尽早、尽快、尽妥地通知货主到货情况。

（5）制单、报验、报关。进口制单：指按海关要求，依据运单、发票、装箱单及证明货物合法进口的有关批准文件，制作"进口货物报关单"。货物代理公司制单时一般程序为：长期协作的货主单位，有进口批文、证明手册等放于货代处的，货物到达，发出到货通知后，即可制单、报关，通知货主运输或代办运输；部分进口货，因货主单位缺少有关批文、证明，也可将运单及随机寄来单证、提货单以快递形式寄货主单位，由其备齐有关批文、证明后再决定制单，报关事宜；无须批文和证明的，可即行制单、报关，通知货主提货或代办运输；部分货主要求异地清关时，在符合海关规定情况下，制作"转关运输申报单"办理转关手续。

进口报验：需要商检的货物需向商检局申报，查验合格后商检局将出具证明文件，由报关行或者货主/货代交入海关，再进行进口报关海关程序。

进口报关：分为申报、查验、征税、放行四个主要环节。由海关在正本航空公司运单

上或货运代理经海关认可的分运单上加盖放行章。

（6）付费提货。货主凭盖有海关放行章、检验检疫章（进口药品须有药品检验合格章）的进口提货单到所属监管仓库付费提货。

（7）收费、送货、转运。收费：货代公司在向货主发放货物前，一般先将费用收妥。收费包括的内容有：到付运费及垫付佣金；单证、报关费；仓储费；装卸、铲车费；航空公司到港仓储费；海关预录入、动植检、卫检报验等代收代付费；关税及垫付佣金。

送货，主要指进口清关后货物直接运送至货主单位，运输工具一般为汽车；转运，主要指将进口清关后货物转运至内地，运输方式主要为飞机、汽车、火车、水运和邮政。

符合转关条件的，可以办理进口货物转关及监管运输。

提示 （1）上述货物进口接运操作流程第（5）~（7）步的做法不一，包括：货代公司代办制单、报关、运输；货主自行办理制单、报关、运输；货代公司代办制单、报关，货主自办运输；货主自行办理制单、报关后，委托货代公司运输；货主自办制单，委托货代公司报关和办理运输。

（2）为避免货物交接不当导致的纠纷及索赔，应注意：

① 分批到达货，收回原提货单，出具分批到达提货单，待后续货物到达后即通知货主再次提取；

② 属航空公司责任的破损、短缺，应由航空公司签发商务记录；

③ 属货运代理公司责任的破损、短缺，应由代理公司签发商务记录；

④ 遇有货代公司责任的破损事项，应尽可能商同货主、商检单位立即在仓库进行商品检验，确定货损程度，要避免后面运输中加剧货损的发展。

6.1.5 国际货物空运单证填制规范

1．航空托运书的填制

托运书（Shipper's Letter of Instructions，SLI）是托运人用于委托承运人或其代理人填开航空货运单的一种表单，表单上列有填制货运单所需的各项内容，并应有授权于承运人或其代理人代其在货运单上签字的文字说明。

中国民航总局的国际货物托运书如表6-8所示。

表6-8 中国民航国际货物托运书

中 国 民 用 航 空 局

THE CIVIL AVIATION ADMINISTRATION OF CHINA

国 际 货 物 托 运 书

SHIPPER'S LETTER OF INSTRUCTION

（1）托运人姓名及地址 SHIPPER'S NAME AND ADDRESS	托运人账号 SHIPPER'S ACCOUNT NUMBER	供承运人用 FOR CARRIAGE USE ONLY	
		班班/日期 FLIGHT/DAY	航班/日期 FLIGHT/DAY

<table>
<tr><td rowspan="2">（2）收货人姓名及地址
CONSIGNEE'S NAME
AND ADDRESS</td><td>收货人账号
CONSIGNEE'S ACCOUNT
NUMBER</td><td>（5）要求的路线/要求预订吨位
（REQUESTED ROUTING /
REQUESTED BOOKING ）</td></tr>
<tr><td></td><td>（17）运费
CHARGES
（18）杂费
Other</td></tr>
<tr><td colspan="2">代理人的名称和城市
ISSUING CARRIERS AGENT NAME AND CITY</td><td rowspan="3">ALSO NOTIFY</td></tr>
<tr><td colspan="2">（3）始发站机场　AIRPORT OF DEPARTURE</td></tr>
<tr><td colspan="2">（4）目的地机场　AIRPORT OF DESTINATION</td></tr>
</table>

<table>
<tr><td colspan="2">（6）（7）托运人声明价值
SHIPPERS DECLARED VALUE</td><td rowspan="2">（8）保险金额
AMOUNT OF
INSURANCE</td><td rowspan="2">（10）所附文件
DOCUMENT TO ACCOMPANY TO
AIR WAYBILL</td></tr>
<tr><td>（6）供运输用
FOR CARRIAGE</td><td>（7）供海关用
FOR CUSTOMS</td></tr>
<tr><td colspan="4">（9）处理情况（包括包装方式、货物标志及号码）
HANDLING INFORMATION （INCL. METHOD OF PACKING IDENTIFING AND NUMBERS）</td></tr>
</table>

（11）件数和包装种类 NUMBER AND PACKAGES	（12）实际毛重 ACTUAL G. W. (kg)	（13）运价种类 RATE CLASS	（14）收费重量 CHARGEABLE WEIGHT（kg）	（15）费率 RATE / CHARGE	（16）货物品名及数量（包括体积或尺寸） NATURE AND QUANTITY OF GOODS (INCL. DIMENSION OF VOLUME)

托运人证实以上所填全部属实并愿遵守承运人的一切载运章程。

THE SHIPPER CERTIFIES THAT THE PARTICULARS ON THE PAGE HEREOF ARE CORRECT AND AGREES TO THE CONDITIONS OF CARRIAGE OF THE CARRIER

（19）托运人签字 SIGNATURE OF SHIPPER	（20）日期 DATE	经手人 AGENT	日期 DATE

中国民航国际货物托运书的主要内容及其填制说明如下：

（1）托运人姓名及地址（SHIPPER'S NAME AND ADDRESS）。填列托运人的全称、街名、城市名称、国家名称及便于联系的电话、电传或传真号码。

填写规范：① 托运人是货主或货运代理人。通常集中托运的托运人是货运代理人，直接托运的托运人是货主。在信用证结汇方式下，托运人一般按信用证的受益人内容填写。② 承运人有时要求托运人在托运单上提供账号，以备在收货人拒付运费时向托运人索偿。

③ 托运危险货物时，托运人必须填写实际托运人，航空公司不接受货运代理人托运。

（2）收货人姓名及地址（CONSIGNEE'S NAME AND ADDRESS）。填列收货人的全称、街名、城市名称、国家名称（特别是在不同国家内有相同城市名称时，更应填写国名）以及电话号码、电传号码或传真号码。填写规范如下：① 本栏内不得填写“to order”或“to order of the shipper”（凭托运人的指示）等字样，因为航空货运单不能转让。如果托运人依据信用证对装运文件的要求必须显示这种“凭指示”字样，承运人有权拒绝接受订舱。② 收货人可以是实际收货人，也可以是货运代理人。通常集中托运时的收货人是货运代理人的海外代理，直接托运时为实际收货人。③ 承运人不接受一票货物有两个或两个以上收货人。如果实际业务中有两个或两个以上收货人，托运单中收货人栏内填写第一收货人，通知栏内填写第二收货人。④ 收货人账号仅供承运人使用，除非承运人需要，一般不需要填写。

（3）始发站机场（AIRPORT OF DEPARTURE）。填始发站机场的全称或城市名称。填写规范如下：① 在不清楚始发站机场全称的情况下，允许填写始发站所在城市名称。② 对于不同国家的同名城市，还需要填写国家名称。③ 同一城市的不同机场，需要填写机场名称。

（4）目的地机场（AIRPORT OF DESTINATION）。此栏填写到达机场的名称，用英文全称，不得简写。填写规范如下：① 按国际航空运输协会 IATA 规范的机场代码填报，不得自行编制。例如，日本东京成田机场填写“NRT”，上海浦东国际机场填写“PVG”。② 机场名称不明确时，可填城市名称。对于不同国家的同名城市，应加上国名。例如，澳大利亚悉尼，可填写“SYD，AU”；加拿大悉尼，可填写“SYD，CA”。③ 标签上的卸货港机场三字代码与托运单和货运单上目的地机场三字代码必须一致。④ 如果有转运路线要求，可以填在专门栏目内。

（5）要求的路线/要求预订吨位（REQUESTED ROUTING/REQUESTED BOOKING）。要求的路线：本栏用于航空公司安排运输路线时使用，但如果托运人有特别要求，也可填入本栏。由于航空运单仅是运输条件的初步证明，各国航空法规及民航管理部门对公共航空运输企业的承运条件已加以规定。承运人只要在不违反规定的运输条件下，可以改变托运单所要求的路线，但需兼顾托运人的利益。

要求预订吨位：此栏用于航空公司安排舱位时使用，但如果托运人有要求，也可以按计费吨位填入。

（6）供运输用（FOR CARRIAGE）。填列供运输用的声明价值金额，该价值即为承运人赔偿责任的限额。承运人按有关规定向托运人收取声明价值费。但如果所交运的货物毛重每千克不超过 20 美元（或等值货币），无须填写声明价值金额，可在本栏内填入“NVD”（No Value Declared）（未声明价值）；如本栏空着未填写，承运人或其代理人可视为货物未声明价值。

（7）供海关用（FOR CUSTOMS）。国际货物通常要受到目的站海关的检查，海关根据此栏所填数额征税。托运人不办理此项声明价值，必须打上“NCV”（No Customs Value）字样。

（8）保险金额（AMOUNT OF INSURANCE）。

（9）处理情况（HANDLING INFORMATION）。填列附加的处理要求。例如，另请通知（ALSO NOTIFY），除填收货人之外，请另填写通知人的全名和地址；外包装上的标记；操作要求（如易碎、向上等）。

（10）所附文件（DOCUMENT TO ACCOMPANY TO AIR WAYBILL）。填列随附在货运单上运往目的地的文件名称。例如，托运人所托运的动物证明书（SHIPPER'S CERTIFICATION FOR LIVE ANIMALS）。

（11）件数和包装种类（NUMBER AND KIND OF PACKAGES）。如果适用的货物运价种类不同，应分别填写，并将总件数相加，包装种类用"PACKAGES"。注明其包装方法，如包裹（Package）、纸板盒（Carton）、盒（Case）、板条箱（Crate）、袋（Bag）、卷（Roll）等。如货物没有包装，就注明为散装（Loose）。

（12）实际毛重（千克）[ACTUAL GROSS WEIGHT（kg）]。与件数相对应，此栏填写货物实际毛重，重量计量单位为千克（代码为K）或磅（代码L）。填写规范如下：① 以千克为单位时，保留小数后一位，并按0.5进位。② 托运多项货物时，在下方对应栏内打上毛重之和。

本栏内的重量应由承运人或其代理人在称重后填入。如托运人已填上重量，承运人或其代理人必须进行复核。

（13）运价种类（RATE CLASS）。此栏根据实际情况填写运价种类，包括所适用的运价、协议价、杂费、服务费。

（14）收费重量（千克）[CHARGEABLE WEIGHT（kg）]。此栏填写据以计收航空运费的货物重量。填写规范如下：① 重货，填写货物的实际毛重。② 轻泡货，填写货物的体积重量。③ 可以是较高重量、较低运价的分界点的重量。

本栏内的计费重量应由承运人或其代理人在量过货物的尺寸（以厘米为单位）后，由承运人或其代理人算出计费重量后填入，如托运人已经填上，承运人或其代理人必须复核。

（15）费率（RATE/CHARGE）。此栏填写所适用的货物运价。填写规范如下：① 当适用最低运费时，填写与运价代号"M"相对应的最低运费。② 当适用"N"、"Q"、"C"等运价代号时，填写相对应的运价。③ 当货物为等级货物时，填写与运价"S"、"R"对应的附加、附减后的运价。

本栏也可留空不填。

（16）货物品名及数量（包括体积或尺寸）[NATURE AND QUANTITY OF GOODS（INCL. DIMENSIONS OR VOLUME）]。此栏填列货物的品名和数量（包括尺寸或体积）。填写规范如下：① 不得填写表示货物类别的名称，尽可能填货物具体名称。例如，不能填写玩具、仪表等，尽可能清楚地填写电动玩具、吹塑玩具、长毛绒玩具、温度仪表、电压表等，还要标上货物品名、数量、体积、产地等细节。② 如果是危险品，应分别填写其标准的学术名称、危险级别、联合国危规号等。③ 鲜活易腐物品、活体动物等不能笼统作为货物品名。④ 若一票货物包括多种物品，托运人应分别申报货物的品名，填写品名时不能使用"样品"、"部件"等比较笼统的名称。货物中的每一项均须分开填写，并尽量填写详细，如"9筒35毫米的曝光动画胶片"、"新闻短片（美国制）"等。本栏所填写内容应与出口报关发票、进出口许可证上列明的货物相符。⑤ 填写每件货物的外包装尺寸或体积，单位分别用厘米或立方米表示，货物尺寸按其外包装的"长×宽×高×件数"的顺序填写。

（17）运费（CHARGES）。据付款方式填写。在 CC 下方打“×”表示到付，在 PP 下方打“×”表示预付。

（18）杂费（Other）。此栏填写始发站运输中发生的其他费用，如全部预付或全部到付，托运单上可以不填，但货运单上必须填具体金额并冠以规定的操作代号。

（19）托运人签字（SIGNATURE OF SHIPPER）。托运人或其代理人必须在本栏内签字盖章。

（20）日期（DATE）。此栏由托运人填写开货运单的时间和地点。

2. 航空货运单的填制

航空货运单（Air Waybill，AWB），简称空运单或货运单，是承运人签发给发货人表示已收妥货物、接受托运的货运单据。

AWB 的性质：《统一航空运输某些规则的公约》和《蒙特利尔第四号议定书》均规定，航空货运单是订立合同、接受货物和所列运输条件的初步证据，AWB 与运输记录、装箱单、报关单、收据或发票等其他证据一起构成航空运输合同。AWB 不是物权凭证，其右上端印有“不可转让”（not negotiable）字样，意指航空货运单仅作为货物航空运输的凭证，所有权属于出票航空公司，与可以转让的海运单恰恰相反。因此，任何时候 IATA 成员都不允许印制可以转让的航空货运单，货运单上的“不可转让”字样不可被删去或篡改。

AWB 的作用：① 运输合同；② 货物收据；③ 运费账单；④ 保险证书；⑤ 报关单据；⑥ 承运人内部业务的依据。

AWB 的种类：① 按有无承运人的名称分为航空公司货运单（Airline Air Waybill）和中性货运单（Neutral Air Waybill），前者每一份货运单都列有其航空承运人的标志，它包括承运人的名称、地址、服务图标、票证代号和货运单序号等内容，以区分它是属于不同航空承运人的货运单。② 按作用分为航空主运单（Master Air Waybill，MAWB）和航空分运单（House Air Waybill，HAWB）。其中，MAWB 是由航空公司签发的航空运单，是航空公司据以办理货物运输和交付货物的依据，是航空公司和托运人订立的运输合同。HAWB 是航空货运代理作为集中托运经营人在办理集中托运业务时向托运人签发的航空运单。

提示 识别是 MAWB 还是 HAWB 的方法如下：

（1）在空运单据 Issuing Carrier's Name 栏，若标明签发者为航空公司，该单据为 MAWB；若为航空货运代理或承揽运送人名称，则为 HAWB。

（2）MAWB 的编号栏中，航空公司签发的空运单据的字首多为国际空运协会统一编列的公司代号，由三位阿拉伯数字开头；HAWB 栏则以运输行的英文代号开头。

判断 HAWB 的意义对进口商较为重要，若进口商不希望受益人提交 HAWB，则应在信用证中特别注明。

空运单一式十二联：三联正本（Original）、六联副本（Copy）和三联额外副本（Extra Copy）或一式多联（见表 6-9）。

表 6-9　国际航空货运单联数构成

序　号	名称及分发对象	颜　色
A	Original 3（正本 3，给托运人）	浅蓝色
B	Copy 9（副本 9，给代理人）	白色
C	Original 1（正本 1，交出票航空公司）	浅绿色
D	Original 2（正本 2，给收货人）	粉红色
E	Copy 4（副本 4，提取货物收据）	浅黄色
F	Copy 5（副本 5，给目的地机场）	白色
G	Copy 6（副本 6，给第三承运人）	白色
H	Copy 7（副本 7，给第二承运人）	白色
I	Copy 8（副本 8，给第一承运人）	白色
J	Extra copy（额外副本，供承运人使用）	白色
K	Extra copy（额外副本，供承运人使用）	白色
L	Extra copy（额外副本，供承运人使用）	白色

航空运单的正本一式三份，每份都印有背面条款，其中：

Original 3（for shipper）[正本 3（交托运人）]（托运人联）：在货运单填制后，由承运人签字，此联交给托运人，作为承托双方运输合同成立的证明；同时也可作为货物预付运费时交付运费的收据；还是承运人收到货物的依据。

Original 1（for issuing carrier）[正本 1（交承运人）]：由托运人签字，承运人留存，作用有两个：一是作为承托双方运输合同成立的证明；二是交承运人财务部门，作为记账凭证。

Original 2（for consignee）[正本 2（交收货人）]：由托运人和承运人签字，随货同行，在货物到达目的地，交付给收货人作为核收货物的依据。

每一份副本的用途在各份的底部写明。视情况可以增减副本数量。

提示　各航空公司的航空运单大多借鉴国际航空运输协会（IATA）推荐的标准格式（也称中性运单），内容大同小异。表 6-10 显示了 IATA 航空运单，它包括 33 大项。其中，带圆圈的数字是作者为说明方便而添加的，其汉英对照如下。

表 6-10　航空货运单

航空货运单

①

999 | ② | ③　　　　999—

Shipper's Name and Address ④	Shipper's Account Number ⑤	NOT NEGOTIABLE 中国民航 CAAC AIR WAYBILL AIR CONSIGNMENT NOTE ISSUED BY: THE CIVIL AVIATION ADMINISTRATION OF CHINA BEIJING CHINA Copies 1, 2 and 3 of this Air Waybill are originals and have the same validity.
Consignee's Name and Address ⑥	Consignee's Account Number ⑦	It is agreed that the goods described herein are accepted in apparent good order and condition (except as noted) for carriage SUBJECT TO THE CONDITIONS OF CONTRACT ON THE REVERSE HEREOF. THE SHIPPER'S ATTENTION IS DRAWN TO THE NOTICE CONCERNING CARRIER'S LIMITATION OF LIABILITY. Shipper may increase such limitation of liability by declaring a higher value for carriage and paying a supplemental charge if required. ISSUING CARRIER MAINTAINS CARGO ACCIDENT LIABILITY INSURANCE

Issuing Carrier's Agent Name and City ⑧		Accounting Information
Agent's IATA Code ⑨	Account No. ⑩	⑳
Airport of Departure (Addr. of First Carrier) and Requested Routing ⑪		

to ⑫	By First Carrier ⑬ Routing and Destination	to ⑭	by ⑮	to ⑯	by ⑰	Currency ㉑	CHGS Code ㉒	WT/VAL PPD COLL	Other PPD COLL	Declared Value for Carriage ㉔	Declared Value for Customs ㉕

Airport of Destination ⑱	Flight/Date ⑲	For Carrier's Use only	Flight/Date	Amount of Insurance ㉖ ㉓	INSURANCE If carrier offers insurance, and such insurance is requested in accordance with conditions on reverse here of, indicate amount to be insured in figure in box marked amount of insurance.

Handling Information ㉗

(for USA only) Those commodities licensed by U.S. for ultimate destination...Diversion contray to U.S.law is prohibited.

No. of Pieces RCP	Gross Weight	Kg Lb		Rate Class Commodity Item No.	Chargeable Weight	Rate Charge	Total	Nature and Quantity of Goods (incl. Dimensions or Volume)
㉘	㉙	㉚	㉛	㉜	㉝	㉞	㉟	㊱

㊲ Prepaid Weight Charge Collect	Other Charges ㊾
㊳ Valuation Charge	
㊴ Tax	
㊵ Total Other Charges Due Agent	Shipper certifies that the particulars on the face hereof are correct and that insofar as any part of the consignment contains dangerous goods, such part is properly described by name and is in proper condition for carriage by air according to the applicable Dangerous Goods Regulations.
㊶ Total Other Charges Due Carrier	㊿ Signature of Shipper or his Agent
Total Prepaid ㊷ / Total Collect ㊸	○51 Executed on (date) ○52 at (place) ○53 Signature of Issuing Carrier Or its Agent
Currency Conversion Rate ㊹ / CC Charges in Dest. Currency ㊺	
For Carrier's use only at Destinaion ㊻ / Charges at Destination ㊼	Total Collect Charges ㊽ 999—

① Airline Code Number（1A）：航空公司数字代号

② Airport of Departure（1）：始发站机场

③ Serial Number（1B）：货运单序号及检验号

④ Shipper's Name and Address（2）：托运人名称和地址

⑤ Shipper's Account Number（3）：托运人账号

⑥ Consignee's Name and Address（4）：收货人名称和地址

⑦ Consignee's Account Number（5）：收货人账号

⑧ Issuing Carrier's Agent Name and City（6）：签发空运单的承运人的代理人名称和城市

⑨ Agent's IATA Code（7）：代理人国际航协代号

⑩ Account Number（8）：账号

⑪ Airport of Departure and Requested Routing （9）：始发站机场和指定航线

⑫ to （by first Carrier）（11A）：至（第一承运人）

⑬ by first Carrier（11B）：由第一承运人

⑭ to （by second carrier）（11C）：至（第二承运人）

⑮ by （second Carrier）（11D）：由第二承运人）

⑯ o （by third Carrier）（11E）：至（第三承运人）

⑰ t by （third Carrier）（11F）：（由第三承运人）

⑱ Airport of Destination（18）：目的地机场

⑲ Flight/Date for Carrier's use only）（19A）（19B）：航班/日期仅供承运人使用

⑳ Accounting Information（10）：财务说明

㉑ Currency（12）：货币

㉒ CHGS Code（13）：费用代码

㉓ WT/VAL （14A）（14B）and Other（15A）（15B）：航空运费/声明的价值、其他费用

㉔ Declared Value for Carriage（16） 供运输用声明价值

㉕ Declared Value for Customs（17） 海关申报价值

㉖ Amount of Insurance （20） 保险金额

㉗ Handling Information（21） SCI（21A） 运输处理注意事项

㉘ No. of Pieces RCP（22A）（22J） 件数

㉙ Gross Weight（22B） （22K） 毛重

㉚ kg/Lb（22C） 千克/磅

㉛ Rate Class（22D） 运价等级

㉜ Commodity Item No. （22E） 商品编号

㉝ Chargeable Weight（22F） 计费重量

㉞ Rate/Charges（22G） 运价/运费

㉟ Total（22H）（22L） 运费总额

㊱ Nature and Quantity of Goods incl. Dimensions or Volume（22I） 货物品名和数量包括体积或容积

㊲ Weight Charges Prepaid（24A） /Collect（24B） 计重运费

㊳ Valuation Charges（25A）（25B） 声明价值附加费

㊴ Tax（26A）（26B） 税款

㊵ Total other Charges due Agent（27A）（27B） 由代理人收取的其他费用

㊶ Total other Charges due Carrier（28A）（28B） 由承运人收取的其他费用

㊷ Total Prepaid（30A） 预付费用总额

㊸ Total Collect（30B） 到付费用总额

㊹ Currency Conversion Rate（33A）货币兑换比价

㊺ CC Charges in Destination Currency（33B）用目的站国家货币付费

㊻ For Carrier's Use only at Destination 仅供承运人在目的站使用

㊼ Charges at Destination（33C）在目的站的费用

㊽ Total collect charges（33D）到付费用总额

㊾ Other Charges（31）其他费用

㊿ Signature of Shipper or his Agent（31）托运人或其代理人签名

(51) Executed on date（32A）运单日期

(52) Executed at place（32 B）签发运单地点

(53) Signature of issuing carrier or it's Agent（32C）：承运人或其代理人签字

填制航空货运单的基本要求：① 用英文大写字母打印，各栏内容必须准确、清楚、齐全，不得随意涂改。② 货运单已填内容在运输过程中需要修改时，必须在修改项目的近处盖章，注明修改货运单的空运企业名称、地址和日期。修改货运单时，应将所有剩余的各联一同修改。③ 货运单的各栏目中，有些栏目印有阴影。其中，有标题的阴影栏目仅供承运人填写。没有标题的阴影栏目一般不需填写，除非承运人特殊需要。

提示 以上所有内容不一定要全部填入空运单，IATA 也并未反对在运单中写入其他所需的内容。但这种标准化的单证对航空货运经营人提高工作效率，促进航空货运业向电子商务的方向迈进有着积极的意义。

6.2 国际货物运输单证案例

6.2.1 蓝天国际贸易股份有限公司出口货物相关运输单证案例

（1）落实货运代理和运输公司：2014 年 12 月 22 日，蓝天国际贸易股份有限公司外贸业务员田方根据北京新星纺织有限公司提供的货物出货信息，决定本批出口商品采用集装箱班轮运输。因此在落实信用证及备货时，田方即在网上向各家货运代理公司询价，最终确定委托天津运达国际货运代理有限公司（以下简称天津运达）向中远集装箱运输有限公司（COSCO Container Lines）代为订舱，以便及时履行交货和交单的义务。

（2）订舱委托。在货物齐备后，田方填制订舱委托书（见附件 6-1），随附发票、装箱单等其他必要单据，委托货代代为订舱。订舱委托书是出口企业和货代公司之间委托代理关系的证明文件。

（3）订妥舱位。天津运达订妥中远集运 2014 年 12 月 30 日自天津至迪拜 1×20'舱位。中远集运在托运单上编制提单号码，填写船名（PU HE）和航次（257G）并盖章，将配舱回单和装货单等退还给天津运达。天津运达在确认配船和费用后，传真送货通知给蓝天国际贸易股份有限公司，要求公司 12 月 29 日中午前将货物运至指定仓库。

（4）集装箱装箱。天津运达随即向中远集运箱管部门提出用箱申请，填写设备交接单，提取一个 20’空箱，同时通知公司做好装箱准备。集装箱被送至北京新星纺织有限公司，将货物装箱并封存，田方确认集装箱装箱单后签字，将重箱运至天津港集港。港区仓库签发场站收据，以确认收到货物。

（5）换取正本提单。天津运达凭场站收据向船公司或其代理人换取 COS63462142 号正本提单（见附件 6-2），后者则收回场站收据，货物装运业务完成。取得提单当日发出装运通知（见附件 6-3）。

（6）2015 年 1 月 2 日，蓝天国际贸易股份有限公司收到天津运达寄来的海运提单。

附件 6-1 蓝天国际贸易股份有限公司的订舱委托书

出口货物订舱委托书

日期：2014 年 12 月 22 日

发货人 BLUE SKY INTERNATIONAL TRADING CO. , LTD. 118# 5TH NORTH RING ROAD BEI JING, P. R. CHINA TEL：+86-10-82398888 FAX：+86-10-82398889	信用证号码 KBLC2014199	
	开证银行 HSBC BANK PLC, DUBAI, UAE	
	合同号码 BS14125	成交金额 UDS 69 160.00
	装运口岸 TIANJIN	目的港 DUBAI
收货人 TO ORDER	转船运输 Y	分批装运 N
	信用证有效期 JAN 31,2015	装船期限 JAN 19,2015
	运费 USD 726.00	成交条件 CIFC5%DUBAI
通知人 STAR CORPORATION 5 KING ROAD, DUBAI, UAE TEL：+971-4-6666888 FAX：+971-4-6666889	公司联系人 TIAN FANG	电话/传真 +86-10-82398889
	公司开户行 BANK OF CHINA, BEIJING, CHINA	银行账号
	特别要求	

标记唛码	货号规格	包装件数	毛重	净重	数量	单价	总价
STAR S/C No.: BS14125 Style No.: SY001 Port of destination: Dubai Carton No.: 1-260	BABY BLANKET, 100%POLYESTER STYLE NO. SY001, ORDER NO.2014008 HS NO. : 6301400000	PACKED IN 20 PCS/CTN, 260 CTNS	2 600 KGS	2 340 KGS	5200 PCS 24.128M^3	USD 13.30/PC CIF C5%DUBAI	USD 69 160.00

备注

请预订 1×20'（FCL）船，12 月 31 日前能够签发提单；提前通知产地装箱日期；提单提前传真我公司预审，正副本提单各 3 份；提单上要显示：（1）FREIGHT PREPAID；（2）SHIPPED ON BOARD

附件 6-2 蓝天国际贸易股份有限公司取得的正本提单

（3） Shipper BLUE SKY INTERNATIONAL TRADING CO. , LTD. 118 # 5TH NORTH RING ROAD BEI JING , P. R. CHINA TEL：+86-10-82398888 FAX：+86-10-82398889	（2） B/L NO.：COS63462142
	（1） Carrier 中国集装箱运输有限公司 **COSCO CONTAINER LINES** TEL：+86-022-65458984 FAX：+86-022-65458984

（4）Consignee TO ORDER	**BILL OF LADING** **PORT TO PORT OR COMBINED TRANSPORT**
（5） Notify Party STAR CORPORATION 5 KING ROAD, DUBAI, UAE TEL：+971-4-6666888 FAX：+971-4-6666889	RECEIVED in external apparent good order and condition except as otherwise noted. The total number of packages or units stuffed in the container, the description of the goods and the weights shown in the Bill of Lading are furnished by the Merchants, and which the carrier has no reasonable means of checking and is not a part of this Bill of Lading contract. The carrier has issued the number of Bills of Lading stated below, all of this tenor and date, one of the original Bill of Lading must be surrendered and endorsed or signed against the delivery of the shipment and whereupon any other original Bills of Lading shall be void. The Merchants agree to be bound by the terms and conditions of this Bill of Lading as if each had personally signed this Bill of Lading. SEE clauses on the back of this Bill of Lading（Terms continued on the back hereof, please read carefully）

（6） *Pre-carriage by	（7）*Place of Receipt
（8） Ocean Vessel & Voy. No.: DONGFENG VOY.NO.257G	（9） Port of Loading TIANJIN

（10） Port of Discharge DUBAI	（11） *Place of Delivery	（11） *Final Destination	Flag

（12） Container No. & Seal No.:	（12）Marks and Numbers	（13） Nos.& Kinds of Pkgs.; （14） Description of Goods	（15） Gross Weight	（15） Measurement（M^3）
TEXU32897555	STAR S/C No.: BS14125 Style No.: SY001	BABY BLANKET 260CARTONS 1×20'FCL L/C No. KBLC2014199 DATE:NOV.19, 2014	2600KGS	23.712 M^3
	Port of destination: Dubai Carton No.: 1-260			

ORIGINAL

ON BOARD

（16） Total Number of Containers .or Packages（in words）	SAY TWO HUNDRED AND SIXTY CARTONS ONLY

（17） Freight and charges	Revenue Tons	Rate	Per	Prepaid	Collect
FREIGHT PREPAID					

EX. Rate	Freight Prepaid at TIANJIN	Freight Payable at	(19) Place of Issue TIANJIN
	Total Prepaid in	(18) No. of Original B/L THREE (3)	(20) Date of Issue DEC, 30, 2014
Loading on board of the Vessel (21) Date (21) By ______________		(22) signed for or on behalf of the Master COSCO CONTAINER LINES ×××	

附件 6-3 蓝天国际贸易股份有限公司装运通知

BLUE SKY INTERNATIONAL TRADING CO. , LTD.

Adds: 118 # 5TH NORTH RING ROAD BEI JING, P. R. CHINA

Tel:+86-10-82398888 Fax: +86-10-82398889

SHIPMENT ADVICE

DATE: JAN. 2, 2015

TO: STAR CORPORATION 5 KING ROAD, DUBAI, UAE	FROM: BLUE SKY INTERNATIONAL TRADING CO. , LTD.
TEL: +971-4-6666888 FAX: +971-4-6666889	

Dear MS Lamia Khashoggis,

We are pleased to inform you the details of our shipment as follows:

CONTRACT NO.	: BS14125
L/C No.	: KBLC2014199
INVOICE NO. ./Date	: BS14980042 ON DEC. 22, 2014
COMMODITY	: BABY BLANKET
QUANTITY	: 5200PCS
WEIGHT	: NET 2 340kg GROSS 2 600kg
TOTAL VALUE	: USD69 160.00
VESSEL	: S.S. DONGFENG VOY.NO.257G
B/L NO.	: COS63462142
Container / SealS No.	: TEXU32897555
PORT OF LOADING	: TIANJIN
PORT OF DISCHARGE	: DUBAI
SHIPMENT DATE	: DEC. 30, 2014
ETA	: JAN. 15, 2015
SHIPPING Marks	: STAR S/C No.: BS14125 Style No.: SY001 Port of destination: Dubai

	Carton No.：1-260
Thanks and best regards,	
Yours faithfully,	
	FOR AND ON BEHALF OF:
	BLUE SKY INTERNATIONAL TRADING CO., LTD.
	×××

6.2.2 空运货物运价的计算案例

1. 普通货物运价（General Commodity Rate，GCR）的计算

提示 对普通货物运价的计算步骤：Volume 体积；Volume Weight 体积重量；Gross Weight 毛重；Chargeable Weight 计费重量；Applicable Rate 适用运价；Weight Charge 航空运费。

【实例 6-1】 Routing：Beijing，CHINA（BJS）to AMSTERDAM，HOLLAND（AMS）

Commodity：PARTS

Gross Weight：38.6KGS

Dimensions：101CM×58CM×32CM

公布运价如下：

BEIJING	CN		BJS
Y.RENMINBI	CNY		KGS
AMSTERDAM	NL	M	320.00
		N	50.22
		45	41.53
		300	37.52

要求：计算其航空运费。根据计算结果，填写航空货运单运费计算栏。

[解析]

（1）按实际重量计算

Volume：101CM×58CM×32CM=187 456CM^3

Volume Weight：187 456CM^3÷6 000 CM^3/KGS=31.24KGS=31.5KGS

Gross Weight：38.6KGS

Chargeable Weight：39.0KGS

Applicable Rate：GCR N 50.22CNY/KGS

Weight Charge：39.0×50.22=CNY1 958.58

（2）采用较高重量分界点的较低运价计算。

Chargeable Weight：45.0KGS

Applicable Rate：GCR Q 41.53CNY/KGS

Weight Charge：41.53×45.0=CNY1 868.85

（1）与（2）比较，取运费较低者。

Weight charge： CNY1 868.85

No. of Pieces Rcp	Gross Weight	Kg/ Lb	Rate Class	Commodity Item No.	Chargeable Weight	Rate/ Charge	Total	Nature and Quantity of Goods (Incl.Dimension or Volume)
1	38.6	KG	Q		45.0	41.53	1 868.85	PARTS，101CM×58CM×32CM

2．指定商品运价（Specific Commodity Rate，SCR）的计算

提示 SCR 的计算步骤如下：

（1）查找 TACT RATES BOOKS 的品名表，找出与运输品名对应的指定商品编号。然后查看运价表，该指定商品编号是否公布有指定商品运价。

（2）计算计费重量。

（3）找出适用运价，然后计算航空运费。此时需比较计费重量与指定商品的最低重量。①如货物的计费重量超过指定商品的最低重量，则优先使用指定商品运价。②如货物的计费重量没有达到指定商品的最低重量，则需要比较计算：一是按普通货物运价算出运费。二是按指定货物运价算出运费。此时，因货量不足，托运人又希望适用指定商品运价，那么货物的计费重量就要以所规定的最低运量为准，即该批货物的运费=最低运量×所适用的指定商品运价。三是比较①和②计算出来的航空运费，取低者。

（4）比较计算出的航空运费与最低运费 M，取高者。

【实例 6-2】 Routing：Beijing, CHINA（BJS）to OSAKA, JAPAN（OSA）

Commodity： FRESH APPLES

Gross weight： EACH 65.2KGS, TOTAL 5 PIECES

Dimensions： 102CM×44CM×25CM×5

公布运价如下：

BEIJING	CN		BJS
Y.RENMINGBI	CNY		KGS
OSAKA	JP	M	230
		N	37.51
		45	28.13
	0008	300	18.80
	0300	500	20.61
	1093	100	18.43
	2195	500	18.80

要求：计算其航空运费。根据计算结果，填写航空货运单运费计算栏。

【解析】查找 TACT RATES BOOKS 的品名表，品名编号“0008”所对应的货物名称为“FRUIT，VEGETABLES-FRESH”，现在承运的货物是 FRESH APPLES，符合指定商品代码“0008”。此时，能否直接使用指定商品运价作为该商品的适用运价，还要考虑货主交运货物的计费重量是否达到或超过“0008”指定商品运价使用时的最低重量要求。

Volume:　　　　　102CM×44CM×25CM×5=561 000CM^3

Volume Weight:　　561 000CM^3÷6 000CM^3/KG=93.5KGS

Gross Weight:　　　65.2KG×5=326.0KGS

Chargeable Weight:　326.0KGS

由于货主所交运的货物重量也符合“0008”指定商品运价使用时的最低重量要求。

Applicable Rate:　　SCR 0008/Q 18.80CNY/KGS

Weight Charge:　　　326.0×18.80=CNY6 128.80

航空货运单运费计算栏填制如下：

No. of Pieces Rcp	Gross Weight	Kg/ Lb	Rate Class	Commodity Item No.	Chargeable Weight	Rate/ Charge	Total	Nature and Quantity of Goods（Incl.Dimension or Volume）
5	326.0	KG	C	0008	326.0	18.80	6 128.80	FRESH APPLES DIMS: 102CM×44CM×25CM×5

【实例 6-3】　Routing: Beijing, CHINA（BJS）to NAGOYA, JAPAN（NGO）。

Commodity:　FRESH　ORANGES

Gross Weight:　　　EACH 47.8KGS，TOTAL 6 PIECES

Dimensions:　　　　128CM×42CM×36CM×6

公布运价如下：

BEIJING	CN		BJS
Y.RENMINGBI	CNY		KGS
NAGOYA	JP	M	230
		N	37.51
		45	28.13
	0008	300	18.80
	0300	500	20.61
	1093	100	18.43
	2195	500	18.80

要求：计算其航空运费。根据计算结果，填写航空货运单运费计算栏。

【解析】

Volume:　　　　　128CM×42CM×36CM×6=1 161 216CM^3

Volume Weight:　　1 161 216CM^3÷6 000CM^3/KGS=193.536KGS=194.0KGS

Gross Weight:　　　47.8KGS×6=286.8KGS

Chargeable Weight:　287.0KGS

由于计费重量没有满足指定商品代码 0008 的最低重量要求 300KGS，因此只能先用普通运价来算。

（1）按普通运价使用规则计算。

Applicable Rate:　　GCR　Q45　28.13CNY/KG

Weight charge：　　287.0KGS×28.13=CNY8 073.31

（2）按指定商品运价使用规则计算。

Actual Gross Weight：　286.8KGS

Chargeable Weight：　300.0KGS

Applicable Rate：　SCR　0008/Q300　18.80CNY/KGS

Weight Charge：　300.0KGS×18.80=CNY5 640.00

对比（1）与（2），取运费较低者。

Weight Charge：CNY5 640.00

航空货运单运费计算栏填制如下：

No.of Pieces Rcp	Gross Weight	Kg Lb	Rate Class	Commodity Item No.	Chargeable Weight	Rate/ Charge	Total	Nature and Quantity of Goods（Incl.Dimension or Volume）
6	286.8	KG	C	0008	300.0	18.80	5 640.00	FRESH ORANGES DIMS：128CM×42CM×36CM×6

3．等级货物运价（Class Cargo Rate，CCR）

等级货物运价是指在规定的业务区内或业务区之间运输指定等级的货物所适用的运价，是在普通货物运价的基础上增加或减少一定百分比而构成的。IATA 规定，等级货物运价主要包括以下两类：

（1）等级运价加价，用运价代号“S”（Surcharged class rate）表示，适用商品包括活动物、贵重物品、尸体、骨灰等。

（2）等级运价减价，用运价代号“R”（Reduced class rate）表示，适用商品包括报纸、杂志、书籍及出版物、作为货物托运的行李。限于篇幅，本书省略等级货物运价的计算。

6.2.3　中国四达公司取得的航空货运单

中国四达公司取得的航空货运单（HAWB）如表 6-11 所示。

表 6-11　中国四达公司取得的航空货运单

<table>
<tr><td colspan="3">MASTER AWB NO.</td><td colspan="2">1387000183</td><td>HAWB NO.</td></tr>
<tr><td>117-</td><td>5787</td><td>3384</td><td colspan="2"></td><td>040807</td></tr>
<tr><td colspan="2">Shipper's Name and Address</td><td colspan="2">Shipper's Account No.</td><td colspan="2">**HOUSE Air Waybill**　（Air Consignment Note）
JHB
J. H. BACHMANN　（HONG KONG）　LTD</td></tr>
<tr><td colspan="4">CHINA STAR CORP. FOR INTERNATIONAL ECONOMIC & TECHNICAL COOPERATION</td><td colspan="2">Copies 1, 2 and 3 of this Air Waybill are originals and have the same validity</td></tr>
<tr><td colspan="2">Consignee's Name and Address</td><td colspan="2">Consignee's Account No.</td><td colspan="2" rowspan="2">It is agreed that the goods described herein are accepted in apparent good order and condition（except as noted）for carriage SUBJECT TO THE CONDITIONS OF CONTRACT ON THE REVERSE HEREOF. THE SHIPPER'S ATTENTION IS DRAWN TO THE NOTICE CONCERNING CARRIERS' LIMITATION OF LIABILITY. Shipper may increase such limitation of liability by declaring a higher value for carriage and paying a supplemental charge if required.</td></tr>
<tr><td colspan="4">INTERFORGE KLEE GMBH
GROSSE STR.14 POSTFACH 1366
D-27343 ROTENBURG</td></tr>
</table>

Notify Party ABOVE						Accounting Information FILE# 0177AE04101240 FLT# CA1507 SHIP REF. 888-34567890							
Place of departure and requested Routing BEIJING						Reference Number			Optional Shipping Information				
to	By first Carrier	Routing and Destination	to	by	to	by	Currency		WT/VAL		Other		Declared Value for Customs
BRE	SK						USD		PPD	COLL × ×	PPD	COLL × ×	NCV

Place of Destination	Flight/Date		Amount of Insurance	Insurance-If carrier offers Insurance, and such Insurance is requested in accordance with the conditions thereof, indicate amount to be Insured in figures in box marked 'Amount of Insurance'
BREMEN	SK996/07	DEC 2009	×××	

Handling Information（including Marks or Numbers on packages and method of packing ）

No. of Pieces RCP	Gross Weight	Kg/ Lb	Rate Class	Chargeable Weight	Rate/Charge	Total	Nature and Quantity of Goods
23	36.0	Kg	Q	360.0	COLLECT AS	ARRANGED	REDUCING TEES MUFFE MIT AG DIMS:44×32×13/23

Prepaid	Weight Charge	Collect	Other Charges

—	It is agreed that the goods herein are accepted subject to issuer's conditions of contract. If the carriage involves an ultimate destination or stop in a country other than the country of departure, the Warsaw Convention may be applicable and Convention governs and in most cases limits the liability of carriers in respect of loss of, damage or delay to cargo. Agreed stopping places shown in the timetables of any carriers performing carriage hereunder as scheduled stopping places for the route. …………………………………………………………………………… Signature of Shipper or his Agent

Total Prepaid	Total Collect	BACHMANN （HONG KONG） LTD.BEIJING REPRESENTATIVE OFFICE 北京巴赫曼（香港）有限公司北京代表处
Currency Conversion Rates	CC Charges in Dest. Currency	05 DEC. 2009 BEIJING …………………………………………………………………………………… Executed on （Date） at （Place） Signature

ORIGINAL FOR SHIPPER

6.3 国际货物运输单证实验

实验6-1 填制上海嘉宝进出口有限公司海运托运单、提单和装船通知

【实验目的】 巩固海运托运单、提单和装船通知的知识。

【知 识 点】 海运托运单、提单和装船通知的作用、内容与缮制要求。

【实验内容】 收到信用证修改通知后，上海嘉宝进出口有限公司即开始安排出口货物装运事宜。订舱文件主要包括出口货物订舱委托书、商业发票和装箱单。出口货物在海关验讫放行（收到盖有海关验讫放行章的装货单）后，即可办理货物的装运手续。待装运后，作为出口商应向进口商发出货物装运的通知。请根据给定的基本信息，替上海嘉宝进出口有限公司进行如下操作：

1. 缮制海运托运单。出口货物订舱委托书日期：2015 年 5 月 9 日。

2. 缮制提单。提单日期 2015 年 5 月 20 日，号码 JB-FJDBL15。船名 SEA DOG， 航次 V.13。

3. 拟写装船通知。主要内容包括合同号码、货物名称、货物金额、货物数量、包装件数、承运船名、运输航次、提单号码；日期：2015 年 5 月 20 日。

【实验素材】 素材 6-1。

素材6-1 主要信息

公司编号	公司开户银行	银行账号	发　票	L/C	唛　头
BH15JB	中国人民银行	119505821	号码：JB-FJDSC15 日期：2015 年 5 月 9 日	号码：FJD-JBLC15 日期：2015 年 4 月 14 日 开证行：THE FUKUOKA CITY BANK, LTD.	JB-FJDSC15 FUJIDA YOKOHAMA NO.1-2996

信用证有效期 2015 年 6 月 15 日。最迟装船期限 2015 年 5 月 31 日。其余信息参见前几章实验部分上海嘉宝进出口有限公司的相关内容。

实验6-2 幸福贸易公司填制货物出运委托书

【实验目的】 巩固货物托运的单证知识和技能。

【知 识 点】 货物托运单证实务。

【实验内容】 2013 年 3 月 22 日，中国银行江苏省分行通知幸福公司，收到利雅得银行转来的信用证（号码 0011LC123756），经审核，幸福公司认为其符合要求，随即根据信用证有关规定备货出运。4 月 12 日，幸福公司委托货运代理人（上海凯通国际货运代理有限公司）向船公司订舱。

请进行如下操作：根据信用证（号码 0011LC123756）及销售合同（号码 XYZ2013026）的有关规定，填写“货物出运委托书”，并提交货代委托订舱。

【实验素材】 素材 6-2。其余信息：幸福国际贸易有限公司和 XYZ 公司签订的销售合

同（号码 XYZ2013026）参见素材 4-4，幸福贸易公司收到的信用证（号码 0011LC123756）参见素材 4-5。

素材 6-2 货物出运委托书模板

货物出运委托书			合同号		运输编号		
（货物明细单）		日期：	银行编号		信用证号		
根据《中华人民共和国合同法》与《中华人民共和国海商法》的规定，就出口货物委托运输事宜订立本合同。			开证银行				
			汇票付款人				
托运人			付款方式				
提单抬头			贸易性质		贸易国别		
			运输方式		消费国别		
通知人			装运期限		出口口岸		
			有效期限		目的港		
			可否转运	可否分批	运费预付	到付	
			正本提单	副本提单	价格条件		
标志唛头	货名规格、海关编号		件数及包装式样	毛重（公斤）	净重（公斤）	价格币制：单价	总价
总计：							
法定商检：		有进料不超过20%	来料加工：	来料费：	加工费：	总尺码：	FOB价：
受托人注意事项			指定货代				
			运费		确认		
			随附单据	1. 发票 份	2. 装箱单 份		
				3. 报关单 份	4. 许可证 份		
委托人注意			保险条款				
			保险金额：		赔款地点：		
	发运信息		危险品：		制单员：		
受托人（承运人或货运代理人）：			委托人（即托运人）：				
名称：			名称：				
电话：		传真：	电话：		传真：		
委托代理人签章：			联系人：				

实验 6-3　普通货物运价（GCR）的计算

【实验目的】　巩固国际航空普通货物运价（GCR）计算的知识。

【知 识 点】　国际航空普通货物运价（GCR）计算。

【实验内容】　依照素材提供的资料计算其航空运费，并根据计算结果，填写航空货运单运费计算栏。

【实验素材】　素材 6-3。

素材 6-3　运价资料及航空货运单运费计算栏

routing	SHANGHAI, CHINA（BJS） to PARIS, FRANCE （PAR）
commodity	TOY
gross weight	5.6KGS
dimensions	40CM×28CM×22CM

公布运价：

SHANGHAI	CN		SHA
Y.RENMINBI	CNY		KGS
PARIS	FR	M	320.00
		N	50.22
		45	41.43
		300	37.90
		500	33.42
		1 000	30.71

航空货运单运费计算栏：

No. of Pieces Rcp	Gross Weight	Kg/ Lb	Rate Class	Commodity Item No.	Chargeable Weight	Rate/ Charge	Total	Nature and Quantity of Goods （Incl.Dimension or Volume）
			M					

复习思考题

一、单项选择题

1．提单收货人栏记载："TO THE HOLDER"，这表明（　　）。

A．该提单是记名提单　　B．该提单是不记名提单

C．收货人是"TO THE HOLDER"公司　　D．该提单是指示提单

2．提单 CONSINEE 栏载明 TO ORDER 时，第一背书人为（　　）。

A．CARRIER　　B．ISSUING　　C．SHIPPER　　D．CONSINEE

3．下列（　　）单证是代理人同航空公司交接的单证。

A．EWB　　B．HAWB　　C．SLI　　D．MAWB

4．（　　）是办理货物运输的依据，也是计算货物运费的财务票证。

A．航空货运单　　B．提货通知书　　C．货物托运书　　D．运输许可证

5．托运人托运货物，应填写（　　）。

A．货运单　　B．货票

C．货物托运书　　D．货物托运申请书

6．航空货运单是（　　）。

A．可议付的单据　　B．物权凭证

C．货物收据和运输合同　　D．提货凭证

7．航空货运单一般有三联正本，分别为正本 1、正本 2、正本 3，分别交（　　）。

A．托运人，收货人，开单人　　B．托运人，开单人，收货人

C．开单人，托运人，收货人　　D．开单人，收货人，托运人

8．货运单 NOT NEGOTIABLE 的意义是（　　）。

A．航空业务权不可转让　　B．AWB 是不可转让的文件

C．AWB 上航程不可改变　　D．AWB 不可以在运输始发国以外销售

9．空运时，国际货物托运单应由（　　）填写。

A．托运人　　B．货代　　C．承运人　　D．航空公司

10．下列货物中，除（　　）外，必须预订舱。

A．大宗货物

B．紧急物资

C．特殊物品（鲜活易腐、危险物品、尸体、贵重物品、枪械、在中转站有特殊需求的货物等）

D．零散货物

二、多项选择题

1．LCL–FCL 货物交接的运输条款包括（　　）。

A．CY–CY　　B．CFS–DOOR　　C．CFS–CY　　D．CY–CFS

2．根据《海牙议定书》，对（　　）的接受、搬运、运输、保管和卸货规定，由托运人承担风险，承运人对其灭失或损坏不负责任。

A．活动物货物　　B．舱面货　　C．植物货物　　D．危险货物

3．下列说法错误的是（　　）。

A．航空集中托运的每一件货物既要有航空公司标签，还要有分标签

B．集装箱是航空货运中的唯一的集装设备

C．航空主运单的发货人栏和收货人栏必须列明真正的托运人和收货人

D．填制航空货运单必须用英文大写字母

4．在航空货运中，下面货物可以混运的有（　　）。

A．塑料玩具　　B．活动物　　C．衣服　　D．金表

5．有关托运书的说明，（　　）是正确的。

A．托运书应由托运人填写，也可由承运人或其代理人代为填写

B．托运书是货主委托代理承办航空货运出口的依据

C．托运书是空运代理办理出口手续、结算费用的依据

D．对于与空运代理签订长期代理协议的托运人而言，无须再填写托运书

6．以下为托运书上的若干项目，（　　）是必不可少的。

A．始发站机场和目的地机场　　B．收发货人名称及电话/电传/传真号码

C．运费支付方式　　D．货物实际毛重

7．在办理托运时，托运人除了填写委托书之外还需要提供（　　）。

A．商业发票、装箱单　　B．办理海关手续的文件

C．某些特殊货物的证明　　D．有关付款问题的其他文件

三、简答题

1．简述装运单证、货运单证的含义。

2．简述集装箱运输特有的单证种类。

3．简述国际多式联运单据和联运提单的区别。

4．简述国际货物海运的托运和接运操作流程及其单证。

5．某信用证上规定以下条款：

Applicant:A Corporation No.4-5 Akaasaka 2-Chome Mi-Natou Tokyo,Japan

Beneficiary:China National Mine Import and Export Corp.Beijing,P.R.China

Pre-advice:Bank of China,Beijing Branch

Full sets of clean on board marine bill of lading made out to order of shipper and blank endorsed and marked freight prepaid and notify applicant.

请问：该提单的发货人、收货人、通知人如何填制？提单上运费的支付方式如何填报？该提单属于哪种类型？

6．某银行在审核单据时发现提单上有如下批注：Shippers load、count and seal， Carriers not responsible for quality, quantity, packing, condition and/or nature of goods。请问：这是否构成不清洁提单？

7．简述提货单的作用。

8．简述国际货物空运的托运和接运操作流程及其单证。

9．简述国际货物空运单的填开责任。

四、翻译题

1．If a credit requires presentation of a bill of lading （“ marine”, “ ocean” or “port-to-port” or similar） covering sea shipment only, UCP 600 article 20 is applicable. To comply with UCP 600 article 20, a bill of lading must appear to cover a port-to-port shipment but need not be titled “ marine bill of lading”, “ocean bill of lading”, “port-to-port bill of lading” or similar.

2．Original bills of lading must be signed in the form described in UCP 600 sub-article 20（a）(i） and indicate the name of the carrier, identified as the carrier. If an agent signs a bill of lading on behalf of the carrier, the agent must be identified as agent and must identify on whose behalf it is signing, unless the carrier has been identified elsewhere on the bill of lading. If the master （captain） signs the bill of lading, the signature of the master （captain） must be identified as “ master”（“ captain” ）. In this event, the name of the master（captain）need not be stated. If an agent signs the bill of lading on behalf of the master（captain）, the agent must be identified as agent. In this event, the name of the master （captain） need not be stated.

3．A UCP 600 article 20 transport document must indicate the number of originals that have been issued. Transport documents marked “First Original”, “Second Original”, “Third Original”, “Original”, “Duplicate”, “Triplicate”, etc., or similar expressions are all originals. Bills of lading need not be marked “original” to be acceptable as an original bill of lading. In addition to UCP 600 article 17, the ICC Banking Commission Policy Statement, document 470/871（Rev）, titled “The determination of an ‘Original’ document in the context of UCP 500 sub-Article 20（b）” is recommended for further guidance on originals and copies and remains valid under UCP 600. The content of the Policy Statement appears in the Appendix of this publication, for reference purposes.

4. If a credit requires presentation of an air transport document covering an airport-to-airport shipment, UCP 600 article 23 is applicable. If a credit requires presentation of an “air waybill”, “ air consignment note” or similar, UCP 600 article 23 applies. To comply with UCP 600 article 23, an air transport document must appear to cover an airport-to-airport shipment but need not be titled “air waybill”, “air consignment note” or similar.

5. The air transport document must appear to be the original for consignor or shipper. A requirement for a full set of originals is satisfied by the presentation of a document indicating that it is the original for consignor or shipper.

6. The date of issuance of an air transport document is deemed to be the date of shipment unless the document shows a separate notation of the flight date, in which case this will be deemed to be the date of shipment. Any other information appearing on the air transport document relative to the flight number and date will not be considered in determining the date of shipment.

五、单证业务操作题

1．请根据前几章习题中有关格林（GREEN）公司的信息和补充信息（见素材 6-4），结合相关填制要求，认真填写订舱单。

素材 6-4　补充信息

订舱文件主要包括出口货物订舱委托书、商业发票和装箱单。出口货物订舱委托书日期：5 月 9 日。商业发票日期：5 月 9 日。

公司编号	公司开户银行	银行账号	INVOICE NO.
BH15SC	中国人民银行	3577988805	GREEN-NOMINV15

2．依照所附海运提单（素材 6-5，B/L　No.123456），回答下列问题：

该提单应由谁首先背书？作为收货人的代理人，应如何知道找谁提货？收货人提货时应交出几份提单？卸货港是哪里？谁是承运人？该提单下有几个集装箱？XYZ Co,Ltd 是否一定是收货人？提单是否一定要经过 XYZ Co, Ltd 背书？该提单由谁签署？

素材6-5 海运提单

<table>
<tr><td colspan="2">Shipper
SHANGHAI KNITWEAR IMPORT & EXPORT CORPORATION</td><td colspan="2" rowspan="5">B/L No.123456
中 国 对 外 贸 易 运 输 总 公 司
上海 SHANGHAI
联 运 提 单
COMBINED TRANSPORT BILL OF LADING
RECEIVED the foods in apparent good order and condition as specified below unless otherwise stated herein. THE Carrier, in accordance with the provisions contained in this document, 1) undertakes to perform or to procure the performance of the entire transport form the place at which the goods are taken in charge to the place designated for delivery in this document, and 2) assumes liability as prescribed in this document for such transport One of the bills of Lading must be surrendered duty indorsed in exchange for the goods or delivery order.</td></tr>
<tr><td colspan="2">Consignee or order
TO ORDER</td></tr>
<tr><td colspan="2">Notify address
BLUEBIRD CO.LTD.,
TEL NO：81-525-73256
FAX: 81-525-73286</td></tr>
<tr><td>Pre-carriage by</td><td>Place of Receipt</td></tr>
<tr><td>Ocean Vessel
M.V.Gloria</td><td>Port of Loading
SHANGHAI</td></tr>
<tr><td>Port of Discharge
YOKOHAMA</td><td>Place of Delivery</td><td>Freight payable at
SHANGHAI</td><td>Number of original Bs/L
THREE（3）</td></tr>
<tr><td colspan="4">Marks and Nos. Number and kind of packages Description of goods Gross weight（kgs.） Measurement（m³）
XYZ CO. LTD., **ALL COTTON CUSHIONS**
YOKOHAMA **IN CARTON** **1 200.58KGS** **8.98M³**
CARTON/NO.1-80 **2×20' CY—CY**
MADE IN CHINA **SHIPPER'S LOAD COUNT ANDSEAL**
SAY TO CONTAIN
FTRIGHT PREPAID
ABOVE PARTICULARS FURNISHED BY SHIPPER</td></tr>
<tr><td rowspan="4">Freight and charges</td><td colspan="3">IN WITNESS whereof the number of original bills of Lading stated above have been signed, one of which being accomplished, the other（s） to be void.</td></tr>
<tr><td colspan="3">Place and date of issue
SHANGHAI Nov.20, 2015</td></tr>
<tr><td colspan="3">Signed for or on behalf of the carrier</td></tr>
<tr><td colspan="3">**FAN CHENG INTERNATIONAL TRANS-PORTAION SEAVICE AS AGENT FOR THE CARRIER NAMED ABOVE**</td></tr>
</table>

SUBJECT TO THE TERMS AND CONDITIONS ON BACK

3．根据以下要求，填制航空货运单相应栏目（航空货运单格式参考表6-10）。

（1）如果始发站是北京首都国际机场，是否可以把“BEIJING”城市全称填在货运单中，若可以，请填在该货运单中相应的位置。

（2）如果没有供运输用的声明价值，在货运单上如何填写？请填在货运单中。

（3）如果托运人没有办理货物保险，在货运单上如何填写？请填在货运单中。

（4）如果运费是预付，在货运单中填入它的英文名称。

（5）如果货物从北京运往纽约，请在货运单中相应的位置填入它的货币代号。

第7章 国际货运保险单证

07

引导案例

该办理国际货物运输保险了

蓝天国际贸易股份有限公司外贸业务员田方曾经对下列直达运输是否须投保转船险引发的争议案记忆深刻：C轻工业品进出口公司对日本Y株式会社出口一笔玻璃器皿。2006年3月11日国外开来信用证，信用证有关保险条款规定："Insurance police in duplicate covering ocean marine cargo clauses F.P.A Including Risk of Breakage and transshipment risk…"（保险单一式两份，投保海洋运输货物平安险，包括破碎险和转船险…）。在特别条款中又规定：Shipping advice must be sent to accountee by cable after shipment and a inspected copy of this cable to accompany the negotiating documents."（装船后须向开证申请人发装运通知电报。一份该电报的经检验的抄本应随同议付单据一起交单。）

C公司根据信用证要求，在装运后备齐单据向国外寄单办理收汇手续。3月26日开证行提出异议："你第×××号单据已收到，经审核发现如下不符点：保险单的险别中漏保转船险（transshipment risk）。上述不符点我行无法接受，单据仍在我行代管，速告处理意见。"

C公司于3月28日向开证行答复：该批货物是由起运港直达目的港，中途不转船，所以就不投保转船险，并非漏保。

开证行答复："你3月28日电悉。经研究，我们认为：银行不管实际运输是否转船或直达，只管单据表面上是否相符。信用证要求投保转船险，而保险单缺转船险，就是单证不符。上述不符点是明显存在的，速告单据处理意见。"

C公司又再三与买方交涉，最后按原价80%付款，赔偿对方20%货款而结案。

⇨**启示和疑问** C公司对单证工作没有严格把关，缺乏有关业务知识。在某些特殊情况下承运人有权改变计划进行转船。在海运提单条款中一般都规定：承运人在需要时可将货物交由属于承运人或其他人的船舶，直接或间接运往目的港。所以预先确定直达的运输，在信用证要求投保转船险的情况下，无论实际是否转船都应投保转船险，即使直达。田方意识到：以CIF条件成交的出口货物订妥舱位（收到配舱回单后）、向海关申报出口的同时，应向保险公司办理投保手续。然而，保险单证应如何填制和操作呢?

⇨**建议** 按照要求投保；及时取得保险单。

本章学习目标

- 巩固国际货运保险条款和险别知识。
- 了解国际货运保险单据及其基本业务操作。
- 初步学会办理进/出口货运保险，掌握投保单和保险单的主要内容及其填制方法。

重要概念

中国保险条款　伦敦协会货物保险条款　承保险别　保险单　保险凭证
联合凭证　预约保险单　保险证明　保险声明　保险批单　投保　承保
保单转让　保险金额　保费　保险人　被保险人　保险货物项目　赔付地点

7.1 国际货运保险单证实务

7.1.1 国际货运保险条款和险别

1．国际货运保险条款

（1）中国保险条款（China Insurance Clause，CIC）。CIC是各种涉外保险条款的总称，由中国人民保险公司参照国际通常做法结合我国实际情况拟定，在我国实际业务中得到较多运用。

1）CIC基本险和专门险条款。主要包括：海洋运输货物保险条款（包括平安险、水渍险和一切险）（Ocean Marine Cargo Clauses）；海洋运输冷藏货物保险条款[Ocean Marine Insurance Clauses（Frozen Products）]；海洋运输散装桐油保险条款[Ocean Marine Insurance Clauses（Wood oil Bulk）]；陆上运输货物保险条款（包括陆运险、陆运一切险）[Overland Transportation Cargo Insurance Clauses(Train, Truck)]；陆上运输冷藏货物保险条款[Overland Transportation Cargo Insurance Clauses（Frozen Products）]；航空运输货物保险条款（包括航空运输险、航空一切险）（Air Transportation Cargo Insurance Clauses）；邮包险条款（包括邮包险、邮包一切险）（Parcel Post Insurance Clauses）；活牲畜、家禽的海上、陆上、航空运输保险条款[Livestock & Poultry Insurance Clauses（by Sea，land or Air）]。

2）一般附加险条款。主要包括：偷窃、提货不着险条款[Theft，Pilferage &Non-delivery Clauses（Insured Value）]；淡水、雨淋险条款（Fresh Water&/or Rain Damage Clause）；短量险条款（Shortage Clause）；混杂、玷污险条款（Intermixture & Contamination Clause）；渗漏险条款（Leakage Clause）；碰损、破碎险条款（Clash &Breakage Clause）；串味险条款（Taint of Odour Clause）；受潮受热险条款（Sweat & Heating Clause）；钩损险条款（Hook Damage Clause）；包装破裂险条款（Breakage of Packing Clause）；锈损险条款（Rust Clause）。

3）特殊附加险条款。主要包括战争险条款（War Risk）；战争险的附加费用（Additional Expenses War Risks）；罢工险条款（Strikes Risk）；进口关税条款（Import Duty Clause）；舱面货物条款（On Deck Clause）；拒收险条款（Refection Clause）；黄曲霉素险条款（Aflatoxin Clause）；易腐货物条款（Perishable Goods Clause）；交货不到条款（Failure to Deliver Clause）；出口货物到香港（包括九龙在内）或澳门存仓火险责任扩展条款[Fire Risk Extension Clause

(Or Storage of Cargo at Destination HONG KONG Including Kowloon or Cacao)];海关检验条款（Survey in Customs Clause）；码头检验条款（Survey at Jetty Clause）。

> **提示** CIC《海洋运输保险条款》多数由 5 部分构成：承保责任范围、除外责任、责任起讫（保险有效期）、被保险人的义务、索赔期限。其承保责任范围各不相同，其除外责任、责任起讫期限、索赔期限也不完全相同。

（2）协会货物条款(Institute Cargo Clauses, ICC)。ICC 主要包括协会货物保险条款[Institute Cargo Clause（A）、（B）、（C）(1/1/1982)，ICC（A）、ICC（B）、ICC（C）]；协会货物战争险条款[Institute War Clauses(Cargo)]；协会货物罢工险条款[Institute Strike Clauses(Cargo)]；恶意损害险条款（Malicious Damage Clauses）,以及适用于航空和邮包运输的保险条款。

> **提示** 国际上许多保险公司有自己的保险条款，但基本上以 ICC 为母本。

2．国际货运保险险别

保险险别是指保险人对风险和损失的承保责任范围。

（1）中国保险条款的险别。海运、陆运、航运、邮包运输及多式联运货物保险业务各自有独立的保险险别。我国海运保险的险别归纳如图 7-1 所示，四种运输方式下的基本险及其责任范围归纳如表 7-1 所示。

- 基本险
  - 平安险（Free from Particular，FPA）
  - 水渍险（With Average or With Particular Average，WA or WPA）
  - 一切险（All Risks）
- 附加险
  - 一般附加险：偷窃提货不着险（T.P.N.D）、淡水雨淋险（Fresh Water Rain Damage，F.W.R.D）、短量险（Risk of Shortage）、混杂玷污险（Risk of Intermixture &Breakage）、碰损/破碎险（Risk of Clash & Breakage）、串味险（Risk of Odour）、包装破裂险（Breakage of Packing Risk）、渗漏险（Risk of Leakage）、受热受潮险（Sweating and Heating Risks）、钩损险（Hook Damage）、锈损险（Risks of Rust）
  - 特殊附加险(Special Addition Risk):包括战争险(War Risk);战争险的附加费用(Additional Expenses War Risks)；罢工险（Strikes Risk）；交货不到险（Failure to Delivery Risk）;进口关税险（Import Duty Risk）、舱面险（On Deck Risk）、拒收险（Rejection Risk）、黄曲霉素险（Aflatoxin Risk）和出口到港澳存仓火险（Fire Risk Extension Clause for Storage of Cargo at Destination Hong Kong，Including Kowloon or Macao）
- 专门险　冷藏货物险[Ocean Marine Insurance（Frozen Products）]；散装桐油险

图 7-1　我国海运保险的险别归纳

表 7-1　我国四种运输方式下的基本险别及其责任范围

海　运	陆　运	空　运	邮包运输	责任范围
FPA				自然灾害*、意外事故造成的损失、费用
WPA	陆运险	航空运输险	邮包险	自然灾害、意外事故造成的损失、费用
海运一切险	陆运一切险	航空运输一切险	邮包一切险	自然灾害、意外事故、一般外来风险造成的损失、费用

注：*单纯由自然灾害造成的部分损失不负责。

（2）协会货物条款的险别。协会货物条款主要有 6 种保险险别（见图 7-2）。

基本险：
- （1）协会货物条款（A）[Institute Cargo Clause（A），或 ICC（A）]
- （2）协会货物条款（B）[Institute Cargo Clause（B），或 ICC（B）]
- （3）协会货物条款（C）[Institute Cargo Clause（C），或 ICC（C）]
- （4）协会战争险条款（货物）（Institute War Clauses-Cargo）
- （5）协会罢工险条款（货物）（Institute Strike Clauses-Cargo）
- （6）恶意损害险条款（Malicious Damage Clauses）

图 7-2 协会货物条款的 6 种保险险别

提示 CIC 与 ICC 承保责任的比较：CIC 一切险和 ICC（A）险基本一致，水渍险与 ICC（B）险大致相当，但 ICC（B）险比水渍险多负责对浪击落海货物损失、海水、河水、湖水进入运输工具所致的货物损失，少负责货物在装卸时落海或跌落造成的部分损失，而 ICC（C）险与我国的平安险有一些不同，比平安险保险范围小。例如，ICC（C）险不负责自然灾害造成的损失和货物在装卸或转运时落海造成的全损及部分损失。

7.1.2 国际货运保险单据及其基本业务操作

1. 保险单据

（1）保险单据的含义。保险单据是保险合同的证明文件。

（2）保险单据的种类。

1）保险单（Insurance Policy）。保险单俗称大保单，是保险合同的一种正式证明。其正面印制了保险所需的基本事项，包括被保险人和保险人名称；保险标的名称、数量、包装；保险金额、保险费率和保险费；运输工具开航日期、装运港和目的港；承保险别；检验理赔人或代理人名；赔款偿付地点；合同签订日期等。其背面列明了一般保险条款，规定保险人与被保险人的各项权利和义务、保险责任范围、除外责任、责任起讫、损失处理、索赔理赔、保险争议处理、时效条款等各项内容，其中有不少是格式条款。保险单使用最广。

2）保险凭证（Insurance Certificate）。保险凭证俗称小保单，是一种简化的保险单，与保险单具有同等的法律效力。其正面所列内容与保险单一样，但背面空白，没有载明保险条款，而在正面声明，以同类保险单所载条款为准。主要适用于：在一张团体保险单项下，需要给每一个参加保险的人签发一张单独的凭证。在货物运输保险订有预约合同的条件下，需要对每一笔货运签发单独的凭证。

3）联合凭证（Cabined Certificate）。联合凭证是比保险凭证更简化的保险单据。用于保险公司同外贸公司合作时附印在外贸公司的发票上，仅注明承保险别、保险金额及编号，其他项目均以发票所列为准。当外贸公司在缮制发票时，保险凭证也随即办妥。这种简化凭证目前多用于对港澳地区部分华商和少数新加坡、马来西亚地区的出口业务。

4）预约保险单（Open Policy）。预约保险单是事先预约的保险合同。进出口商在进行大宗或长期货物运输时，为避免繁杂的投保手续，防止漏保，往往向保险人投保一种预约保险（Open Cover），为此而签发的长期性的保险合同就是预约保险单，它规定了总的保险范围，包括被保险货物的种类、总保险限额、航程区域、运输工具、保险条件、保险费率、保险期限和双方的责任义务等。

签订预约保险单后，被保险人不必在每次被保险货物起运前分别办理货运保险，只需通知保险人。保费一般采取定期事后结算，可减少被保险人的资金占用。

我国进口货物基本上都采用预约保险单。

5）保险证明（Insurance Certificate）和保险声明（Insurance Declaration）。保险声明和保险证明都是预约保单项下的保险单据，都具有与保险单同等的效力，只是签发程序略有差异。

保险证明是投保人将出运货物的有关细节（物品、价值、包装、数量、起讫港/地、运输工具名称、起运日期等）通知保险人后，由保险人在预约保险单项下据以向投保人出具的证明。即便保险人在货物出运前预签并交与投保人自填货物出运细节，也不能改变该证明系保险人向投保人出具这一性质。由于统保单已详细列明保险人与投保人之间的权利与责任，保险证明便不再印此条款，仅声明“承保货物按照正式保险单所载相关本款及本保险凭证所有的条款办理，两者有抵触，以本保险凭证的特定条款为准”。

保险声明是投保人在确定货物明细、装运日期、运输工具等细节后，向保险人的一种陈报，其内容与装运通知书类似，保险公司并不再据以向投保人出具保险证明。然而，作为具有保险效力的文件，投保人的该项声明需要有保险人的预先签字，以证明陈报者确曾与保险公司签订预约保险单。

提示 如信用证特别要求预约保险项下的保险证明或保险声明，银行可接受受益人提交保险单以代替。

6）暂保单（Cover Note）。保险经纪人接受投保人的委托后，向投保人签发暂保单，它是保险经纪人代投保人办理保险的约定，并非保险公司已与投保人签订的正规保险合同，不起保险单的作用，不能凭此向保险公司索赔。UCP600第28条规定，除非信用证特别授权，不接受保险经纪人出具的暂保单。

7）保险批单（Endorsement）。保险批单是保单出立后，直至保险期限结束前，应投保人的需求，保险公司对保单内容补充或变更而出具的一种凭证，即专门用于修改保险单的一种修改书。批单不能单独使用，一般应与原保险单粘贴并加盖骑缝章。批单条款优先于原保险单条款。

批单内容通常包括：更改被保险人名称；更改货物名称；更改货物包装或数量；更改保险金额；更改承保险别；更改货物标记（唛头）；更改船名、加注转船或内陆目的地；更改开航日期；更改起运港或目的港；更改赔款偿付地点；更改出单日期；延长保险有效期等。

例如，某国外来证中有一条款：“Confirmation issued by the People’s Insurance Company of China, confirming that merchandise was loaded in the good and sound condition.”由于商品品质应由出入境检验检疫局鉴定，与保险公司无关，国内贸易公司不同意接受这一条款，要求对方修改信用证。由于船期紧，在没有收到修改书的情况下将货装船。在向银行议付单据一天后，收到信用证修改书：“Delete in insurance policy/certificate the clause—merchandise was loaded in a good and sound condition.” 该公司可通知保险公司进行批单，将批单交中国银行寄开证行，批单措辞为：“It is hereby noted that the sentence ‘merchandise was load in a good and sound condition’ under this policy should be delete other terms and conditions remain unchanged."

2．保单签发

保险单的签发流程如下：

（1）根据配舱回单，按合同（托收结算时）或信用证（信用证结算时）规定填制投保单。

（2）送保险公司（附提单、发票等）。

（3）保险公司审核、承保、收费，保险合同即告成立。

（4）由保险公司签发保险单或者出口公司凭保险公司发回的承保回执缮制保险单。

3．保单转让

（1）保单的转让手续。货运保险单可以转让。只要在货运保险单据上背书后就算履行了转让手续。

提示 一般财产保险合同的转让必须征得保险公司同意，并办理保单过户手续，而根据国际保险市场的习惯，如果被保险人具有的货物权利发生转移，则承保该项利益的保险单据，就可以在有关该项利益的权利发生转移时转让。货运保险单经被保险人背书后即随着保险货物的所有权的转移自动转到受让人手中，事先事后均无须通知保险人，也不必征得保险人同意。

（2）保单背书的方法。

1）空白背书（BLANK ENDORSED）。只需在保险单据的背面注明被保险人公司的名称或盖上公司图章，再加上背书人签字。

2）记名背书。指除了在保险单据背面做上述“空白背书”外，还应在被保险人的名称上面打印“Endorsed to×××”或“Delivery to×××”或“In the Name of×××”等字样。此种保险单不便于转让，较少使用。

当来证要求Endorsed in the Name of×××或Delivery to×××时，即使用记名方式背书。

3）记名指示背书。当来证要求“Insurance policy issued to the order of ×××”，此时在保险单背面注明被保险人名称和经办人的名称后，再打上“Delivery to the order of×××”。

思考 2015年4月20日，ZC公司将保单背书转让给DE公司，背书人张三，如何背书？

（1）空白背书：

ZC Co.
zhang San（签章）

April 20,2015

（2）记名背书：

Endorsed to DE Co.Pay to DE Co.

ZC Co.
zhang San（签章）

April 20,2015

（3）记名指示背书：

Delivery to the order of DE Co.
ZC Co.
zhang San（签章）
April 20,2015

提示 背书的作用主要在于使保险单据的转让得以实现，保险单据做成何种背书，主要依据信用证和贸易需要来确定。如果信用证没有明确规定使用哪种背书，则使用空白背书。

在CIF价格条件成交下，提单的背书关系到货物所有权的归属，而保险单的背书关系到被保险货物出险后对保险公司及其代理人的索赔和合理补偿权。所以在出险后既掌握了提单又掌握了保险单的情况下，才是真正地掌握了货权。一般来说，保险单据的背书应与提单的背书保持一致。例如，某信用证对提单和保险单的相关规定："Full set of at least three signed copies of clean 'on board' ocean bills of loading, show beneficiary as shipper, made out to order of shipper, and endorsed to the order of HENGSHENG Bank Ltd., HongKong. Insurance policies or certificates in negotiable form, in duplicate and endorsed to the order of HengSheng Bank Ltd., HongKong…"（全套至少三份签字的清洁已装船海运提单，标明受益人为委托人，凭委托人指定，记名背书按香港恒生银行指示。保险单或保险凭证一式两份，可转让，记名背书按香港恒生银行指示）。

在FOB和CFR的价格条件下，由买方投保，如买方需要转让提单，保险单据也需要转让，两者的转让也必须保持一致。在被保货物出险后，保单持有人凭保单向保险公司索赔并取得合理的赔偿。

7.1.3 投保单和保险单的主要内容及其填制

1. 投保单的主要内容及其填制要点

投保单一般在逐笔投保方式下采用，是进出口公司向保险公司对运输货物投保时的申请书，也是保险公司据以出立保险单的凭证。

各公司的投保单格式不完全一致，但无论哪种格式，一般包括以下主要内容：投保人名称；发票号码和标记；包装及数量（件数）；货物名称；保险金额；运输工具；开航日期；赔付地及币制；运输路程；承保险别；投保单位签章和投保日期。

2. 保险单的主要内容及其填制要点

（1）保险人（The Insurer）。填写保险人全称。

（2）保单次号（Policy No.）。由保险公司填制或事先印制。

（3）被保险人（The Insured）。填写被保险人全称。

（4）唛头（Marks & Nos.）。应与发票和提单上的同项内容相一致。如唛头比较复杂也可以简单填写为"AS PER INVOICE NO.×××"。

（5）包装及数量（Package and Quantity）。填写商品外包装的数量及种类。必须与发票、提单等一致。

（6）保险货物项目（Description of Goods）。填写商品的名称，可以用统称，必须与发票、提单等一致。

（7）保险金额（Amount Insured）。

提示 按信用证规定的货币、金额及加成率投保。如信用证未具体规定，则至少按货物的 CIF 或 CIP 价的 110%投保。如果从单据中不能确定 CIF 或者 CIP 价格，投保金额必须基于要求承付或议付的金额，或者基于发票上显示的货物总值来计算，两者之中取金额较高者。发票上扣除折扣或佣金的要按扣除前的发票含佣价，再按照信用证规定的加成率投保。保单上的保险金额的填法应该是“进一取整”。例如，如果保险金额经过计算得出为 USD12345.23，则在保险单上应填“USD12346”。

（8）总保险金额（Total Amount Insured）。填入保险金额的大写。

（9）“保费”和“费率”（Premium，Rate）。一般打“AS ARRANGED”，除非信用证要求标明。例如，有的来证规定“Insurance policy/certificate evidencing ‘Premium Paid’”，则保险单据上必须注明“Premium Paid（保险费已付）”。

（10）启运日期（Slg.on or Abt.）（Date of Commencement）。一般填写提单签发日期，或只填“As Per B/L”。

（11）装载运输工具（Per Conveyance）。海运保险应据配舱回单填写相应的承运船只及航次。

（12）起讫地点（From…to…）。填写货物的启运地和目的地（如有转运，应予注明）。

（13）承保险别（Conditions）。按合同、信用证规定的承保险别填写，包括险别和相应的保险条款等。

（14）保险代理。应填写保险公司在目的地或附近地区代理人的名称、详细地址，以便收货人在出险后提赔。

（15）保险赔款偿付地点及赔款币种。赔款偿付地点一般填运输目的地。币种采用信用证或汇票所用货币的币种。例如，“With claim payable in H.K. in the currency of draft”，则按照汇票所用货币的币种。

（16）保单日期。保险单据日期不得早于发票日期；不得晚于发运日期，除非保险单据表明保险责任不迟于发运日生效。

7.2 国际货运保险单证案例

7.2.1 蓝天国际贸易股份有限公司的货物保险单证

由于是 CIF 条件成交，保险由蓝天国际贸易股份有限公司办理。因此，在完成托运手续后，2014 年 12 月 28 日，外贸业务员田方按照约定的保险金额和险别，填制投保单（见附件 7-1）并随附商业发票，向中保财产保险有限公司提出投保申请。

附件 7-1 蓝天国际贸易股份有限公司填制的投保单

中保财产保险有限公司

The People's Insurance （Property） Company of China, Ltd.

货物运输保险投保单

APPLICATION FORM FOR CARGO TRANSPORTATION INSURANCE

被保险人：

INSURED：BLUE SKY INTERNATIONAL TRADING CO., LTD.

发票号（INVOICE NO.）：BS14980042

合同号（CONTRACT NO.）：BS14125

信用证号（L/C NO.）：KBLC2014199

发票金额（INVOICE AMOUNT）：UDS69 160　投保加成（PLUS）　10%

兹有下列物品向中保财产保险有限公司投保

INSURANCE IS REQUIRED ON THE FOLLOWING COMMODITIES：

标记 Marks and Numbers	包装及数量 Quantity	保险货物项目 Description of Goods	保险货物金额 Amount Insured
As per Invoice No.: BS14980042	260 CTNS	BABY BLANKET	USD 76 076.00
总保险金额（大写）：SAY US DOLLARS SEVENTY SIX THOUSAND AND SEVENTY SIX ONLY			

运输工具：　（船名）　（航次）　货物启运日期：

PER CONVEYANCE：S.S.　DONGFENG　VOY.NO.257G　DATE OF COMMENCEMENT：DEC.30, 2014

自　经　至

FROM TIANJIN VIA ______ TO DUBAI

投保险别：

CONDITIONS：

PLEASE INDICATE THE CONDITIONS AND/OR SPECIAL COVERAGES

COVERING ALL RISKS AND WAR RISK OF CIC OF PICC （1/1/1981） INCL. WAREHOUSE TO WAREHOUSE AND I.O.P. AND SHOWING THE CLAIMING CURRENCY IS THE SAME AS THE CURRENCY OF CREDIT.

投保日期：　投保人签字：

DEC.28, 2014

蓝天国际贸易股份有限公司

BLUE SKY INTERNATIONAL TRADING CO. , LTD.

田方

保险公司凭以核保、承保，并于 2014 年 12 月 29 日出具保险单（见附件 7-2）。

附件 7-2　保险公司签发给蓝天国际贸易股份有限公司的保险单

中国人民财产保险股份有限公司
PICC Property and Casualty Company Limited

总公司设于北京　　　　一九四九年创立

Head Office Beijing　　　　Established in 1949

货物运输保险单

CARGO TRANSPORTATION INSURANCE POLICY

保单次号

POLICY NO. BJ12345

发票号（Invoice No.）：BS14980042

合同号（S/C No.）：　BS14125

信用证号（L/C No.）：KBLC2014199

被保险人：

Insured：BLUE SKY INTERNATIONAL TRADING CO．, LTD.

中国人民财产保险股份有限公司（以下简称本公司）根据被保险人的要求，由被保险人向本公司缴付约定的保险费，按照本保险单承保险别和背面所载条款与下列条款承保下述货物运输保险，特立本保险单。

THIS POLICY OF INSURANCE WITNESSES THAT THE PICC PROPERTY AND CASUALTY COMPANY LIMITED （HEREINAFTER CALLED “THE COMPANY”） AT THE REQUEST OF THE INSURED AND IN CONSIDERATION OF THE AGREED PREMIUM PAID TO THE COMPANY BY THE INSURED. UNDERTAKES TO INSURE THE UNDER MENTIONED GOODS IN TRANSPORTATION SUBJECT TO THE CONDITIONS OF THIS POLICY AS PER THE CLAUSES PRINTED OVERLEAF AND OTHER SPECIAL CLAUSES ATTACHED HEREON.

标记 MARKS &NOS.	包装及数量 QUANTITY	保险货物项目 DESCRIPTION OF GOODS	保险金额 AMOUNT INSURED
AS PER Invoice No.BS14980042	260CTNS	BABY BLANKET	USD76 076.00

总保险金额：

TOTAL AMOUNT INSURED：SAY US DOLLARS SEVENTY SIX THOUSAND AND SEVENTY SIX ONLY

保费：　　　　费率：

PREMIUM：AS AGREED　RATE　AS ARRANGED

启运日期：　　　　装载运输工具：

DATE OF COMMENCEMENT：DEC.30,2014　PER CONVEYANCE：S.S DONGFENG　VOY.NO.257G

自　　　　至

FROM　TIANJIN　TO　DUBAI

承保险别：

CONDITIONS：

COVERING ALL RISKS AND WAR RISK OF CIC OF PICC（1/1/1981） INCL. WAREHOUSE TO

WAREHOUSE AND I.O.P.

所保货物，如发生保单项下可能引起索赔的损失或损坏，应立即通知本公司下述代理人查勘。如有索赔，应向本公司提交保单正本（本保单共有三份正本）及有关文件。如一份正本已用于索赔，其余正本自动失效。

IN THE EVENT OF LOSS OR DAMAGE WHICH MAY RESULT IN A CLAIM UNDER THIS POLICY. IMMEDIATE NOTICE MUST BE GIVEN TO THE COMPANY'S AGENT AS MENTIONED HEREUNDER. CLAIMS, IF ANY, ONE OF THE ORIGINAL POLICY WHICH HAS BEEN ISSUED IN THREE ORIGINAL（S） TOGETHER WITH THE RELEVANT DOCUMENTS SHALL BE SURRENDERED TO THE COMPANY. IF ONE OF THE ORIGINAL POLICY HAS BEEN ACCOMPLISHED, THE OTHERS TO BE VOID.

中国人民财产保险股份有限公司
PICC PROPERTY AND CASUALTY COMPANY LIMITED

赔款偿付地点
CLAIM PAYABLE AT DUBAI IN USD

出单日期
ISSUING DATE DEC.29, 2014

× × ×
Authorized signature

地址：
ADD：________

传真（FAX）：________

邮编（POST CODE）：________

保单顺序号：PICC ××××××××

7.2.2 广东机械进出口公司的货物保险单证

1. 投保单实例

出口运输险投保单

编号：0258990

兹将我处出口货物拟向你处投保国外运输险计开：

被保险人（中文）广东机械进出口公司 （英文）GUANGDONG MACHINERY IMPORT & EXPORT CORP.			
标记或发票号码	包装及数量	保险货物名称	保险金额
MARKS&NOS： F.V. ART NO. 9099 ROTTERDAM NOS:1-1000 INVOICE NO.：NM134	1000CTNS	STAINLESS SCOOP	USD126,720
总保险金额（大写）	SAY U.S.DOLLARS ONE HUNDRED AND TWENTY SIX THOUSAND SEVEN HUNDRED AND TWENTY ONLY		
运输工具（名称，航次）	Possession V16		赔款偿付地点
预计启运日期	MAR.20,2015		ROTTERDAM IN USD
运输路程		自 GUANGZHOU 经	到 ROTTERDAM

投保险别	投保单位签章
FOR 110% INVOICE VALUE COVERING ALL RISKS AND WAR RISK OF CIC OF PICC 1/1/1981	2015 年 5 月 18 日

2. 保险单实例

中国人民保险公司广州市分公司

The People's Insurance Company of China Guangzhou Branch

总公司设于北京　　一九四九年创立

Head Office Beijing　　Established in 1949

货物运输保险单

CARGO TRANSPORTATION INSURANCE POLICY

发票号（INVOICE NO.）　NM134　　保单号次

合同号（CONTRACT NO.）　05MP561009　　POLICY NO.　PLC876

信用证号（L/C NO.）　T-027651

被保险人：

INSURED:　GUANGDONG MACHINERY IMPORT & EXPORT CORP.

中国人民保险公司（以下简称本公司）根据被保险人的要求，由被保险人向本公司缴付约定的保险费，按照本保险单承保险别和背面所载条款与下列条款承保下述货物运输保险，特立本保险单。

THIS POLICY OF INSURANCE WITNESSES THAT THE PEOPLE'S INSURANCE COMPANY OF CHINA（HEREINAFTER CALLED "THE COMPANY"）AT THE REQUEST OF THE INSURED AND IN CONSIDERATION OF THE AGREED PREMIUM PAID TO THE COMPANY BY THE INSURED, UNDERTAKES TO INSURE THE UNDER MENTIONED GOODS IN TRANSPORTATION SUBJECT TO THE CONDITIONS OF THIS OF THIS POLICY AS PER THE CLAUSES PRINTED OVERLEAF AND OTHER SPECIAL CLAUSES ATTACHED HEREON.

标　记 MARKS&NOS	包装及数量 QUANTITY	保险货物项目 DESCRIPTION OF GOODS	保险金额 AMOUNT INSURED
F.V. ART No. 9099 ROTTERDAM NOS:1-1000	1000CTNS	STAINLESS SCOOP	USD126,720

总保险金额

TOTAL AMOUNT INSURED: SAY U.S.DOLLARS ONE HUNDRED AND TWENTY SIX THOUSAND SEVEN HUNDRED AND TWENTY ONLY

保费　　费率　　启运日期

PREMIUM AS ARRANGED　RATE AS ARRANGED　DATE OF COMMENCEMENT: MAR.20,2012

装载运输工具：

PER CONVEYANCE: Possession V16

自　　　　　　　　　　　经　　　　　　　　　　　至

FROM: GUANGZHOU VIA ______ TO ROTTERDAM

承保险别：

CONDITIONS: FOR 110% INVOICE VALUE COVERING ALL RISKS AND WAR RISK AS PER PICC OF CIC 1/1/1981

所保货物，如发生保险单项下可能引起索赔的损失或损坏，应立即通知本公司下述代理人查勘。如有索赔，应向本公司提交保单正本（本保险单共有 三 份正本）及有关文件。如一份正本已用于索赔，其余正本自动失效。

IN THE EVENT OF LOSS OR DAMAGE WHICH MAY RESULT IN A CLAIM UNDER THIS POLICY, IMMEDIATE NOTICE MUST BE GIVEN TO THE COMPANY'S AGENT AS MENTIONED HEREUNDER. CLAIMS, IF ANY, ONE OF THE ORIGINAL POLICY WHICH HAS BEEN ISSUED IN THREE ORIGINAL(S) TOGETHER WITH THE RELEVANT DOCUMENTS SHALL BE SURRENDERED TO THE COMPANY. IF ONE OF THE ORIGINAL POLICY HAS BEEN ACCOMPLISHED. THE OTHERS TO BE VOID.

中国人民保险公司广州市分公司

The People's Insurance Company of China Guangzhou Branch

赔款偿付地点

CLAIM PAYABLE AT： ROTTERDAM IN USD

王天华

出单日期

ISSUING DATE: MAR.19,2012

Authorized Signature

地址（ADD）：中国广州黄河路 112 号　　电话（TEL）：（020）86521049

邮编（POST CODE）：518000　　传真（FAX）：（020）84404593

7.3 国际货运保险单证实验

实验 7-1 上海嘉宝进出口有限公司的保险单证

【实验目的】 巩固投保单和保险单的单证知识。

【知 识 点】 投保单和保险单的含义、主要内容及其填制方法。

【实验内容】 根据给定素材，填制投保单和保险单。

以 CIF 条件成交的出口货物订妥舱位（收到配舱回单后）、向海关申报出口的同时，应向保险公司办理投保手续。请根据投保单和保险单的基本规定，替上海嘉宝进出口有限公司进行如下操作：

（1）缮制海运出口货物投保单。投保日期：2015 年 5 月 15 日。

（2）缮制保险单。保险单日期：2015 年 5 月 18 日；号码：JB-FJDBD15。

【实验素材】 素材 7-1。

素材 7-1 嘉宝公司

公司编号	公司开户银行	银行账号	INVOICE	L/C	唛头
BH15JB	中国人民银行	119505821	号码：JB-FJDSC15 日期：2015年5月9日	号码：FJD-JBLC15 日期：2015年4月14日 开证行：THE FUKUOKA CITY BANK, LTD.	JB-FJDSC15 FUJIDA YOKOHAMA NO.1-2996

信用证有效期2015年6月15日，最迟装船期限2015年5月31日。

按照发票价值加1成向中国人民保险公司上海分公司投保。其余信息参见前几章。

实验 7-2 LIWEI 贸易公司的保险单证

【实验目的】 巩固投保单和保险单的单证知识。

【知 识 点】 投保单和保险单的含义、主要内容及其填制方法。

【实验内容】 根据给定素材，填制投保单和保险单（空白投保单、保险单见本章附表7-1、附表7-3）。

【实验素材】 素材7-2～素材7-5。

素材 7-2 合同

SALES CONFIRMATION

S/C NO.: LW-DRGSC50

DATE: MAR.23,2015

The Seller: LIWEI TRADING CO., LTD.
Address: NO. 4267 EAST NANJING ROAD
SHANGHAI , CHINA

The Buyer: DRAGON TOY CO., LTD.
Address: 1180 CHURCH ROAD NEW YORK
PA 19446 U.S.A.

Item No.	Commodity & Specifications	Unit	Quantity	Unit Price (US$)	Amount (US$)
	TELECONTROL RACING CAR			CIFC3% NEW YORK	
1	18812	PC	2 400	19.88	47 712.00
2	18819	PC	2 400	23.06	55 344.00
					103 056.00

TOTAL CONTRACT VALUE:SAY US DOLLARS ONE HUNDRED AND THREE THOUSAND AND FIFTY SIX ONLY

PACKING: TO BE PACKED IN CARTONS OF TWELVE PIECES EACH TOTAL 400 CARTONS.

PORT OF LOADING & DESTINATION: FROM SHANGHAI CHINA TO NEW YORK , U.S.A.

TIME OF SHIPMENT: TO BE EFFECTED NOT LATER THAN JUNE 15, 2015 WITH PARTIAL SHIPMENT AND TRANSHIPMENT ALLOWED

TERMS OF PAYMENT: THE BUYER SHALL OPEN THOUGH A BANK ACCEPTABLE TO THE

SELLER AN IRREVOCABLE LETTER OF CREDIT PAYABLE AT SIGHT WHICH SHOULD REACH THE SELLER BEFORE MARCH 25, 2015 AND REMAIN VALID FOR NEGOTIATION IN CHINA UNTIL 15TH DAY AFTER THE DATE OF SHIPMENT.

INSURANCE: THE SELLER SHALL COVER INSURANCE AGAINST ALL RISKS AND WAR RISK FOR 110% OF THE TOTAL INVOICE VALUE AS PER THE RELEVANT OCEAN MARINE CARGO CLAUSES OF THE PEOPLE'S INSURANCE COMPANY OF CHINA DATED JAN. 1st, 1981.

CONFIRMED BY:

THE SELLER ×××　　　　THE BUYER ×××

素材7-3 信用证

DOCUMENTARY IRREVOCABLE LETTER OF CREDIT

FROM: CHEMICAL, BANK NEW YORK

OUR REF: NY960520004658001T01

TO: BANK OF CHINA,

SHANGHAI BRANCH,

50 HUQIU ROAD, SHANGHAI,

THE PEOPLE'S REP. OF CHINA

TEST: FOR USD103 056.00 ON DATE MARCH 24, 2015

PLEASE ADVICE BENEFICIARY OF THE FOLLOWING LETTER OF CREDIT ISSUED BY US IN THEIR FAVOR SUBJECT TO UCP LASTED VERSION.

DOCUMENTARY CREDIT NUMBER: DRG-LWLC50

DATE AND PLACE OF EXPIRY: JUNE 30, 2015 IN CHINA

APPLICANT: LIWEI TRADING CO., LTD. NO. 4267 EAST NANJING ROAD SHANGHAI , CHINA

AMOUNT: USD103 056.00

SAY UNITED STATES DOLLARS ONE HUNDRED AND THREE THOUSAND AND FIFTY SIX ONLY

AVAILABLE WITH: BANK OF CHINA

BY: NEGOTIATION OF BENEFICIARY'S DRAFT（S） AT SIGHT DRAWN ON CHEMICAL BANK, NEW YORK, ACCOMPANIED BY THE DOCUMENTS INDICATED HEREIN.

COVERING SHIPMENT OF:

COMMODITY	ART. NO.	QUANTITY
TELECONTROL RACING CAR	18812	2400 PIECES
	18819	2400 PIECES

SHIPPING TERMS: CIF

DOCUMENTS REQUIRED:

1-3 COPIES OF COMMERCIAL INVOICE, SHOWING IN U.S. DOLLARS AND INDICATING L/C NO. AND CONTRACT NO..

2-2 COPIES OF PACKING LIST SHOWING GROSS/NET WEIGH AND MEASUREMENT OF EACH CARTON.

3-2 COPIES OF INSURANCE POLICY OR CERTIFICATE ENDORSED IN BLANK FOR THE INVOICE VALUE OF THE GOODS PLUS 10% COVERING ALL RISKS AND WAR RISKS AS PER AND

SUBJECTED TO OCEAN MARINE CARGO CLAUSES OF THE PEOPLE'S INSURANCE COMPANY OF CHINA DATED JAN. 1, 1981.

4-2/3 SET AND ONE COPY OF CLEAN ON BOARD OCEAN BILLS OF LADING MADE OUT TO ORDER AND BLANK ENDORSED MARKED FREIGHT PREPAID AND NOTIFY APPLICANT.

PARTIAL SHIPMENTS: PERMITTED

TRANSSHIPMENTS: PERMITTED

SHIPMENT FROM: SHANGHAI, CHINA TO: NEW YORK

NOT LATER THAN: JUNE 15, 2003

DOCUMENTS MUST BE PRESENTED WITHIN 15 DAYS AFTER SHIPMENT, BUT WITHIN VALIDITY OF THE LETTER OF CREDIT.

THE L/C IS SUBJECT TO I.C.C. PUBLICATION UCP LASTED VERSION.

素材 7-4 装箱单

PACKING LIST

SELLER LIWEI TRADING CO., LTD. NO.4267 EAST NANJING ROAD SHANGHAI , CHINA	**INVOICE NO.** DRG-LWINV9901	**INVOICE DATE** 2015-06-08
	FROM SHANGHAI	**TO** NEW YORK
	TOTAL PACKAGES （IN WORD） SAY FOUR HUNDRED CARTONS ONLY	
BUYER DRAGON TOY CO., LTD. 1180 CHURCH ROAD NEW YORK, PA 19446 U.S.A.	**MARKS & NOS.** LW9901 NEW YORK NO. 1-400	

C/NOS.	NOS. & KINDS OF PKGS.	ITEM	QTY.（PCS.）	G.W.（kg）	N.W.（kg）	MEAS（m^3）
	TELECONTROL RACING CAR					
1 ~ 200	200CARTONS	18 812	2 400	2 400	1 800	24.883
201 ~ 400	200CARTONS	18 819	2 400	2 400	1 800	24.883
TOTAL	400CARTONS		4 800	4 800	3 600	49.766

SHIPPING MARKS

LW9901

NEW YORK

NO.1-400

ISSUED BY

LIWEI TRADING CO., LTD.

SIGNATURE

××××××

素材 7-5 补充资料

提单号：DRG-LWBL9901，船名为：XI FENG V101 V.37，2015 年 6 月 5 日向 PICC 投保，2015 年 6 月 7 日签发保险单，2015 年 6 月 8 日装船。保单号：HMOLP 688-586。

复习思考题

一、单项选择题

1．（　　）是保险人因承担特定赔偿或给付责任而向投保人或被保险人收取的费用。

A．保险标的　　B．保险价值　　C．保险金额　　D．保险费

2．下列保险单证中，（　　）是投保人与保险人之间订立的正式保险合同的书面凭证。

A．保险单　　B．保险通知　　C．联合凭证　　D．暂保单

3．被保险物在海上运输中遭受承保风险之后，虽未达到完全灭失的状态，但是可以预见到它的全部损失不可避免，这种情况属于（　　）。

A．实际全损　　B．共同海损　　C．推定全损　　D．单独海损

4．下列损失中，通常与货运保险责任无关的是（　　）。

A．"原残"损失　　B．"工残"损失　　C．"船残"损失　　D．"短卸"损失

5．我国海洋运输货物保险条款规定，被保险人向保险人索赔的时效是，从被保险货物在最后的卸载港完全卸离海轮时起算（　　）。

A．6 个月内　　B．1 年内　　C．18 个月内　　D．2 年内

二、多项选择题

1．在 CIC 一般附加险中，包括（　　）。

A．淡水雨淋险　　B．受潮受热险

C．黄曲霉素险　　D．碰损破碎险

2．在国际货物运输保险中，可以单独投保的险别是（　　）。

A．FPA　　B．ICC（C）　　C．ICC 战争险　　D．短量险

3．下列做法不合理的是（　　）。

A．平安险加保串味险　　B．水渍险加保淡水雨淋险

C．一切险加保串味险　　D．ICC（A）加保恶意损害险

三、简答题

1．在中国常用的货物运输保险条款有哪些？

2．简述保险单据的种类。

3．简述保险单的签发流程。

4．简述保险单背书转让的方法。

四、翻译题

1．Insurance policies or certificate, name of assured to be showed: ABC Co. Ltd..

2．Insurance policies or certificate settling agent's name is to be indicated, any additional premium to cover uplift between 10% and 17% may be drawn in excess of the credit value.

3．Insurance documents must appear to have been issued and signed by insurance companies or underwriters or their agents or proxies. If required by the insurance document or in accordance with the credit terms, all originals must appear to have been countersigned. An insurance document is acceptable if issued on an insurance broker's stationery, provided the insurance document has been signed by an insurance company or its agent or proxy, or by an underwriter or its agent or proxy. A broker may sign as agent for the named insurance company or named underwriter.

4. An insurance document must be issued in the currency of and, as a minimum, for the amount required by the credit. The UCP does not provide for any maximum percentage of insurance coverage.

5. If a credit requires the insurance cover to be irrespective of percentage, the insurance document must not contain a clause stating that the insurance cover is subject to a franchise or an excess deductible.

6. An insurance document must be in the form as required by the credit and, where necessary, be endorsed by the party to whose order claims are payable. A document issued to bearer is acceptable where the credit requires an insurance document endorsed in blank and vice versa. If a credit is silent as to the insured party, an insurance document evidencing that claims are payable to the order of the shipper or beneficiary would not be acceptable unless endorsed. An insurance document should be issued or endorsed so that the right to receive payment under it passes upon, or prior to, the release of the documents.

五、单证业务操作题

订妥舱位（收到配舱回单）、向海关申报出口的同时，2015 年 5 月 15 日格林公司向中国人民保险公司办理投保手续，请结合前几章习题中有关格林公司的素材和信息，认真填写格林公司的出口货物投保单。

<table>
<tr><td colspan="4">海运出口货物投保单</td></tr>
<tr><td colspan="2">1）保险人：</td><td colspan="2">2）被保险人：</td></tr>
<tr><td>3）标记</td><td>4）包装及数量</td><td>5）保险货物项目</td><td>6）保险货物金额</td></tr>
<tr><td></td><td></td><td></td><td></td></tr>
<tr><td colspan="4">7）总保险金额:（大写）</td></tr>
<tr><td>8）运输工具:</td><td>（船名）</td><td colspan="2">（航次）</td></tr>
<tr><td colspan="2">9）装运港:</td><td colspan="2">10）目的港:</td></tr>
<tr><td colspan="2">11）投保险别:</td><td colspan="2">12）货物起运日期</td></tr>
<tr><td colspan="2">13）投保日期：</td><td colspan="2">14）投保人签字：</td></tr>
</table>

第 8 章 原产地证书

08

引导案例

需要原产地证书吗？

蓝天国际贸易股份有限公司的业务员田方事先已经得知：童毯的海关编码为63014000，出口到欧美需要纺织品配额，出口到阿联酋则不需要，但是客户需要原产地证书。

⇨**启示和疑问** 原产地证书是证明货物原产地、制造地的文件，专供进口国海关采用不同的国别政策、国别待遇、差别关税和控制进口配额之用的一种国际商务文件，对我国的出口活动具有积极的实际意义。原产地证书还是出口货物报关和收汇结算的重要单证。企业可以在货物出运前办理原产地证。因各种原因，企业还可以在货物出运后3个月内补办原产地证。那么，向阿联酋出口童毯需要原产地证书吗？如果需要，该如何办理才能顺利出口？

⇨**建议** 了解原产地证书的相关知识，准备符合要求的证书。

本章学习目标

- 了解原产地证书的含义、作用、基本内容和申领程序。
- 掌握主要原产地证书的缮制技能。

重要概念

一般原产地证书　普遍优惠制原产地证书　区域经济集团互惠原产地证书
专用原产地证书　原产地申请书　原产地异地调查　国外查询与原产地标记保护

8.1 原产地证书单证实务

8.1.1 原产地证书的种类

原产地即货物的国籍。原产地证明书（Certificate of Origin，简称产地证），是证明货物原产地或制造地的文件，主要用于进口国采取差别国别政策、实行差别关税、进口限制、贸易统计。原产地证书按用途分为如下四类。

1. 一般原产地证书

一般原产地证书，简称CO，主要用于证明某产品可以享受WTO最惠国关税待遇。

2．普遍优惠制原产地证书

普遍优惠制原产地证书，简称普惠制证书、GSP 证书，用于证明某产品可以享受普惠制给惠国的普惠制关税待遇。出口商提供普惠制单据，作为进口国海关减免关税的依据。我国的 GSP 证书包括格式 A、格式 59A 和格式 APR，其中，常用的是格式 A（FORM A）。

3．区域经济集团互惠原产地证书

区域经济集团互惠原产地证书，是具有法律效力的在协定成员国之间就特定产品享受互惠减免关税待遇的官方凭证。例如，《〈亚太贸易协定〉优惠原产地证明书》（FORM M）。

4．专用原产地证书

专用原产地证书是国际组织和国家根据政策和贸易措施的特殊需要，针对某一特殊行业的特定产品规定的原产地证书。

（1）纺织品产地证书（Certificate of Origin Textile Product）。

① 欧盟纺织品专用产地证（Europe Union Certificate of Origin），简称 EEC 纺织品产地证书，专门用于需要配额的纺织类产品，是欧盟各国海关控制配额的主要依据。EEC 纺织品产地证书与 EEC 纺织品出口许可证的内容完全一致，均由出口国有关机构提供，由出口国签发。对欧盟国家出口纺织品，需提交协定国家纺织品（配额）产地证书。② 输土耳其纺织品产地证。企业出口《2005 年输欧盟、土耳其原产地证类别清单》中的非丝麻制品类别商品到土耳其，需申领该证书。该证书用于在土耳其海关清关。

提示 在我国，EEC 产地证书由商务部签发。GSP 产地证是取得关税优惠，而 EEC 纺织品产地证是取得配额证明。对欧盟出口有关产品时，需同时提交两种产地证。输欧盟纺织品产地证申办须知：http://www.wwllyy.com/knowledge/2009/0709/362.html。

（2）对美国出口的原产地声明书（Declaration of Country），又称美国产地证。凡属对美国出口的配额商品，如纺织品等，应由出口商填写 DOC 产地证。DOC 产地证共有三种格式：格式 A，单一国家声明书（Single Country Declaration），声明商品产地只有一个国家；格式 B，多国家产地声明书（Multiple Country Declaration），声明商品的原材料是由两个或两个以上国家生产的；格式 C，非多种纤维纺织品声明书，也称否定声明书（Negative Declaration），凡纺织品的主要价值或主要重量属于麻或丝的原料或含羊毛量不超过 17%，则可填用此格式，以说明该类商品为非配额产品。

（3）金伯利进程国际证书。2003 年 1 月 1 日起，在中国实施金伯利进程国际证书制度。归类在 HS 编码 7102.10、7102.21、7102.31 项下的毛坯钻石，属于《中华人民共和国货物进出口管理条例》中限制进出口货物，其进出口仅限于在“金伯利进程”成员国之间。毛坯钻石签证管理：① 进口。毛坯钻石入境前，申请人应向其注册登记地检验检疫机构提供如下资料办理入境申报手续：中华人民共和国金伯利进程国际证书注册登记证；中华人民共和国进口毛坯钻石申报单，网上申报；毛坯钻石出口国政府主管机构签发的《金伯利进程国际证书制度》正本。② 出口。毛坯钻石出境前，申报人应向企业注册登记的检验检疫机构提供中华人民共和国金伯利进程的注册登记证；中华人民共和国出口毛坯钻石申报单，网上申报；合同、发票及价值证明文件；其他证明毛坯钻石合法性的有关资料。

（4）其他专用产地证书。手工制品原产地证，证明货物的加工和制造是全人工的而非机械生产的一种证明；濒危动植物原产地证书，证明加工成货物的动物或植物来自饲养的而非野生的濒危动植物（或在数量限制以内）的证明；输往欧盟的蘑菇罐头原产地证明书和烟草真实性证书等。

提示（1）原产地规则。① 优惠原产地规则：优惠范围是原产地为受惠国的进口产品，以双边或多边协定形式确定。② 非优惠原产地规则：自主制定，并遵循最惠国待遇原则，普遍无差别地适用于所有最惠国进口产品。

（2）随着我国经贸发展，欧盟等普惠制给惠国不断取消或减少对进口我国产品给予的优惠政策，区域性互惠产地证将是出口享受关税优惠的新的努力方向。

（3）凭借优惠原产地证书享受关税优惠的步骤：① 确定产品的 HS 编码；② 根据 HS 编码检查是否属于进口国减让清单范围内产品；③ 评估优惠幅度；④ 检查是否符合原产地标准；⑤ 检查运输情况（直运规则）；⑥ 准备证明文件：专用原产地证书及随附单证。

（4）含有进口成分的商品，应根据《原产地规则》和《中华人民共和国含有进口成分出口货物原产地标准主要制造、加工工序清单》的规定，由原产地证书签证机构审核后判断出证与否，必要时还将下厂调查。对全部或部分使用了进口原料或零部件而在中国进行了加工、装配的出口货物，当其不符合中国出口货物原产地标准、未能取得原产地证书时，可由签证机构根据申请单位的申请签发加工装配证明书（CERTIFICATE OF PROCESSING），证明中国为出口货物加工、装配地。经中国转口的外国货物，不能取得中国原产地证的，可由中国签证机构出具转口证明书（CERTIFICATE OF RE-EXPORT），证明货物系他国原产、经中国转口。

8.1.2　原产地证书的注册登记和签证

1．原产地证书的注册登记

依据《中华人民共和国出口货物原产地规则》及我国其他相关法律、法规，申请办理原产地证的单位，必须预先在当地检验检疫机构、贸促会或国际商会办理注册登记手续。办理注册登记时，申请单位必须提交相关的文件资料，签证机构通过审核和调查，对符合注册登记条件的予以注册、登记。

注册登记制度是国际上通行的合格评定业务和证明业务。原产地证明的申报证明业务所涉及的原产地规则等法律法规繁多，进口国海关退证查询案例复杂，政策性、技术性、专业性较强，在对签证机构提出更高要求的同时，应对申请办理原产地证明的申请人（证书手签人员）提出要求，否则将直接影响原产地证书的签证质量。注册登记内容包括企业注册登记、产品注册登记及原产地证书申报员注册登记三项内容。

2．原产地证书的签证

（1）签证机构。我国的一般原产地证书由出入境检验检疫局（CCIQ）或中国贸促会（CCPIT）/中国国际商会（CCOIC）签发。① 外商要求由中国的商会组织或者贸促会签发的，企业向贸促会申请签发；商检局不予签发。② 外商要求由中国官方机构或者商检局签发的，企业向商检局申请签发；贸促会不予签发。③ 外商没有要求的，企业可向贸促会或者商检局申请签发。对于向目前与我国尚无正式外交关系以及尚未直接通商的国家或地区开展出口贸易时，如对方要求提供出口货物原产地证明书，企业应向贸促会申请签发，商检局不予签发。

普惠制原产地证书、区域性优惠原产地证书和专用原产地证书则只能由 CCIQ 签发。香港 CEPA 产地证由香港工业贸易属和 5 个政府认可签发来源证机构（香港总商会、香港工业总会、香港中华厂商联合会、香港中华总商会、香港印度商会）签证。澳门 CEPA 产地证由澳门政府经济局签证。

（2）签证程序。

1）申请：产地证实行电子签证。企业通过产地证电子签证系统将产地证数据信息提交检验检疫机构，检验检疫机构经审核后，再将审核通过的信息反馈给企业。企业收到审核通过的信息后，打印原产地证证书，并携带产地证申请书、正式的出口商业发票、有对含非原产成分的或签证机构需核实原产地真实性的货物，申请人还应提交《产品成本明细单》；有对含非原产成分的或签证机构需核实原产地真实性的异地货物，申请人应提交货源地签证机构出具的《异地货源原产地调查结果单》；合同、信用证、报关单、海关手册等其他有关文件，到签证机构签证。

2）审签：签证机构对企业提供的资料进行审核，符合有关规定的，签发证书；对不符合规定的，不予签发证书。

主要审核内容：① 申请单位、申请签证产品及申报员是否已在检验检疫机构进行注册登记；② 申请书的填制是否完整、正确；③ 证书各栏内容是否真实、准确，并符合填制要求；④ 产品是否符合原产地标准，必要时需到产品生产厂家进行实地调查。

判定原产地标准时应把握以下几种情况：① 台湾、香港和澳门地区的原材料、零部件暂视为非原产原料。② 原料、零部件出境后重新入境，申请人能提供充分证据证明未经过加工的，仍视为原产成分。③ 申请原产地证书的货物及其内、外包装或说明书上不得出现其他国家或地区制造、生产的字样或标记。

主要原产地证书的特点及其申领所需材料如表 8-1 所示。

表 8-1 主要原产地证书的特点及其申领所需材料

证书类别 （简称）	证书特点 申领证书需提交的资料
一般原产地证书(CO)	（1）《原产地证明书申请书》一份。如向 CCIQ 申领，填写《原产地证明书申请书》；如向 CCPIT/CCOIC 申领，填写《原产地证明书/加工装配证明书申请书》 （2）用英文缮制的《一般原产地证明书（CO）》一套（一式四份） （3）正式出口商业发票正本一份，如发票内容不全，另附装箱单。发票和装箱单要盖章或手签，内容不得手写和涂改，并应注明包装、数量、毛重或另附装箱单或重量单。实行产地证电子签证后，申请单位应一并提供企业端软件生成的发票 （4）含有进口成分的产品，必须提交《产品成本明细单》 （5）签证机构需要的其他单据，如提交批货物的信用证、合同、提单/航空提单/邮政收据及报关单等 （6）申请“后发证书”时，申请单位除应提交上述单据外，还应提交解释迟交申请书原因的函件

续表

证书类别（简称）	证书特点 申领证书需提交的资料
普遍优惠制原产地证书（FORM A）	（1）《原产地证明书申请书》一份 （2）英文缮制的 Form A 一套（一正三副） （3）正式出口商业发票正本一份，如发票内容不全，另附装箱单。发票和装箱单要盖章，内容不得涂改 （4）含有进口成分的产品，必须提交《含进口成分受惠商品成本明细单》（一式两份） （5）附出口日本的来料加工产品或进料加工产品需提交《从日本进口原料证明书》 （6）签证机构需要的其他单据
《亚太协定优惠原产地证明书》	一批一证；无证到货可 90 日补证
	（1）提交申请书、商业发票（加盖公章及法人章）和一正两副的亚太证书 （2）如出口商品含有进口成分，需提供《含进口成分商品成本明细单》 （3）如申报日期迟于出运日期，申请后还需提供正本提单复印件和后还理由报告 （4）如果签发的证书正本遗失或损毁，申请单位可向原签证机构申请重发，先在《国门时报》登报申明作废，同时提供申请单位和丢证方书面说明及原证的复印件，经检验检疫机构审核通过，予以重发
《中国—东盟自由贸易区优惠原产地证明书》	（1）有效期：4+2 个月（延长以第三方转运为前提） （2）原产于东盟国家的进口货物，如果产品的 FOB 价不超过 200 美元，无须要求我国的纳税义务人（也就是进口方）提交原产地证书。但要提交出口人对有关产品原产于该出口成员方的声明 （3）一批一证 （4）核查期间，收保证金放行 （5）无证到货，可在装运之后的 1 年内补发
	（1）《原产地证明书申请书》一份 （2）缮制完毕的《〈中国—东盟自由贸易区〉优惠原产地证明书》（FORM E）一套，由一份正本（米黄色）及三份无碳副本（浅绿色）组成。正本和第二副本应由出口人提供给进口人以供其在进口国通关使用；第一副本应由出口的缔约方签证机构留底；第三副本由出口人留存。产品通关后，进口的缔约方海关在第二副本第四栏上批注，并在合理的期限内将第二副本返还出口缔约方的签证机构 （3）正式出口商业发票正本一份，如发票内容不全，另附装箱单。发票和装箱单要盖章，内容不得涂改 （4）含进口成分的产品，须提交《产品成本明细单》 （5）需要的其他单据
中国—智利自由贸易区原产地证书	（1）所用文字为英语，并加盖有"正本（ORIGINAL）"字样的印章，有效期为 1 年，一证一单 （2）可提出核查，收保证金放行 （3）6 个月内对核查予以答复，逾期不享受特别优惠关税 （4）各缔约方应当对以下情况做出无须提交原产地证书的规定：① 商业进口货物价

续表

证书类别（简称）	证书特点 申领证书需提交的资料
中国—智利自由贸易区原产地证书	值不超过 600 美元（或以缔约方货币折合等价），但可以做出规定，进口发票中应当包括该货物符合原产条件的声明；② 非商业进口货物价值不超过 600 美元（或以缔约方货币折合等价）；③ 货物进口方做出对进口货物免于提交原产地证书规定的情形。如一缔约方决定采用此规定，该方应当通知出口方
《〈中国与巴基斯坦优惠贸易安排〉优惠原产地证明书》	（1）A4 纸印制，所用文字为英语，应在货物出口前或出口时或实际出口后 15 日内签发，有效期为 6+2 个月（延长以转运为前提） （2）无证到货，可在货物装运之日起 1 年内补证。如果原产地证书被盗、遗失或者毁坏，在该证书签发之日起 1 年内，向原签证机构申请签发经证实的原产地证书真实复制本 （3）展览期间留购同样可以协定税率
香港原产地证书、澳门原产地证书	（1）一批一证，用 A4 纸印制，所用文字为中文，有效期为自签发日起 120 天 （2）未再加工出具证明的签发机构是中国检验（香港）有限公司、澳门中国检验有限公司 （3）绿色关锁制度：香港海关查验并施加绿色关锁，进口时海关查验香港海关查验报告后直接放行 （4）实行海关联网管理。无法联网核对时，可担保放行，海关 90 天内核定证书真实性后退还保证金或将保证金转为进口关税 （5）对证书真实性质疑时，可经总署或深圳、拱北原产地管理办公室向香港海关、澳门海关或经济局提请核查，期间可等税担保放行（按非《安排》下适用的最惠国或暂定税率核定税额）
加工装配证明书	（1）填写《中华人民共和国出口货物原产地证明书/加工装配证明书申请书》一份 （2）提交出口商业发票一份 （3）填写《含进口成分产品加工工序成本明细单》 （4）缮制好的《加工装配证明书》一式四份
转口证明书	（1）《转口证明书申请书》一份 （2）进口货物原产国的原产地证明书、进口发票、进口报关单或进口提单复印件 （3）出口合同、出口报关单、出口商业发票 （4）缮制好的《转口证明书》一式四份

8.1.3 原产地申请书的填制

以原产地证明书/加工装配证明书申请书的填制为例说明如下。

首先，应在证书右上角填上证书编号。此栏不得留空，否则证书无效。

第 1 ~ 10 栏内容和填制要求与《中华人民共和国出口货物原产地证明书》的内容与填制要求相同（详见本书 8.1.4 节）。

第 11 栏：制造国家或地区指所加工装配货物的材料或零部件的原制造国家或地区。例如，一批出口的电视机全部使用日本进口的零部件组装，按照《中华人民共和国出口货物原产地标准主要制造加工工序清单》要求，其加工工序为“插件、焊接、装配”，但该批电视机在中国仅经简单组装，未经“插件、焊接”工序，不符合加工工序要求，无法取得“原产地证明书”，而只能申请“加工装配证明书”，那么，其产品制造国应为日本，此栏可填写“日本”。

第 12 栏：在中国所进行的具体加工装配工序及申请地点、日期、签字和盖章。应填明具体的加工装配工序名称。例如，某批电视机只在中国进行了加工装配工序，此栏填写“装配”（ASSEMBLY）。签字和盖章不能重合。申请日期不得早于发票日期。

第 13 栏：签证机构证明。填写签证地点和日期，由签证机构签字、盖章。签字和盖章不得重合。签发日期不得早于发票日期（第 10 栏）和申请日期（第 12 栏）。

8.1.4 原产地证明书的填制

原产地证书的基本内容有 12 项：商品名称、数量、包装、原产地、制造地，出口商的名称、地址、国别和声明，与装运相关的运输方式、路线和运输时间，发证机构的签署、盖章和证明文字。证书格式各不相同，填制也有一些区别。

产地证标题栏（右上角），填上签证当局所规定的证书号。具体规定如下：

（1）证书号码示意如下：** * ***** / ** ****

依次为地区识别码（2 位）、证书识别代码（1 位）、企业注册号（5 位）、分隔符（斜杆）、年份末二位数（2 位）、企业自编流水号（4 位）。例如，证书号 WZB02001/070001 是注册号为 02001 的单位 2007 年办理的第 1 票 FORM B 证书。

（2）签证当局已经签发的证书，申报单位如需要更改，须提出更改申请，并退还原签发证书。更改证的号码在原证后加 R。

（3）如原签发的证书遗失，经签证当局同意重发证书，重发证号码在原证后加 D。

1.《一般原产地证明书》的填制要说明

证书号栏：应在证书右上角填上检验检疫机构编定的证书号。

第 1 栏（出口商名称、地址、国家）：此栏出口商名称应与注册时相同。必须打上国名、地址。例如，ZHEJIANG NATIVE PRODUCE & ANIMAL BY-PRODUCTS I/E CORP.

NO.368 NORTH ZHONGSHAN ROAD, HANGZHOU, CHINA.

第 2 栏（收货人的名称、地址、国家）：应填写最终收货方的名称、详细地址及国家（地区）。如果由于贸易的需要，信用证规定所有单证收货人一栏留空，则此栏应加注“TO WHOM IT MAY CONCERN”或“TO ORDER”，但不得留空。若需要填写转口商名称，可在收货人后面加填英文 VIA，然后填写转口商名称、地址、国家。

例如，ZHEJIANG NATIVE PRODUCE & ANIMAL BY-PRODUCTS I/E CORP.

NO.368 NORTH ZHONGSHAN ROAD, HANGZHOU, CHINA VIA HONGKONG MACHINERY CO.LTD.

第 3 栏（运输方式和路线）：应填写从装货港到目的港的详细运输方式和路线。如经转运，应注明转运地。例如，FROM SHANGHAI TO HONGKONG ON APR.6, 2015, THENCE TRANSSHIPPED TO ROTTERDAM BY VESSEL 或 FROM SHANGHAI TO ROTTERDAM BY VESSEL VIA HONGKONG.

第 4 栏（目的国家/地区）：应填写货物最终运抵港，一般与最终收货人和最终目的港国别一致，不得填写中间商的国别。

第 5 栏（签证机构使用栏）：证书申领单位应将此栏留空。签证机构根据需要加注内容。例如，后发证书、证书更改、证书丢失、重新补发、声明×××号证书作废等情况。

第 6 栏（运输标志唛头及包装号码）：此栏不得留空，应按发票或提单所列唛头填具完整的图案、文字标记或包装号码，不可简单地填写“as per invoice No....”（按照发票）或者“as per B/L No...”（按照提单）。货物如系散装或无唛头，则应填“N/M”或“no mark”。

如唛头较多此栏填不下，或唛头为特殊文字、图形等无法输入的字符，可填写（SEE THE ATTACHMENT），用附页填打所有唛头（附页的纸张要与原证书一样大小），在右上角打上证书号，并由申请单位和签证当局授权签字人分别在附页末页的右下角和左下角手签、盖印。附页手签的笔迹、地点、日期均与证书第 11、12 栏相一致。唛头如系复杂图案或几何图形，也可复印贴在背面。

注意 有附页时，请在申请书备注栏注明“唛头见附页”，否则计算机退回。

第 7 栏（商品名称、包装数量及种类）。例如，“ONE HUNDRED（100）CARTONS OF COLOUR TV SETS”，在英文表述后注明阿拉伯数字。

注意 （1）如果包装数量达到千以上，则千与百单位之间不能有“AND”连词，否则计算机退回。应填：TWO THOUSAND ONE HUNDRED AND FIFTY（2150）CARTONS OF WORDING GLOVES.

（2）数量、品名要求在一页内打完，如果内容过长，则可以将包装箱数、品名合并。例如，ONE HUNDRED AND FIFTY（150）CARTONS OF GLOVE, SCARF, TIE, CAP.

（3）包装数量及种类要按具体单位填写。（例如，POLYWOVEN BAG，DRUM，PALLET, WOODEN CASE 等），不能只填写“PACKAGE”。如果没有包装，应填写“NUDE CARGO”（裸装货）、“IN BULK”（散装货）、“HANGING GARMENTS”（挂装）。

（4）应填写具体商品名称（具体到能找到相对应的 4 位 HS 编码）。例如，“TENNIS RACKET”（网球拍）。不得用概括性表述。例如，“SPORTING GOODS”（运动用品）、“FABRIC”（织物）等。

（5）商品的商标、牌名（BRAND）及货号（ARTICLE NUMBER）一般可以不填。商品名称等项列完后，应在下一行加上表示结束的符号“***”，以防止加填伪造内容。国外信用证有时要求填写合同、信用证号码等，可加填在此栏空白处。

第 8 栏（商品编码）：此栏要求填写商品 H.S.品目号。若同一份证书包含几种商品，则应将相应的 H.S.品目号全部填写。此栏不得留空。

第 9 栏（量值）：填写出口货物的量值并与商品的计量单位联用。如果填重量的，应该以公斤为单位，同时应该注明 N.W.或 G.W.。

第 10 栏（发票号码及日期）：此栏不得留空。应按申请出口货物的商业发票填写，日期应早于或与实际出口日期相同。为避免月份、日期的误解，月份一律用英文缩写 JAN.等表示。

第 11 栏（出口方声明）：此栏由申领单位已在签证机构注册的申领员签字并加盖单位的中英文印章，填写申领地点和日期。此栏日期不得早于发票日期。

第 12 栏（签证机构证明）：由签证机构签字、盖章，并填写签证地点、日期。签发日期不得早于发票日期（第 10 栏）和申请日期（第 11 栏），但不迟于提单日期。手签人的字迹必须清楚。手签与签证章在证面上位置不得重合。

原产地证明书一律用打字机缮制，正面要保持清洁、整齐。缮制证书一般使用英文，如信用证有特殊要求必须使用其他文种的，也可接受。

2.《普惠制原产地证明书》（FORM A）的填制规范

证书号（Reference No.）：普惠制原产地证书标题栏（右上角），填上检验检疫机构编定的证书号。证书号编定规则，如 G083333331210001，其中，G 表示普惠制原产地证明书；08 表示 2008 年；333333121 表示公司注册号；0001 表示企业流水号。

第 1 栏（出口商名称、地址、国别）：此栏出口商公司名称应与注册时相同，与信用证的有关写法一致。必须打上地址、国名。例如，

ZHEJIANG NATIVE PRODUCE & ANIMAL BY-PRODUCTS I/E CORP.

NO.368 NORTH ZHONGSHAN ROAD, HANGZHOU, CHINA.

第 2 栏（收货人的名称、地址、国家）：除欧盟 27 国、挪威外，此栏须填上给惠国最终收货人名称，不可填中间转口商的名称，此栏须打上国名。欧盟 27 国、挪威对此栏是非强制性要求，若第 2 栏进口商国家和第 12 栏最终目的国都是欧盟国家，则可以与第 12 栏国家不同，也可以不填详细地址，只填上 To Order。

39 个给惠国及输入代码为：欧盟 27 国（250 法国 France、3826 英国 United Kingdom、372 爱尔兰 Ireland、276 德国 Germany、208 丹麦 Denmark、380 意大利 Italy、56 比利时 Belgium、528 荷兰 Netherlands、442 卢森堡 Luxembourg、300 希腊 Greece、724 西班牙 Spain、620 葡萄牙 Portugal、40 奥地利 Austria、752 瑞典 Sweden、246 芬兰 Finland、616 波兰 Poland、348 匈牙利 Hungary、705 斯洛文尼亚 Slovenia Rep、203 捷克 Czech Rep、703 斯洛伐克 Slovak Rep、233 爱沙尼亚 Estonia、428 拉脱维亚 Latvia、440 立陶宛 Lithuania、196 塞浦路斯 Cyprus、470 马耳他 Malta、642 罗马尼亚 Romania、100 保加利亚 Bulgaria）、792 土耳其 Turkey、756 瑞士 Switzerland、578 挪威 Norway、392 日本 Japan、36 澳大利亚 Australia、554 新西兰 New Zealand、124 加拿大 Canada、643 俄罗斯 Russia、804 乌克兰 Ukraine、112 白俄罗斯 Belarus、398 哈萨克斯坦 Kazakhstan、438 列支敦士登公国 Liechtenstein。

第 3 栏：运输方式及路线（就所知道的而言）。

（1）一般应填上装货、到货地点（始运港、目的港）及运输方式（如海运、陆运、空运）。

例如，FROM HANGZHOU TO SHANGHAI BY TRUCK, THENCE TRANSSHIPPED TO HAMBURG BY SEA.

（2）转运商品应注明转运地。若不知转运地，则用 W/T 表示。

例如，FROM SHANGHAI TO HAMBURG BY SEA VIA HONGKONG.

（3）对输往内陆给惠国（如瑞士、奥地利）的商品，由于这些国家没有海岸，因此如果是海运，都须经第三国，再转运至该国，填证时应注明。

例如，BY VESSEL FROM SHANGSHAI TO HAMBURG, IN TRANSIT TO SWITZERLAND.

第 4 栏：供官方使用。此栏由签证当局填写，正常情况下此栏空白。特殊情况下，签证当局在此栏加注。① 货物已出口，签证日期迟于出货日期，签发“后发”证书时，此栏

会自动显示“ISSUED RETROSPECTIVELY”。② 证书遗失、被盗或者损毁，签发“复本”证书时盖上“DUPLICATE”红色印章，并在此栏注明原证书的编号和签证日期，并声明原发证书作废，其文字是“THIS CERTIFICATE IS IN REPLACEMENT OF CERTIFICATE OF ORIGIN NO…DATED…WHICH IS CANCELLED”。

注意 在录入后发证书时，应在申请书备注栏注明“申请后发”，否则计算机退回。

第5栏：商品顺序号。如同批出口货物有不同品种，则按不同品种分列“1”，“2”，“3”，…，依此类推。单项商品，此栏填“1”。

第6栏：唛头及包装号。填具的唛头应与货物外包装上的唛头及发票的唛头一致；唛头不得出现中国以外的地区和国家制造的字样，也不能出现香港、澳门、台湾原产地字样（例如，MADE IN TAIWAN，HONGKONG PRODUCTS 等）；如货物无唛头应填“N/M”。如唛头为特殊文字、图形等无法输入的字符，则打上（SEE THE ATTACHMENT），用附页填打所有唛头（附页的纸张要与原证书一样大小；有附页时，应在申请书备注栏注明“唛头见附页”），在右上角打上证书号，并由申请单位和签证当局授权签字人分别在附页末页的右下角和左下角手签、盖印。附页手签的笔迹、地点、日期均与证书第11、12栏相一致。

第7栏：包装数量及种类，商品的名称、包装数量必须用英文和阿拉伯数字同时表示。例如，ONE HUNDRED AND FIFTY（150）CARTONS OF WORKING GLOVES。

注意 （1）如果包装数量上了千以上，则千与百单位之间不能有“AND”连词，否则计算机退回。应填：TWO THOUSAND ONE HUNDRED AND FIFTY（2150）CARTONS OF WORDING GLOVES。

（2）数量、品名要求在一页内打完，如果内容过长，则可以合并包装箱数、品名。例如，ONE HUNDRED AND FIFTY（150）CARTONS OF GLOVE，SCARF，TIE，CAP。

（3）包装必须打具体的包装种类（如 POLYWOVEN BAG，DRUM，PALLET，WOODEN CASE 等），不能只填写“PACKAGE”。如果没有包装，应填写“NUDE CARGO”（裸装货）、“IN BULK”（散装货）、“HANGING GARMENTS”（挂装）。

（4）商品名称必须具体填明（具体到能找到相对应的4位HS编码），不能笼统填“MACHINE”（机器）、“GARMENT”（服装）等。对一些商品，例如，玩具电扇应注明为“TOYS：ELECTRIC FANS”，不能只列“ELECTRIC FANS”（电扇）。

（5）商品的商标、牌名（BRAND）及货号（ARTICLE NUMBER）一般可以不填。商品名称等项列完后，应在下一行加上表示结束的符号，以防止加填伪造内容。国外信用证有时要求填写合同、信用证号码等，可加填在此栏空白处。

第8栏：原产地标准。此栏用字最少，却是国外海关审证的核心项目。对含有进口成分的商品，因情况复杂，国外要求严格，极易弄错而造成退证。具体规定如表8-2所示。

表 8-2 原产地标准的具体规定

填报代码	出口国家	原产地标准
P	所有给惠国家	完全原产品
W+HS 编码品目号，如“W 42．02”	欧盟、瑞士、挪威、日本	（1）产品列入了给惠国的“加工清单”符合其加工条件 （2）产品未列入“加工清单”，但产品生产过程中使用的非原产原材料和零部件经过充分的加工，产品的 HS 编码品目号不同于所用的原材料和零部件的 HS 编码品目号
F	加拿大	非原产成分价值未超过产品出厂价的 40%
空白	澳大利亚、新西兰	
Y+非原产成分价值占该产品 FOB 价的百分比，如“Y38%”	俄罗斯、白俄罗斯、哈萨克斯坦、乌克兰、捷克、斯洛伐克	非原产成分的价值未超过产品 FOB 价的 50%

注：对于在一个受惠国生产而在另一个或一个以上受惠国制作或加工的产品，填“PK”。

第 9 栏：毛重或其他数量。此栏应以商品的正常计量单位填写，如只、件、双、台、打等。例如，3200 DOZ.或 6270 KGS.以重量计算的则填毛重，只有净重的，填写净重也可，但要标上 N.W.（NET WEIGHT）。

第 10 栏：发票号码及日期。此栏不得留空。月份一律用英文（可用缩写）表示。例如，PHK50016 Apr.6，2015。此栏的日期必须按照正式商业发票填具，不得迟于出货日期。

第 11 栏：签证当局的证明。经审核后，此栏加注出入境检验检疫局盖签证公章，只签一份正本，副本不予签章；由国家质检总局授权人或手签人手签；签证日期、具体地点（城市名及国别）。例如，HANGZHOU CHINA APR.6，2015。此栏日期不得早于发票日期（第 10 栏）和申报日期（第 12 栏），应早于货物的出运日期（第 3 栏）。

第 12 栏：出口商的声明。生产国的横线上应填“中国 CHINA”。进口国横线上填最终进口国，进口国须与第 3 栏目的港的国别一致。申请单位应授权专人在此栏手签，标上申报具体日期及城市名、国别，并加盖申请单位中英文印章（正副本均须手签并盖章）。此栏日期不得早于发票日期（第 10 栏）（最早是同日）。盖章时应避免覆盖进口国名称和手签人姓名。本证书一律不得涂改，证书不得加盖校对章。

3.《〈亚太贸易协定〉原产地证明书》（FORM M）的填制规范

提示 根据《亚太贸易协定》，从 2006 年 7 月 1 日起，中国对孟加拉、印度、韩国、老挝、斯里兰卡的 1 600 个税目产品实行关税优惠，幅度达 20%，对方 5 国对我国有 2 000 多个产品实行关税优惠，幅度达 30%。我国自 2006 年 10 月 1 日起执行新的《亚太贸易协定》原产地规则，原产地证书仍由 FORM A 代替，第四栏加注 Certificate of Origin under ASIA-PACIFIC Trade Agreement。自 2007 年 1 月 1 日起，全面启用《亚太贸易协定》原产地规则和原产地证书格式。签发《亚太贸易协定》原产地证书的国家和输入代码：410 Korea Rep 韩国、144 Sri Lanka 斯里兰卡、356 India 印度、050 Banglaladesh、

Bengal 孟加拉、418 Laos 老挝。

2007年10月《亚太贸易协定》成员国通过了《〈亚太贸易协定〉原产地证书签发与核查操作程序》。根据我国海关总署、商务部、国家质检总局联合公告2007年第77号，《〈亚太贸易协定〉原产地证书签发与核查操作程序》自2008年1月1日起实施。

证书号：证书标题栏（右上角），填写检验检疫机构编定的证书号。

第1栏：货物发运自。此栏是带有强制性的，注明出口人的名称、地址与国别。名称须与发票上的出口人一致。例如，WENZHOU IMP. & EXP. CORP.

ROOM 1209, 8, LIMING（W）ROAD, WENZHOU, CHINA.

注意 出口人必须是已办理产地注册的企业，且公司英文名称应与检验检疫局注册备案的一致。此栏切勿有香港、台湾等中间商出现。

第2栏：货物发运到。注明进口人的名称、地址与国别。名称须与发票上的进口人一致。对于第三方贸易，可以注明“待定”（To Order）。

例如，DCC CORPORATION

12345BL 3LT, 693-2, GOJAN-DONG

NAMDONG-KU, INCHEON, KOREA.

注意 一般应填《亚太协定》成员国最终收货人名称（信用证上规定的提单通知人或特别声明的收货人），此栏不能填香港、台湾等其他中间商的名称。

第3栏：供官方使用。此栏仅供签证当局使用。签证当局根据实际情况，填写如下有关内容：如属“后发”证书，签证当局会在此栏加打“ISSUED RETROSPECTIVELY”；如属签发“复本”（重发证书），签证当局会在此栏注明原发证书的编号和签证日期，并声明原发证书作废，其文字是：THIS CERTIFICATE IS IN REPLACEMENT OF CERTIFICATE OF ORIGIN NO… DATED… WHICH IS CANCELLED，并加打“DUPLICATE”。

第4栏：运输方式与路线。详细注明出口货物的运输方式和路线。例如，BY SEA FROM NINGBO TO BUSAN。如信用证条款等无此详细要求，打上“空运”或“海运”。运输路线始发地应填中国大陆最后一道离境地。如系转运货物，应加上转运港。例如，BY SEA FROM NINGBO TO BUSAN VIA HONGKONG。

第5栏：税则号。注明货物4位数的HS编码。

第6栏：唛头与包装编号。注明证书所载货物的包装唛头及编号。

注意 （1）唛头不得出现HONGKONG、MACAO、TAIWAN、R.O.C.等中国以外其他产地制造字样。

（2）此栏不得留空。货物无唛头时，应填“N/M”。如唛头过多，可填在第7、8、9、10栏的空白处。如唛头的图文等较复杂，则可在该栏填写“SEE ATTACHMENT”，并另加附页。附页需一式三份，附页上方填写“ATTACHMENT TO THE CERTIFICATE OF ORIGIN NO...（证书号码），参照亚太证书，附页下方两边分别打上签证地点、签证日期和申报地点、申报日期，右下方盖上申报单位签证章并由申报单位申报员签名。附页应与亚太证书大小一致。

（3）此栏内容及格式必须与实际货物的外包装箱上所刷唛头及编号一致。

第7栏：包装数量与种类，货物描述。

注意 在包装数量的英文数字描述后用括号加上阿拉伯数字。货物描述应详细到可以准确判定该商品的HS品目号；应与发票上对出口产品的描述相一致；如果信用证中品名笼统或拼写错误，必须在括号内加注具体描述或正确品名。商品名称等项列完后，应在末行加上截止线，以防止加填伪造内容。国外信用证有时要求填写合同、信用证号码等，可加在此栏截止线下方，并以“REMARKS:”作为开头。

第8栏：原产地标准。此栏用字最少，却是国外海关审证的核心项目。对含有进口成分的商品，因情况复杂，国外要求严格，极易弄错而造成退证，应认真审核。

完全原产品：填写字母“A”。

含有进口成分的产品，第8栏的填写方法如下：

（1）符合第三条规定的原产地标准的产品（在一出口成员国境内最终制得或加工的产品，如果其使用的来自非成员国或不明原产地的原材料、零件或制品的总价值不超过该产品FOB价的55%），填写字母“B”。字母“B”后应填写原产于非成员国或原产地不明的原料、部件或产品的总货值占出口产品离岸价的百分比（如“B”50%）。

（2）符合第四条规定的原产地标准的产品（符合原产地累积标准，最终产品中成员国成分合计不低于其FOB价的60%），填写字母“C”。字母“C”后应填写原产于成员国领土内的累计含量的总值与出口产品离岸价的百分比（如“C”60%）。

（3）符合第十条特定原产地标准的产品（最不发达成员国原产的产品在适用条件（1）时百分比不能超过65%，适用条件（2）时百分比不能低于50%），第8栏填字母“D”。

第9栏：毛重或其他数量。注明证书所载产品的毛重或其他数量（如件数、千克）。

注意 此栏应以商品的正常计量单位填写，如只、件、匹、双、台、打等。以重量计算的则填毛重，只有净重的，填净重也可以，但要标上N.W.（NET WEIGHT）。

第10栏：发票号码与日期。此栏不得留空，注明发票的号码与日期。

注意 发票内容须与正式商业发票一致，为避免误解，月份一般用英文缩写JAN.、FEB.、MAR.等表示，发票日期年份要填写完整，如“2015”不能为“15”。发票号太长需换行打印，应使用折行符“-”。发票日期不能迟于提单日期和证书签发日期。

第11栏：出口人的声明。注明生产国和进口国的国别、申报地点和申报日期。该栏必须由公司授权签字人签署。

注意 “出口人”指发货人，既可以是贸易商也可以是制造商。申报日期不要填法定休息日，日期不得早于发票日期，一般也不要迟于提单日期，如迟于提单日期，则要申请后发证书。在证书正本和所有副本上盖章签字时避免覆盖进口国名称、原产国名称、申报地址和申报时间。更改证申报日期一般与原证一致。重发证申报日期应为当前日期。

第 12 栏：签证当局的证明。该栏由签证当局填打签证地址和日期。

注意 一般情况下与出口商申报日期、地址一致，签证机构授权签证人员在此栏手签，并加盖签证当局印章。签证当局只在证书正本加盖印章。

4.《〈中国—东盟自由贸易区〉优惠原产地证明书》（FORM E）的填制说明

提示 中国—东盟自由贸易区优惠原产地证规则是在《中国与东南亚国家联盟全面经济合作框架协议》的基础上制定的，中国与东盟双方均能享受自由贸易的关税优惠，主要国家有中国、文莱、柬埔寨、印度尼西亚、老挝、马来西亚、缅甸、菲律宾、新加坡、泰国、越南等。

签发《中国—东盟自由贸易区》优惠原产地证书的国家和代码：96 文莱 Brunei、116 柬埔寨 Cambodia、360 印度尼西亚 Indonesia、418 老挝 Laos，PDR、458 马来西亚 Malaysia、104 缅甸 Myanmar、608 菲律宾 Philippines、702 新加坡 Singapore、764 泰国 Thailand、704 越南 Vietnam。

证书的第 1、2、3、5、6、9、10、11 栏内容和填制要求参见《普惠制原产地证明书》FORM A 相应各栏的填制要求。

第 4 栏：官方使用。不论是否给予优惠待遇，进口成员国海关必须在第 4 栏做出相应的标注。

第 7 栏：包装数量及种类，货物名称和 HS 编码。货物品名必须详细，以便验货的海关官员可以识别。生产商的名称及任何商标也应列明；HS 编码为国际上协调统一的 HS 编码，一律填前 6 位数。

第 8 栏：原产地标准。货物为出口国完全生产的，不含任何非原产成分，填写“X”；货物在出口成员国加工但并非完全生产，未使用原产地累计规则判断原产地标准的，填写该国家成分的百分比（如 70%）；货物在出口成员国加工但并非完全生产，使用了原产地累计规则判断原产地标准的，填写中国—东盟累计成分的百分比（如 40%）；货物符合产品的特定原产地标准的产品，填写“产品特定原产地标准”。

第 12 栏：官方证明。此栏填打签证机构的签证地点、日期。检验检疫局签证人员经审核后在此栏（正本）签名，盖签证印章。当申请单位申请后发证书时，需在此栏上加注“ISSUED RETROACTIVELY”；申请单位申请重发证书时，需在此栏上加注“CERTIFIED TRUE COPY”。

5.《〈中国—巴基斯坦自由贸易区〉优惠原产地证明书》（FORM P）填制说明

提示 根据海关总署第 162 号令，《中华人民共和国海关〈中华人民共和国政府与巴基斯坦伊斯兰共和国政府自由贸易协定〉项下进口货物原产地管理办法》已于 2007 年 5 月 29 日经署务会议审议通过，自 2007 年 7 月 1 日起施行。它适用于从巴基斯坦进口的《中巴自贸协定》项下货物，但以加工贸易方式保税进口和内销的货物不适用。

对巴基斯坦出口可以签发《〈中国与巴基斯坦优惠贸易安排〉优惠原产地证明书》，获得巴基斯坦的进口关税优惠，具体优惠见《巴基斯坦减让关税的产品清单》。

Pakistan 代码 586

第 1 栏：注明出口人的合法的全称、地址（包括国家）。

第 2 栏：注明收货人的合法的全称、地址（包括国家）。

第 3 栏：注明生产商的合法的全称、地址（包括国家）。如果证书上的货物生产商不止一个，其他的生产商的全称、地址（包括国家）也必须列明。如果出口人或者生产商希望该信息保密，也可以接受，在该栏注明“应要求向海关提供”（Available to Customs Upon Request）。如果生产商与出口人相同，该栏只须填写“相同”（SAME）。

第 4 栏：注明运输方式和路线，并详细说明离港日期、运输工具编号、装货港和卸货港。

第 5 栏：由进口成员方海关在该栏简要说明根据协议是否给予优惠待遇。

第 6 栏：注明项目编号。

第 7 栏：该栏的货品名称必须详细，以使验货的海关官员可以识别，并使其能与发票上的货名及 HS 编码的货名对应。包装上的运输唛头及编号、包装件数和种类也应当列明。每一项货物的 HS 编码应当为货物进口国的 6 位 HS 编码。

第 8 栏：从一成员方出口到另一成员方可享受优惠待遇的货物必须符合下列要求之一：（根据特定原产地规则可做调整）

（1）符合原产地规则规定，在出口成员方内完全获得的产品。

（2）为实施中国—巴基斯坦自由贸易区原产地规则的规定，使用非原产于中国、巴基斯坦或者无法确定原产地的原材料生产和加工产品时，所用这种原材料的总价值小于由此生产或者获得的产品的 FOB 价的 60%，且最后生产工序在该出口成员方境内完成。

（3）符合中国—巴基斯坦自由贸易区协定第 16 条规定的产品，且该产品在一成员方被用于生产可享受另一成员方优惠待遇的最终产品时，如在最终产品中，原产于中国、巴基斯坦成分总计不少于最终产品的 40%，则该产品应当视为原产于对最终产品进行生产或加工的成员方。

（4）符合原产地规则产品特定原产地标准的产品，应当视为在一成员方进行了充分加工的货物若符合上述标准，出口人必须按照表 8-3 中规定的格式，在本证书第 8 栏中标明其货物申报享受优惠待遇所根据的原产地标准。

表 8-3 FORM P 第 8 栏的填写说明

本表格第 12 栏列名的原产国生产或制造的详情	填入第 8 栏
出口国完全原产的产品（见上述第 8 栏 1 项）	“P”
符合上述第 8 栏 2 项的规定，在出口成员方加工但并非完全原产的产品	单一国家成分的百分比，如 60%
符合上述第 8 栏 3 项的规定，在出口成员方加工但并非完全原产的产品	中国—巴基斯坦自由贸易区累计成分的百分比，如 40%
符合产品特定原产地标准的产品	“PSR”

第 9 栏：该栏应当注明毛重的公斤数。其他的按惯例能准确表明数量的计量单位，如体积、件数也可用于该栏。离岸价格应该是出口人向签证机构申报的发票价格。

第 10 栏：该栏应当注明发票号和发票日期。

第 11 栏：如有要求，该栏可注明订单号、信用证号等。

第 12 栏：该栏必须由出口人填制、签名、签署日期和加盖印章。

第 13 栏：该栏必须由签证机构经授权的签证人员签名、签署日期和加盖签证印章。

6.《中国—智利自由贸易区原产地证书（FORM F）》填制说明

提示《中华人民共和国与智利共和国政府自由贸易协定》(简称中智自贸协定) 已经双方政府批准，2006 年 10 月 1 日起正式实施。我国从智利进口及我国出口到智利的中智自贸协定项下货物，将按照中智自贸协定中的原产地规则及相关程序确定原产地，并适用中智自贸协定规定的优惠关税。按照中智两国达成的自贸协定，我国出口智利货物的原产地证书由质检总局设在各地的出入境检验检疫机构签发，智利出口至我国货物的原产地证书由智利外交部国际经济关系总司签发。

证书号：证书标题栏（右上角），填写检验检疫机构编定的证书号。

证书号编定规则 F083333331210001

F 表示中国—智利自由贸易区原产地证书；08 表示 2008 年；333333121 表示公司注册号；0001 表示企业流水号。

智利代码 152

Issued in THE PEOPLE'S REPUBLIC OF CHINA

第 1 栏：应填写出口商详细的依法登记的名称、地址（包括国家）。

第 2 栏：在已知的情况下填写生产商详细的依法登记的名称、地址（包括国家）。如果证书包含一个以上生产商的商品，应该列出其他生产商的详细名称、地址（包括国家）。如果出口商或生产商希望对信息予以保密，可以填写“应要求提供给签证机构（Available to competent governmental authority upon request）”。如果生产商和出口商相同，应填写“相同（SAME）”。如果不知道生产商，可填写“不知道（UNKNOWN）”。

第 3 栏：应填写收货人详细的依法登记的名称、地址（包括国家）。

第 4 栏：应根据所知填写运输方式及路线、详细说明离港日期、运输交通工具的编号、装货口岸和到货口岸。

第 5 栏：不论是否给予优惠待遇，进口方海关必须在相应栏目标注（√）。

第 6 栏：如有要求可以填写顾客顺序号、信用证号等。如果发票是由非缔约方开出的，应在此栏标注原产国生产商的名称、地址和国家。

第 7 栏：应填写项目号，但不得超过 20 项。

第 8 栏：应填写唛头及包装号。

第 9 栏：应详细列明包装数量及种类。对每种货物提供详细的货物描述，以便于查验的海关官员可以识别。货物描述应与发票描述及货物的协调制度编码相符。如果是散装货，应注明“散装”。当货物描述结束时，加上“***”（三颗星）或“＼”（结束斜线符号）。

第 10 栏：应对应第 9 栏中的每种货物填写协调制度编码，以六位编码为准。

第 11 栏：若货物符合原产地规则，出口商必须按照表 8-4 中规定的格式，在本证书第 11 栏中标明其货物申报享受优惠待遇所根据的原产地标准。

表 8-4　FORM F 的第 11 栏填写说明

出口人申报其货物享受优惠待遇所依据的原产地标准	填入第 11 栏
（1）完全原产	“P”
（2）含进口成分，区域价值≥40%	“RVC”
（3）产品特定原产地标准	“PSR”

第 12 栏：毛重应填写“千克”，可依照惯例，使用其他计量单位（如体积、数量等）来精确地反映量。

第 13 栏：应注明发票号、发票日期及发票价值，发票价值填写 FOB 价。

第 14 栏：该栏必须由出口人填写、签名，且应该填写签名的地点及日期，并加盖印章。

第 15 栏：该栏必须由签证机构经授权的签证人员填制、签名、签署日期并加盖签证印章。签证机构的电话号码、传真及地址系统会自动生成。否则，还应该提供签证机构的电话号码、传真及地址。

8.1.5　申请签发“后发证书”、“更改证书”、“重发证书”及代办产地证书

1．申请签发“后发证书”

原产地证书，原则上应在装运前签发。由于非故意的疏忽或其他特殊原因，货物出运前未能及时申请签发产地证书，申请单位也可在货物发出后申请签发后发证书。在此情况下，申请单位递交原产地证和申请书时，必须提交下列证明文件：解释迟交申请书原因的函件；商业发票及提单/报关单。

申请人应在申请单上注明“申请后发”，货物出运后申请产地证，证书第 11 栏和第 12 栏应为实际申请日期和签发日期。产地证签证通过网上申报，由网络将产地证传输到签证机构；企业待收到正确回执后，企业注册手签人带上有关单据、中英文印章（需盖“后发章”的，需附提单）到签证机构取证。签证机构在证书第 5 栏加注英文“issued retrospectively”印章，取单时提交提单复印件。

2．申请签发“更改证书”

申请单位要求更改已签发的证书内容时，必须按规定填写《中华人民共和国出口货物原产地证明书更改/重发申请书》，并同时退回原已签发的证书正本给签证机构注销。如证书已交银行，须提供申请单位证明，解释原因及保证退回证书的具体时间的保证函等文件。

3．申请签发“重发证书”

如已签发的证书遗失或损毁，从签发之日起半年内，申请单位必须向签证机构书面申明理由和提供依据，申请重发。签证机构在证书第 5 栏加注英文“This certificate is in replacement of certificate of origin no-dated-which is cancelled.”，证书第 11 栏和第 12 栏的日期应为重发证书的实际申请日期和签发日期。

4．代办产地证书

企业可委托货运代理公司代理申领原产地证，代理公司人员申领产地证时，必须向签证机构提交以下文件：① 代理公司的介绍信。② 被代理企业的委托书或出口企业与代理公司间的货物进出口委托书。不具备申请资格的企业参加国外展览，若需申领原产地证，可凭参展批件自行申领或委托有申领资格的企业代理申请。

8.1.6 原产地异地调查、国外查询与原产地标记保护

1. 原产地异地调查

如产品在异地生产，凡属敏感商品，均需进行异地调查并签发《原产地异地调查结果单》。对含有非原产成分的产品还需提供经产地签证机构核实的《产品成本明细单》，并于《原产地异地调查结果单》加盖骑缝章。在异地由同一单位生产的同一产品，如原料来源及目的国不变，无须多次进行异地调查。

2. 原产地证国外查询

货物进口国主管当局对我国签证机构所签发的原产地证书的真实性、准确性或证书项下产品是否符合原产地规则等问题向我国签证机构进行查询。签证机构在收到进口国主管当局的退证查询时，针对其提出的问题进行实地调查和书面核查。处理查询在签证管理中是一项非常重要的工作，直接影响我国签证部门的信誉和出口商品是否能顺利通关并享受优惠待遇的问题，涉及的单位要积极配合。

3. 原产地标记保护

原产地标记包括原产国标记和地理标志。原产地标记是原产地工作不可分割的组成部分。原产国标记是指用于指示一项产品或服务来源于某个国家或地区的标识、标签、标示、文字、图案，以及与产地有关的各种证书等。地理标志是指一个国家、地区或特定地方的地理名称，用于指示一项产品来源于该地，且该产品的质量特征完全或主要取决于该地的地理环境、自然条件、人文背景等因素。

8.2 原产地证书单证案例

8.2.1 蓝天国际贸易股份有限公司取得的出口许可证和原产地证明书

蓝天国际贸易股份有限公司出口童毯不需要出口许可证。需要原产地证明书，可由 CCIQ 或 PICCT 出具。2014 年 12 月 25 日，北京市出入境检验检疫局签发了一般原产地证明书（见附件 8-1）。

附件 8-1 蓝天国际贸易股份有限公司取得的一般原产地证明书

一般原产地证明书（蓝色）

ORIGINAL

1. Exporter （full name, address, country） BLUE SKY INTERNATIONAL TRADING CO., LTD. 118 # 5TH NORTH RING ROAD BEI JING, P. R. CHINA	Certificate No. 201486
2. Consignee （full name, address, country） STAR CORPORATION 5 KING ROAD, DUBAI, UAE	
3. Means of transport and route ON OR ABOUT DEC.30, 2014, SHIPPED FROM TIANJIN TO DUBAI BY SEA	5. For certifying authority use only

<table>
<tr><td colspan="3">4. Country/region of destination
DUBAI, UAE</td><td colspan="2"></td></tr>
<tr><td>6. Marks and numbers</td><td>7. Number and kind of packages; description of goods</td><td>8. H.S.Code</td><td>9. Quantity</td><td>10. Number and date of invoices</td></tr>
<tr><td>STAR
S / C No. ：BS14125
Style No. ：SY001
Port of destination：Dubai
Carton No. ：1-260
***********</td><td>BS14125 BABY BLANKET
TWO HUNDRED AND SIXTY (260) CARTONS
****
AS PER L/C No. KBLC2014199
L/C DATE:NOV.19,2014
NAME OF ISSUING BANK: HSBC BANK PLC, DUBAI, UAE</td><td>6301400000
**********</td><td>5200PCS
*********</td><td>BS14980042
DEC.22,2014
*************</td></tr>
<tr><td colspan="2">11. Declaration by the exporter
The undersigned hereby declares that the above details and statements are correct, that all the goods were produced in China and that they comply with the Rules of Origin of the People's Republic of China.
BLUE SKY INTERNATIONAL TRADING CO. , LTD.
DEC, 25, 2014 BEIJING

× × ×

Place and date, signature and stamp of authorized signatory</td><td colspan="3">12. Certification
It is hereby certified that the declaration by the exporter is correct.

ENTRY EXIT INSPECTION AND QUARANTINE AUTHORITIES OF THE PEOPLE'S REPUBLIC OF CHINA
DEC, 25, 2014 BEIJING
× × ×

Place and date, signature and stamp of certifying authority</td></tr>
</table>

8.2.2　温州进出口公司取得的亚太贸易协定原产地证明书（Form M）

亚太贸易协定原产地证明书（**Form M**）

<table>
<tr><td>1. Goods consigned from
(Exporter's business name, address, country)
WENZHOU IMP. & EXP. CORP.
ROOM 1209, 8, LIMING (w) ROAD, WENZHOU, CHINA</td><td>Reference No.
CERTIFICATE OF ORIGIN
Asia-Pacific Trade Agreement
(Combined Declaration and Certificate)
Issued in <u>The People's Republic of China</u>
(Country)</td></tr>
<tr><td>2. Goods consigned to
(Consignee's name, address, country)
DCC CORPORATION</td><td>3. For Official use</td></tr>
</table>

12345BL 3LT, 693-2, GOJAN-DONG NAMDONG-KU，INCHEON，KOREA	

4. Means of transport and route BY SEA FROM NINGBO TO BUSAN VIA HONGKONG

5. Tariff item number	6. Marks and number of Packages	7. Number and kind of packages/ description of goods	8. Origin criterion（see notes overleaf）	9. Gross weight or other quantity	10. Number and date of invoices:
3204	JENSON, ORDER NO.325952065 L/C E766896505 C/N 1-270	FOUR（4）DRUMS OF ACID GREEN DYESTUFFS *** *** *** *** *** REMARKS： L/C：2846905067640	A	1200KGS	SDAKF0522 DEC 22, 2015

11. Declaration by the exporter	12. Certificate
The undersigned hereby declares that the above details and statements are correct, that all the goods were produced in CHINA …………………………………………………… （Country） and that they comply with the origin requirements specified for these goods in the Asia Pacific Trade Agreement for goods exported to ……………………KOREA…………………… （Importing Country） NINGBO, CHINA DEC 22, 2015 …………………………………………………… Place and date, signature of authorized Signatory	It is hereby certified on the basis of control carried out, that the declaration by the exporter is correct. WENZHOU, CHINA DEC 22, 2015 …………………………………………………… Place and date, signature and Stamp of Certifying Authority

8.3 原产地证书单证实验

实验 8-1 上海嘉宝进出口有限公司所需原产地证明书的填制

【实验目的】 掌握原产地证明书各栏的填写要求。

【知 识 点】 原产地证明书及其填制规范和技巧。

【实验内容】 上海嘉宝进出口有限公司需要普惠制原产地证明书（FORM A）两份。请根据相关要求替上海嘉宝进出口有限公司进行如下操作：

填写普惠制原产地证明书（FORM A）（有关空白单据参考附表）。

【实验素材】 素材 8-1。

素材 8-1 补充信息

出口商品品名：中国瓷器。生产单位：上海嘉宝进出口有限公司。生产单位联系人王五，电话：××××××。H.S 编码：6911.1010。数（重）量 2996 纸箱/G.W. 55 483kgs。FOB 值：116 108.00 美元。产品不含进口成分。贸易方式为一般贸易。拟出口日期：2015 年 5 月 20 日。申请证书日期：2015 年 5 月 14 日。证书签发机构：中华人民共和国上海进出口商品检验局（SHANGHAI IMP. & EXP. COMMODITY INSPECTION CHINA），签发人：吴坚。签发日期：2015 年 5 月 16 日。

其余信息见前几章有关上海嘉宝进出口有限公司的实验。

复习思考题

一、单项选择题

1．原产地证书的主要作用是（　　）。

A．进口方可据以享受免税或低关税待遇

B．出口方可据以享受免税或低关税待遇

C．使进口方掌握其真实的生产厂家

D．可使给予我国普惠制待遇的国家的进口方据以享受进口免税或低进口关税的待遇

2．具有法律效力，在协定成员国之间就特定产品享受互惠减免关税待遇的官方凭证是（　　）。

A．一般原产地证书　　B．普遍优惠制原产地证书

C．区域经济集团互惠原产地证书　　D．专用原产地证书

3．普惠制原产地证书、区域性优惠原产地证书和专用原产地证书由我国（　　）统一签发。

A．出口商　　B．中国国际贸易促进委员会

C．海关　　D．中国出入境检验检疫局

4．普惠制产地证中的运输方式和路线一栏应按信用证规定填写，如中途转运，应注明转运地，若不知转运地，则用（　　）表示。

A．W/T　　B．NO　　C．N/M　　D．N/N

5．普惠制产地证中的“ORIGIN CRITERION（原产地标准）”一栏，应根据货物原料进口成分的比例填制，“P”表示（　　）。

A．含进口成分　　B．无进口成分

C．进口成分要在 40%以下　　D．进口成分要在 20%以下

6．原产地证书，原则上应在装运前签发。由于非故意的疏忽或其他特殊原因，货物出运前未能及时申请签发产地证书，申请单位也可在货物发出后申请（　　）。

A．签发后发证书　　B．签发更改证书

C．签发重发证书　　D．原产地证国外查询

7．随着我国经贸发展，欧盟等普惠制给惠国不断取消或减少对进口我国产品给予的优惠政策，（　　）将是出口享受关税优惠的新的努力方向。

A．一般原产地证书　　B．普遍优惠制原产地证书
C．区域经济集团互惠原产地证书　　D．专用原产地证书

二、多项选择题

1．原产地证明书按用途分为（　　）。
A．一般原产地证书　　B．普遍优惠制原产地证书
C．区域经济集团互惠原产地证书　　D．专用原产地证书

2．我国的一般原产地证书由（　　）签发。
A．出入境检验检疫局（CCIQ）
B．中国贸促会（CCPIT）/中国国际商会（CCOIC）
C．生产商　　D．出口商

三、简答题

1．简述原产地证书的作用。
2．简述原产地证书的种类及其特点。

四、翻译题

1. A requirement for a certificate of origin will be satisfied by the presentation of a signed, dated document that certifies to the origin of the goods.

2. A certificate of origin must be issued by the party stated in the credit. However, if a credit requires a certificate of origin to be issued by the beneficiary, the exporter or the manufacturer, a document issued by a chamber of commerce will be deemed acceptable, provided it clearly identifies the beneficiary, the exporter or the manufacturer as the case may be. If a credit does not state who is to issue the certificate, then a document issued by any party, including the beneficiary, is acceptable.

3. Consignee information, if shown, must not be in conflict with the consignee information in the transport document. However, if a credit requires a transport document to be issued "to order", "to the order of shipper", "to order of the issuing bank" or "consigned to the issuing bank", the certificate of origin may show the applicant of the credit, or another party named therein, as consignee. If a credit has been transferred, the name of the first beneficiary as consignee would also be acceptable.

4. The certificate of origin may show the consignor or exporter as a party other than the beneficiary of the credit or the shipper on the transport document.

五、单证业务操作题

1．请根据所给信用证以及补充信息（素材 8-2）缮制一般原产地证书申请书和一般原产地证书一份；缮制普惠制原产地证书申请书和普惠制原产地证书一份。

素材 8-2　补充信息

发票出票日期为 2013 年 9 月 28 日，发票号码是 MN8866
G.W.：19 911KGS N.W.: 19 339KGS；包装：360 纸箱
唛头：

YI YANG
MONTREAL
C/NO. 1–360

原产地证书申请日期是 2013 年 10 月 15 日；签发日期是 2013 年 10 月 18 日
一般原产地证书的编号：201386
普惠制原产地证书的编号：A2013/A11/8866
成品原材料均为国产
H.S.CODE：8204.6661
申领许可证单位的编号：198862688

2．2015 年 5 月 15 日，格林公司向北京出入境检验检疫局申请签发原产地证明书（FORM A）。5 月 16 日由北京出入境检验检疫局签发原产地证明书（编号：GREEN-NOMFMA15）。该出口产品无进口成分。

请结合前几章习题中关于格林公司的素材填制原产地证明书（FORM A）。

ORIGINAL

<table>
<tr><td colspan="3">1.Goods consigned from （Exporter's business name, address,country）</td><td colspan="3" rowspan="2">Reference No.

GENERALIZED SYSTEM OF PREFERENCES
CERTIFICATE OF ORIGIN

（**Combined declaration and certificate**）
FORM A
Issued in ____________
（country）
See Notes overleaf</td></tr>
<tr><td colspan="3">2.Goods consigned to （Consignee's name, address, country）</td></tr>
<tr><td colspan="3">3.Means of transport and route （as far as known）</td><td colspan="3">4.For official use</td></tr>
<tr><td>5.Item number</td><td>6.Marks and numbers of packages</td><td>7.Number and kind of packages; description of goods</td><td>8.Origin criterion （see Notes overleaf）</td><td>9.Gross weight or other quantity</td><td>10.Number and date of invoices</td></tr>
<tr><td colspan="6">

</td></tr>
</table>

11.Certification	12.Declaration by the exporter
It is hereby certified, on the basis of control carried out, that the declaration by the exporter is correct. -- Place and date, signature and stamp of certifying authority	The undersigned hereby declares that the above details and statements are correct, that all the goods were produced in .... （country） and that they comply with the origin requirements specified for those goods in the Generalized System of Preferences for goods exported to .... （ importing country ） -- Place and date, signature and stamp of authorized signatory

第9章 结汇单证

09

引导案例

该结汇了

蓝天国际贸易股份有限公司外贸业务员田方负责的这笔业务采用信用证结算，而信用证对单证的要求极高，审证制单时要求尽量避免疏漏。他就曾经看到如下一则案例：

某年9月Y公司向东南亚某国客商出口一批磷矿石，信用证的货物描述为(Description of Goods)：50000 MT Rock Phosphate FOB Fangcheng, China as per Pro-forma invoice NO. NV03R—1…

单据条款中规定：

（1）Commercial Invoice in triplicate.（商业发票一式三份）

（2）Certificate of Origin issued by China Commodity Import and Export Inspection and Quarantine Bureau.（由中国进出口商品检验检疫局签发的原产地证书）

（3）3/3 Set of clean on board bill of lading consigned to the order of issuing bank（3/3，即全套清洁的、已装船提单抬头为凭开证行指定）

（4）Beneficiary's certificate required in triplicate stating that the applicant has been advised of the complete details of shipment by telex/fax No.505759 and copy of telex/fax advice is required for negotiation.（受益人证明一式三份，显示已经电传或传真通知开证申请人装运详情，电传或传真通知件议付需要）

Y公司在信用证规定时间内发运货物后，备妥所有必需单据经议付行向开证行寄单索汇。开证行收到单据后，提出下列不符点：

（1）Invoice goods description do not show as per pro-forma invoice.（商业发票货物描述没有显示依据形式发票）

（2）Certificate of origin showing consignee differs from B/L.（原产地证书显示的收货人有别于海运提单）

（3）B/L does not show the name of master.（海运提单没有显示船长名称）

（4）Beneficiary's certificate mistyped "certify" as "citify".（受益人证明将certify误打印为citify）

（5）Shipping ADVICE with no evidence of the shipping details has been actually faxed.（发送传真的装运通知缺乏装运详情）

Y公司针对开证行所提单据不符点，立即对单据进行研究。研究发现自己确有疏漏之处，开证行也有挑剔之嫌。

（1）关于发票的不符点。《UCP500》第 37 条 c 款规定“商业发票中的货物描述必须与信用证中的描述一致。其他一切单据则可对货物的描述使用统称，但不得与信用证中的货物描述有抵触。”《ISBP645》第 62 款规定：“发票中的货物描述必须与信用证一致，但并不要求如同镜子反射那样一致。例如，货物细节可在发票中的若干地方表示，当合在一起时与信用证规定一致即可。”由此可见，《UCP500》对发票的货物描述是有严格规定的，漏打“As per proform invoice”确实构成不符点。

（2）关于原产地证的收货人。由于信用证只对产地证的出证人有要求，此外并未规定其他额外所需内容。根据《UCP500》第 21 款：“在信用证没有规定的情况下，只要提交的单据项目内容与其他任何规定的单据不矛盾，该单据将被接受。”而本案中，产地证中收货人显示的是开证申请人，而提单中的收货人显示的是凭开证行指示，似乎构成了不符点。但是《ISBP645》第 199 款规定：“收货信息，如果显示，则不得与运输单据中的收货人信息相矛盾。但是，如果信用要求运输单据做成‘凭指示’、‘凭托运人指示’或‘货发开证行’式的抬头，则原产地证可以显示信用证的申请人或信用证中注明的另外一人作为收货人，也可以接受。如果信用证已经转让，那么第一受益人作为收货人也可以接受。”显而易见，此不符点不能成立。

（3）关于提单签署。本案中提单是由船代公司代表船长签章。《ISBP645》第 76C 和 103B 款规定：“如果由代理人代表船长（或船东）签署，则必须表明其代理人身份，且必须注明被代理的船长（或船东）姓名。”由此可见，无论海运提单还是租船合约提单，如果是代理人代表船长签章的，则必须显示船长姓名，漏打船长姓名确实构成不符点。签署栏可以显示如下：

As Agent for The Master A
CAPT. ×××（船长名）
Master of M. V. “×××”（船名）
（代理人签字盖章）

（4）关于拼写错误。对此国际商会在《UCP500》中没有明确规定，但是在 ISBP 第 28 款中有明确规定：“如果拼写及/打印错误并不影响单词或其所在句子的含义，则不构成不符。例如在货物描述中，‘Mashine’表示‘Machine’（机器），用‘Fountan Pen’表示‘Fountain Pen’（钢笔）或用‘Modle’表示‘Model’（型号）都不会导致单据不符。”因此，本案中“Certify”被错打为“Citify”也不应视为不符点。

（5）关于“装运通知”已传真的证据。《UCP500》第 13 条 c 款中规定：“如果信用证中列有一些条件，但并未列明应予提交的满足该条件的单据，银行将认为未列明这些条件，且对此不予理会。”本案中，银行的意思是要受益人提交一份传真机打出的“Activity Report”（也称“Transmission Report”）来证明“装运通知”确实已经传真，但是由于其在信用证中并未列明，因此，此不符点不能成立。

因此，Y 公司一方面与银行交涉，另一方面积极与客户磋商。最终，由于双方是老客户，加之产品质量较好，客户同意接受不符点付款赎单结案。

（注：上述案例发生较早，相关信用证问题适用于 UCP500 和 ISBP645）

（资料来源：何康民，张黎明. 外贸制单案例. 北京：中国财政经济出版社，2006：235～238. 经过本书作者改编）

⇨**启示和疑问** 从本案例可以看出，作为一名合格的单证人员除了在审证制单时做到认真仔细外，仅知道“单证一致，单单一致”的基本原则是远远不够的，还必须认真学习和掌握UCP、ISBP等相关规定，向银行资深审单人员请教。只有这样，才可能在缮制单据时做到胸中有数，遇到开证行的挑剔时能从容应对。

蓝天国际贸易股份有限公司外贸业务员田方负责的这笔业务也是采用信用证结算。那么如何理解相符交单，做到避免不符点单据？成为一名合格的单证员，必须具备哪些基本素质？

⇨**建议** 学习审单、交单相关知识，及时准确交单结汇。

本章学习目标

- 掌握信用证项下结汇单据缮制的方法。
- 掌握信用证项下结汇单据审核的方法。
- 了解单据不符点的成因及其处理方法。

重要概念

出口结汇单证　不符点

9.1 结汇单证实务

9.1.1 结汇单证的种类

发票、装箱单、提/运单、保险单、检验证书等也是重要的结汇单证，此外，结汇单证还常常包括各种证明，现简介如下。

（1）投邮证明。常见的是受益人证明，也称受益人声明，是由受益人签发的证实某件事实的单据。常见的投邮证明包括以下几种：

1）寄单证明（Beneficiary’s Certificate for Dispatch of Documents）。由受益人在货物装运前后一定期限内，邮寄给规定的收受人以全套或部分副本单据（个别的要寄正本单据），并单独出具寄单证明或将寄单证明内容列明在发票内，作为向银行议付的单据。

2）寄样证明（Beneficiary’s Certificate for Dispatch of Shipment Samples）。由受益人根据信用证规定，签发寄出船样、样卡、码样等情况的证明。

3）邮局收据（Post Receipt）。如来证要求受益人以航空挂号（Registered Airmail）寄单据或样品，并要求提供邮寄收据的，受益人应在邮寄时取得邮局出具的邮寄收据。

4）快递收据（Courier Receipt）。如来证要求受益人以快递寄单寄样的，受益人在交寄时应取得快递机构的收据。

5）装运通知（电传、电报或传真）（Shipping Advice）及其证明。如来证订明受益人在规定时间内必须以电信将装运情况通知收货人/开证人，受益人须按时发出装运通知，在议付时必须提供装运通知副本与其他单据一起向银行议付。如来证需提供 Certified Copy 的，则在签字上方打明“Certified True Copy”字样。

（2）运输证明。常见的是船公司证明，即进口方要求受益人提供的、由船公司或其代理人出具的用以说明载货船舶的船籍、船龄、船程等内容的一类证明文件。

1）船籍及航程证明（Certificate of Registry Itinerary）。阿拉伯国家来证常要求提供装运船只国籍及全部航程停靠港口的证明。

2）船龄证明。中东有些地区来证，因保险费率问题，规定装载船舶的船龄不得超过 15 年，受益人必须要求船代理或船公司出具装载船舶证明。

船龄证明如下：

CERTIFICATE

8 April 2015

To whom it may concern,

WE HEREBY CERTIFY THAT M.S. KOTA TIMUR IS NOT O-
VER THAN 15 YEARS.

B/L NO.: JHZB04052943BUS

INVOICE NO.: JS540026/04

CHINA MARINE SHIPPING AGENCY

JIANGSU CO., LTD.

×××

Signature

3）船级证明（Confirmation of Ship's Class）。有些来证要求提供英国劳合氏船级社签发的船级证明（Certificate issued by Lloyd's Register of Shipping，London certifying that the carrying vessel is classified as 100A1），我国国轮以及在我国各港口行驶的船只，很少有劳合氏船级注册的船，因此，无法出具证明，如必须开具此项证明，须安排在香港转船，并先与香港方面联系，请由香港劳合氏分社代其伦敦总社签发证明寄回，方可凭以结汇。

船级证明如下：

Lloyd's Register of Shipping

71 Fenchurch Street. London, EC3M 4BS

Telephone 01–709 9166　　Telex 888 379　　Cables Committee, London EC3

Maersk Line（HK）Ltd,

Technical Office

17–19th FL., Sunning Plaza

10 Hysan Avenue, Causeway Bay,　　Our Ref. CLASS/CONF.

HONGKONG

Date　　11th Sept., 1984

CONFIRMATION OF CLASS

TO WHOM IT MAY CONCERN:

This is to certify that according to current information available in this office the Class Status of the under mentioned ship/unit is as follows:

L.R.Number 7361180

Name of Ship/Unit ADRIAN MAERSK

Gross Tonnage 29901

Date of Build 1975-8

Class Status The above ship maintains the Class+100Al and +LMC

The above ship has the notation UMS （Unattended Machinery Space）

Issuing Office

HONGKONG

× × ×

H. Mclean

For the Secretary, Lloyd's Register of Shipping

4）班轮公会船只证明。有些来证规定须装班轮公会船只时，可由船公司或其代理出具此项证明，如不能办到，则须修改信用证条款。

班轮公会船只证明如下：

CERTIFICATE

DATE:30 MAY 2015

RE:VESSEL NAME HAIXING V. 8

B/L NO. 50125

INVOICE NO. :SER-3587/04

L/C NO. :IREM457893/03

TO WHOM IT MAY CONCERN:

WE HEREBY CERTIFY THAT THE ABOVE CARRYING VESSEL IS A CONFERENCE LINE VESSEL COVERED BY INSTITUTE CLASSIFICATION CLAUSE.

苏迈克斯国际货运有限公司

SUMEX INTERNATIONAL TRANSPORTATION CO., LTD

× ×

5）集装箱船只证明。如来证规定货物须装载集装箱船只，只要提单上能表示出是集装箱运输就不须提供证明，但如条款做如下规定："Shipment to be made by container vessel and beneficiary to certify to this effect."，则须提供证明。

6）船长签发随船单据的证明。有些来证规定货物装运后将有关单证交装货的船只的船长随船带交收货人，议付时以船长收据作证，收据上须有船长转递单据的承诺。此条款常见于日本来证，因中日航线很短，船只到达后往往单据未到，日本商人因而在来证上提出上述要求。

（3）费用证明。

1）船代理运费账单。运费账单是承运人签发给托运人货物运送的运费收讫凭证。由出口方支付运费的，承运人对外不主动提供运费数据，但如信用证规定要提供 Freight Note, Invoice for freight Certificate from Shipping Company certifying amount of freight paid 等，也可提供此项运费账单。有的国家按 FOB 价征收关税，要求在提单上列明运费或另出凭证，都可按要求办理。有的来证条款还特别规定在发票上加注运费、保费及 FOB 金额。运费金额币制不相同者，可折成发票金额相同的币制。

2）保费收据。CIF 和 CIP 合约，如信用证要求提供保险费收据，可请保险公司出具。

3）议付时扣佣通知。信用证开足货款金额，但规定议付银行在议付时扣除佣金，在此种情况下，商业发票是货款的金额，汇票则是扣佣后的净额。

例如，A：At the time of negotiating, negotiating bank should deduct from their payment to the beneficiary 5% of the full CIF value being commission payable to A.B.C. Co. Ltd.

例如，B：Credit Note for 5% of invoice value to be deducted from amount negotiated to beneficiary as commission to A.B.C. Co. Ltd.

上述条款，可出具扣佣通知书。

4）借记通知单（Debit Note）。在日常业务中，有时有小额款项须向客户收取，如来证金额微有不足，保险加成超过合同规定，保险责任扩展至内陆城市因而发生超保等，这些超过信用证金额应由客户负担的款项，如果客户要求修改信用证会影响及时出运和结汇，利息损失也许大于可收款项。因此，可缮制借记通知单径向进口人索取，这样可避免改证或托收的烦琐手续和费用。此项借记通知单，须有一联交财会部门留存，凭以检查索款是否收妥。

5）其他运输证明。

黑名单证明如下：

CERTIFICATE

DATE：30APR. 2015

Invoice Number：SU345798

B/L Number：AF3450957850

Vessel Name：HAN JIN V. 508

To whom it may concern：

We hereby certify that the carrying vessel is not a blacklisted ship nor of Israeli nationality and she is not scheduled to call at any Israeli ports.

苏迈克斯国际货运有限公司

SUMEX INTERNATIONAL TRANSPORTATION CO., LTD

× ×

9.1.2 结汇单证的流程

1. 交单议付/兑付流程

提示 交单议付/兑付流程及单证要点：① 受益人交单；② 银行接单、审单；③ 银行付款/垫款/答应垫款或退单。

（1）受益人（出口人）交单。需提交的资料：① 全套信用证资料（包括正本信用证、正本修改书、有关附件及通知面函等），受益人若对某次修改不接受，应出具证明。② 本信用证项下的全套出口单据。③ 银行统一印制的《客户交单联系单》。

提示 如果出口人委托甲银行配单，应提交出口预审单据，交单联系单，出口配单委托书一式三份，信用证正本与副本各一份。并在出口配单委托书上填写：被委托银行（甲行）名称、公司名称、发票编号、开证行名称、金额、目的港、运输机构、信用证编号、装/效期和交单期限，被委托银行（甲行）代配和代审的单据名称、份数。

（2）银行接单、审单。

1）银行接单：先进行客户资格审查，再签收单据。

对《客户交单联系单》的审核：是否注明对某次修改的拒绝，如有，在其拒绝的修改上注明“客户拒绝此修改”；是否声明单据存在不符点，如声明，应要求客户提交不符点担保函；是否要求银行办理押汇、贴现，如有，客户应提交押汇申请书（至少应列明信用证号码、发票号、开证行、申请押汇/贴现金额、押汇/贴现期限及利率、银行保留追索权的承诺等）；是否注明出口收汇核销单编号；注意受益人对单据处理的意见，如已声称“无须验单，请直接向开证行寄单，我司承担一切责任”，银行不再审单，直接寄单索汇。

对单据的审核：核验单据种类、份数，提交的信用证及修改总页数是否与客户交单联系单上所列一致，不一致时银行应通知受益人，分清责任。

核验无误后，在客户签收簿上签收，并在客户交单联系单上注明接单时间和日期。然后在银行来单登记簿上逐笔登记，包括接单日期、公司发票号、发票金额等。

2）银行审单：先鉴定信用证，再审单。

鉴定信用证：① 如果是本行通知的信用证，应按通知号抽出该行留存的信用证副本，与交来的信用证正本对照，检查是否已核符印/押，所附的修改、附件及有关事项的批注是否齐全。② 如果是他行通知的信用证，应检查是否有“印/押核符”字样，以确定其是否为有效信用证，并复印信用证，将复印件加编流水号后作为信用证副本留存本行。③ 如信用证印押未符，应提醒受益人暂不出单。如受益人坚持出单，应要求其出具担保函。④ 检查信用证是否有指定的付款、承兑和议付行。若其指定银行非本行，应批注在“银行审单记录栏”内，并提醒受益人注意。⑤ 如果受益人要求办理押汇/贴现，应审核是否为可撤销或可转让信用证，是否带有软条款，索汇路线是否迂回曲折影响安全及时收汇，其他条款是否正常；运输单据是否为全套物权凭证；开证行的实力、信用、经营作风、业务往来情况；开证行所在国家/地区按代理行有关政策应如何掌握，该国家/地区的政局、经济水平、外汇管制、金融形势等因素是否影响安全及时收汇。

银行审单：① 合理谨慎地逐字逐句阅读信用证及其修改内容，逐条与单据核对，务必做到“单证一致”。以发票为中心，与其他单据对照审核，务必做到“单单一致”。依次审核各种单据各自应有的内容是否齐全，包括单据的名称、基本内容及特殊内容、签发人名称、签章、出单日期，注意单据必须满足其功能。② 审单完毕，应分别在信用证正副本背面批注日期、BP 编号、使用金额及信用证余额，并由银行签章。若信用证准许分批装运，并明确规定数量、件数等，应将每次出运的数量、件数批注，然后将全套信用证正本退还受益人。

（3）银行付款/垫款/答应垫款或拒付。

1）审单无误，银行付款/垫款/答应垫款。

2）审单中发现不符点，表提、电提、凭保议付或退单。

提示 银行作为信用证的保兑行/付款行/承兑行时不能向信用证受益人行使出口押汇/票据贴现追索权，因此银行审单时一律从严。当甲行委托乙行办理配单业务时，则甲行在审单时应在副本信用证上明显标出被委托银行（乙行）应注意的单据条款及相关条款。

2. 寄单索偿流程

提示 寄单索偿流程及单证要点：① 索偿行（议付行/付款行等）寄单（对外索汇函电）；② 付款行付款/偿付行偿付。

（1）经审核，单证相符的单据、已担保不符点的单据和客户已声明“无须验单”的单据，银行一般在一个工作日之内向外寄单索偿，并随附对外索汇函/电（俗称《寄单面函》）。

（2）注意事项。

1）根据信用证条款和金额大小，采用电索、快邮、以电代邮等快捷的方式索汇。

信用证中规定偿付条款为开证行见单付款时，应选择快邮方式寄单，以加速收汇；偿付条款为向开证行或偿付行电索时，应采用电索方式索汇；偿付条款为向偿付行信索时，若偿付行在美国境内，应采用以电代邮方式索汇，若不在美国境内，则采用快邮方式索汇；偿付条款为主动借记其在总行账时，应向总行收付中心发出借记报单要求其借记有关账后下划；偿付条款为授权借记其在总行账时，待收到开证行授权后，再向总行收付中心发出借记报单要求其借记有关账后下划。

2）单证不符的单据，索汇方式一般为开证行见单付款。

3）索汇指示应明确、具体，头寸清算应在海外联行、账户行、货币清算中心进行。

4）发出《寄单面函》应正确运用《跟单信用证项下银行间偿付统一规则》（简称 URR725）。索汇函/电内容包括开证行名称、信用证号码、收汇金额、费用、有关业务编号（包括已知的偿付行编号）、收汇路线及信用证中要求在索汇函/电详述的内容（如货物描述、原产地国、货物装运日期、起运地和目的地等）。

远期索汇函/电一般应在到期日前第 10 天/第 5 天，发送给开证行/偿付行。如逢法定节假日，须提前至前 1 个工作日。索汇电一般使用 SWIFT 规定的索汇格式。

如果信用证有要求，则在议付/兑付后，应电告开证行。

3．银行偿付、付款流程

开证行/付款行/承兑行自收单次日起算的5个工作日之内对外付款/承兑，发出付款/承兑函电。

远期信用证项下的承兑应严格按信用证及来单面函和汇票中的远期天数计算到期日缮制承兑函电，于到期日对外付款。承兑到期日恰逢我国节假日的，按下列两种情况分别处理：① 在发出承兑电时即可以计算出到期日为我国节假日的，电文中注明："承兑日为我国节假日，按国际惯例，我行将在节假日后的第一个工作日付款。" ② 在发出承兑电时无法确定到期日是否为我国节假日的，电文中注明："如果承兑日恰逢我国节假日，按国际惯例，我行将在节假日后第一个工作日付款。付款前将不再另行通知。"

4．进/出口人付款/收款流程

（1）申请人（进口人）付款赎单结汇。接到银行的来单通知后，申请人审核单证，如无误则付款赎单，否则可拒付。

（2）受益人（出口人）结汇。

提示 三种出口结汇方式：收妥结汇、买单结汇和定期结汇。

以议付信用证为例，出口地银行结汇人员收到国外行的付款报单，经核对印、押相符后，调出本行原寄单留底卷和客户提交的涉外收入申报单，核对号码、货币及金额，确认无误后，进行相关的账务处理和申报。结汇或入账后，应在寄单留底上批注贷记日、结汇日、销账日，并根据结汇后的留底在出口审单登记簿中批注贷记日、结汇日、销账日。

根据外管局规定，允许保留现汇的企业，其出口收汇可结入其外汇结算账户，超出该账户最高限额的部分应按规定予以结汇。

代理出口项下的收汇及受益人账户在异地的出口收汇，应按外管局规定办理原币划转或结汇后划转。

如果受益人提出办理款项让渡，受益人（办理申请人）、受让人应与银行签订《出口信用证款项让渡协议》。收汇后，银行应按款项让渡协议办理原币划转或结汇后划转。

经外管局批准以出口收汇归还外汇债务者，其出口收汇原币记入现汇账户或办理款项划拨。

已办理出口押汇/贴现者，出口收汇冲销出口押汇/贴现账户；已办理打包放款者，应先归还贷款。

提示 结汇或入账应按照外管局有关规定及《中国银行结汇、售汇及付汇统一操作规程》有关细则办理。

9.1.3 结汇单证的审核

1．信用证项下审单的重点项目

（1）汇票的审查要求。金额大小写、币别代码应规范、一致；付款期限符合合同或信用证规定；金额不能超出信用证限额；正确填写基本当事人；正确填写出票条款；出票人印章、签字不得遗漏。

信用证规定的其他条款。

（2）发票的审查要求。发票的付款人（抬头人）做成信用证的开证人或与信用证的特别要求相一致。非信用证方式收汇时，一般将合同的买方作为发票的抬头人。

发票的出票人必须与信用证显示的受益人名称、地址相符，非信用证方式时，该栏目显示合同的卖方。

发票的内容应做到严格按信用证要求表述。若信用证有详细品名的完全照样显示。若信用证只显示统称，如“General Merchandise”，发票上可按照合同和实际装运货物，显示详细品名，但不能与信用证上的统称相矛盾，而且必须与其他单据上出现的商品描述相符。

完整、正确地显示价格条款，做到与相应单据（如提单上的运费支付方式）表述一致。

发票金额、数量满足信用证的要求，正确运用《UCP500》的有关规定。发票金额不能超出信用证金额，显示信用证所要求的折扣和货款。数量与信用证要求一致。

发票上必须列明与其他相关单据相一致的总包装件数、总毛重、总净重、总尺码等数据。

做到信用证对发票的其他规定，如按要求显示有关号码、相关证明文句等。

（3）运输单据的审查要求。运输单据的格式性质必须与信用证规定相一致。若信用证规定出具特定承运人的运输单据应予以照办，出具人应符合信用证规定。

托运人一般应为出口商（信用证的受益人），若有特殊要求，提单的收货人必须与信用证规定相符。若为指示抬头提单，交单前必须正确背书，以便办理清关提货手续。

装运地/港、目的地/港，航程路线、通知人、提单日期等均应符合信用证规定。

提单上必须明确注明运费预付或到付字样。

货名可用统称，并与信用证和发票一致。

唛头、数量、毛重和净重应与其他单据相一致，大小写应相符等。

交银行的提单正副本份数符合信用证规定，承运人的签章和签发日期也要确保正确。

运输单据不能标有不清洁批注。

提示 注意分期装运与分批装运；分期装运的失效和恢复有效；信用证的双到期；清洁和不清洁的运输单据；运输行类型单据。

（4）保险单据的审查要求。保险人和保险单据的名称应符合信用证规定。

被保险人（投保人）应为信用证的受益人。

保险标的物（Subject Matter）应与运输单据相同。

承保风险（Risks Insured）应符合信用证关于保险险别的规定。

保险期限应符合信用证的规定，有关起运地、目的地、运输工具、航程，必须与运输单据一致。

保险金额大小写必须一致；金额必须符合信用证的要求，如信用证未注明金额要求，应按发票上货物金额的110%投保。投保货币按信用证（有特殊规定的除外）。

保险费除非信用证要求显示，一般可不显示，只打“As arranged”。

代理人（Agent），即保险公司在目的地的代理人，应有全称和详细地址。

理赔地点一般应为目的地。

保险公司签章不得遗漏。

保险单签发日期不得迟于运输单据的签发日期。

保险单的背书需按信用证规定办理。

（5）其他单据的审查要求。单据名称、出具者符合信用证要求。签发日期正确。

2. 信用证项下审单时常见的不符点

信用证过有效期；过交单期；缺少信用证规定的单据；超过信用证金额；短装、溢装等。具体说明如下。

（1）商业发票：① 该发票的开立人不是信用证的受益人。② 买方名称与信用证上的申请开证人不同。③ 货物数量与信用证不符或不在允许的增减幅度之内。④ 发票金额超支或不在允许的伸缩幅度内。⑤ 单价未按信用证规定或不在允许的幅度内，价格条件与信用证不符。⑥ 遗漏信用证要求、表明和证明的内容。⑦ 货物描述与信用证不符。⑧ 货物包装注有“用过”、“旧货”、“重新装配”等字样。⑨ 发票未按信用证的要求签字、公证、认证等。

（2）汇票：① 出票日期迟于有效期。② 汇票的付款期限与信用证规定不符。③ 汇票的出票人与信用证受益人名称不一致。④ 出票人未签字。⑤ 汇票的付款行不是信用证指定的银行。⑥ 收款人未背书或背书不正确。⑦ 更改汇票没有加盖更正章。⑧ 未按规定列明“出票条款”或“利息条款”。⑨ 漏列或错列信用证号码。⑩ 汇票金额大于信用证金额。⑪ 汇票金额大小写不一致。⑫ 货币名称与发票或信用证不一致。

（3）装箱单：① 内容未按信用证要求填写。② 所列包装方法与发票所列不符。③ 所列货物与发票不符。④ 所列货物、件数、质量、体积、数量等与其他单据不一致。

（4）重量单：① 未注明每件包装的质量。② 质量合计不准确。③ 船名、唛头与提单不一致。④ 未按信用证要求加列特别条款。⑤ 填写项目不全或有误。

（5）海运提单：① 收货人、被通知人名称、起运港、卸货港与信用证规定不符。迟期装运。② 所列货物与信用证不符。③ 包装件数、唛头与发票不一致。④ 未按信用证“禁止转运”而转运。⑤ 提交不清洁提单。⑥ 没有“已装船”的批注，或“已装船”批注后未列日期或批注日期迟于信用证规定的日期。⑦ 未按信用证规定，注明运费已付或到付；或注明的运费支付情况与信用证规定不符。⑧ 有“货装甲板”的批注。⑨ 未按信用证规定背书。⑩ 除非信用证另有规定，未提交全套有效的提单。⑪ 未注明承运人的名称。⑫ 承运人或船长的签字未表明身份。⑬ 承运人或船长的代理人签字时，未表明所代表的承运人的名称及身份。

（6）保险单据：① 并非由规定的保险公司或保险商出具。类型与信用证规定不符。② 保险货币或金额与信用证规定不符。③ 所列货物与信用证不符。④ 包装件数、唛头等与其他单据不一致。⑤ 起运港或卸货港与信用证规定不符。⑥ 被保险人（受益人）未背书或背书不正确。⑦ 未按信用证规定列明险别。⑧ 未提供全套保险单据。⑨ 保单的出单日期或保险责任生效日期迟于提单已装船日或发运或接受监管日。

（7）检验证书：① 检验日期迟于运输单据的日期，UCP600 中并未提到，须根据具体商品而定。② 检验证书的发货人、品名、报验数量、质量、标记及号码（唛头）与信用证的规定不符，或与发票上的记载不一致。③ 检验项目及内容与信用证要求不一致。④ 擅自涂改。⑤ 单据名称与信用证规定不符。

（8）产地证：① 所列商品与信用证内容不一致。② 未经信用证指定的机构签署。③ 份数有误。

9.1.4 单据不符点的成因及处理

提示 某国外调查显示，70%～80%的单据在第一次交单时存在不符点。

1．单据不符点的成因

（1）未认真缮制进出口合同。合同应阐明买方申请开证时向银行提出的条款，这些条款应清晰、简单、可核实、限制少，应避免使用诸如“第一流的承运人”、“特定天气状况下装船”之类的语言。除进口清关和官方所要求的文件外，进口方不应要求过多的文件，否则将加大单证不符的概率。

（2）公司制单员业务知识局限或操作疏忽。例如，某信开信用证规定了唛头，由于唛头在信用证的下方，同一页打不开，开证行在最后一行打上了 P.T.O.，公司制单员对此也未深究，把 P.T.O.三个字也包括在单据的唛头中，导致开证行拒付。其实，P.T.O.是 please turn over 的缩写，也即“请见反面”。该不符点纯粹是因为制单员的疏忽和不求甚解。

（3）船公司、保险公司、商检机构等部门对国际惯例不熟悉、误解或疏忽。这些部门出具的单据往往是信用证要求的重要单据，如不符往往影响很大。在 UCP500 刚开始实施时，银行就曾费了很大精力就提单签发表明身份问题与船公司进行交涉，但时到如今，UCP500 已修订为 UCP600 了，仍有船公司在签发提单时不规范，在表明身份时使用“as agent for carrier of B/L title”或“as agent for the carrier showed in B/L title”，大意为“作为提单抬头所表明的承运人的代理”，按此意可推断提单抬头中表明了承运人的名称，但往往抬头中除了船公司名称外并未明确表明该公司即为承运人，如果从信用证技术上考虑，提单上这样表达使提单表面未表明承运人名称，作为一种隐患，实际上是授柄于开证行。

（4）信用证本身的缺陷。① 信用证含有软条款。软条款往往使出口商在业务操作中进退两难。例如，信用证规定由开证申请人或其他人签字的检验证，而申请人既不验货又不出具相关证书，则出口商无法提交此单据，不符点因此而产生；即使出口商根据银行对单据真实性免责的国际惯例，自行提供这样一份检验证书（伪造证书），则容易遭到进口商以欺诈为由向法院申请的止付令。② 信用证本身含糊或自相矛盾。主要是指开证行在开出信用证时考虑不周或开证申请人疏忽或故意导致。例如，信用证要求全套正本提单，同时却规定 1/3 提单直接邮寄给开证申请人。③ 开证行对信用证修改的疏漏。一般来说，信用证条款之间是相互关联的，牵一发而动全身，若只改其中一个条款而对其他条款不做修正，则容易导致信用证无法执行，造成单证不符。例如，信用证修改将提单改成空运单，而受益人证明未将相关的邮寄提单改换成邮寄空运单；改 CIF 价格条款为 FOB 时，未将提单运费条款由 freight prepaid 改成 freight collect；改装运期未延展信用证有效期；改 CIF 价格条款为 CFR 或 FOB 时未删除信用证所要求的保险单等。④ 信用证条款与实际操作有冲突。例如，可转让信用证、背对背信用证中经常有一个条款“除发票外其他任何单据均不允许出现发票号码”，当信用证同时要求普惠制产地证时就会遇到问题，因为根据相关惯例，普惠制产地证必须注明发票号码。又如，信用证规定提交一份由商检部门出具的正本商检证书，并同时规定提交一份受益人证明，证明正本商检证书已直接寄给开证申请人，这将使受益人无法操作，因为我国商检部门往往只出具一份正本商检证书。

（5）受益人在经营过程中脱节。单据的一些缺陷可以修改，但由于公司经营造成的失误往往无法更改，如货物无法在规定时间内产出，产生短装、延误船期，因疏忽出运前未报检而无法获得检验证书等。

（6）对银行过分信赖。许多出口公司因自身素质问题，往往仰赖银行，银行从为客户提供优质服务角度考虑也是往往迁就客户，长久下来使公司单证业务素质一直得不到提高。如果银行业务水平和能力高，公司就可以高枕无忧，但一旦碰到业务不娴熟、水平欠佳、责任心不强的银行或银行经办员，那就不容乐观了。

提示 绝不只是制单过程中才会产生不符点。杜绝不符点要靠谈判、审证、生产、储运、制单等整个过程中所有人员的努力才能奏效。

2．开证行对不符点的处理方法

（1）通过国外银行通知受益人（出口商）更正单据，或由国外银行书面担保后付款。

（2）初审单据找出较明显的不符点，批注在来单通知书上，连同单据交开证申请人（进口商），征询处理意见，据此开证行决定是否拒付。

（3）直接对外拒付。

3．议付行对不符点的处理方法

（1）如果期限允许，议付行应将包含不符点的单据退回受益人修改，如受益人提交的单据不全，则要求受益人补齐。

提示 只要期限允许，受益人可以不限次数地修改、补交单据。但是信用证往往规定不符点扣费条款，按次收取不符点费，所以受益人应尽量避免单据出现不符点。

（2）如果期限不允许，议付行可以采用下列做法。

1）凭保议付（也称担保议付）。受益人出具担保书承认单据瑕疵，列明单证不符的具体内容，声明如开证行拒付，由受益人偿还议付行所垫付款项和费用，同时电请申请人授权开证行付款。

提示 在我国，议付行通常不垫款。所以，议付担保书只起到列明不符点、分清出口商自己审单和出口地议付行审单之间职责认定的作用。

2）电提。议付行暂不向开证行寄单，而是致电开证行，列明不符点，征询可否议付。得到开证行的授权后再行议付并寄单，若开证行不同意付款，则受益人可及早收回单据，或设法改正或采取必要措施处理在途货。电提适用于单证实质性不符，且金额较大；受益人同意或要求电提并承担费用。

3）表提。银行对外作为寄单行将单据寄给开证行，并在寄单面函上列明不符点，征求开证行意见。接到肯定答复后即行议付。如开证行退单，议付行照样退单给受益人。表提适用于单证不符情况并不严重，或者虽是实质性不符，但事先已经申请人（进口商）确认可接受。

4）有证托收。单据有严重不符点，或者已过信用证有效期，只能委托银行在《寄单面函》中注明“信用证项下单据做托收处理”，则开证行就成为代收行，按《托收统一规则》（简称 URC522）办理，俗称“有证托收”。“有证托收”容易遭到拒付，其实是一种不得已而为之的方式。

5）照常议付。如不符点模棱两可或微不足道，可用内部确认的办法，即要求受益人承认不符，而对外照常议付。

4．议付行对不符点拒付的处理方法

对于国外开证行的拒付，议付行应区别不同情况，进行合理的处置。

（1）单证的确不符。如开证行提出保留付款，或者要求退款（已向偿付行索汇），议付行应及时通知受益人，妥善解决，应退款的就及时退款，以维护银行信誉。

（2）开证行无理挑剔。遇到这种情况，议付行须尽最大努力与开证行交涉，并迅速通知受益人与进口商联系接受单据，同时议付行要据理力争，促使国外开证行接受单据付款。

5．受益人对不符点拒付的处理方法

（1）认真审核不符点。① 以信用证、UCP600、ISBP681 等为依据，审核开证行所提不符点是否成立。开证行不得以单据以外的理由拒付，如不成立，受益人可以理直气壮地要求开证行履行付款义务。② 审核拒付的前提条件是否已满足。如果超过收单次日起算的 5 个银行工作日或私自放单，则银行无权拒付。有时开证行由于自身素质或英语水平的限制，所提不符点与实际存在的不符点大相径庭，则可以认定开证行所提不符点不成立，而开证行后来对不符点所做的解释，即使正确的，受益人也可以认定其是第二次提出不符点，是无效的拒付行为而要求开证行付款。

（2）研究是否可以换单。根据国际惯例，如单据存在不符点，开证行已拒付，但是只要受益人改正单据并在信用证规定的有效期和交单期内提交到指定银行，且新提交的单据没有新的不符点，则视为单据不存在不符点，开证行必须付款。为此，一旦获知开证行提出不符点，受益人的反应一定要快，看是否可以、是否来得及改单，如有可能，应迅速改单并及时将单据交到指定银行。为此，事先事后受益人应做到：① 在审证时，坚持信用证的到期地点必须在受益人所在国；② 发货尽量提前；③ 一旦装船，立即交单；④ 重新补制单据时，一定要认真仔细，确保没有新的不符点。

（3）密切关注货物下落，了解银行是否私自放单或开证申请人是否已凭开证行的提货担保提取货物。UCP600 规定，开证行拒付后未经受益人或议付行同意，不得擅自向开证申请人放单，否则其必须付款。凭担保提货虽然构不成开证行拒付后必须付款的责任，但如果受益人或议付行要求退单，然后向船公司索要货物，船公司因无法提供货物，必然转而要求开证行履行提货担保项下的责任，则开证行不仅承担信誉损失，还可能承担比货款更多的经济损失。所以，一经受益人或议付行向开证行说明已知晓客户凭其提货担保提货的事实，开证行往往会立即付款。

（4）积极与开证申请人洽谈。开证行拒付后，如不符点确实成立，受益人应分析与开证申请人之间的关系及此笔交易的实际情况，以决定怎样与其交涉，说服开证申请人接受不符点并付款。只要货物质量过关，商品市场价格较好，开证申请人一般不会拒绝接受单据。

（5）降价或另寻买主。如不符点确实成立，或因货物质量有缺陷，或因市场不佳或客户信誉不好，申请人有时会拒付或要求降价。受益人从合作角度考虑，可尽量争取申请人让步，并在日后的贸易往来中给以其他优惠，以避免当笔业务的经济损失；在交涉不力的前提下，可答应降价，也可权衡利弊，积极联系新的买主。

（6）退单退货。在开证行提出实质性不符点、拒付行为规范、与客户交涉不力、寻找新买主而不得的情况下，应仔细核算运回货物所需费用和货物价值之间是否有账可算，如有利益应迅速安排退单退货退运，否则时间拖得越久，港杂、仓储等费用就越高；若运回货物得不偿失，不如将货物放在目的港，任由对方海关处理。

9.2 结汇单证案例

9.2.1 蓝天国际贸易股份有限公司的全套出口结汇单据示例

在办理货物出运工作的同时，蓝天国际贸易股份有限公司也开始了议付单据的制作。根据信用证的规定，蓝天国际贸易股份有限公司备齐了全套议付单据（商业发票、装箱单、3/3 海运提单正本、货物运输保险单、原产地证、受益人证明和汇票）（见附件 9-1），于 1 月 2 日向议付银行——中国银行北京市分行交单议付。

附件 9-1 蓝天国际贸易股份有限公司的全套出口结汇单据

商业发票

<table>
<tr><td>Issuer
BLUE SKY INTERNATIONAL TRADING CO. , LTD.
118 # 5TH NORTH RING ROAD BEIJING, P. R. CHINA
TEL：+86-10-82398888
FAX：+86-10-82398889</td><td colspan="2">Commercial Invoice</td></tr>
<tr><td>To
STAR CORPORATION
5 KING ROAD, DUBAI, UAE
TEL：+971-4-6666888
FAX：+971-4-6666889</td><td>NO.
BS14980042</td><td>DATE
DEC. 22, 2014</td></tr>
<tr><td rowspan="2">Transport Details
From TIANJIN To DUBAI</td><td>S/C No.
BS14125</td><td>L/C No. KBLC2014199
Issued By
HSBC BANK PLC,
DUBAI, UAE</td></tr>
<tr><td colspan="2">Terms of Payment
L/C</td></tr>
</table>

Marks and Numbers	Description & Specification	Quantity	Unit Price	Amount
STAR S/C No.：BS14125 Style No.：SY001 Port of destination：	BABY BLANKET SHELL: WOVEN TWILL 100% COTTON L1N1NG: WOVEN 100%	5 200PCS	CIF C5%DUBAI USD13.30/PC LESS C5% NET VALUE	 USD69 160.00 USD 3 458.00 USD65 702.00

Dubai Carton No.：1-260	POLYESTER STYLE NO. SY001, ORDER NO. 2013008 PACKED IN 20 PCS/CTN 260 CTNS			
	Total: 260 CTNS	5 200PCS		USD65 702.00

Say Total: SAY US DOLLARS SIXTY FIVE THOUSAND SEVEN HUNDRED AND TWO ONLY

FOR AND BEHALF OF:
BLUE SKY INTERNATIONAL TRADING CO. , LTD.
Signature ×××

装箱单

Issuer BLUE SKY INTERNATIONAL TRADING CO. , LTD. 118 # 5TH NORTH RING ROAD BEIJING, P. R. CHINA TEL：+86-10-82398888 FAX：+86-10-82398889	**Packing List**	
To STAR CORPORATION 5 KING ROAD, DUBAI, UAE TEL：+971-4-6666888 FAX：+971-4-6666889	Invoice No. BS14980042	Date DEC. 22, 2014

Marks And Numbers	**Description & Specification**	**Quantity**	**Package**	**G.W**	**N.W**	**Meas.**
STAR S / C No. ：BS14125 Style No. ：SY001 Port of destination：Dubai Carton No. ：1-260	BABY BLANKET STYLE NO.: SY001 ORDER NO.: 2013008 PACKED IN 20 PCS / CTN SHIPPED IN 20'FCL	5200PCS	260 CTNS	2 600 KGS	2 340 KGS	23.712 CUM
	Total:	5 200PCS	260 CTNS	2 600 KGS	2 340 KGS	23.712 CUM

Say Total: SAY TWO HUNDRED AND SIXTY CARTONS ONLY

FOR AND BEHALF OF:
BLUE SKY INTERNATIONAL TRADING CO. , LTD.
Signature ×××

提单

(3) Shipper BLUE SKY INTERNATIONAL TRADING CO., LTD. 118 # 5TH NORTH RING ROAD BEIJING, P. R. CHINA TEL：+86-10-82398888 FAX：+86-10-82398889	(2) B/L NO. COS63462142
(4) Consignee TO ORDER	(1) Carrier 中国集装箱运输有限公司 COSCO CONTAINER LINES TEL：+86-22-65458984 FAX：+86-22-65458984 BILL OF LADING PORT TO PORT OR COMBINED TRANSPORT
(5) Notify Party STAR CORPORATION 5 KING ROAD, DUBAI, UAE TEL：+971-4-6666888 FAX：+971-4-6666889	RECEIVED in external apparent good order and condition except as otherwise noted. The total number of packages or units stuffed in the container, the description of the goods and the weights shown in the Bill of Lading are furnished by the Merchants, and which the carrier has no reasonable means of checking and is not a part of this Bill of Lading contract. The carrier has issued the number of Bills of Lading stated below, all of this tenor and date, one of the original Bill of Lading must be surrendered and endorsed or signed against the delivery of the shipment and whereupon any other original Bills of Lading shall be void. The Merchants agree to be bound by the terms and conditions of this Bill of Lading as if each had personally signed this Bill of Lading. SEE clauses on the back of this Bill of Lading (Terms continued on the back hereof, please read carefully)

(6) *Pre carriage by	(7) *Place of Receipt
(8) Ocean Vessel & Voy. No. DONGFENG VOY.NO.257G	(9) Port of Loading TIANJIN

(10) Port of Discharge DUBAI	(11) *Place of Delivery	(11) *Final Destination	Flag

ORIGINAL

(12) Container No. Seal No.	(12) Marks and Numbers	(13) Nos.& Kinds of Pkgs.; (14) Description of Goods	(15) Gross weight	(15) Measurement (m^3)
TEXU32897555	STAR S/C No.：BS14125 Style No.：SY001 Port of destination：Dubai	BABY BLANKET 260CARTONS 1 × 20'FCL L/C No. KBLC2014199 DATE:NOV.19, 2014	2600KGS	23.712 m^3

<table>
<tr><td colspan="6">Carton No.：l-260
ON BOARD</td></tr>
<tr><td colspan="3">（16）Total Number of Containers or Packages （in words）</td><td colspan="3">SAY TWO HUNDRED AND SIXTY CARTONS ONLY</td></tr>
<tr><td>（17)Freight and charges
FREIGHT PREPAID</td><td>Revenue Tons</td><td>Rate</td><td>Per</td><td>Prepaid</td><td>Collect</td></tr>
<tr><td rowspan="2">EX. Rate</td><td colspan="2">Freight Prepaid at
TIANJIN</td><td colspan="2">Freight Payable at</td><td>（19）Place of Issue
TIANJIN</td></tr>
<tr><td colspan="2">Total Prepaid in</td><td colspan="2">（18）No. of Original B/L
THREE（3）</td><td>（20）Date of Issue
DEC, 30, 2014</td></tr>
<tr><td colspan="3">Loading on board of the Vessel
（21）Date
（21）By
________________</td><td colspan="3">（22）signed for or on behalf of the Master
COSCO CONTAINER LINES
× × ×</td></tr>
</table>

保险单

PICC 中国人民财产保险股份有限公司
PICC Property and Casualty Company Limited

总公司设于北京　　　　　　一九四九年创立
Head Office Beijing　　　　　Established in 1949

货物运输保险单

CARGO TRANSPORTATION INSURANCE POLICY

保单次号
POLICY NO. BJ12345

发票号（Invoice No.）：BS14980042

合同号（S/C No.）：BS14125

信用证号（L/C No.）：KBLC2014199

被保险人：

Insured：BLUE SKY INTERNATIONAL TRADING CO. , LTD.

中国人民财产保险股份有限公司（以下简称本公司）根据被保险人的要求，由被保险人向本公司缴付约定的保险费，按照本保险单承保险别和背面所载条款与下列条款承保下述货物运输保险，特立本保险单。

THIS POLICY OF INSURANCE WITNESSES THAT THE PICC PROPERTY AND CASUALTY COMPANY LIMITED（HEREINAFTER CALLED "THE COMPANY"）AT THE REQUEST OF THE INSURED AND IN CONSIDERATION OF THE AGREED PREMIUM PAID TO THE COMPANY BY THE INSURED. UNDERTAKES TO INSURE THE UNDER MENTIONED GOODS IN TRANSPORTATION SUBJECT TO THE CONDITIONS OF THIS POLICY AS PER THE CLAUSES PRINTED OVERLEAF AND OTHER SPECIAL CLAUSES ATTACHED HEREON.

标　　记	包装及数量	保险货物项目	保险金额
MARKS &NOS.	QUANTITY	DESCRIPTION OF GOODS	AMOUNT INSURED
AS PER Invoice No.BS14980042	260CTNS	BABY BLANKET	USD76 076.00

总保险金额：

TOTAL AMOUNT INSURED：SAY US DOLLARS SEVENTY SIX THOUSAND AND SEVENTY SIX ONLY

保费：　　　　　　　　　　费率：

PREMIUM：AS AGREED　　RATE　AS ARRANGED

启运日期：　　　　　　　　　　装载运输工具：

DATE OF COMMENCEMENT：DEC.30,2014　PER CONVEYANCE：S.S. DONGFENG　VOY.NO.257G

自　　　　　　　　　　　　　　至

FROM　TIANJIN　TO　DUBAI

承保险别：

CONDITIONS：

COVERING ALL RISKS AND WAR RISK OF CIC OF PICC（1/1/1981） INCL. WAREHOUSE TO WAREHOUSE AND I.O.P.

所保货物，如发生保单项下可能引起索赔的损失或损坏，应立即通知本公司下述代理人查勘。如有索赔，应向本公司提交保单正本（本保单共有三份正本）及有关文件。如一份正本已用于索赔，其余正本自动失效。

IN THE EVENT OF LOSS OR DAMAGE WHICH MAY RESULT IN A CLAIM UNDER THIS POLICY. IMMEDIATE NOTICE MUST BE GIVEN TO THE COMPANY' S AGENT AS MENTIONED HEREUNDER. CLAIMS, IF ANY, ONE OF THE ORIGINAL POLICY WHICH HAS BEEN ISSUED IN THREE ORIGINAL（S） TOGETHER WITH THE RELEVANT DOCUMENTS SHALL BE SURRENDERED TO THE COMPANY. IF ONE OF THE ORIGINAL POLICY HAS BEEN ACCOMPLISHED, THE OTHERS TO BE VOID.

中国人民财产保险股份有限公司

PICC PROPERTY AND CASUALTY COMPANY LIMITED

赔款偿付地点

CLAIM PAYABLE AT　DUBAI IN USD

出单日期　　　　　　　　　　　　　　×××

ISSUING DATE　DEC.29, 2014　　　　Authorized signature

地址：

ADD：

传真（FAX）：

邮编（POST CODE）：

保单顺序号：PICC ********

原产地证明书如下：

一般原产地证明书（蓝色）

ORIGINAL

1. Exporter（full name, address, country） BLUE SKY INTERNATIONAL TRADING CO., LTD. 118 # 5TH NORTH RING ROAD BEIJING, P. R. CHINA 2. Consignee（full name, address, country） STAR CORPORATION 5 KING ROAD, DUBAI, UAE	Certificate No. 201486 **CERTIFICATE OF ORIGIN OF THE PEOPLE'S REPUBLIC OF CHINA**
3.Means of transport and route ON OR ABOUT DEC.30, 2014, SHIPPED FROM TIANJIN TO DUBAI BY SEA 4.Country/region of destination DUBAI,UAE	5.For certifying authority only

6. Marks and numbers	7. Number and kind of packages; description of goods	8. H.S.Code	9. Quantity	10. Number and date of invoices
STAR S/C No.: BS14125 Style No.: SY001 Port of destination: Dubai Carton No.: 1-260 ***************	BABY BLANKET TWO HUNDRED AND SIXTY（260）CARTONS ****************** AS PER L/C No. KBLC2014199 L/C DATE:NOV.19,2014 NAME OF ISSUING BANK: HSBC BANK PLC, DUBAI, UAE	6301400000 **********	5200PCS ********	BS14980042 DEC.22,2014 **************

11. Declaration by the exporter	12. Certification
The undersigned hereby declares that the above details and statements are correct, that all the goods were produced in China and that they comply with the Rules of Origin of the People's Republic of China. BLUE SKY INTERNATIONAL TRADING CO., LTD. DEC, 25, 2014 BEIJING × × × -- Place and date, signature and stamp of authorized signatory	It is hereby certified that the declaration by the exporter is correct. ENTRY EXIT INSPECTION AND QUARANTINE AUTHORITIES OF THE PEOPLE'S REPUBLIC OF CHINA DEC, 25, 2014 BEIJING × × × -- Place and date, signature and stamp of certifying authority

受益人证明如下：

蓝天国际贸易股份有限公司

BLUE SKY INTERNATIONAL TRADING CO. , LTD.

118 #　5TH NORTH RING ROAD BEIJING, P. R. CHINA

DEC. 22, 2014

BENEFICIARY'S CERTIFICATE

INVOICE NO.: BS14980042　　　　　L/C NO.: KBLC2014199

WE HEREBY CERTIFY THAT THE GOODS SHIPPED ARE NEITHER ISRAELI ORIGIN NOR DO THEY CONTAIN ISRAELI MATERIALS NOR ARE THEY EXPORTED FROM ISRAELI.

FOR AND ON BEHALF OF:

BLUE SKY INTERNATIONAL TRADING CO. , LTD.

×××

汇票如下：

BILL OF EXCHANGE

凭　　　　　　　　　　　　　　　　　信用证

Drawn under HSBC BANK PLC, DUBAI, UAE　L/C　NO. KBLC2014199

日期　　　　　　　　　　　　　　　　支取　　　　按__息__付款

Dated　NOV.19,2014　　　　　　　　Payable with interest　@　　%

号码　　　　　　汇票金额　　　　　　中国　北京（出票地点和日期）

NO. BS14980042　Exchange for USD65 702.00　BEIJING China JAN. 3, 2015

见票　　　　　　日后（本汇票之正本未付）付交

At *** sight of this FIRST of Exchange（SECOND of Exchange being unpaid）Pay to the order of BANK OF CHINA, BEIJING, CHINA

金额

the sum of　SAY US DOLLARS SIXTY FIVE THOUSAND SEVEN HUNDRED AND TWO ONLY

此致：

To…HSBC BANK PLC, DUBAI, UAE…

BLUE SKY INTERNATIONAL TRADING CO. , LTD.

×××

9.3　结汇单证实验

实验 9-1　根据信用证缮制上海嘉宝进出口有限公司的结汇单证

【实验目的】　巩固信用证结汇单据、业务善后处理知识。

【知 识 点】　信用证的基本内容及其结汇单证的基本要求、业务善后处理知识。

【实验内容】 请为上海嘉宝进出口有限公司进行如下操作：

（1）准备全套结汇单证。

（2）进行善后处理。

【实验素材】 素材9-1。

素材 9-1 结汇单证和善后处理

（1）将以前章节涉及的结汇单据进行归结，同时补齐全套结汇单证。

（2）进行善后处理。给买方写信：① 假设顺利交单结汇，感谢对方合作。② 假设出现不符点，遭到银行拒付，写信说服买方付款，并商量采用电汇方式付款。信函日期：2015年6月22日。

实验 9-2 根据信用证审核上海 LUCKY 进出口公司的结汇单据

【实验目的】 初步学会根据信用证审核结汇单据。

【知 识 点】 信用证项下的审单实务。

【实验内容】 根据信用证审核结汇单据。

【实验素材】 素材9-2、素材9-3。

素材 9-2 信用证

TO：2153 23BKCHCNBJA94094610

FM：1453 23 ABNABEBR××××46343

ABNABEBR××××

ABN AMRO BANK N.V.

BRUSSELS

MT：700 01

SEQUENCE OF TOTAL：27：1/1

FORM OF DOCUMENTARY CREDIT：40A：IRREVOCABLE TRANSFERABLE

DOCUMENTARY CREDIT NUMBER：20：P298679336.94

DATE OF ISSUE：3 1C：08 1223

DATE AND PLACE OF EXPIRY：3 1D：090325 CHINA

APPLICANT：50：BELGIUM IMPORT/EXPORT
CORPORATION LTD.
BRUSSELS, BELGIUM

BENEFICIARY：59：SHANGHAI LUCKY IMPORT/EXPORT
CORPORATION LTD.
SHANGHAI, CHINA

CURRENCY CODE. AMOUNT：32B：USD18 449. 00

MAX. CREDIT AMOUNT：39B：MAXIMUM

AVAILABLE WITH…BY…：41D：ANY BANK

BY NEGOTIATION

DRAWEE：42D：ABN AMRO BANK N.V.

BRUSSELS

DRAFTS AT：42P：DRAFTS TO BE DRAWN AT 30 DAYS

FROM SHIPMENT DATE FOR

100PCT OF INVOICE VALUE

PARTIAL SHIPMENT：43P：ALLOWED

TRANSSHIPMENT：43T：PROHIBITTED

LOADING/DISPATCH/TAKING/FROM：44A：ANY CHINA'S AIRPORT

FOR TRANSPORTATION TO…：44B：ANTWERP

LATEST DATE OF SHIPMENT：44C：0903 1 4

DESCRPT OF GOODS/SERVICES：45A：

1） 400DZS OF MEN'S SLACKS AT USD24.05/DZ

2） 400 DZS OF MEN'S SHIRTS AT USD24.50/DZ

BOTH LESS 5PCT COMM.

NR 5034 （S/C 94G7471 DTD DEC. 20，2008）

CIP ANTWERP （ACCORDING TO INCOTERMS 2000）

DOCUMENTS REQUIRED：46A：

+INVOICES IN TRIPLICATE INDICATING L/C NO., SHOWING BREAKDOWN OF CIP VALUE.

+NEUTRAL PACKING LIST AND WEIGHT LIST NOT EVIDENCING THE ISSUER, INDICATING QTY PER CTN., WEIGHT AND VOLUME PER CTN AND IN TOTAL IN DUPLICATE.

+ORIGINAL GSP FORM A CERTIFICATE OF ORIGIN ISSUED BY COMPETENT AUTHORITIES.

+AWB CONSIGNED TO ORDER OF APPLICANT MARKED FREIGHT PREFIAID.

+FULL SET OF INSURANCE POLICY OR CERTIFICATE IN DUPLICATE BLANK ENDORSED FOR 110 PERCENT OF INVOICE VALUE COVERING AIR TRANSPORTATION CARGO CLAUSES ALL RISKS, STRIKES RIOTS AND CIVIL COMMOTIONS CLAUSES OF PICC, EXCLUDING WAREHOUSE TO WAREHOUSE CLAIMS PAYABLE AT ANTWERP.

+ORIGINAL SIGNED BENEFICIARY CERTIFICATE CERTIFYING THAT SHIPPING MARKS HAS BEEN RESPECTED AND THAT ONE COPY OF FULL SET SHIPPING DOCUMENTS HAS BEEN SENT TO APPLICANT WITHIN 5 DAYS FROM SHIPMENT DATE.

+PHOTOCOPY OF DULY SIGNED APPLICANT'S ATTESTATION CERTIFYING HAVING RECEIVED CONFORM SAMPLE OF ITEM 98636

IN CASE OF NON FULFILMENT OF THIS CONDITION, IT WILL BE CONSIDERED THAT ALL REQUESTED INSTRUCTIONS FOR EACH ITEM HAVE NOT BEEN RESPECTED AND SHALL BE PENALIZED.

ADDITIONAL CONDITIONS:47A:

+IN CASE OF DISCREPANT DOCUMENTS，A PENAL TY FEE OF USD75.00 WILL BE DEDUCTED FROM THE PROCEEDS.

+SHIPMENT SCHEDULE：

LATEST SHIPMENT FOR（1）400DZS OF MEN'S SLACKS AT USD24.05/DZ:090309

LATEST SHIPMENT FOR（2）400DZS OF MEN'S SHIRTS AT USD24.50/DZ:090314

+THIRD PARTY DOCUMENTS ACCEPLLABLE.

+IN CASE OF LATE SHIPMENT FOR EACH DAY DELAY, A PENALTY OF 1 PCT ON INVOICE VALUE WILL BE AUTOMATICALLY DEDUCTED FROM THE PAYMENT. THIS WILL NOT BE APPLICABLE IN CASE OF PRESENTATION OF APPLICANT'S FAX ATTESTING THAT THEY HAVE AGREED ON THE SHIPMENT DELAY

+UCP600 ART 23（C） DOES NOT APPLY

CHARGES：71B：ALL BANKING CHARGES, YOUR TELEX.SWIFT AND REIMBURSEMENT BANK'S CHARGES OUTSIDE BELGIUM ARE FOR APPLICANT'S ACCOUNT.

PRESENTATION PERIOD：48：WITHIN 10 DAYS AFTER SHIPMENT DATE

CONFIRMATION INSTRUCTL0N：49：WITHOUT

REIMBURSEMENT BANK：53D：ABN AMRO BANK N.V.

NEW YORK，USA

INSTRUCTION TO BANK：78：

+DOCUMENTS MUST BE SENT BY EXPRESS MAIL OR COURIER IN 1 LOT TO ABN AMRO BANK N.V., BRUSSELS, BELGIUM.

+UPON RECEIPT OF DOCUMENTS CONFORMING TO THE TERMS AND CONDITIONS OF THIS CREDIT, YOU ARE AUTHORIZED TO CLAIM FROM REIMBURSING BANK AT MATURITY DATE BY T/T CERTIFYING THAT ALL TERMS AND CONDITIONS HAVE BEEN COMPLIED WITH.

+REIMBURSEMENT CLAIMS ARE SUBJECT TO URR725.

素材 9-3 全套结汇单据

2 份正本：

BILL OF EXCHANGE

Drawn under ABN AMRO BANK N.V., BRUSSELS

L/C NO. P298679336.94 Dated 23DEC., 2008 Payable with interest @ %

NOA65044/04

Exchange for USD18 449.00 NANJING China 22 MAR, 2009

At 30 DAYS FROM SHIPMENT DATE of this SECOND of Exchange（First of Exchange being unpaid）⑦

Pay to the order of OURSELVES

the sum of U. S. DOLLARS EIGHTEEN THOUSAND FOUR HUNDRED AND FORTY NINE ONLY.

To ABN AMRO BANK N.V., BRUSSELS

JIANGSHU IMPORT/EXPORT CORPORATION LTD.

NANJING，CHINA

严守一

3份正本：

JIANGSHU IMPORT/EXPORT CORPORTATION LTD.

NANJING, CHINA

PROVISIONAL INVOICE

INVOICE NO. A65044/04

TO:

DATE: MAR. 9, 2009

BELGIUM IMPORT/EXPORT CORPORTATION LTD.
BRUSSELS, BELGIUM

L/C NO. P298679336.94

MARKS & NO.	DESCRIPTION & SPECIFICATION	QUANTITY	UNIT PRICE	AMOUNT
M.T.	ART. NO.		CIP ANTWERP	
ANTWERP	98636 K-2137-1			
98636				
K-2137-1	（1） 400DZS OF MEN'S SLACKS @ USD24.50/DZ			
CTN NO.1-200	（2） 400 DZS OF MEN'S SHIRTS @ USD24.05/DZ			
48PCS	1 CTN FREE ADVERTISING MATERIALS			
N.W.12KGS		TOTAL:		USD 19 420.00
G.W.14KGS				
MADE IN CHINA		LESS 5PCT COMM.		USD 971.00
				USD 18 449.00

TOTAL PACKED IN 20 CARTONS ONLY

SAY US DOLLARS EIGHTEEN THOUSAND FOUR HUNDRED
AND FORTY NINE ONLY

NR 5034 （S/C 94G7471 DTD DEC. 20,2008）

JIANGSHU IMPORT/EXPORT CORPORTATION LTD.
NANJING, CHINA

2份正本：

JIANGSHU IMPORT/EXPORT CORPORTATION LTD.

NANJING, CHINA

PACKING LIST & WEIGHT LIST

MARKS:

AS PER INV.NO. A65044/04 INVOICE NO. A65044/04

FROM:		VIA:		TO:		
PAYMENT:				L/C NO:		
C/NO.	ART. NO.	DESCRIPTION & SPECIFICATION	QUANTITY	WEIGHT G.W.	（IN KGS） N.W.	VOL （CMS）

1-200	98636	MEN'S SLACKS	@4DZS/CTN	@14.00	@12.00	
	K-2137-1	MEN'S SHIRTS				
					@57.00×45.00×57.00	
TOTAL:			800 DZS	2 800.00	2 400.00	$29.24M^3$

JIANGSHU IMPORT/EXPORT CORPORTATION LTD.
NANJING，CHINA

1 份正本：

ORIGINAL

<table>
<tr><td colspan="3">1. Goods consigned from （Exporter's business name, address, country）
JIANGSHU IMPORT/EXPORT CORPORTATION LTD.
NANJING, CHINA</td><td colspan="3" rowspan="2">Reference No. G0940058900021001
GENERALIZED SYSTEM OF PREFERENCES
CERTIFICATE OF ORIGIN
（Combined declaration and certificate）
FORM A
THE PEOPLE'S REPUBLIC OF CHINA
Issued in --
（country）
See Notes overleaf</td></tr>
<tr><td colspan="3">2. Goods consigned to （Consignee's name, address, country）
BELGIUM IMPORT/EXPORT CORPORTATION LTD. Z
BRUSSELS, BELGIUM</td></tr>
<tr><td colspan="3">3. Means of transport and route （as far as known）
FROM SHANGHAI TO ANTWERP BY AIR</td><td colspan="3">4.For official use</td></tr>
<tr><td>5.Item number</td><td>6.Marks and numbers of packages</td><td>7.Number and kind of packages; description of goods</td><td>8.Origin criterion（see Notes overleaf）</td><td>9.Gross weight or other quantity</td><td>10.Number and date of invoices</td></tr>
<tr><td>1</td><td>M.T.
ANTWERP
98636
K-2137-1
CTN NO.1-200
48PCS
N.W.12KGS
G.W.14KGS
MADE IN CHINA</td><td>MEN'S SLACKS
MEN'S SHIRTS

TOTAL PACKED IN 20 CARTONS ONLY
SAY TWO HUNDRED CARTONS ONLY</td><td>"W"
9503.41</td><td>800.00DZS</td><td>A65044/04
MAR. 9, 2009</td></tr>
<tr><td colspan="6"></td></tr>
<tr><td colspan="3">11. Certification
It is hereby certified, on the basis of control carried out, that the declaration by the exporter is correct.</td><td colspan="3">12. Declaration by the exporter
The undersigned hereby declares that the above details and statements are correct, that all the goods
were produced in CHINA
（country）</td></tr>
</table>

<table>
<tr>
<td>中华人民共和国出入境检验检疫局
ENTRY EXIT INSPECTION AND QUARANTINE AUTHORITIES OF THE PEOPLE'S REPUBLIC OF CHINA

黎明
NANJING, MAR, 9, 2009

-
Place and date, signature and stamp of certifying authority</td>
<td>and that they comply with the origin requirements specified for those goods in the Generalized System of Preferences for goods exported to
BELGIUM
(importing country)
吴慈仁
JIANGSHU IMPORT/EXPORT CORPORTATION LTD.
NANJING, CHINA MAR. 9, 2009

Place and date, signature and stamp of authorized signatory</td>
</tr>
</table>

1 份正本：

<table>
<tr><td colspan="3">JIANGSHU IMPORT/EXPORT CORPORTATION LTD.
NANJING, CHINA</td></tr>
<tr><td rowspan="2"></td><td></td><td>15 MAR. 2009</td></tr>
<tr><td>INVOICE NO.</td><td>A65044/04</td></tr>
<tr><td colspan="3">CERTIFICATE</td></tr>
<tr><td colspan="3">WE HEREBY CERTIFY THAT SHIPPING MARKS HAS BEEN RESPECTED AND THAT ONE COPY OF FULL SET SHIPPING DOCUMENTS HAS BEEN SENT TO APPLICANT WITHIN 5 DAYS FROM SHIPMENT DATE.
JIANGSHU IMPORT/EXPORT CORPORTATION LTD.
NANJING, CHINA</td></tr>
</table>

1 份副本：

BELGIUM IMPORT/EXPORT CORPORTATION LTD.

BRUSSELS, BELGIUM

TEL: （081）409111, （081）409200 FAX: （081）401857

N.O./Ref.

V.U. /Ref.

ATTESTATION

15 MAR. 2009

Dear Sir or Madam:

RE. IRREVOCABLE TRANSFERABLE DOCUMENTARY CREDIT NO. P298679336.94

ISSUED BU ABN AMRO BANK N.V.

WE HEREBY CONFIRM RECEIPT OF CONFORM SAMPLE OF THE FOLLOWING ITEM:

ITEM NO.	YOUR REF.	ORDER NO.
98636	K-2137-1	5034（94G7471）

GOODS MAY BE SHIPPED IN THIS WAY.

YOURS FAITHFULLY,

BELGIUM IMPORT/EXPORT CORPORTATION LTD. BRUSSELS, BELGIUM

TEL:（081）409111

Official Signature: Mozart S.

1 份正本：

888　SHA　345567890　　888-34567890

Shipper's Name and Address	Shipper's Account No.	Not negotiable **Air Waybill** Issued by SHANGHAI PUDONG INTERNATIONAL AIRPORT SHANGHAI, CHINA
JIANGSU IMPORT/EXPORT CORPORRATION LTD. NANJING , CHINA		Copies 1,2 and 3 of this Air Waybill are originals and have the same validity
Consignee's Name and Address	Consignee's Account No.	It is agreed that the goods described herein are accepted in apparent good order and condition（except as noted）for carriage SUBJECT TO THE CONDITIONS OF CONTRACT ON THE REVERSE HEREOF. ALL GOODS MAY BE CARRIED BY ANY OTHER MEANS INCLUDING ROAD OR ANY OTHER CARRIER UNLESS SPECIFIC CONTRARY INSTRUCTIONS ARE GIVEN HEREON BY THE SHIPPER, AND SHIPPER AGREES THAT THE SHIPMENT MAY BE CARRIED VIA INTERMEDIATE STOPPING PLACES WHICH THE CARRIER DEEMS APPROPRIATE. THE SHIPPER'S ATTENTION IS DRAWN TO THE NOTICE CONCERNING CARRIERS' LIMITATION OF LIABILITY. Shipper may increase such limitation of liability by declaring a higher value for carriage and paying a supplemental charge if required.
BELGIUM IMPORT/EXPORT CORPORATION LTD. BRUSSELS, BELGIUM		
Issuing Carrier's Agent Name and City UTI, BELGIUM, INC. ANTWERT, BELGIUM		
Agent's IATA Code 33-9-0509/0063	Account No.	Accounting Information FILE# 0177AE04101240 FLT# CA1507 SHIP REF. 888-34567890
Airport of Departure（Addr. of First Carrier）and Requested Routing SHANGHAI		Optional Shipping Information Reference Number

to	By first Carrier Routing and Destination	to	by	to	by	Currency	CHGS Code	WT/VAL PPD	WT/VAL COLL	Other PPD	Other COLL	Declared Value for Carriage	Declared Value for Customs
NAN JING	AIR CHINA							×				NVD	NCV

Airport of Destination	Registered Flight/Date	Amount of Insurance	
ANTWERT	CA896/11　CA2507/13	×××	Insurance-If carrier offers Insurance, and such Insurance is requested in accordance with the conditions thereof, indicate amount to be Insured in figures in box marked 'Amount of Insurance'

Handling Information
FREIGHT PREPAID　FLIGHT DATE: MAR.16,2009

GOODS HAVE BEEN ACCEPTED FOR CARRIAGE

No. of Pieces RCP	Gross Weight	KG Ib	Rate Class	Chargeable Weight	Rate/Charge	Total	Nature and Quantity of Goods
200 CTS	2800	KGS		2802KGS			MEN'S SLACKS, MEN'S SHIRTS SHIPPING MARKS: ANTWERP 98636 K-2137-1 CTN NO. 1-200 48PCS. N.W. 12 KGS G.W. 14KGS MADE IN CHINA

Prepaid	Weight Charge	Collect	Other Charges
	Valuation Charge		
	Tax		

Total Other Charges Due Agent

Total Other Charges Due Carrier

Shipper certifies that the particulars on the face hereof are correct and that insofar as any part of the consignment contains dangerous goods, such part is properly described by name and is in proper condition for carriage by air according to the applicable Dangerous Goods Regulations.

JIANGSU IMPORT/EXPORT CORPORRATION LTD. 徐萍

....

Signature of Shipper or his Agent

Total Prepaid　　Total Collect

HAIXI COMPANY AS AUTHORIZED AGENT FOR CARRIER AIR CHINA

MAR.10,2009 SHANGHAI 胡月

Currency Conversion Rate　　CC Charges in Dest. Currency

....

Executed on （Date） at （Place） Signature of Issuing Carrier or its Agent

For Carriers Use only at Destination　　Charges at Destination　　Total Collect Charges

FLIGHT DATE: MAR.16,2009

888-345678990

APPERSON K1369（12/04）　ORIGINAL 2　（FOR CONSIGNEE）

2 份正本：

PICC 中国人民财产保险股份有限公司
PICC Property and Casualty Company Limited

总公司设于北京　　一九四九年创立

Head Office Beijing　　Established in 1949

货物运输保险单

CARGO TRANSPORTATION INSURANCE POLICY

保单次号

POLICY NO. 99912

INVOICE NO. A65044/04

被保险人：

Insured： JIANGSHU IMPORT/EXPORT CORPORTATION LTD. NANJING, CHINA

中国人民财产保险股份有限公司（以下简称本公司）根据被保险人的要求，由被保险人向本公司缴付约定的保险费，按照本保险单承保险别和背面所载条款与下列条款承保下述货物运输保险，特立本保险单。

THIS POLICY OF INSURANCE WITNESSES THAT THE PICC PROPERTY AND CASUALTY COMPANY LIMITED（HEREINAFTER CALLED "THE COMPANY" ）AT THE REQUEST OF THE INSURED AND IN CONSIDERATION OF THE AGREED PREMIUM PAID TO THE COMPANY BY THE INSURED. UNDERTAKES TO INSURE THE UNDER MENTIONED GOODS IN TRANSPORTATION SUBJECT TO THE CONDITIONS OF THIS POLICY AS PER THE CLAUSES PRINTED OVERLEAF AND OTHER SPECIAL CLAUSES ATTACHED HEREON.

标记	包装及数量	保险货物项目	保险金额
MARKS &NOS.	QUANTITY	DESCRIPTION OF GOODS	AMOUNT INSURED
AS PER INV.NO. A65044/04	200 CARTONS	MEN'S SLACKS MEN'S SHIRTS	USD 20 294.00

总保险金额：

TOTAL AMOUNT INSURED： SAY US DOLLARS TWENTY THOUSAND TWO HUNDRED AND NINETY FOUR ONLY

保费： 费率：

PREMIUM： AS ARRANGED RATE AS ARRANGED

启运日期： 装载运输工具：

DATE OF COMMENCEMENT： AS PER AWB PER CONVEYANCE： BY AIR

自 至

FROM SHANGHAI TO ANTWERP

承保险别：

CONDITIONS：

COVERING ALL RISKS AS PER AIR TRANSPORTATION CARGO CLAUSES（1/1/1981） OF THE PEOPLE'S INSURANCE COMPANY OF CHINA（ABBREVIATED AS C.I.C. ALL RISKS）(INCL. SRCC.& WAREHOUSE TO WAREHOUSE CLAUSE）

所保货物，如发生保单项下可能引起索赔的损失或损坏，应立即通知本公司下述代理人查勘。如有索赔，应向本公司提交保单正本（本保单共有 两 份正本）及有关文件。如一份正本已用于索赔，其余正本自动失效。

IN THE EVENT OF LOSS OR DAMAGE WHICH MAY RESULT IN A CLAIM UNDER THIS POLICY. IMMEDIATE NOTICE MUST BE GIVEN TO THE COMPANY'S AGENT AS MENTIONED HEREUNDER. CLAIMS, IF ANY, ONE OF THE ORIGINAL POLICY WHICH HAS BEEN ISSUED IN TWO ORIGINAL（S）

TOGETHER WITH THE RELEVANT DOCUMENTS SHALL BE SURRENDERED TO THE COMPANY. IF ONE OF THE ORIGINAL POLICY HAS BEEN ACCOMPLISHED, THE OTHERS TO BE VOID.

SURVEY TO BE CARRIED OUT BY A LOCAL COMPETENT SURVEYOR, CLAIM DOCUMENTS TO BE MAILED TO THE UNDERWRITER, WE SHALL EFFECT PAYMENT BY REMITTANCE TO THE CLAIMANT.

LLOYDS INSURANCE COMPANY
NO.254 LLOYDS BLDG.
ANTWERP, BELGIUM

中国人民财产保险股份有限公司
PICC PROPERTY AND CASUALTY COMPANY LIMITED

赔款偿付地点
CLAIM PAYABLE AT ANTWERP（IN USD）
出单日期
ISSUING DATE MAR. 9,2009

华山
Authorized signature

地址：南京市石鼓路225号
ADD： NO.225 SHIGU ROAD, NANJING, CHINA
电话（TEL）：0086-25-86521049　　传真（FAX）：0086-25-84404593
邮编（POST CODE）：210029　　电子邮箱（E-MAIL）：
核保人：3201931005　　制单人：3201931024　　经办人：3201931010
保单顺序号：PICC ********

复习思考题

一、单项选择题

1. 信用证规定：货物从南京运到纽约，提交正本提单，禁止转运。提单显示：PORT OF LOADING:NANJING. PORT OF DISCHARGE:NEWYORK. OCEAN VESSEL:FREEDOM V 123 CONTAINERIZED CARGO HAS BEEN TRANSSHIPPED TO VESSEL EVERGREEN V345 AT THE CARRIER RESERVES TO TRANSHIPPMENT. 根据UCP600，以下关于提单陈述正确的是（　　）。

A. 提单可以接受

B. 提单有不符点，因为货物使用了集装箱装运

C. 提单有不符点，因为提单上有转运语

D. 提单有不符点，因为海运航程中发生了转运

2. 信用证规定：SHIPMENT FROM NANJING FOR TRANSPORTATION TO USA BEFORE AUG. 8, 2007. PARTLAL SHIPMENT:PROHIBTTED. DOCUMENTS REQUIRED: COURIER RECEIPT ISSUED BY DHL CONSIGNED TO THE APPLICANT EVIDENCING POSTAGE PAID. 两份DHL快邮收据提交给银行。

第一份DHL快邮收据显示：

FROM NANJING TO NEW YORK

PLACE AND DATE OF PICK-UP:AUG.7, 2007 9:10AM, NANJING

第二份 DHL 快邮收据显示：

FROM NANJING TO BOSTON

PLACE AND DATE OF PICK-UP:AUG.8, 2007 9:10AM, NANJING

根据 UCP600 规定，以下关于快邮陈述正确的是（　　）。

A．分批装运，因为提交了两份 DHL 快邮收据

B．分批装运，因为两份 DHL 快邮收据的日期不同

C．未产生分批装运，因为两份 DHL 快邮收据的启运地与信用证的规定相符

D．未产生分批装运，因为两份 DHL 快邮收据的目的地相同

3．信用证规定货物从中国港口运至美国港口，不允许分批，提交正本海运提单，最迟装期为 2009 年 8 月 8 日。提交两套提单。

第 1 套提单

PORT OF LODAING: TIANJIN　OCEAN VESSEL: FREEDOM V.123

PORT OF DISCHARGE:NEW YORK　ON BOARD DATE:AUG.2, 2009

第 2 套提单

PORT OF LODAING: SHANGHAI　OCEAN VESSEL: FREEDOM V.123

PORT OF DISCHARGE:NEW YORK　ON BOARD DATE:AUG.7, 2009

根据 UCP600 规定，以下提单正确的是（　　）。

A．分批装运，理由是提交了两套提单

B．分批装运，理由是两套提单的装运港和装船日期不同

C．未产生分批装运，理由是两套提单的目的地相同

D．未产生分批装运，理由是两套提单的装运船只、航次及目的地相同

4．发票上的货物数量应该与信用证一致，如信用证在数量前使用“约”、“大约”字眼，应该理解为（　　）。

A．货物有不超过 5%的增减幅度　　B．货物有不超过 10%的增减幅度

C．货物有不超过 3%的增减幅度　　D．货物数量不得增减

5．某份可转让信用证开证金额为 USD22 000.00，同时规定保险单据的投保金额是发票金额的 110%，禁止分批出运。第一受益人拟将 USD12 100.00 通过银行转让给第二受益人。为了满足原信用证规定的保额，则应规定保险单据的投保比例为（　　）。

A．100%　　B．110%　　C．200%　　D．210%

6．信用证要求港到港海运提单，若受益人提交的提单为备运提单，且该提单上注明的收货地点与起运港不同，应该（　　）。

A．另外批注“ON BOARD”和装船日期

B．另外批注装货港口及船名

C．A 和 B 缺一不可

D．不需要进行任何批注

7．如信用证未规定货物的指定数量不得有增减且数量不是以包装单位或个数记数，在支取款项不超过信用证金额的情况下，单据上显示的货物准许的增减幅度为（　　）。

A. 10% B. 8% C. 0% D. 5%

二、简答题

1. 简述出口结汇的3种方式。
2. 简述不符点的成因及其处理方法。

三、单证业务操作题

请根据所给相关资料（见素材9-4），缮制全套结汇单据。

素材9-4 合同和信用证

销售合同
SALES CONTRACT

卖方 SELLER: SUN TRADING CO., LTD.
29TH FLOOR KINGSTAR MANSION, 623JINLIN RD., SHANGHAI CHINA

编号 NO.: SHDS03027
日期 DATE: APR.03, 2010
地点: SHANGHAI
SIGNED IN:

买方 BUYER: ABC GENERAL TRADING CO.
#362 JALAN STREET, TORONTO, CANADA

买卖双方同意以下条款达成交易:

This contract Is made by and agreed between the BUYER and SELLER, in accordance with the terms and conditions stipulated below.

1. 品名及规格 Commodity & Specification	2. 数量 Quantity	3. 单价及价格条款 Unit Price & Trade Terms	4. 金额 Amount
			CIF TORONTO
CHINESE CERAMIC DINNERWARE			
DS1511 30-Piece Dinnerware and Tea Set	542SETS	USD23.50	12 737.00
DS2201 20-Piece Dinnerware Set	800SETS	USD20.40	16 320.00
DS4504 45-Piece Dinnerware Set	443SETS	USD23.20	10 277.60
DS5120 95-Piece Dinnerware Set	254SETS	USD30.10	7 645.40
	254SETS	USD30.10	7 645.40
Total:	2039SETS		46 980.00

允许 With 10% 溢短装，由卖方决定 More or less of shipment allowed at the sellers' option.

5. 总值 Total Value: SAY US DOLLARS FORTY SIX THOUSAND NINE HUNDRED AND EIGHTY ONLY.

6. 包装 Packing: DS2201 IN CARTONS OF 2 SETS EACH AND DS1151, DS4505 AND DS5120 TO BE PACKED IN CARTONS OF 1 SET EACH ONLY.
TOTAL: 1639 CARTONS.

7. 唛头 Shipping Marks: AT BUYER'S OPTION.

8. 装运期及运输方式 TO BE EFFECTED BEFORE THE END OF APRIL 2010 WITH

Time of Shipment & means of Transportation　　PARTIAL SHIPMENT ALLOWED AND TRANSSHIPMENT ALLOWED.

9．装运港及目的地
Port of Loading & Destination　　FROM: SHANGHAI
TO: TORONTO

10．保险
Insurance　　THE SELLER SHALL COVER INSURANCE AGAINST WPA AND CLASH & BREAKAGE & WAR RISKS FOR 110% OF THE TOTAL INVOICE VALUE AS PER THE RELEVANT OCEAN MARINE CARGO OF P.I.C.C. DATED 1/1/1981.

11．付款方式
Terms of Payment　　THE BUYER SHALL OPEN L/C THROUGH A BANK ACCEPTABLE TO THE SELLER BEFORE APRIL 10, 2010 VALID FOR NEGOTIATION IN CHINA UNTIL THE 15TH DAY AFTER THE DATE OF SHIPMEDNT.

12．备注
Remarks

The Buyer	The Seller
ABC GENERAL TRADING CO.	SUN TRADING CO., LTD.
(signature)	(signature)

信用证相关信息：

TO：ICBCCNBJSHI INDUSTRIAL AND COMMERCIAL BANK OF CHINA
SHANGHAI MUNICIPAL BRANCH

FM：××××××××××××THE ROYAL BANK OF CANADA
BRITISH COLUMBIA INTERNATIONAL CENTRE
1055 WEST GEORGIA STREET, VANCOUVER, B.C. V6E 3P3
CANADA

MT：700

SEQUENCE OF TOTAL：27：1/1

FORM OF DOCUMENTARY CREDIT：40A：IRREVOCABLE TRANSFERABLE

DOCUMENTARY CREDIT NUMBER：20：4720688 CA

DATE OF ISSUE：3 1C：100408

DATE AND PLACE OF EXPIRY：31D：100515　CHINA

APPLICANT：50：ABC GENERAL TRADING CO.
#362 JALAN STREET, TORONTO, CANADA

BENEFICIARY：59：DESUN TRADING CO.,LTD.
29TH FLOOR KINGSTAR MANSION, 623JINLIN RD.,
SHANGHAI CHINA

CURRENCY CODE. AMOUNT：32B：USD46 980.00

AVAILABLE WITH…BY…：41D：ANY BANK
BY NEGOTIATION

DR AWEE：42D：THE ROYAL BANK OF CANADA
BRITISH COLUMBIA INTERNATIONAL CENTRE

1055 WEST GEORGIA STREET, VANCOUVER, B.C. V6E 3P3

CANADA

DRAFTS AT：42P：AT SIGHT FOR FULL INVOICE VALUE

PARTIAL SHIPMENT：43P：ALLOWED

TRANSSHIPMENT：43T：ALLOWED

LOADING/DISPATCH/TAKING/FROM：44A：SHANGHAI

FOR TRANSPORTATION TO…：44B：TORONTO

LATEST DATE OF SHIPMENT：44C：100430

DESCRPT OF GOODS/SERVICES：45A：

4 ITEMS TERMS OF CHINESE CERAMIC DINNERWARE INCLUDING:

DS1151 30-PIECE DINNERWARE AND TEA SET AT USD23.50, 542SETS

DS2201 20-PIECE DINNERWARE SET AT USD20.40, 800SETS

DS4504 45-PIECE DINNERWARE SET AT USD23.20, 443SETS

DS5120 95-PIECE DINNERWARE SET AT USD30.10, 254SETS

DETAILS IN ACCORDANCE WITH SALES CONTRACT SHDS03027 DATED APR. 3, 2010.

CIF TORONTO CANADA.

DOCUMENTS REQUIRED：46A：

+SIGNED COMMERCIAL INVOICE AND 3 COPIED.

+FULL SET CLEAN ON BOARD OCEAN BILLS OF LADING SHOWING FREIGHT PREPAID CONSIGNED TO ORDER OF THE ROYAL BANK OF CANADA INDICATING THE ACTUAL DATE OF THE GOODS ON BOARD AND NOTIFY THE APPLICANT WITH FULL ADDRESS AND PHONE NO. 77009910.

+INSURANCE POLICY OR CERTIFICATE FOR 110 PERCENT OF INVOICE VALUE COVERING: WPA AND CLASH & BREAKAGE & WAR RISKS THE TOTAL INVOICE VALUE AS PER THE RELEVANT OCEAN MARINE CARGO OF P.I.C.C. DATED 1/1/1981.

+BENEFICIARY'S CERTIFICATE CERTIFYING THAT EACH COPY OF SHIPPING DOCUMENTS HAS BEEN FAXED TO THE APPLICANT WITHIN 48 HOURS AFTER SHIPMENT.

ADDITIONAL CONDITIONS：47A：

+IN CASE OF DISCREPANT DOCUMENTS，A PENALTY FEE OF USD70.00 WILL BE DEDUCTED FROM ANY PROCEEDS.

+ALL GOODS MUST BE SHIPPED IN ONE 20'CY TO CY CONTAINER AND B/L SHOWING THE SAME.

+THE VALUE OF FREIGHT PREPAID HAS TO BE SHOWN ON BILLS OF LADING.

CHARGES：71B：

ALL BANKING CHARGES OUTSIDE CANADA ARE FOR ACCOUNT OF BENEFICIARY.

PRESENTATION PERIOD：48：

WITHIN 15 DAYS AFTER SHIPMENT DATE, BUT WITHIN THE VALIDITY OF CREDIT.

CONFIRMATION INSTRUCTL0N：49：WITHOUT

INSTRUCTION TO BANK：78：

+ALL DOCUMENTS TO BE FORWARDED IN ONE COVER, BY AIRMAIL, UNLESS OTHERWISE STATED UNDER SPECIAL INSTRUCTION.

+DRAFT MUST BE MARKED AS BEING DRAWN UNDER THIS CREDIT AND BEAR ITS

NUMBER; THE AMOUNTS ARE TO BE ENDORSED ON THE REVERSE HEREOF BY NEG. BANK. WE HEREBY AGREE WITH THE DRAWERS, ENDORSERS AND FIDE HOLDER THAT ALL DRAFTS DRAWN UNDER AND IN COMPLIANCE WITH THE TERMS OF THIS CREDIT SHALL BE DULY HONORED UPON PRESENTATION.

+THIS CREDIT IS SUBJECT TO THE UNIFORM CUSTOMS AND PRACTICE FOR DOCUMENTARY CREDITS （2007 REVISION） BY THE INTERNATIONAL CHAMBER OF COMMERCE PUBLICATION NO. 600.

其他信息如下，关于发票，号码 DESUN010410；日期 2010-04-10。

关于提单，承运人：中国外运广东公司（SINOTRANS GUANGDONG COMPANY）；提单通知人：ABC GENERAL TRADING CO. #362 JALAN STREET, TORONTO, CANADA PHONE NO. 77009910；提单号码：SINOTGD2003123456；装运完毕当日即签发提单，提单签发地点和日期：SHANGHAI 2010-04-16；船名和航次：EASTWIND V19。

汇票日期：2010-04-17。

承保人：中保财产保险有限公司[The People’s Insurance（Property）Company of China, Ltd.]上海分公司。保险单签发日期：2010-04-15。赔款偿付地点及币种：TORONTO CANADA IN USD。

受益人证明日期：同提单签发日期，即 2010-04-16。

第 10 章 进口单证

10

引导案例

进口单证

对出口单证业务基本了解后，田方还想了解进口单证。

⇨ **启示和疑问** 如何全面认识进口贸易单证？

⇨ **建议** 了解、阅读全套进口单证相关内容。

本章学习目标

◆ 掌握进口单证实务。

重要概念

进口信用证　进口单证

10.1 进口单证实务

进口单证是指进口地的企业及有关部门涉及的单证，包括贸易合同、进口许可证、信用证、进口报关单、保险单等。相对出口而言，进口单证工作要简单许多。限于篇幅，本章重点说明下列问题。

10.1.1 开立、修改信用证

1. 信用证的开立

提示 信用证开证有授信开证和凭保证金开证两种。开证流程及单证要点：①签订贸易合同；②获得进口许可；③落实外汇；④进口商申请开证（递交合同副本及附件、填写开证申请书、缴付保证金、支付手续费）；⑤银行开证（涉及信用证）。

（1）申请人（进口人）申请开立信用证的流程。

进口人：① 递交有关合同的副本及附件。即贸易合同（如系代理进口，需附代理协议）；外贸进口批文（如进口配额许可类证明、机电产品进口登记证明等）；外汇管理部门规定的有关文件（如购汇申请书、进口付汇核销单、进口付汇备案表等）；若进口合同规定由进口商负责货物保险，对于使用开证行授信或贷款开证者，开证前应提交已投保的书面证明。首次办理业务还须提供经营进出口业务的批文、工商营业执照等，办理保证金账户的开立等手续。② 填写开证申请书。进口人根据银行统一的格式，按合同条款，明确、完整地填写一式三份开证申请书，一份留业务部门，一份留财务部门，一份交银行（加盖公章及财务专用章）。③ 缴付保证金。保证金一般为信用证金额的百分之几到百分之几十（根据进口人的资信情况而定）。④ 支付手续费。

（2）开证行开立信用证的流程。开证行审核申请人资信、开证申请书、贸易合同和贸易背景后，收取保证金（必要时），开出信用证。

（3）信用证开证申请书的填制方法。

提示 依据合同，兼顾开证行和 MT700/701 的要求，填写银行统一格式的信用证申请书一式三份。

申请开证日期：填写在申请书的右上角。

传递方式：申请书已列出 SWIFT、简电、信开（航空邮寄）等传递方式。申请人只需在选中的传递方式前的方框中打“×”即可。应尽量选用 SWIFT 方式。

信用证性质：不可撤销跟单信用证申请书已列明，不必重新填写，如增加保兑或可转让等内容，须自己加上，同时填写信用证的有效期及到期地点。信用证号码由开证行填写。

通知行：由开证行填写。

申请人：填写申请人的全称及详细地址，并注明联系电话、传真等号码。

受益人：填写受益人的全称及详细地址，并注明联系电话、传真等号码。

信用证金额：填写合同规定的总值，分别用数字和文字表示，并表明币种。如有上下浮动幅度，也要明确表示出来。

分批装运与转运：根据合同规定，在选择项目的方框中打“×”。

装运条款：根据合同规定填写装运地（港）及目的地（港）的名称、最迟装运日期，如有转运地（港）也应列明。

贸易术语：如果信用证申请书上有 FOB、CFR、CIF 及“其他条件”等备选项目，则在所选项前方框中打“×”或在该项后面填写。

付款方式：一般有 4 种选择，即即期支付、承兑支付、议付、延期支付。根据合同规定的付款方式，在选中方式对应的方框中打“×”。

汇票要求：① 汇票金额。根据合同规定填写信用证项下应支付发票金额的百分之几。② 支付期限。主要有即期、远期，如果是远期汇票，必须填写具体的天数，如 30 天、60 天、90 天等。③ 付款人。《UCP600》规定，信用证项下汇票的付款人必须是开证行或指定付款行，不能填写申请人。

单据条款：① 信用证申请书已印制具体的单据要求。在所选单据前的括号里打“×”，然后在该单据条款后填写份数、出单人及措辞等具体要求。若信用证申请书印制好的要求不完整，可在该单据条款后面填写清楚。② 对没有列出的单据可全部填写在“其他单据”处或空白处。③ 各单据条款之间不能互相矛盾。

合同项下的货物包括品名、规格、数量、包装、单价、唛头等。所有内容须与合同一致。如有特殊要求的，如包装规格、包装物的要求等，应具体、明确地表示出来。

附加条款：① 已印制，其中前几条是具体的条款要求，如需要可在括号里打“×”；内容不完整的，可根据合同规定和买方的需要填写清楚。② 对上述没有的条款，可填写在

“其他条款”中。

其他应填内容：申请书下面或背面应填有关申请人的开户银行名称、账户号码、执行人、联系电话、申请人（法人代表）签字等内容。

（4）信用证的主要内容。

1）对信用证本身的说明。信用证的种类、编号、开证日期（Issuing Date）、有效期（Expiry Date）、到期地点（Expiry Place）、币别和金额（Currency Code Amount），以及信用证有关当事人的名称、地址等。常见条款有以下几种：

① 直接写明到期日和到期地点。

This credit shall remain in force until Oct.1,2004 in China.本证到 2004 年 10 月 1 日为止在中国有效。

Expiry date：Mar.15，2015 in the country（China）of the beneficiary for negotiation.有效期：2015 年 3 月 15 日前，在受益人国家（中国）议付有效。

② 以“交单日期”、“汇票日期”等表达信用证有效期限。

Negotiation must be on or before the 15th day of shipment.自装船日起 15 天或之前议付。

This credit shall cease to be available for negotiation of beneficiary's drafts before Mar.15, 2015.丨本信用证受益人的汇票在 2015 年 3 月 15 日前议付有效。

2）货物和（或）服务描述（Description of Goods and/or Services）。货物名称、规格、牌号、数量、包装、单价、唛头，有时还包括合同号码、货物包装要求等。

3）装运条款（Transport Clause）。包括运输方式、装运港（地）、目的港（地）、装运日期、是否分批装运或转运等。

① 装运期（Date of Shipment）。

Shipment must be effected not later than Mar. 12, 2015. 货物不迟于 2015 年 3 月 12 日装运。

From China Port to Singapore not later than Mar. 12, 2015. 自中国口岸装运货物驶往新加坡不得迟于 2015 年 3 月 12 日。

Latest date of shipment: Mar.12, 2015. 最迟装运日期 2015 年 3 月 12 日。

② 分批装运/转运（Partial Shipments/Transshipment）。

With （without） partial shipment/transshipment 允许（不允许）分运/转船。

Transshipment is allowed provided “Through Bills of Lading” are presented. 如提交联运提单允许转运。

4）单据条款（Documents Required Clause/Clause（s）on Documents）。规定应附单据的种类、份数、签发条件。信用证项下要求提交的单据通常有商业发票（Commercial Invoice）、提单（Bill of Lading）、保险单（Insurance Policy）、汇票（Draft 或 Bill of Exchange）、原产地证（Certificate of Origin）、检验证书（Inspection Certificate）、受益人证明书（Beneficiary's Certificate）、装箱单（Packing List）等。信用证一般都具体说明提供单据的份数，常见的词组有 in duplicate（triplicate, quadruplicate, quintuplicate, sextuplicate, septuplicate, octuplicate, nonuplicate, decuplicate）一式两份（三、四、五、六、七、八、九、十份）。

① 金额和币制（Amount and Currency）。

Amount：USD... 金额：……美元

For an amount/a sum not exceeding total of USD...总金额不超过……美元

② 汇票条款（Clause on Draft or Bill of Exchange）。

Drafts drawn under this credit must be presented for negotiation in Guangzhou, China on or before 25th June, 2015. 凭本证开具的汇票须于 2015 年 6 月 25 日前（包括 25 日）在广州交单议付。

Drafts in duplicate at sight bearing the clauses “Drawn under ... L/C No. ... dated...”. 即期汇票一式两份，注明“根据……银行……号信用证，日期……开具”。

5）其他条款。包括交单期限（Period for Presentation of Documents）、偿付条款（Reimbursement Clause）、银行费用条款（Banking Charges Clause）、信用证生效条款（Valid Conditions Clause）、特别条款（Special Clauses/Conditions）。

① 佣金、折扣（Commission and Discount）。

5% commission to be deducted from the invoice value. 5%的佣金须在发票金额中扣除。

Signed invoices must show 5% commission. 经签署的发票须标明 5%的佣金。

② 费用（Charges）。

All banking charges for seller’s account. 一切银行费用由卖方负担。

③ 议付与索偿（Negotiation and Reimbursement）。

Original documents must be sent by registered airmail, and duplicate by subsequent airmail. 单据的正本须用挂号航邮寄送，副本在下一班航邮寄送。

④ 其他。

For special instructions please see overleaf. 特别事项请看背面。

Letter of guarantee and discrepancies are not acceptable. 书面担保和不符点单据均不被接受。

6）责任文句。开证行对受益人保证承担第一性付款责任的文句，即开证行的保证（Warranties of Issuing Bank）。

We hereby undertake to honour all drafts drawn in accordance with terms of this credit.丨凡按本信用证所列条款开具并提示的汇票，我行保证承兑。

We hereby engage with drawers and/or bona fide holders that draft（s） drawn and negotiated on presentation and that draft（s） accepted within the terms of this credit will be duly honoured at maturity.丨我行兹对出票人及（或）善意持有人保证：凡按本证条款开具及议付的汇票一经提示即予承兑；凡依本证条款承兑的汇票，到期即予照付。

7）跟单信用证统一惯例文句。

Except as otherwise expressly stated herein, this credit is subject to the Uniform Customs and Practice for Documentary credits UCP （2007 Revision）—International Chamber of Commerce publication No.600. 除非另有规定，本证根据国际商会第 600 号出版物《跟单信用证统一惯例（2007 年修订本）》办理。

2．信用证的修改

参见第 4 章。

10.1.2 审单付汇

1. 银行偿付、付款

银行收到国外寄来的汇票及单据后，对照信用证的规定，核对单据份数和内容。如内容无误，即由银行对国外付款。如审核国外单据发现单证不符，应做出适当处理。如停止对外部分付款；不符部分拒付；货到检验合格后再付款；凭卖方或议付行出具担保付款；要求国外改正单据；在付款的同时，提出保留索赔权等。

2. 申请人（进口人）付款

接到银行的来单通知后，申请人审核单证，如无误则付款赎单，否则，可拒付。

10.2 进口单证案例

10.2.1 开立、修改信用证

（1）2015 年 2 月 19 日，中化贸易有限公司与波兰 CIECH S.A.签订“甲苯二异氰酸酯”贸易合同（中方起草并签署后传真给 CIECH S.A.公司。CIECH S.A.公司签章后，自留一份，签退中方一份。合同号码：CCTC201500001-01）。

合 同

CONTRACT

合同号码： CCTC201500001-01	日期：Feb. 19 2015
Contract No.	Date：
	地点：Beijing, China
	Place：
买方：中化贸易有限公司	卖方：
The Buyer：CHINA CHEM TRADE CO., LTD.	The Seller：CIECH S.A.
地址：中国北京和平里八区六号楼	地址：
Address：BUILDING NO.6, DIST. 8,	Address：UL.POWAZKOWSKA 46/50 01-728
HEPINGLI, BEIJING 100013, CHINA	WARSZAWA POLAND
TEL：+86 10 64686832	TEL：（+4852）374-94-56
FAX：+86 10 64686833	FAX：（+4852）374-95-48

本合同由买卖双方缔结，用中、英文字写成，两种文字具有同等效力。按照下述条款，卖方同意售出，买方同意购进以下商品：

This contract is made out in Chinese and English both version being equally authentic between the Seller and the Buyer. The Seller agrees to sell and the Buyer agrees to buy the under mentioned goods subject to terms and conditions set forth hereinafter as follows:

1. 商品名称及规格 Name of Commodity and Specification：

   TDI（TOLUENE DIISOCYANATE） 80/20

   TYPICAL SPECIFICATION AS PER MANUFACTURER'S CATALOGUE.

2. 数量 Quantity：

   300 MT （20MT*15FCLS）

3. 单价（包装费包括在内）Unit price （Packing Charges Included）:

USD3000/MT CFR NINGBO, CHINA

4. 总值 Total Value：

USD900 000.00

5. 包装（适于海洋运输）Packing（seaworthy）:

250 KGS NET IN DRUM, 20MT/20FT CONTAINER

6. 生产国别及制造厂商 Country of Origin & Manufacture：4

POLAND

7. 装运时间 Time of Shipment：

BEFORE MAR. 1 , 2015

8. 装运口岸 Port of Loading：

GDYNIA PORT, POLAND WITH TRANSSHIPMENT AT EUROPEAN PORT

9. 目的口岸 Port of Destination：

NINGBO，CHINA

10. 装运唛头 Shipping Marks：

N/M

11. 付款条件 Terms of Payment

A. 买方于装运时间前________天通过________银行开出以卖方为受益人的不可撤销的信用证，卖方在装船启运后凭本合同____条款 12 所列单据在开证银行议付货款。信用证有效期为装船后 15 天截止。

A_______days prior to the time shipment, the Buyer shall open with the Bank of______________, an irrevocable Letter of Credit in favour of the Seller payable at the issuing Bank against presentation of the shipping documents as stipulated under Clause 12 of this Contract after departure of the carrying vessel. The said Letter of Credit shall remain in force till the 15th days after shipment.

B. L/C AT SIGHT

12. 装运单据 Shipping Documents：

DETAILED IN THE L/C

13. 仲裁条款 Arbitration：

凡因执行本合同或有关本合同所发生的一切争执，双方协商解决。如果得不到解决，应提交北京中国国际经济贸易仲裁委员会，根据该仲裁委员会的仲裁程序进行仲裁，仲裁裁决是终局的，对双方均有约束力。除非另有规定外，仲裁费用均由败诉方负担。

All disputes arising from the execution of, or in connection with this Contract, shall be settled through negotiation . In case no settlement can be reached through negotiation, the case shall then be submitted to the China International Economic & Trade Arbitration Commission, Beijing, for arbitration in accordance with the Commission's Rules of Procedure. The award rendered by the Commission shall be final and binding on both parties. The fees for arbitration shall be borne by the losing party unless otherwise awarded.

14. 商检条款 Inspection：

以“中国商检”所签发的品质、数量/重量检验证书，作为品质、数量/重量的退货或索赔的依据，由此引起的一切费用（包括检验费）及损失均由卖方负责。

The Certificate of quality, quantity/weight issued by China Commodity Inspection Bureau（CCIB）shall be taken as the basis of the return of goods or claim, all expenses (including inspection fee) and losses arising from the return of goods or claim should be borne by the Seller.

15. 备注 Remark:

买 方	卖 方
The Buyer	The Seller
(签字、盖章)	(签字、盖章)

(2)2015 年 2 月 21 日，中化贸易有限公司向交通银行北京分行申请开证。21 日收到信用证开立确认书。

IRREVOCABLE DOCUMENTARY CREDIT APPLICATION

TO: BANK OF COMMUNICATIONS, BEIJING BRANCH

开证方式(全电开证)ISSUE BY TELETRANSMISSION

ADVISING BANK(信用证通知行): PPABPLPK FORTIS BANK POLSKA S.A

50-APPLICANT(申请人): **CHINA CHEM TRADE CO., LTD** ADDRESS: **BLDG NO.6, DIST.8 HEPINGLI BEIJING 100013 CHINA**	CONTRACT NO .(合同号): CCTC201500001-01 20-L/C NO.(信用证号): EXPIRY DATE(有效期年/月/日): MAR.31, 2015 EXPIRY PLACE(有效地点): IN POLAND
59-BENEFICIARY(受益人): CIECH S.A. ADDRESS: UL. PULAWSKA 182 02-670 WARSZAWA POLAND	32B—AMOUNT IN FIGURES AND WORDS(信用证币种、金额)USD900,000.00 SAY:US DOLLARS NINE HUNDRED THOUSAND ONLY
(×) IRREVOCABLE DOCUMENTARY CREDIT (不可撤销信用证) ( ) IRREVOCABLE TRANSFERABLE DOCUMENTARY CREDIT(不可撤销转让信用证)	43P—PARTIAL SHIPMENTS(分批装运) ( ) ALLOWED (×) NOT ALLOWED 43T—TRANSSHIPMENTS(转运) (×) ALLOWED ( ) NOT ALLOWED
CREDIT AVAILABLE WITH ( ) ANY BANK (×) ADVISING BANK ( ) OTHER BANK: PPABPLPK FORTIS BANK POLSKA S.A. IN (指定银行所在地) ( ) BY PAYMENT(付款信用证) (×) BY NEGOTIATION(议付信用证)	44C—SHIPMENT TO BE MADE NOT LATER THAN(最迟装运期): MAR 10, 2015 44A—PLACE OF TAKING IN CHARGE / DISPATCH FROM…/PLACE OF RECEIPT: MAIN PORT IN POLAND 44E—PORT OF LOADING/AIRPORT OF DEPARTURE:

(　) BY ACCEPTANCE（承兑信用证） (　) BY DEFERRED PAYMENT(延期付款信用证) AGAINST THE DOCUMENTS DETAILED HEREIN AND BENEFICIARY'S DRAFT（S） FOR 100% OF THE INVOICE VALUE (×) AT SIGHT (　) AT DAYS AFTER SIGHT DRAWN ON ISSUING BANK.	44F—PORT OF DISCHARGE/AIRPORT OF DESTINATION: NINGBO CHINA 44B—PLACE OF FINAL DESTINATION /FOR TRANSPORTATION TO…/PLACE OF DELIVERY:
NEGOTIATION RESTRICTED TO (　) ADVISING BANK (　) OTHER BANK TRANSFERABLE WITH (　) ADVISING BANK (　) OTHER BANK CONFIRMATION (　) ADD BY ADVISING BANK (　) ADD BY OTHER BANK：	TERMS OF PRICE（价格条款）： (　) FCA (　) FOB (×) CFR (　) CIF (　) OTHER TERM:

45A—DESCRIPTION OF GOODS（货物描述）：

Name of Commodity: 300MT（20MT*15FCLS） OF TDI （TOLUENE DIISOCYANATE） 80/20

Quantity: 300MT

Total Amount: USD900,000.00

Unit Price:USD3000/MT CFR NINGBO, CHINA

Origin of Country: POLAND

Shipping Mark: N/M

Price term: CFR NINGBO, CHINA

Packing: 250KGS NET IN DRUM, 20MT/20FT CONTAINER

46A—DOCUMENTS REQUIRED（单据条款）：（MARKED WITH X）

1. 【×】 SIGNED **COMMERCIAL INVOICE** IN 3 ORIGINAL（S） AND 3 COPY（IES） INDICATING CONTRACT NO. CCTC201500001-01 AND L/C NO.
   （PHOTO COPY AND CARBON COPY NOT ACCEPTABLE AS ORIGINAL）
2. 【×】 FULL SET OF **BILLS OF LADING** IN 3 ORIGINAL（S） AND 3 NON-NEGOTIABLE COPY（IES） MADE OUT TO ORDER AND BLANK ENDORSED MARKED "FREIGHT【×】 PREPAID【 】 TO COLLECT【 】PAYABLE AS PER CHARTER PARTY"
   【 】SHOWING FREIGHT AMOUNT ）AND【×】NOTIFYING CHINA CHEM CO., LTD BLDG NO.4, DIST.7 HEPINGLI BEIJING 100013 CHINA
3. 【 】**AIR WAYBILL** SHOWING "FREIGHT【 】PREPAID【 】TO COLLECT"
   【 】INDICATING FREIGHT AMOUNT AND CONSIGNED TO: ____________
4. 【 】FULL SET （INCLUDED__ORIGINAL（S） AND__ COPY（IES）） OF **INSURANCE POLICY/ CERTIFICATE** FOR 110PCT OF INVOICE VALUE , SHOWING CLAIMS PAYABLE IN CHINA, IN CURRENCY OF THE DRAFT, BLANK ENDORSED, COVERING （【×】 OCEAN MARINE

TRANSPORTATION/【 】AIR TRANSPORTATION/【 】OVER LAND TRANSPORTATION)【 × 】ALL RISKS AND WAR RISKS.

5.【 × 】**PACKING LIST/WEIGHT MEMO** IN __3__ ORIGINAL (S) AND __3__ COPY (IES) ISSUED BY **BENE.** INDICATING QUANTITY /GROSS AND NET WEIGHTS OF EACH PACKAGE AND PACKING CONDITIONS AS CALLED BY THE L/C.

6.【 × 】**CERTIFICATE OF QUANTITY/WEIGHT** IN __3__ ORIGINAL (S) AND __3__ COPY (IES) ISSUED BY BENEFICIARY THE ACTUAL SURVEYED QUANTITY/WEIGHT OF SHIPPED GOODS AS WELL AS THE PACKING CONDITION.

7.【 × 】**CERTIFICATE OF QUALITY** IN __3__ ORIGINAL (S) AND __3__ COPY (IES) ISSUED BY BENEFICIARY THE ACTUAL TESTED RESULTS OF FULL SPECIFICATIONS OF GOODS SHIPPED AS CALLED FOR BY THE L/C.

8.【 × 】**CERTIFICATE OF ORIGIN** IN __1__ ORIGINAL (S) AND __3__ COPY (IES) CERTIFIED BY URZAD CELNY W BYDGOSZCZY

9.【 】**BENEFICIARY'S CERTIFIED** COPY OF CABLE/FAX/TELEX DISPATCHED TO THE APPLICANT WITHIN __3__ WORKING DAYS AFTER SHIPMENT ADVISING [×]NAME OF VESSEL/[ ] FLIGHT NO. /[ ]WAGON NO. , DATE, QUANTITY, WEIGHT AND VALUE OF SHIPMENT.

10.【 】**BENEFICIARY'S CERTIFICATE** CERTIFYING THAT EXTRA COPIES OF DOCUMENTS HAVE BEEN DISPATCHED ACCORDING TO THE CONTRACT TERMS.

11.【 】**BENEFICIARY'S CERTIFICATE** CERTIFYING THAT 1/3 SET OF ORIGINAL B/L AND EACH COPY OF SHIPPING DOCUMENTS LISTED ABOVE HAVE BEEN DISPATCHED TO APPLICANT BY COURIER SERVICE WITH_____DAYS AFTER SHIPMENT, THE RELEVANT POST RECEIPT REQUIRED FOR NEGOTIATION.

12.【 × 】**OTHER DOCUMENTS**, IF ANY (其他单据):

(×) Beneficiary's certified copy of fax/telex dispatched to the applicant within __5__ working days after shipment advising ☒ name of vessel ☒ B/L No. ☐ Flight No. ☐ Wagon No. ☒ Shipping date ☒ contract No. ☒ L/C No., Commodity, quantity, weight and value of shipment.

CERTIFICATE OF ALL WOODEN PALLETS AND ELEMENTS SHOW THE IPPC MARKS/LABEL

47A—ADDITIONAL INSTRUCTIONS (附加条款):

1.【 × 】ALL BANKING CHARGES AND INTEREST IF ANY OUTSIDE THE ISSUING BANK AND REIMBURSEMENT CHARGES ARE FOR ACCOUNT OF BENEFICIARY .

2.【 × 】DOCUMENTS TO BE PRESENTED WITHIN __21__ DAYS AFTER THE DATE OF SHIPMENT BUT WITHIN THE VALIDITY OF THE CREDIT.

3.【 】THIRD PARTY AS SHIPPER IS NOT ACCEPTABLE.

4.【 】SHORT FORM/BLANK BACK B/L IS NOT ACCEPTABLE.

5.【 】THIRD PARTY DOCUMENTS ARE ACCEPTABLE EXCEPT COMMERCIAL INVOICE AND DRAFT.

6.【 】BOTH QUANTITY AND AMOUNT _____% MORE OR LESS ARE ALLOWED.

7.【 】DOCUMENTS ISSUED EARLIER THAN THIS L/C ISSUING DATE ARE NOT ACCEPTABLE.

8.【 】MULTI-MODEL TRANSPORT DOCUMENTS ARE ACCEPTABLE.

9.【×】ALL DOCUMENTS MUST BE FORWARDED IN ONE LOT BY COURIER SERVICE.（ADDRESS: NO. 33, JINRONG STREET, XICHENG DISTRICT, BEIJING 100032, CHINA）.

10.【 】OTHER TERMS, IF ANY（其他条款）

WE REQUEST YOU TO ISSUE ON OUR BEHALF AND FOR OUR ACCOUNT YOUR IRREVOCABLE CREDIT IN ACCORDANCE WITH THE ABOVE INSTRUCTIONS （MARKED（X） WHERE APPROPRIATE）.THIS CREDIT WILL BE SUBJECT TO THE UNIFORM CUSTOMS AND PRACTICE FOR DOCUMENTARY CREDITS （2007 REVISION, PUBLICATION NO.600 OF THE INTERNATIONAL CHAMBER OF COMMERCE, PARIS, FRANCE）, INSOFAR AS THEY ARE APPLICABLE.

联系人：

联系电话：

E-MAIL：

扣费账号：

Applicant's : name, signature of authorized person （with seal）

（公司印鉴章）

（3）交通银行北京分行作为开证行，于 2015 年 2 月 21 日开出信用证（SWIFT 开证格式：MT700，信用证号码：LCC0200201500655）。同日银行向申请人出具“信用证开立确认书（ORDER CONFIRMATION OF LC ISSUANCE）”。

-- Message Header --

Swift Output : FIN 700 Issue of a Documentary Credit

Sender : COMMCNSHBJG

Receiver :PPABPLPK×××

-- Message Text --

27 Sequence of Total

Number 1

Total 1

40A Form of Documentary Credit

IRREVOCABLE

20 Documentary Credit Number

LCC0200201500655

31C Date of Issue

150221

40E Applicable Rules

UCP LATEST VERSION

31D Date and Place of Expiry

Date 150331

Place POLAND

50　Applicant-Name & Address

CHINA CHEM TRADE CO, LTD.

BLDG NO.6, DIST 8, HEPINGLI, BEIJING 100013 CHINA

59　Beneficiary-Name & Address

CIECH S.A.

UL.PULAWSKA 182 02-670 WARSZAWA, POLAND

32B　Currency Code, Amount

Currency　USD

Amount　900 000,00

41D　Available With...By...-Name & Address

Name And Address　ADVISING BANK

Code　BY NEGOTIATION

42C　Drafts at...

AT SIGHT FOR 100.00 PCT INVOICE VALUE

42A　Drawee-BIC

BIC　COMMCNSHBJG

43P　Partial Shipments

NOT ALLOWED

43T　Transshipment

ALLOWED

44A　Pl of Tking in Chrg/of Rceipt

MAIN PORT IN POLAND

44F　Port of Discharge/Airport of Dest

NINGBO CHINA

44C　Latest Date of Shipment

150310

45A　Descriptn of Goods &/or Services

NAME OF COMMODITY: 300MT（20MTX15FCLS） OF TDI （TOLUENE DIISOCYANATE） 80/20

QUANTITY: 300MT

UNIT PRICE: USD3000.00/MT CFR NINGBO, CHINA

TOTAL AMOUNT: USD900 000.00

PRICE TERM: CFR NINGBO, CHINA

COUNTRY OF ORIGIN: POLAND

PACKING: 250KGS NET IN DRUM, 20MT/20FT CONTAINER

SHIPPING MARK: N/M

46A　Documents Required

+1. SIGNED COMMERCIAL INVOICE IN 3 ORIGINALS AND 3 COPIES INDICATING L/C NO. AND CONTRACT CCTC201500001-01 （PHOTO COPY AND CARBON COPY NOT ACCEPTABLE AS

ORIGINAL）

+2. FULL SET（INCLUDING 3 ORIGINALS AND 3 NON-NEGOTIABLE COPIES） OF BILLS OF LADING MADE OUT TO ORDER AND BLANK ENDORSED, MARKED'FREIGHT PREPAID'AND NOTIFYING CHINA CHEM TRADE CO., LTD.BLDG NO.6, DIST 8, HEPINGLI, BEIJING 100013 CHINA.

+3. PACKING LIST/WEIGHT MEMO IN 3 ORIGINALS AND 3 COPIES ISSUED BY BENEFICIARY INDICATING QUANTITY/GROSS AND NET WEIGHTS OF EACH PACKAGE AND PACKING CONDITIONS AS CALLED FOR BY THE L/C

+4. CERTIFICATE OF QUANTITY/WEIGHT IN 3 ORIGINALS AND 3 COPIES ISSUED BY THE BENEFICIARY INDICATING THE ACTUAL SURVEYED QUANTITY/WEIGHT OF SHIPPED GOODS AS WELL AS THE PACKING CONDITION.

+5. CERTIFICATE OF QUALITY IN 3 ORIGINALS AND 3 COPIES ISSUED BY THE BENEFICIARY INDICATING THE ACTUAL TESTED RESULTS OF FULL SPECIFICATIONS OF GOODS SHIPPED AS CALLED FOR BY THE L/C.

+6. CERTIFICATE OF ORIGIN IN 1 ORIGINAL AND 3 COPIES CERTIFIED BY URZAD CELNY W BYDGOSZCZY

+7. BENEFICIARY'S CERTIFIED COPY OF FAX/TELEX DISPATCHED TO THE APPLICANT WITHIN 5 WORKING DAYS AFTER SHIPMENT ADVISING NAME OF VESSEL, B/L NO., SHIPPING DATE, CONTRACT NO., L/C NO., COMMODITY, QUANTITY, WEIGHT AND VALUE OF SHIPMENT.

+8. CERTIFICATE OF ALL WOODEN PALLETS AND ELEMENTS SHOW THE IPPC MARKS/LABEL.

47A　Additional Conditions

++1. A USD60.00 （OR EQUIVALENT） FEE WILL BE DEDUCTED FROM THE REIMBURSEMENT CLAIM FOR EACH PRESENTATION OF DISCREPANCY DOCUMENTS UNDER THIS DOCUMENTARY CREDIT. NOTWITHSTANDING ANY INSTRUCTIONS TO THE CONTRARY, THIS CHARGE WILL BE FOR THE ACCOUNT OF BENEFICIARY.

++2. ALL DOCUMENTS MUST BE PRESENTED THROUGH BENEFICIARY'S BANK.

71B　Charges

ALL BANKING CHARGES AND INTEREST IF ANY OUTSIDE THE ISSUING BANK AND REIMBURSEMENT CHARGES ARE FOR ACCOUNT OF BENEFICIARY.

48　Period for Presentation

DOCUMENTS TO BE PRESENTED WITHIN 21 DAYS AFTER THE DATE OF SHIPMENT BUT WITHIN THE VALIDITY OF THE CREDIT

49　Confirmation Instructions

WITHOUT

78　Instr to Payg/Accptg/Negotg Bank

+1. ALL DOCUMENTS MUST BE FORWARDED IN ONE LOT BY COURIER SERVICE.（ADDRESS: NO. 33, JINRONG STREET, XICHENG DISTRICT, BEIJING 100140, CHINA）

+2. THE AMOUNT OF EACH DRAWING UNDER THIS CREDIT MUST BE ENDORSED BY THE NEGOTIATING BANK ON THE REVERSE OF THE ADVICE OF THIS MESSAGE.

+3. UPON RECEIPT OF THE DOCUMENTS IN STRICT COMPLIANCE WITH THE TERMS AND CONDITIONS OF THIS CREDIT, ISSUING BANK SHALL REIMBURSE THE NEGOTIATING BANK ACCORDING TO THEIR INSTRUCTIONS

72　Sender to Receiver Information

PLS ADVISE THE ORIGINAL CREDIT （AND ITS SUBSEQUENT AMENDMENTS, IF ANY） TO THE BENEFICIARY ASAP.

-- Message Trailer --------------------------------------

（4）卖方要求分两批装运，得到了买方的同意。买方申请修改信用证。交通银行北京分行作为开证行，于 2015 年 3 月 13 日开出信用证修改书（SWIFT 修改信用证格式：MT707，信用证号码：LCC0200201500655）。同日银行向申请人出具"信用证修改确认书（ORDER CONFIRMATION OF LC AMENDMENT）"。

--------------------------------------- Message Header ---------------------------------------

Swift Output　: FIN 707 Amendment to a Documentary Credit

Sender　: COMMCNSHBJG

Receiver　: PPABPLPK×××

--------------------------------------- Message Text --

20　SENDER'S REFERENCE

LCC0200201500655

21　RECEIVER'S REFERENCE

NON REF

31C　DATE OF ISSUE

150221

30　DATE OF AMENDMENT

150313

26E　NUMBER OF AMENDMENT

1

59　BENEFICIARY（ BEFORE AMENDMENT ） – NM & ADD

CIECH S.A.

UL.PULAWSKA 182 02-670 WARSZAWA

POLAND

79　NARRATIVE

UNDER 43P: "PARTIAL SHIPMENTS" HAS BEEN AMENDED TO "ALLOWED"

72　SENDER TO RECEIVER INFORMATION

+ALL OTHER TERMS AND CONDITIONS REMAIN UNCHANGED. THE AMENDMENT CHARGE ARE FOR ACCOUNT OF BENEFICIARY.

--------------------------------------- Message Trailer --------------------------------------

10.2.2 审单付汇

2015 年 4 月 7 日，买方收到交通银行北京分行的“来单通知书（ADVICE OF DOCUMENT）”，LCC0200201500655 号信用证项下的全套单证已到。

根据信用证要求，所需结汇单据包括商业发票（正本 3 份副本 3 份）、提单（正本 3 份副本 3 份）、装箱单/重量单（正本 3 份副本 3 份）、数量/重量证书（正本 3 份副本 3 份）、品质证书（正本 3 份副本 3 份）、原产地证书（正本 1 份副本 3 份）、装运通知证明（1 份）、木质包装证明（1 份）。各类单据仅列示其较有代表性的一份如下。

（1）2015 年 3 月 5 日出口人 CIECH S.A.开立的发票。

第 1 套（200MT）

Ciech

Issuer CIECH S.A. UL.POWAZKOWSKA 46/50 01-728 WARSZAWA POLAND	ORIGINAL / ~~COPY~~ COMMERCIAL INVOICE
Buy/Payer CHINA CHEM TRADE CO., LTD. BUILDING NO.6, DIST. 8, HEPINGLI BEIJING 100013, CHINA	**NO.** 703800182 **Date** 05.03.2015 **S/C NO.:** CCTC201500001-01 OUR S/C NO.: PL/011178878/E/H11/09/0542
Means of transport: BY VESSEL Port of loading: Port of destination: NINGBO, CHINA Date of dispatch: 05.03.2015 Due date:	**Terms of payment** IRREVOCABLE DOCUMENTARY CREDIT NUMBER LCC0200201500655 ISSUED BY BANK OF COMMUNICATIONS, BEIJING BRANCH PAY AT SIGHT FOR 100 PERCENT OF INVOICE VALUE

Marks & Nos.	No. Description of goods	Quantity	Unit Price @	Amount
N/M		200 MT	USD 3 000.00	USD 600 000.00

PRICE TERM: CFR* NINGBO, CHINA

（*The price terms are based on INCOTERMS 2000）

TOTAL: SAY USD （US DOLLAR） SIX HUNDRED THOUSAND ONLY.

COMMODITY: TDI

（TOLUENE DIISOCYANATE） 80/20

QUANTITY: 200 MT （20MT×10 FCLS）

ORIGIN OF COUNTRY: POLAND

PACKING: 250KGS NET IN DURM,

20MT/20FT CONTAINER

SHIPPED ON BOARD AT GDYNIA POLAND ON BCL IWONA V.0908W ON 05.03.2009 WITH TRANSSHIPMENT AT ON MV. APL SPAIN V.127E

****

CIECH S.A.

×××

General Management

第 2 套（100MT）

Issuer CIECH S.A. UL.POWAZKOWSKA 46/50 01-728 WARSZAWA POLAND	ORIGINAL / ~~COPY~~ COMMERCIAL INVOICE
Buy/Payer CHINA CHEM TRADE CO., LTD. BUILDING NO.6, DIST. 8, HEPINGLI BEIJING 100013, CHINA	**NO.** 703800182　　**Date** 05.03.2015 **S/C NO.:** CCTC201500001-01 OUR S/C NO.: PL/011178878/E/H11/09/0542
Means of transport BY VESSEL Port of loading: Port of destination: NINGBO, CHINA Date of dispatch: 05.03.2015 Due date:	**Terms of payment** IRREVOCABLE DOCUMENTARY CREDIT NUMBER LCC0200201500655 ISSUED BY BANK OF COMMUNICATIONS, BEIJING BRANCH PAY AT SIGHT FOR 100 PERCENT OF INVOICE VALUE

Marks & Nos.	No. Description of goods	Quantity	Unit Price @	Amount
N/M		100 **MT**	**USD** 3 000.00	**USD** 300 000.00

PRICE TERM: CFR* NINGBO, CHINA

（*The price terms are based on INCOTERMS 2000）

TOTAL: SAY USD （US DOLLAR） THREE HUNDRED THOUSAND ONLY.

COMMODITY: TDI

（TOLUENE DIISOCYANATE） 80/20

QUANTITY: 200 MT （20MT×5 FCLS）

ORIGIN OF COUNTRY: POLAND

PACKING: 250KGS NET IN DURM,

20MT/20FT CONTAINER

SHIPPED ON BOARD AT GDYNIA POLAND ON BCL IWONA V.0908W ON 05.03.2015 WITH TRANSSHIPMENT AT ON MV. APL AUSTRIA V.004E

****

CIECH S.A.

×××

General Management

（2）2015年3月5日 Mitsui O.S.K. Lines, Ltd. 签署的提单（提单号：MOLU807967229 和 MOLU80851990）。

第1套（200MT，10FCL）（提单号：MOLU807967229）

MOL　Mitsui O.S.K. Lines, Ltd.

Shipper CIECH S.A. UL.POWAZKOWSKA 46/50 01-728 WARSZAWA POLAND	**Booking No.** 807967229-A　**B/L NO.** MOLU807967229
Consignee TO ORDER	**COMBINED TRANSPORT BILL OF LADING** RECEIVED in apparent external good order and condition except as otherwise noted the total number of Containers or other packages or units enumerated below（*） for transportation from Place of Receipt to the Place of Delivery subject to the terms hereof. One of the original Bill of Lading must be surrendered duly endorsed in exchange for the Goods or Delivery Order unless otherwise provided herein. In accepting this Bill of Lading the Merchant expressly accepts and agrees to all its terms whether printed, stamped or written, or otherwise incorporated, notwithstanding the non-siging of Bill of Lading by the Merchants. In WITNESS whereof the number of original Bill of Lading stated below have been signed, one of which being accomplished, the other（s） to be void. （Terms of Bill of Lading continued on the back hereof） Shipper's Declared Value____________USD subject to clause 6（2） overleaf. If no value declared, liability limit applies as per clause 5（2）（c）, 6（1）, or 29 as applicable.
Notify Party CHINA CHEM TRADE CO., LTD. BUILDING NO.6, DIST. 8, HEPINGLI BEIJING 100013, CHINA	

Pre carriage by BCL IWONA V.0908W	**Place of Receipt** GDYNIA-POLAND-CY	Also Notify　（for Merchant's reference only）
Ocean Vessel & Voy. No. APL SPAIN　127E	**Port of Loading** BREMERHAVEN	
Port of discharge NINGBO-CHINA-CY	**Place of Delivery** NINGBO-CHINA-CY	**Final destination for the merchant's reference**

Container No.; Seal No.; Marks & Nos	No. of Container Or Packages	HM	Description of goods	Gross weight（KGS）	Measurement（M3）

(Particulars furnished by shipper)

FREIGHT PREPAID. SHIPPER'S LOAD AND COUNT.

10×20' DRY CONTAINERS SAID TO CONTAIN:

ORIGINAL

FC I U3480665/0061110/S2　　H　　800 DRUMS　　214 440.00

MOAU0486056/0061103/S2

MOAU0694390/0061104/S2

MOAU0777621/0061102/S2

MOAU2571620/0061101/S2

T TNU1666330/0061106/S2

GLNU3376610/0061080/S2

GATU0552328/0061108/S2

TGHU0761310/0061109/S2

GLDU3847540/0061107/S2

COMMODITY: TDI

(TOLUENE DIISOCYANATE)　80/20

QUANTITY: 200 MT　(20MT×5 FCLS)

ORIGIN OF COUNTRY: POLAND

PACKING: 250KGS NET IN DURM, 20MT/20FT CONTAINER

IMO: 6.1, UN NO.2078 PKG III

IRREVOCABLE DOCUMENTARY CREDIT NUMBER LCC0200200900655

SHIPPED ON BOARD AT GDYNIA POLAND ON BCL IWONA V.0908W ON 05.03.2015

WITH TRANSSHIPMENT AT ON MV. APL SPAIN V. 127E.

"NOTWITHSTANDING ANY PROVISIONS OVERLEAF IN RELATION TO GENERAL AVERAGE, THE CARRIER IS AT ITS DISCRETION ENTITLED TO STIPULATE WHICH VERSION OF THE YORK ANTWERP RULES BEING EITHER THOSE OF 1974 AS AMENDED IN 1990, OR 1994 OR 2004 WILL APPLY TO THE ADJUSTMENT OF SUCH GENERAL AVERAGE"

***Total Number of Containers or other Packages or units received by the Carrier (in words)**	SAY TEN (10)　CONTAINER ONLY.

Code	**Tariff item**	**Basis**	**Freighted as**	**Curr.**	**Rate**	**Per**	**Prepaid**	**Collect**

No. of Original B/L	**Place and date of B/L Issue**	Totals & Pay at:		
THREE	GDYNIA　05-03-2015			

LADEN ON BOARD THE VESSEL APL SPAIN VOY NO 127E AT BREMERHAVEN **Date** **Signature** **05-03-2015** MOL（EUROPE） BV SP. Z O. O. ODDZIAL W POLSCE AS AGENTS **SECOND ORIGNAL**	**Mitsui O.S.K. Lines, Ltd. AS CARRIER** **BY** MOL（EUROPE） BV SP. Z O. O. ODDZIAL W POLSCE AS AGENTS

第 2 套（100MT，5FCL）（提单号：MOLU80851990）

MOL Mitsui O.S.K. Lines, Ltd.

Shipper CIECH S.A. UL.POWAZKOWSKA 46/50 01-728 WARSZAWA POLAND			**Booking No.** 807967229-A		**B/L NO.** MOLU80851990
Consignee TO ORDER			COMBINED TRANSPORT BILL OF LADING RECEIVED in apparent external good order and condition except as otherwise noted the total number of Containers or other packages or units enumerated below（*） for transportation from Place of Receipt to the Place of Delivery subject to the terms hereof. One of the original Bill of Lading must be surrendered duly endorsed in exchange for the Goods or Delivery Order unless otherwise provided herein. In accepting this Bill of Lading the Merchant expressly accepts and agrees to all its terms whether printed, stamped or written, or otherwise incorporated, notwithstanding the non-siging of Bill of Lading by the Merchants. In WITNESS whereof the number of original Bill of Lading stated below have been signed, one of which being accomplished, the other（s） to be void. （Terms of Bill of Lading continued on the back hereof） Shipper's Declared Value__________USD subject to clause 6（2）overleaf. If no value declared, liability limit applies as per clause 5（2）（c）, 6（1）, or 29 as applicable. ORIGINAL		
Notify Party CHINA CHEM TRADE CO., LTD. BUILDING NO.6, DIST. 8, HEPINGLI BEIJING 100013, CHINA					
Pre carriage by BCL IWONA V.0908W	**Place of Receipt** GDYNIA-POLAND-CY		Also Notify （for Merchant's reference only）		
Ocean Vessel & Voy. No. APL AUSTRIA 004E	**Port of Loading** BREMERHAVEN				
Port of discharge NINGBO-CHINA-CY	**Place of Delivery** NINGBO-CHINA-CY		**Final destination for the merchant's reference**		
Container No.; Seal No.; Marks & Nos	**No. of Container or Packages**	**H M**	**Description of goods**	**Gross weight（KGS）**	**Measurement（M3）**

(Particulars furnished by shipper)

FREIGHT PREPAID. SHIPPER'S LOAD AND COUNT.

5×20' DRY CONTAINERS SAID TO CONTAIN:

CRXU1557410/0061105/S2	H	80 DRUMS	21440.00
CRXU1310375/0061143/S2	H	80 DRUMS	21440.00
CAXU6619357/0061142/S2	H	80 DRUMS	21440.00
CRXU3051720/0061144/S2	H	80 DRUMS	21440.00
CRXU3037629/0061145/S2	H	80 DRUMS	21440.00

***Total Number of Containers or other Packages or units received by the Carrier (in words)**	SAY FIVE (5) CONTAINER ONLY. Continued on Attached Rider

Code	**Tariff item**	**Basis**	**Freighted as**	**Curr.**	**Rate**	**Per**	**Prepaid**	**Collect**

No. of Original B/L	Place and date of B/L Issue	Totals &		
THREE	GDYNIA 05-03-2015	Pay at:		

Date **Signature** **05-03-2015** MOL (EUROPE) BV SP. Z O. O. ODDZIAL W POLSCE AS AGENTS	**Mitsui O.S.K. Lines, Ltd.** AS CARRIER **BY** MOL (EUROPE) BV SP. Z O. O. ODDZIAL W POLSCE AS AGENTS
COPY	

B/L Attached Sheet **B/L NO.** MOLU80851990 **PAGE 2**

Container No.; Seal No.; Marks & Nos	**No. of Container or Packages**	**H M**	**Description of goods**	**Gross weight (KGS)**	**Measurement (M3)**

(Particulars furnished by shipper)

FREIGHT PREPAID. SHIPPER'S LOAD AND COUNT.

5×20' DRY CONTAINERS SAID TO CONTAIN:

CRXU1557410/0061105/S2	H	80 DRUMS	21440.00
CRXU1557410/0061105/S2	H	80 DRUMS	21440.00
CRXU1557410/0061105/S2	H	80 DRUMS	21440.00
CRXU1557410/0061105/S2	H	80 DRUMS	21440.00
CRXU1557410/0061105/S2	H	80 DRUMS	21440.00

COMMODITY: TDI

(TOLUENE DIISOCYANATE) 80/20

QUANTITY: 200 MT (20MT×5 FCLS)

ORIGIN OF COUNTRY: POLAND

PACKING: 250KGS NET IN DURM, 20MT/20FT CONTAINER
IMO: 6.1, UN NO.2078 PKG III
IRREVOCABLE DOCUMENTARY CREDIT NUMBER LCC0200201500655
SHIPPED ON BOARD AT GDYNIA POLAND ON BCL IWONA V.0908W ON 05.03.2015 WITH TRANSSHIPMENT AT ON MV. APL AUSTRIA V.004E

==========　　　==========

400DRUMS　　　107 200.00

"NOTWITHSTANDING ANY PROVISIONS OVERLEAF IN RELATION TO GENERAL AVERAGE, THE CARRIER IS AT ITS DISCRETION ENTITLED TO STIPULATE WHICH VERSION OF THE YORK ANTWERP RULES BEING EITHER THOSE OF 1974 AS AMENDED IN 1990, OR 1994 OR 2004 WILL APPLY TO THE ADJUSTMENT OF SUCH GENERAL AVERAGE"

（3）2015 年 3 月 5 日出口人 CIECH S.A.开立的装箱单。

第 1 套（200MT，10FCL）

CHINA CHEM TRADE CO., LTD.
BUILDING NO.6, DIST. 8, HEPINGLI
BEIJING 100013, CHINA

OUR S/C NO.:　PL/011178878/E/H11/09/0542
IRREVOCABLE DOCUMENTARY CREDIT NUMBER LCC0200201500655

PACKING LIST/WEIGHT MEMO

Indicating quantity/gross and net weight of each package and packing conditions as called for by the L/C.

COMMODITY: TDI （TOLUENE DIISOCYANATE） 80/20
QUANTITY: 200 MT （20MT×10 FCLS）
ORIGIN OF COUNTRY: POLAND
PACKING: 250KGS NET IN DURM, 20MT/20FT CONTAINER

QUANTITY: 200MT NET WEIGHT/14.4MT TARE/214.40MT GROSS WEIGHT
800DRUMS: EACH OF 250KG NET WEIGHT, 18KG TARE, 268KG GROSS WEIGHT

CIECH S.A.
UL.POWAZKOWSKA 46/50 01-728 WARSZAWA POLAND
×××

第 2 套（100MT，5FCL）

CHINA CHEM TRADE CO., LTD.
BUILDING NO.6, DIST. 8, HEPINGLI
BEIJING 100013, CHINA

OUR S/C NO.: PL/011178878/E/H11/09/0542

IRREVOCABLE DOCUMENTARY CREDIT NUMBER LCC0200201500655

PACKING LIST/WEIGHT MEMO

Indicating quantity/gross and net weight of each package and packing conditions as called for by the L/C.

COMMODITY: TDI （TOLUENE DIISOCYANATE） 80/20

QUANTITY: 100 MT （20MT×5 FCLS）

ORIGIN OF COUNTRY: POLAND

PACKING: 250KGS NET IN DURM, 20MT/20FT CONTAINER

QUANTITY: 100MT NET WEIGHT/7.2MT TARE/107.20MT GROSS WEIGHT

400DRUMS: EACH OF 250KG NET WEIGHT, 18KG TARE, 268KG GROSS WEIGHT

CIECH S.A.

UL.POWAZKOWSKA 46/50 01-728 WARSZAWA POLAND

×××

（4）2015 年 3 月 5 日出口人 CIECH S.A.出具的数量 / 重量证书。

第 1 套（200MT，10FCL）

CHINA CHEM TRADE CO., LTD.

BUILDING NO.6, DIST. 8, HEPINGLI

BEIJING 100013, CHINA

OUR S/C NO.: PL/011178878/E/H11/09/0542

IRREVOCABLE DOCUMENTARY CREDIT NUMBER LCC0200201500655

CERTIFICATE OF QUANTITY/WEIGHT

Indicating quantity/gross and net weight of each package and packing conditions as called for by the L/C.

COMMODITY: TDI （TOLUENE DIISOCYANATE） 80/20

QUANTITY: 200 MT （20MT×10 FCLS）

ORIGIN OF COUNTRY: POLAND

PACKING: 250KGS NET IN DURM, 20MT/20FT CONTAINER

QUANTITY: 200MT NET WEIGHT/14.4MT TARE/214.40MT GROSS WEIGHT

800DRUMS: EACH OF 250KG NET WEIGHT, 18KG TARE, 268KG GROSS WEIGHT

CIECH S.A.

UL.POWAZKOWSKA 46/50 01-728 WARSZAWA POLAND

×××

第2套（100MT，5FCL）

CHINA CHEM TRADE CO., LTD.
BUILDING NO.6, DIST. 8, HEPINGLI
BEIJING 100013, CHINA

OUR S/C NO.: PL/011178878/E/H11/09/0542
IRREVOCABLE DOCUMENTARY CREDIT NUMBER LCC0200201500655

CERTIFICATE OF QUANTITY/WEIGHT

Indicating quantity/gross and net weight of each package and packing conditions as called for by the L/C.

COMMODITY: TDI （TOLUENE DIISOCYANATE） 80/20
QUANTITY: 100 MT （20MT×5 FCLS）
ORIGIN OF COUNTRY: POLAND
PACKING: 250KGS NET IN DURM, 20MT/20FT CONTAINER

QUANTITY: 100MT NET WEIGHT/7.2MT TARE/107.20MT GROSS WEIGHT
400DRUMS: EACH OF 250KG NET WEIGHT, 18KG TARE, 268KG GROSS WEIGHT

CIECH S.A.
UL.POWAZKOWSKA 46/50 01-728 WARSZAWA POLAND
×××

（5）2015年3月5日出口人CIECH S.A.出具的品质证书。

第1套（200MT，10FCL）

ORIGINAL

CERTIFICATE OF QUALITY NO.:484;485;486;487;488;489;490;491;493

IRREVOCABLE DOCUMENTARY CREDIT NUMBER LCC0200201500655
OUR S/C NO.: PL/011178878/E/H11/09/0542

COMMODITY: TDI （TOLUENE DIISOCYANATE） 80/20
QUANTITY: 200 MT （20MT×10 FCLS）
ORIGIN OF COUNTRY: POLAND
PACKING: 250KGS NET IN DURM, 20MT/20FT CONTAINER

LOT NO.:46/2009
DATE OF PRODUCTION: 02.2015
DATE OF VALIDITY: 08.2015

MEANS OF TRANSPORT:
A: TRUCK NO.:

B: CONTAINER NO.: GLNU3376610; GATU0552328; TGHU0761310; GLDU3847540; MOAU0777621; MOAU2571620; T TNU1666330; MOAU0694390; MOAU0486056

C: TANKER NO.:

D: ISOTANK NO.:

Property	Measure	Value	Certificate of Analysis
Content of TDI	%	Min. 99.8	99.8
Content of isomer 2,4 TDI	%	80 ± 1	80.1
Total chlorine content	%	Max. 0.02	0.01
Hydrolysing chlorine content	%	Max. 0.005	0.002
Acidity as HCL equivalent content	%	Max. 0.002	< 0.001
Colour due to Pt/ Co scale	degrees	Max. 10	10

DATE OF TEST:28.02.2015 Analysis No.3325

CIECH S.A.

UL.POWAZKOWSKA 46/50 01-728 WARSZAWA POLAND

×××

ORIGINAL

CERTIFICATE OF QUALITY NO.:421

IRREVOCABLE DOCUMENTARY CREDIT NUMBER LCC0200201500655

OUR S/C NO.: PL/011178878/E/H11/09/0542

COMMODITY: TDI （TOLUENE DIISOCYANATE） 80/20

QUANTITY: 200 MT （20MT×10 FCLS）

ORIGIN OF COUNTRY: POLAND

PACKING: 250KGS NET IN DURM, 20MT/20FT CONTAINER

LOT NO.: 41/2015

DATE OF PRODUCTION: 02.2015

DATE OF VALIDITY: 08.2015

MEANS OF TRANSPORT:

A: TRUCK NO.:

B: CONTAINER NO.: FC I U3480665

C: TANKER NO.:

D: ISOTANK NO.:

Property	Measure	Value	Certificate of Analysis
Content of TDI	%	Min. 99.8	99.8
Content of isomer 2,4 TDI	%	80 ± 1	80.1
Total chlorine content	%	Max. 0.02	0.01
Hydrolysing chlorine content	%	Max. 0.005	0.002
Acidity as HCL equivalent content	%	Max. 0.002	< 0.001
Colour due to Pt/ Co scale	Degrees	Max. 10	10

DATE OF TEST:20.02.2015 Analysis No.2605

CIECH S.A.
UL.POWAZKOWSKA 46/50 01-728 WARSZAWA POLAND
×××

第 2 套（100MT，5FCL）

ORIGINAL

CERTIFICATE OF QUALITY NO.:417;418;419;420

IRREVOCABLE DOCUMENTARY CREDIT NUMBER LCC0200201500655

OUR S/C NO.: PL/011178878/E/H11/09/0542

COMMODITY: TDI （TOLUENE DIISOCYANATE） 80/20

QUANTITY: 100 MT （20MT×5 FCLS）

ORIGIN OF COUNTRY: POLAND

PACKING: 250KGS NET IN DURM, 20MT/20FT CONTAINER

LOT NO.: 41/2009

DATE OF PRODUCTION: 02.2015

DATE OF VALIDITY: 08.2015

MEANS OF TRANSPORT:

A: TRUCK NO.:

B: CONTAINER NO.: CAXU6619357; CRXU1310375; CRXU3037629; CRXU3051720

C: TANKER NO.:

D: ISOTANK NO.:

Property	Measure	Value	Certificate of Analysis
Content of TDI	%	Min. 99.8	99.8
Content of isomer 2,4 TDI	%	80 ± 1	80.1
Total chlorine content	%	Max. 0.02	0.01

Hydrolysing chlorine content	%	Max. 0.005	0.002
Acidity as HCL equivalent content	%	Max. 0.002	< 0.001
Colour due to Pt/ Co scale	degrees	Max. 10	10

DATE OF TEST:20.02.2015　　　　Analysis No.2605

CIECH S.A.

UL.POWAZKOWSKA 46/50 01-728 WARSZAWA POLAND

×××

ORIGINAL

CERTIFICATE OF QUALITY NO.:492

IRREVOCABLE DOCUMENTARY CREDIT NUMBER LCC0200201500655

OUR S/C NO.: PL/011178878/E/H11/09/0542

COMMODITY: TDI （TOLUENE DIISOCYANATE） 80/20

QUANTITY: 100 MT （20MT×5 FCLS）

ORIGIN OF COUNTRY: POLAND

PACKING: 250KGS NET IN DURM, 20MT/20FT CONTAINER

LOT NO.: 46/2015

DATE OF PRODUCTION: 02.2015

DATE OF VALIDITY: 08.2015

MEANS OF TRANSPORT:

A: TRUCK NO.:

B: CONTAINER NO.: CRXU1557410

C: TANKER NO.:

D: ISOTANK NO.:

Property	Measure	Value	Certificate of Analysis
Content of TDI	%	Min. 99.8	99.8
Content of isomer 2,4 TDI	%	80 ± 1	80.1
Total chlorine content	%	Max. 0.02	0.01
Hydrolysing chlorine content	%	Max. 0.005	0.002
Acidity as HCL equivalent content	%	Max. 0.002	< 0.001
Colour due to Pt/ Co scale	degrees	Max. 10	10

DATE OF TEST:28.02.2015　　　　Analysis No.3325

CIECH S.A.
UL.POWAZKOWSKA 46/50 01-728 WARSZAWA POLAND
×××

（6）2015 年 3 月 4 日欧洲商会出具的原产地证书。

第 1 套（200MT，10FCL）

<table>
<tr><td rowspan="2">1. Nadawca/Consignor/Expéditeur
CIECH S.A.
UL.POWAZKOWSKA 46/50
01-728 WARSZAWA POLAND</td><td>Nr PL/MF/AC 0318833</td><td>KOPIA
COPY Copie</td></tr>
<tr><td colspan="2">WSPÓLNOTA EUROPEJSKA
EUROPEAN COMMUNITY COMMUNAUTÉ EUROPÉENNE

ŚWIADECTWO POCHCDZENIA
CERTIFICATE OF ORIGIN CERTIFICAT D'ORIGING</td></tr>
<tr><td>2. Odbiorca/Consignee/Destinataire
CHINA CHEM TRADE CO., LTD.
BUILDING NO.6, DIST. 8, HEPINGLI
BEIJING 100013, CHINA</td><td colspan="2">4. Kraj pochodzenia /Country of origin/ Pays d'origine

POLAND</td></tr>
<tr><td>3. Szczegóły dotyczce transportu
（wypelnianie nieobowiazkowe）
Transport details（optional）
Informations relatives au
transport（mention facultative）

ON VESSEL</td><td colspan="2">5. Uwagi/Remarks/Remarques</td></tr>
<tr><td colspan="2">6. Liczba porzadkowa; znaki, numery, liczba i rodzaj opakowań; opis towarów
Item number; Marks, numbers, number and kind of packages; description of goods
Numéro d'ordre; marquees; numéros; nombre et nature des colis; designation des merchandises
COMMODITY: TDI （TOLUENE DIISOCYANATE） 80/20
QUANTITY: 100 MT （20MT×5 FCLS）
ORIGIN OF COUNTRY: POLAND
PACKING: 250KGS NET IN DURM, 20MT/20FT CONTAINER
SHIPPING MARKS: N/M
IRREVOCABLE DOCUMENTARY CREDIT NUMBER LCC0200201500655
***</td><td>7. Ilość
Quantity
Quantité

NET WEIGHT
100 MT

**************</td></tr>
<tr><td colspan="3">8. NIZEJ PODPISANY ORGAN POŚWIADCZA, ŻE TOWARY OPISANE POWYŻEJ POCHODZA Z KRAJU WSKAZANEGO W POLU 3
The undersigned authority certifies that the goods described above originate in the country shown in box 3
L'autorité soussiqnée certifie que les merchandises désiqnées ci-dessus sont originaires du pays fiqurant dans</td></tr>
</table>

la case Nº 3

URZAD CELNY W BYDGOSZCZY

BYDGOSZCZ DNIA: 04-03-2015

× × ×

Miejsce i data wystawienia, nazwa, podpis I pieczeć wlaściwego organu

Place and date of issue, name, Signature, and Stamp of competent authority

Lieu et date de deliverance; désiqnation, signature et cachet de l'autorité competente

第 2 套（100MT，5FCL）

<table>
<tr><td rowspan="2">1. Nadawca/Consignor/Expéditeur
CIECH S.A.
UL.POWAZKOWSKA 46/50
01-728 WARSZAWA POLAND</td><td>Nr PL/MF/AC 0318833</td><td>KOPIA
COPY Copie</td></tr>
<tr><td colspan="2">WSPÓLNOTA EUROPEJSKA
EUROPEAN COMMUNITY COMMUNAUTÉ EUROPÉENNE

ŚWIADECTWO POCHODZENIA
CERTIFICATE OF ORIGIN CERTIFICAT D'ORIGINE</td></tr>
<tr><td>2. Odbiorca/Consignee/Destinataire
CHINA CHEM TRADE CO., LTD.
BUILDING NO.6, DIST. 8, HEPINGLI
BEIJING 100013, CHINA</td><td colspan="2">4. Kraj pochodzenia/Country of origin/Pays d'origine

POLAND</td></tr>
<tr><td>3. szczególy dotyczace transporty（wypelnianie nieobowiazkowe）
Transport details （optional）
Informations relatives au transport（mention facultative）

ON VESSEL</td><td colspan="2">5. Uwagi/Remarks/Remarques</td></tr>
<tr><td colspan="2">6. Liczba porzadkowa; znaki, numery, liczba i rodzaj opakowań; opis towarów
Item number; Marks, numbers, number and kind of packages; description of goods
Numéro d'ordre; marquees; numéros; nombre et nature des colis; designation des merchandises
COMMODITY: TDI （TOLUENE DIISOCYANATE） 80/20
QUANTITY: 100 MT （20MT×5 FCLS）
ORIGIN OF COUNTRY: POLAND
PACKING: 250KGS NET IN DURM, 20MT/20FT CONTAINER
SHIPPING MARKS:N/M
IRREVOCABLE DOCUMENTARY CREDIT NUMBER LCC0200201500655
***</td><td>7. Ilość
Quantity
Quantité

NET WEIGHT
100 MT
*************</td></tr>
<tr><td colspan="3">8. NIŻEJ PODPISANY ORGAN POŚWIADCZA, ŻE TOWARY OPISANE POWYŻEJ POCHODZA Z KRAJU WSKAZANEGO W POLU 3
The undersigned authority certifies that the goods described above originate in the country shown in box 3
L'autorité soussignée certifie que les merchandises désiqnées ci-dessus sont originaires du pays fiqurant dans la case Nº 3</td></tr>
</table>

URZAD CELNY W BYDGOSZCZY

BYDGOSZCZ DNIA: 04-03-2015

×××

Miejsce i data wystawienia, nazwa, podpis i pieczeć wlaściwego organu

Place and date of issue, name, Signature, and Stamp of competent authority

Lieu et date de déliverance; désignation, signature et cachet de l'autorité competente

（7）2015 年 3 月 5 日出口商 CIECH S.A.出具的装运通知证明。

第 1 套（200MT，10FCL）

FAX　　CIECH S.A.

CIECH S.A.　UL.POWAZKOWSKA 46/50 01-728 WARSZAWA POLAND

To:	CHINA CHEM TRADE CO., LTD. BUILDING NO.6, DIST. 8, HEPINGLI BEIJING 100013, CHINA	Date:	05.03.2015
Attn:	Import Division	Ref:	UA
From:	TDI Sales Dept.	No of pgs:	1
Re:	Shipment ADVICE		

Please be kindly informed that 200MT（20MT×10FCLS） of TDI （TOLUENE DIISOCYANATE） 80/20 were shipped by vessel mv BCL IWONA V.0908W from Gdynia Poland on 05.03.2015 to Ningbo China

Irrevocable documentary credit number:　LCC0200200900655

Name of vessel mv BCL IWONA V.0908W

mv APL SPAIN V.127E

B/L NO.: MOLU807967229

Contract No.:　PL/011178878/E/H11/09/0542/CCTC201500001-01

Shipping date: 05.03.2015

Commodity: TDI （TOLUENE DIISOCYANATE） 80/20

Quantity, weight

Quantity: 200 MT （20MT×10 FCLS） NET WEIGHT/14.40MT TARE/214.40MT GROSS WEIGHT

800DRUMS: EACH OF 250KG NET WEIGHT, 18KG TARE, 268KG GROSS WEIGHT

Origin of country: POLAND

Packing: 250KGS NET IN DURM, 20MT/20FT CONTAINER

Value of shipment: USD600000.00 CFR Ningbo, China

Kind regards,

Certified

U. Amroziak　B. Kaminska

Ciech S.A.

01-728 Warszawa, ul. Powązkowska 46/50

NIP 1180019377　Regon 011179878

第 2 套（100MT，5FCL）

FAX		CIECH S.A.	
CIECH S.A.　UL.POWAZKOWSKA 46/50 01-728 WARSZAWA POLAND			
To:	CHINA CHEM TRADE CO., LTD. BUILDING NO.6, DIST. 8, HEPINGLI BEIJING 100013, CHINA	Date:	05.03.2015
Attn:	Import Division	Ref:	UA
From:	TDI Sales Dept.	No of pgs:	1
Re:	Shipment ADVICE		

Please be kindly informed that 100MT（20MT×5 FCLS） of TDI （TOLUENE DIISOCYANATE） 80/20 were shipped by vessel mv BCL IWONA V.0908W from Gdynia Poland on 05.03.2009 to Ningbo China

Irrevocable documentary credit number: LCC0200201500655

Name of vessel mv BCL IWONA V.0908W

　　mv APL AUSTRIA V.004E

B/L NO.: MOLU80851990

Contract No.: PL/011178878/E/H11/09/0542/CCTC201500001-01

Shipping date: 05.03.2015

Commodity: TDI （TOLUENE DIISOCYANATE） 80/20

Quantity, weight

Quantity: 100 MT （20MT×5 FCLS） NET WEIGHT/7.20MT TARE/107.20MT GROSS WEIGHT

　　400DRUMS: EACH OF 250KG NET WEIGHT, 18KG TARE, 268KG GROSS WEIGHT

Origin of country: POLAND

Packing: 250KGS NET IN DURM, 20MT/20FT CONTAINER

Value of shipment: USD300000.00 CFR Ningbo, China

Kind regards,

　　Certified

　　U. Amroziak　B. Kaminska

Ciech S.A.

01-728 Warszawa, ul. Powązkowska 46/50

NIP 1180019377　　Regon 011179878

（8）2015 年 3 月 5 日出口商 CIECH S.A.出具的木质包装证明。

CIECH S.A.

Adds: UL.POWAZKOWSKA 46/50 01-728 WARSZAWA POLAND

Tel: 0081-3-6666-3335　　Fax: 0081-3-6666-9094

CERTIFICATE OF WOODEN PALLETS AND ELEMENTS

To the service of China Entry & Exit Inspection and Quarantine:

IT IS CERTIFIED THAT THIS SHIPMENT TDI （TOLUENE DIISOCYANATE） 80/20 200MT（ 800 DRUMS） DOES NOT CONTAIN WOOD PACKING MATERIALS. ALL WOODEN PALLETS AND ELEMENTS SHOW THE IPPC MARKS/LABEL.

INVOICE NO.: 703800182

CONTRACT NO.: CCTC201500001-01

VESSEL : mv BCL IWONA V.0908W

mv APL AUSTRIA V.004E

DATE: 05. 03. 2015

CIECH S.A.

××××

GENERAL MANGER

10.2.3 进口报关、提货

2015年4月24日和5月6日两批进口货物分别结关、提货。

中华人民共和国海关进口货物报关单

预录入编号：616669407　　海关编号：310420151048909944

进口口岸 北仑海关 3104	备案号	进口日期 2015-04-17	申报日期 2015-04-17
经营单位 中化贸易有限公司 1101818212	运输方式 江海运输（2）	运输工具名称 HYONDAICOURACE/008D	提运单号 MOLU807967229
收货单位 中化贸易有限公司 1101818212	贸易方式 一般贸易（0110）	征免性质 一般征税（101）	征税比例 0.%
许可证号	起运国（地区） 德国（304）	装货港 不来梅港（2102）	境内目的地 宁波其他（33029）
批准文号	成交方式 C&F（2）	运费	保费 0.3/1	杂费
合同协议号 CCTC201500001-01	件数 800	包装种类 桶装（123）	毛重（千克） 214 440	净重（千克） 200 000
集装箱号 10	随附单据	用途 外贸自营内销（01）	

标记唛头及备注

集装箱号 FC I U3480665; MOAU0486056; MOAU0694390; MOAU0777621; MOAU2571620; TTNU1666330; GLNU3376610; GATU0552328; TGHU0761310; GLDU3847540

项号	商品编号	商品名称、规格型号	数量及单位	原产国（地区）	单价	总价	币制	征免
1.	29291010	甲苯二异氰酸酯	200 000.000 千克	波兰	3.000 0	600 000.00	美元	照章征税

TDI 80 / 20	0.000	（327）		（502）	（1）
	200 000.000 千克				

税费征收情况

录入员 录入单位	兹声明以上申报无讹并承担法律责任	海关审单批注及放行日期（签章）
报关员	宁波海田国际货运有限公司 申报单位（签章）	审单 审价
		征税 统计
单位地址		查验 放行
邮编 电话	填制日期	签发关员：刘欢 签发日期：2015-04-24

中华人民共和国海关进口货物报关单

预录入编号：616670957　　海关编号：310420151048967874

进口口岸 北仑海关 3104	备案号	进口日期 2015-04-24	申报日期 2015-04-25
经营单位 中化贸易有限公司 1101818212	运输方式 江海运输（2）	运输工具名称 MOLCELEBRATION/001E	提运单号 MOLU80851990
收货单位 中化贸易有限公司 1101818212	贸易方式 一般贸易（0110）	征免性质 一般征税（101）	征税比例 0.%
许可证号	起运国（地区） 德国（304）	装货港 不来梅港（2102）	境内目的地 宁波其他（33029）
批准文号	成交方式 C&F（2）	运费	保费 0.3/1
		杂费	
合同协议号 CCTC201500001-01	件数 400	包装种类 桶装（123）	毛重（千克） 107 200
			净重（千克） 100 000
集装箱号 5	随附单据		用途 外贸自营内销（01）

标记唛头及备注

集装箱号 CAXU6619357; CRXU1310375; CRXU1557410; CRXU3037629; CRXU3051720

项号	商品编号	商品名称、规格型号	数量及单位	原产国（地区）	单价	总价	币制	征免
1.	29291010	甲苯二异氰酸酯	100 000.000 千克	波兰	3.000 0	300 000.00	美元	照章征税

TDI 80/20	0.000	（327）	（502）	（1）
	100 000.000 千克			

税费征收情况		
录入员　录入单位 报关员 单位地址 邮编　　　电话	兹声明以上申报无讹并承担法律责任 宁波海田国际货运有限公司 申报单位（签章） 填制日期	海关审单批注及放行日期（签章） 审单　　审价 征税　　统计 查验　　放行 签发关员：刘欢 签发日期：2015-05-06

复习思考题

一、单项选择题

1．信用证修改必须由（　　）向银行申请。

A．申请人　　B．受益人　　C．通知行　　D．议付行

2．根据《UCP600》的规定，银行的审单期限为自收单次日起算的（　　）。

A．7个工作日之内　　B．5个工作日之内

C．7个日历日之内　　D．5个日历日之内

3．合同要求货物装运前必须经过买方的指定代表检验，如果开证行申请人希望在信用证中体现这一要求，则开证申请书恰当的填写方式是（　　）。

A．DOCUMENTS REPURED:APPLICANT MUST INSPECT THE GOODS BEFORE SHIPMENT.

B．DOCUMENTS REQURED:THE APPOINTED REPRESENTATIVE OF THE BUYER SHALL INSPECTION.

C．DOCUMENTS REQUIRED:GOODS MUST BE INSPECTED BY THE APPOINTED REPRESENTATIVE OF THE APPLICANT.

D．DOCUMENTS REQUIRED: INSPECTION REPORT SIGNED BY THE APPOINTED REPRESENTATIVE OF THE APPLICANT EVIDENCING THAT GOODS HAVE BEEN INSPECTED BEFORE SHIPMENT AND HAVE PASSED INSPECTION.

二、多项选择题

1．我进口商甲公司与上海外桥保税区注册的乙公司签订买卖合同，规定使用信用证方式结算货款。甲公司根据合同条款在开证申请书上填制：

DATE AND PLACE OF EXPIRY DATE OF L/C:2015/12/30, CHINA

SHIPMENT FROM SHANGHAI WAI GAO QIAO BONDED WAREHOUSE TO SHANG HAI

LATEST DATE OF SHIPMENT:2015/11/15

PRESENTATION PERIOD:WITHIN 15DAYS AFTER SHIPMENT DATE

DOCUMENTS REQUIRED:

* INVOICES IN 3 COPIES

* CARGO RECEIPT IN ONE ORIGINAL

* PACKING LIST IN 3 COPIES

甲公司在开证申请书上未对 CARGO RECEIPT 做任何其他规定及说明。开证行照此开证申请书开立了信用证，乙公司于12月25日提交了全套单据，其中 CARGO RECEIPT 上注明交货日期为2015年11月20日，如果单据上所有其他条件都满足信用证要求且单单相符。请问，甲公司是否可以对乙公司提交的单据拒付？

根据《UCP600》的规定，(　　)。

A．可以拒付，因为乙公司提交的单据显示的交货日期迟于信用证规定的最迟装运日期

B．可以拒付，因为乙公司提交的单据的日期迟于信用证规定的最迟交单日期

C．不可以拒付，CARGO RECEIPT 不是运输单据，涉及装运日期及信用证中交单期限的规定对 CARGO RECEIPT 不适用，符合信用证要求的 CARGO RECEIPT 中要在效期内提交即可

D．甲公司可以在以下情况拒付乙公司的单据，即信用证在以上所列条款外特别说明，在计算最迟装运日期、交单期及显示装运路线时将 CARGO RECEIPT 视为运输单据

2．在信用证业务中，承担第一性付款责任的是（　　）。

A．开证行　　B．议付行　　C．通知行　　D．保兑行

三、案例分析

1．我国进口商A公司与英国出口商B公司签订合同进口木材，采用信用证方式结算。A 公司在开证申请书上注明，90%的发票金额凭申请书中列的全套单据付款，另外规定：10 PCT OF INVOICE VALUE SHALL BE PAYABLE AGAINST THE PERFORMANCE GUARANTEE BY FIRST CLASS BANK。开证行根据开证申请书使用 SWIFT 开出信用证。开证行在收到B公司的单据后进行了审核，确定单证相符，并在规定的期限内对外付款。A公司付款赎单后，提出两个不符点：一是履约保函未按照合同规定的格式开立；二是保函由 BANK A 开立，而 BANK A 不是第一流的银行。A公司因此认为开证行不应付款，要求开证行退回从其账上扣除的款项。请问，A公司所指出的不符点成立吗？为什么？

2．我国进口商 ABC 公司与美国出口商D公司签订合同进口木材，采用信用证方式结算。ABC 公司在开证申请书上注明禁止转运，并且要求提交的运输单据种类为海运提单。开证行根据开证申请书使用 SWIFT 开出信用证。D公司提交的海运提单包含了海运全程运输，并且提单上注明以下语句：CONTAINER SHIPMENT TRANSSHIPMENT WILL TAKE PLACE.开证行审单以后指出单据相符，对外付了款。申请人 ABC 公司收到单据后指出开证行未尽详细审单职责，不应对外付款，因为单据有不符点，理由是提单上显示了转运语句。请问，ABC 公司所提不符点成立吗？为什么？

参考文献

[1] 陈岩，刘玲，刘超．信用证典型案例评析[M]．北京：中国商务出版社，2007.

[2] 陈岩，刘玲．跟单信用证实务[M]．北京：对外经济贸易大学出版社，2005.

[3] 国际商会中国国家委员会（ICC CHINA）．跟单信用证统一惯例（UCP600）（2007 年修订本）[M]．北京：中国民主法制出版社，2007.

[4] 国际商会中国国家委员会（ICC CHINA）．关于审核跟单信用证项下单据的国际标准银行实务（ISBP）》（2007 年修订本）[M]．北京：中国民主法制出版社，2007.

[5] 胡俊文，戴瑾．国际贸易实战操作教程[M]．北京：清华大学出版社，2009.

[6] 李京．国际贸易单证（第 2 版）[M]．北京：北京理工大学出版社，2008.

[7] 李元旭，吴国新．国际贸易单证实务（第 2 版）[M]．北京：清华大学出版社，2008.

[8] 刘小卉．国际货运代理（第 2 版）[M]．上海：上海财经大学出版社，2011.

[9] 屈韬．外贸单证处理技巧（第三次修订本）[M]．广州：广东经济出版社，2015.

[10] 全国国际商务单证培训认证考试办公室．国际商务单证实训教程（2007 年版）．北京：中国商务出版社，2007.

[11] 上海市对外经济贸易教育培训中心．国际商务单证应试指导（第 2 版）[M]．上海：同济大学出版社，2008.

[12] 帅建林，王红雨．案释国际贸易惯例（英汉对照）[M]．北京：中国商务出版社，2005.

[13] 帅建林．国际贸易惯例案例解析[M]．北京：对外经济贸易大学出版社，2006.

[14] 王学锋，殷明，郑丙贵．国际海上货物运输 [M]．上海：同济大学出版社，2009.

[15] 吴国新，李元旭．国际贸易单证实务学习指导书（第 2 版）[M]．北京：清华大学出版社，2009.

[16] 辛纬业．贸易操作实务[M]．西安：西北工业大学出版社，2005.

[17] 阎之大．UCP600 解读与例证[M]．北京：中国商务出版社，2007.

[18] 姚大伟．国际商务单证实训教程．北京：中国对外经贸出版社，2009.

[19] 尹哲．国际贸易单证流转实务[M]．北京：中国轻工业出版社，1999.

[20] 余世明．国际商务单证实务（第七版）[M]．广州：暨南大学出版社，2014.

[21] 袁永友，柏望生，操小敏．进出口单证实务案例评析[M]．北京：中国海关出版社，2006.

[22] 祝卫，等．出口贸易模拟操作教程（第七版）[M]．上海：上海人民出版社，2008.